应急管理与风险治理

唐　钧　著

应急管理出版社

·北　京·

图书在版编目（CIP）数据

应急管理与风险治理 / 唐钧著. -- 北京：应急管理出版社，2021

ISBN 978-7-5020-7899-7

Ⅰ. ①应… Ⅱ. ①唐… Ⅲ. ①突发事件—风险管理—研究 Ⅳ. ①D035.34

中国版本图书馆 CIP 数据核字（2021）第 030752 号

应急管理与风险治理

著　　者　唐　钧
责任编辑　唐小磊
编　　辑　孔　晶
责任校对　孔青青
封面设计　卓义云天

出版发行　应急管理出版社（北京市朝阳区芍药居 35 号　100029）
电　　话　010-84657898（总编室）　010-84657880（读者服务部）
网　　址　www.cciph.com.cn
印　　刷　中煤（北京）印务有限公司
经　　销　全国新华书店

开　　本　710mm×1000mm 1/16　**印张**　21 3/4　**字数**　381 千字
版　　次　2021 年 4 月第 1 版　2021 年 4 月第 1 次印刷
社内编号　20201707　　**定价**　58.00 元

前　　言

应急管理作为保卫人民群众生命财产安全的重要政府职能，对于无论是“守夜人政府”“全能型政府”，还是“法治政府”“责任政府”，都是政府的标配。在风险社会中，尤其在转型转轨期，仅靠应急管理处置突发紧急事件，既无法保障人民群众的“安全感”，也不能实现“总体国家安全”。因此，风险治理应运而生并且与应急管理相辅相成、共同承担起捍卫国家安全、社会稳定、群众安康的重大使命。

应急管理与风险治理责任重大、任务艰巨。习近平总书记对此作出一系列重要指示，党的十九大和十九届二中、三中、四中、五中全会精神和党中央、国务院的相关决策部署也提出相关要求。在当前建设中国特色社会主义的进程中，应急管理与风险治理直接关系到人民群众生命财产安全和社会稳定有序和谐；直接关系到统筹发展和安全、坚持总体国家安全观、实施国家安全战略、建设更高水平的平安中国等专项领域的实现和实施；直接关系到国家治理体系和治理能力现代化、我国现代化建设全局等国家顶层设计和战略目标。因此，各方面都必须高度重视、保质保量地完成中央的相关部署。

在实践中，应急管理与风险治理又相互融合、相互补益。应急管理着眼于应对突发危机、保障紧急状态下的公共安全，是危态中政府管理和社会治理的工作和状态；风险治理则立足于正常态、危机态、未来态，全面实施防范风险、化解综合危机、维护社会稳定、促进健康发展等一系列工作，是应急管理的前置（排查问题和先期处置）、共治（共担责任和联合整治）、根治（规避危害和本质安全）。因此，以应急管理为起点和基础，以风险治理作为牵引和保障，才是实现国家治理体系和治理能力现代化的必然途径。正是基于此现实原因，本书定名为《应急管理与风险治理》，放眼全球、扎根祖国、立足本土，全面探索应急管理与风险治理的实然之策和应然之道。

感谢为本书收集大量案例并整理文稿的中国人民大学龚琬岚；感谢应急管理出版社为本书出版所做的努力。

本书适用面广、实用性强，适用于应急管理、风险管理、公共安全、公共关系、舆情管理、社会治理、公共服务、形象研究等领域的本科生、硕博研究生、党政领导干部、管理人员和专家学者；也适用于公安、城管、医院、企业、学校等窗口行业或执法部门的从业人员和管理咨询人士等。

唐　钧

2021 年 1 月

目　　录

绪　言

一、应急管理与风险治理的界定与融合

（一）应急管理的界定

应急管理的对象是“突发事件”。根据《中华人民共和国突发事件应对法》（全国人民代表大会常务委员会第二十九次会议于 2007 年 8 月 30 日通过，自 2007 年 11 月 1 日起施行），突发事件是指突然发生，造成或者可能造成严重社会危害，需要采取应急处置措施予以应对的自然灾害、事故灾难、公共卫生事件和社会安全事件。

基于此，应急管理是指：在总体国家安全观的指导下，以政府为管理主体，全社会参与，为了有效预防和科学应对突发事件，通过构建统一指挥、专常兼备、反应灵敏、上下联动的应急管理体制，采取风险评估与应急准备、信息监测与预警、应急处突与紧急救援、追责补偿与恢复重建等措施，来避免或减少突发事件所造成的损害、保卫国家安全、维护社会稳定、保护人民生命财产安全的一系列管理工作与活动。

应急管理具备公共性、系统性、前瞻性、专业性、常态性等特征，这决定了应急管理原则：以人为本，减少伤亡；依法依规，规范管理；以防为主，防抗救结合；统筹协调，有效联动；科技支撑，强化素质；社会协同，共建共治。

（二）风险治理的界定

风险治理是应急管理的前置（排查问题和先期处置）、共治（共担责任和联合整治）、根治（规避危害和本质安全）。风险治理的对象是“风险”。根据国际标准化组织制定的国际标准《风险管理指南》（ISO 31000：2018），风险是指不确定性对组织及其活动目标的实现可能产生的影响。对于风险的界定应把握：第一，不确定性是指与事件和其后果或可能性的理解或知识相关的信息的缺陷的状态或不完整；第二，目标可以有不同方面（如财务、健康安全以及环境目标），可以体现在不同的层次（如战略、组织范围、项目、产品和过程）；第三，影响

是与期待的积极或消极的偏差；第四，风险通常以潜在事件和后果或它们的组合来描述；第五，风险通常以事件（包括环境的变化）后果和发生可能性的组合来表达。

风险治理是围绕风险防控开展的主体责任明晰、风险评估和分类分级处置、风险降级和阻止兑现、科学应对等一系列工作。风险治理的本质是通过制度设计和群防群治，最大程度阻止突发公共事件的发生，并且做足防范工作，将损害降至最低。任何类型和规模的组织及其活动可能面临或涉及风险，风险会影响组织目标的实现，这些目标可能关系到组织中从战略决策到运营的各种活动，包括各个过程和具体项目，表现在领导、战略、经营、财务、环境、社会、声誉等各个方面。

风险治理通过考虑不确定性及其对目标的影响，采取相应的措施，为组织的运营和决策及有效应对各类突发事件提供支持。风险治理旨在保证组织恰当地应对风险，提高风险应对的效率和效果，增强行动的合理性，有效配置资源。有效的风险治理应当融入整个组织的理念、治理、管理、程序、方针策略以及文化等各方面。

（三）应急管理与风险治理的融合

应急管理与风险治理，体现为对象融合、主体融合、目标融合、过程融合、实战融合。

第一，对象融合。突发事件（危机）与风险之间的融合，表现为“冰山原理”。风险可理解为“可能爆发的突发事件”，突发事件与风险是一体的“火山”，突发事件是“火山”喷发的显性表现，风险是“火山”在山体内的隐性“岩浆”，风险达到高危状态时易转化为突发事件，突发事件也有可能“沉淀”为风险。

第二，主体融合。应急管理主体与风险治理主体，无论是党政部门、企事业单位等管理主体，还是社会组织、人民群众等配合主体，都应从意识、能力、责任等方面兼顾应急管理和风险治理。

第三，目标融合。应急管理旨在确保危态安全，科学处置和综合应对突发事件；风险治理旨在确保常态安全，着力化解和有效防范安全风险。二者的最终目标均在于避免或减少后果损失、保卫国家安全、维护社会稳定、保护人民生命财产安全，尤其是在进入“十四五”新发展阶段，应急管理与风险治理的目标进一步融合，切实提升防风险、化危机、保安全、护稳定、促发展的实际成效，以推动高质量发展为主题，以满足人民日益增长的安全需要为根本目的，为经济社会发展创造良好安全环境，建设更高水平的平安中国。

第四，过程融合。一方面，新时代的应急管理界定逐渐从事发、事后应对处置转向事前、事发、事后的全过程管理，而事前管理是风险治理的范畴。另一方面，风险治理应贯彻突发事件的全生命周期，特定环节突发事件事后处置的风险控制比事前的风险预防更为重要。

第五，实战融合。我国自成立应急管理部之后，坚持以防为主、防抗救相结合，坚持常态减灾和非常态救灾相统一，努力实现从注重灾后救助向注重灾前预防转变，从应对单一灾种向综合减灾转变，从减少灾害损失向减轻灾害风险转变。

二、应急管理与风险治理的要素和流程

本书针对应急管理与风险治理的特征，进行了全要素和全流程的分析。应急管理的重心是灾害的科学处置，风险治理的重点是危机的防范和阻止。两者在流程上紧密结合，相互嵌入并且相得益彰。

应急管理与风险治理的要素和流程如图 0 - 1 所示，图中应急管理与风险治理包含 8 个环节、24 个要素，是全书的“骨架”。在上述框架的基础上，本书对当前国内外应急管理与风险治理的理论成果和实践经验进行了全面梳理和系统总结，并结合本人的多维度研究成果和多年心得体会，突出展现新媒体环境和风险社会的时代背景下，应急管理与风险治理的要求和做法，从而构成本书的“血肉”。第一，本书汇总了应急管理与风险治理的国际理论研究成果，当前侧重于指导思路的全面革新、职能运作的优化调整、科学管理的充分应用和社会战略的全民动员等领域。第二，本书总结了应急管理与风险治理的全球实践操作经验，尤其是危机管理法制体制机制建设、事前防灾减灾备灾应急、危机管理民主和科学决策、应急能力建设和评估、智能危机预警与应急响应、绩效评估和责任管理、联动合作和全民动员等领域的实操经验。第三，本书收录了美国、德国、澳大利亚、日本等多国应急管理与风险治理的实际运作和案例操作。同时，联合国、世界卫生组织、国际标准化组织等的研究和实践在本书中均有体现。第四，本书提炼了国内相关政府部门、社会组织、研究机构、学者专家的理论研究和实践操作成果，尤其是防灾减灾、危机管理、应急处置、风险评估、风险防控、舆情管理、危机公关等领域的成果。第五，本书汇总了近年来我国应急管理与风险

图0-1 应急管理与风险治理的要素和流程

治理的法律法规和政策要求，收录了我国具有重大社会影响的突发事件的经验总结和问题反思。

三、应急管理与风险治理的规律与趋势

应急管理与风险治理集中呈现出四方面的特征规律和发展趋势，如图 0－2 所示。

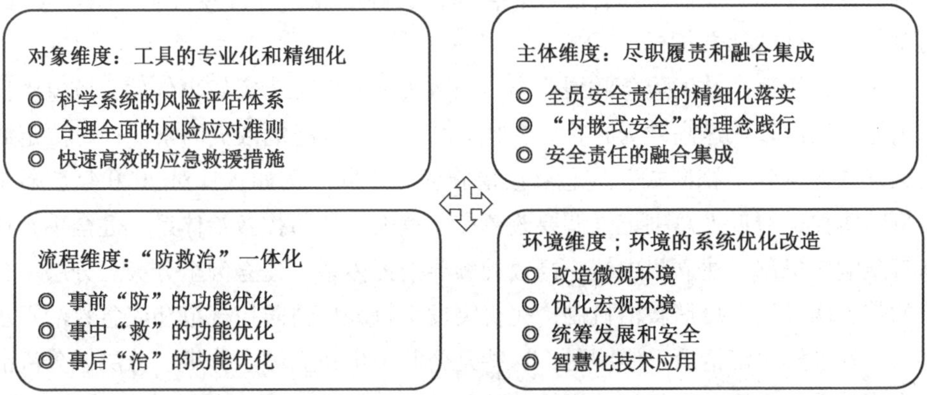

图 0－2　应急管理与风险治理的规律和趋势

（一）瞄准对象，应急管理与风险治理的工具趋于专业化和精细化

应急管理的对象是突发事件，风险治理的对象是风险（致灾因素、危险源、安全隐患等）。面对风险及其可能诱发的突发事件，应急管理与风险治理的工作中不断优化其工具，以专业化、精细化为发展趋势，突出表现为风险评估体系、风险应对准则、应急救援措施等。

第一，科学系统的风险评估体系。依据《风险管理指南》（ISO 31000：2018）等国际经验，致灾因素的科学评定体系，也即风险评估流程，一般包括明确环境信息、风险识别、风险分析、风险定级等标准化流程，并形成动态监测。在我国的实践中，一般根据现实工作中防灾减灾救灾的需要，对致灾因素开展统计分析、形势研判、趋势预测等规律性的评定。例如，每年每季度国家减灾委、应急管理部、水利局等相关部门均会开展针对自然灾害的风险形势分析和预测预警。

第二，合理全面的风险应对准则。风险应对准则是研判致灾因素中高危风险

的依据和标准，也是决定风险管理和应急决策方向的“指挥棒”。单一场景中的风险准则，仅考虑技术标准，相对简单；复杂环境中的风险准则，则需要综合考虑决策主体的目标、价值观、偏好，并结合对风险的容忍度、承受力以及风险环境因素等进行综合评估。例如，国家标准《公共事务活动风险管理指南》（GB/T 33455—2016）指出，考虑公共政策、公共决策、公共活动、公共事务等的公共特性，涉及公共安全体系的风险准则标准可能更为多元化，除了安全、经济、管理等方面的考虑，还需考虑合法性、合理性、科学性、可行性甚至习俗、责任、道德等一系列的社会指标。

第三，快速高效的应急救援措施。当致灾因素转化为突发事件后，应急救援的措施手段应以快速高效为目标，“靶向式”的应对高危致灾因素。针对法定四类突发事件，其“靶向式”应急救援措施各有不同。例如，针对2020年新冠肺炎疫情防控，习近平总书记强调要改革完善重大疫情防控救治体系，健全重大疫情应急响应机制，建立集中统一高效的领导指挥体系，建立健全分级、分层、分流的传染病等重大疫情救治机制，完善突发重特大疫情防控规范和应急救治管理办法，精准解决疫情第一线问题，这些是公共卫生建立健全分级、分层、分流的传染病等重大疫情救治机制，支持一线临床技术创新，及时推广有效救治方案。要鼓励运用大数据、人工智能、云计算等数字技术，在疫情监测分析、病毒溯源、防控救治、资源调配等方面更好发挥支撑作用。

（二）立足主体，应急管理与风险治理的支撑是尽职履责和融合集成

应急管理与风险治理的主体是社会全员，党政部门依法依规行使职权、履行职责，企事业单位、社会组织、人民群众也有其责任和义务。面向多元化的主体，应急管理与风险治理的工作应不断完善其格局，以尽职履责、融合集成为支撑，突出表现为全员责任落实、“内嵌式安全”、责任融合集成等。

第一，全员安全责任的精细化落实，精细到应急管理与风险治理的“最后一厘米”。尤其是在安全生产等领域，坚持安全责任重于泰山的准则，明确党政领导、部门监管、属地管理、企业主体、岗位行为责任。在我国部分省市的实践中，细致厘清责任边界，制定党政领导干部安全生产重点工作、部门安全生产职责任务、企业落实主体责任重点事项“三张清单”，全面推行分级监管和网格化监管，并强化责任落实，严肃执行党政领导班子及成员年度安全生产履职报告、安全生产专委会述职报告、约谈警示等制度，推动安全生产责任落实落细。

第二，“内嵌式安全”的理念践行，从而真正做到本质安全。从主体出发，真正的安全在于由“外挂式安全”转变为“内嵌式安全”，在法律约束、规范指导、专家辅导、专业机构托管、第三方帮扶的基础上，加强内部的人员、制度、设施设备、环境等的安全建设与管理，将安全工作嵌入生产生活的每个环节步骤，将安全意识融入日常的意识和行为，全员自觉自愿地建设、维护、保障安全环境。当前，推行实施的企业安全生产标准化建设、安全风险分级管控和隐患排查治理双重预防机制等，均在朝此方向努力。

第三，安全责任的融合集成。既包括应急救援体制机制的联动融合，当前需在理顺防汛抗旱防台、森林防灭火等重点应急工作机制的基础上，强化各重点部门间的组织协调和应急联动，健全重点领域应急救援信息共享、多部门协同预警发布、跨区域响应处置等机制，从而使力量调派更加迅速，作战行动更加高效，实现相关部门和地区的整体联动、立体响应。也包括风险共担机制的作用发挥，加强基层对能力范围内公共安全隐患的自查自治和风险防控应急能力的自建自强，加大专家团队、志愿力量、社会机构的作用发挥，加快应急产业的发展及其对社会风险的对冲作用。

（三）贯穿流程，应急管理与风险治理的功能优化围绕“防救治”一体化

贯穿事前、事中、事后全流程，应急管理与风险治理的功能优化围绕“防救治”一体化建设，重点在于四类突发事件的事前预防、事中救援、事后整治。

第一，事前环节，重在“防”的功能优化，以高危行业和重点领域的安全管控为主线。针对矿山、危险化学品、烟花爆竹、交通运输、建筑施工、民用爆炸物品、金属冶炼、渔业生产、特种设备、建筑施工、城市地下管网等高危行业和重点领域，切实加强风险评估管控、隐患排查、事故预防。

第二，事中阶段，重在“救”的功能优化，以应急处置救援的专项打磨突破为主线。围绕应急力量队伍、预案体系、指挥系统、物资装备、运输通信、避难场所等单元，由主管部门牵头、关联属地配合、相关企业助力，逐项稳步提升其专业化、规范化、科学化的能力水平。

第三，事后阶段，重在“治”的功能优化，以技术整治和制度整改相结合的标本兼治为主线。及时总结每一次突发事件及其应急处置工作的经验教训，制定改进措施，既要有针对责任方、相关领域的技术性整治提升，也要有修订法律法规、完善体制机制、更新标准规范等制度层面长效整改，多维度确保同类问题

不再重犯。

（四）着眼环境，应急管理与风险治理的格局突破于环境的系统优化改造

总体国家安全观的指导下，应急管理与风险治理所面临的是小到个体安全健康、大到国家安全稳定的环境，承载多维度的安全保障目标，容纳多元化的安全管理对象。立足现在、着眼未来，应急管理与风险治理的格局突破口在于对社会综合环境的系统优化改造，重点在于改造微观环境、优化宏观环境、智慧化技术应用。

第一，改造微观环境。围绕关乎每一个体生命财产安全、关联生产生活的微观环境，切实加强相关安全管理与服务工作。例如，研究和推广规范和精细的企业安全生产规程；既要细化到现场管理的4M1E法，综合考量Man（人）、Machine（机器）、Material（物）、Method（方法）、Environments（现场环境）这五要素中的安全细节，也要包罗HSE管理体系，全面涵盖Health（健康）、Safety（安全）和Environment（综合环境）的三位一体管理体系。再如，通过培育安全社区“关联”每家每户的日常生活安全；通过打造安全文化体系“孵化”安全理念、安全氛围、安全自觉。

第二，优化宏观环境。在战略规划的设计中应牢固树立安全红线、以安全发展为基本准则，在重大决策的制定和实施中应固化公共事务决策的科学规程，切实强化重大风险防范。例如，以城市运行安全管理和创建“安全发展示范城市”为研究重点，踏实践行“生命至上、安全第一”的发展理念。再如，科学践行《重大行政决策程序暂行条例》，切实开展公众参与、专家论证、风险评估、合法性审查等工作，在涉及人民群众切身利益时通过社会稳定风险评估和管理，避免社会秩序遭受破坏、公共利益受到损坏。

第三，统筹发展和安全。2020年10月29日，中国共产党第十九届中央委员会第五次全体会议提出，统筹发展和安全，把安全发展贯穿国家发展各领域和全过程，实现更为安全的发展。应急管理与风险治理工作，需立足新发展阶段，贯彻新发展理念，围绕构建新发展格局，统筹“两件大事”，准确把握新形势新挑战新要求。通过强化安全准入、推动建立安全联合审批制度、提高安全设防水平、完善重点行业领域标准等系列措施，提升企业安全水平促发展。为经济社会发展创造良好安全环境，既不能只重发展不顾安全，同时也要防止只管安全忽视发展。

第四，智慧化技术应用。加快大数据、人工智能、物联网、先进指挥通信等

的应用，依靠科技提高应急管理和风险治理的科学化、专业化、智能化、精细化水平。例如，加快企业转型升级，淘汰落后产能，鼓励和支持企业采用新技术、新工艺、新装备实施技术改造；研发“数字工厂”等智能化安全系统，推动机械化换人、自动化减人、智能化无人的安全生产整体升级换代。

第一章　防灾备灾与风险评估

◎拓　扑　图

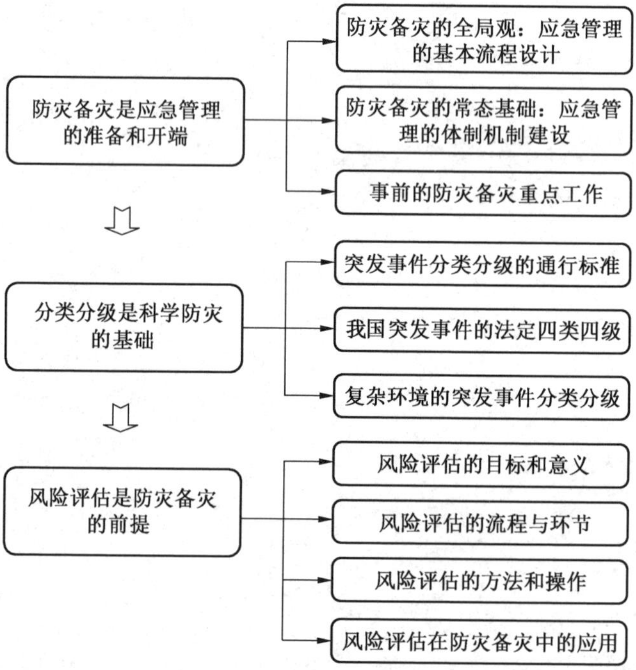

◎本　章　概　要

◎ 防灾备灾：应急管理的准备工作就是防灾备灾，科学防灾的基础是分类分级。

◎ 风险评估：风险治理的基础工作是风险评估，风险评估是防灾备灾的前提。

防灾备灾是指在突发事件发生之前，采取措施预防突发事件发生，或者做好应对突发事件的相关准备工作。"防灾"是指预防灾害，主要通过对可能引发突发事件的风险进行评估与整治；"备灾"是指应急准备，在制定应急预案、设置应急机构、落实应急保障、建设应急队伍等多方面所做的事前准备工作；防灾备灾是应急管理的开端，也是事前应急管理的重要环节。

立足全局，贯穿防灾备灾全程的首要工作是应急管理的基本流程设计，这是确定应急管理的主要工作、部门配备、职责分工等的前提。我国应急管理的基本流程由预防与应急准备、监测与预警、应急处置与紧急救援、追责补偿与恢复重建四个环节构成，其中防灾备灾对应预防与应急准备的环节；欧美国家应急管理的基本流程分为预防（Prevention）、保护（Protection）、缓解（Mitigation）、响应（Response）和恢复（Recovery）五个环节，其中防灾备灾对应预防、保护、缓解的三环节。

防灾备灾的常态基础工作是应急管理的体制机制建设，应围绕"构建统一领导、权责一致、权威高效的国家应急能力体系"这一目标，遵循统一领导、综合协调、分类管理、分级负责、属地管理为主的基本原则。我国应急管理体制机制经历了从"分灾种管理""综合化管理""综合应急管理"的三阶段历史沿革，统一指挥、专常兼备、反应灵敏、上下联动、平战结合的中国特色应急管理体制正加快形成。全球实践来看，不同国家的国体和政体的差异导致了应急管理的机构设置和职能设定上存在差异。

防灾的本质是提前防范公共安全风险演变为突发事件和安全事故，防灾的核心工作是事前的风险评估与整改，其中突发事件和安全事故的分类分级是最基础的风险评估工作，是科学防灾的基础。按照发生过程、性质和机理，我国突发事件主要分为自然灾害、事故灾难、公共卫生事件、社会安全事件四类；按照其性质、严重程度、可控性和影响范围等因素，我国将突发事件分为特别重大、重大、较大、一般四级；复杂环境中的突发事件分类分级呈现精细化、专业化、管理导向的特点和趋势。

风险评估是防灾备灾的基础工作，在实际操作中通常称为"隐患排查"，一般包括风险识别、风险分析、风险定级三个环节。风险评估方法可采用定性、半定量、定量方法中的一种或几种方法的组合，常用方法为风险矩阵法，也称为"发生概率—发生后果"模型（"PR 模型"），即对风险爆发为危机的后果损失和发生概率进行评估。风险评估在防灾减灾中的重点应用有三，一是风险清单、风险数据库、风险分布图等风险评估的直接成果用于明确防灾减灾的工作重点，指导防灾减灾工作的科学开展；二是将风险评估内嵌入防灾工作中，对可能引发突发事件的风险进行评估基础上的针对性整治；三是定期编制应急管理中长期规划，需以风险评估工作为基础和前提。

第一节　防灾备灾是应急管理的准备和开端

一、防灾备灾的全局观：应急管理的基本流程设计

（一）我国应急管理的四环节流程设计

基于《中华人民共和国突发事件应对法》(中华人民共和国主席令第六十九号)(简称《突发事件应对法》)，结合我国应急管理的现状，应急管理的基本流程由预防与应急准备、监测与预警、应急处置与紧急救援、追责补偿与恢复重建四个环节构成。其中，防灾备灾对应预防与应急准备环节。应急管理的基本流程和主要环节见表1－1。

表1－1　应急管理的基本流程和主要环节

流程与环节	任务与内容
1. 预防与应急准备	（1）风险评估与整改。 （2）应急预案编制与管理。 （3）应急储备与保障。 （4）应急队伍建设与宣传教育
2. 监测与预警	（1）建立信息系统。 （2）实时开展监测。 （3）及时发布预警
3. 应急处置与紧急救援	（1）及时响应，快速到场。 （2）现场指挥，专业应对。 （3）专业救援，社会救援。 （4）区域联动，部门合作。 （5）信息发布，回应社会
4. 追责补偿与恢复重建	（1）依法依纪，追责问责。 （2）利益分析，合理补偿。 （3）恢复秩序，灾后重建

（二）欧美国家应急管理的五环节流程设计

根据美国联邦应急管理署（Federal EmergencyManagement Agency，FEMA）的《全国准备目标》《全国准备系统》等，美国应急管理的基本流程分为预防（Prevention）、保护（Protection）、缓解（Mitigation）、响应（Response）和恢复（Recovery）五个环节。其中，防灾备灾对应预防、保护、缓解三个环节。美国应急管理的五环节见表1-2。

表1-2　美国应急管理的五环节

主要环节	具体内涵
1. 预防（Prevention）	防范、避免或阻止突发事件或恐怖行动 Preventing，avoiding，or stopping a threatened or an actual act of terrorism
2. 保护（Protection）	保护美国的利益和信仰，保护各类民众及其财产和资源不受公共危机的威胁和影响 Protecting our citizens，residents，visitors，assets，systems，and networks against the greatest threats and hazards in a manner that allows our interests，aspirations，and way of life to thrive
3. 缓解（Mitigation）	通过减轻未来灾害影响以减少生命和财产的损失 Mitigating the loss of life and property by lessening the impact of future disasters
4. 响应（Response）	灾害发生后能快速应对、挽救生命、保护财产、维护环境，并满足基本生存需求 Responding quickly to save lives，protect property and the environment，and meet basic human needs in the aftermath of an incident
5. 恢复（Recovery）	及时恢复和重建受巨灾影响的生命、健康、设施、经济、社会、文化、历史、环境 Recovering through a focus on the timely restoration，strengthening，and revitalization of infrastructure，housing，and the economy，as well as the health，social，cultural，historic，and environmental fabric of communities affected by an incident

来源：《全国准备目标（National Preparedness Goal）》（2015年9月第二版）。[1]

[1] https://www.fema.gov/media-library-data/1443799615171-2aae90be55041740f97e8532fc680d40/National_Preparedness_Goal_2nd_Edition.pdf.

二、防灾备灾的常态基础：应急管理的体制机制建设

应急管理的体制机制建设是应急管理一切工作得以顺利有效开展的基础，也是备灾工作的重要内容。2020 年 2 月 14 日下午习近平总书记主持召开中央全面深化改革委员会第十二次会议并发表重要讲话中强调，要从体制机制上创新和完善重大疫情防控举措，健全国家公共卫生应急管理体系，提高应对突发重大公共卫生事件的能力水平。

体制机制是指政府为完成法定的应对突发公共事件的任务而建立起来的、具有确定功能的应急管理组织结构和行政职能①，核心是机构设置和职能设定（Institution and Function），也称“三定方案”——定机构、定职能、定编制（人员），以定机构为依托，以定职能为核心，以定编制（人员）为保障，通过特定的组织机构、明确的职能分工、充足的人员编制、制度化的组织管理，既将临时性的应急机构转变为永久性的危机管理机制，也让常态下的公共危机管理工作开展具有支撑，从而形成公共危机管理的常态化运营。

（一）应急管理体制机制建设的基本原则

围绕“构建统一领导、权责一致、权威高效的国家应急能力体系”的目标，应急管理的体制机制建设遵循统一领导、综合协调、分类管理、分级负责、属地管理的基本原则。

1. 统一领导

中央和地方均应设置统一领导机构来负责统一指挥和统筹安排，具体包括四个层面的统一领导：一是党委领导，应急管理部门应贯彻落实党中央关于应急工作的方针政策和决策部署，在履行职责过程中坚持和加强党对应急工作的集中统一领导；二是中央领导地方，涉及中央层级或全国层面的应急管理，应由党中央和国务院统一领导；三是上级政府领导下级政府，建立自上而下的组织管理体制，形成垂直领导、下级服从上级的关系；四是政府对其有关部门的统一领导，除了垂直领导的机构，应急管理的各相关部门应遵循政府的统一领导。

2. 综合协调

应急管理部门、减灾委员会等承担综合协调的作用，履行值守应急、信息汇总和综合协调职责，发挥运转枢纽作用，以便在应急中综合协调多种主体、力

① 高小平等：《我国应急管理研究述评（上）》，中国行政管理，2009（8）。

量、系统，以形成反应灵敏、协调有序、运转高效的应急机制。例如，应急管理部积极发挥综合协调作用，在2019年抗击利奇马台风工作中，加强与发展改革委、银保监会等部门沟通对接，及时通报灾情，形成支持灾区恢复重建的合力。再如，国家减灾委员会充分发挥对防灾减灾救灾工作的统筹指导和综合协调作用，国家减灾委员会办公室在灾情信息管理、综合风险防范、群众生活救助、科普宣传教育、国际交流合作等方面承担相应的工作职能和能力建设。

3. 分类管理

根据不同类型突发公共事件的特征与规律，由相应的部门作为应急管理的主责部门，从而制定和实施具有针对性的应急管理策略、措施、方法，以便于突发事件的精细管理和专业处置。《突发事件应对法》将突发事件划分为“自然灾害、事故灾难、公共卫生事件和社会安全事件”四类，各由其业务主管部门作为主要管理机构。除应急管理、自然资源、水利、气象、林草、民政、生态环境、公安、卫健等部门外，住建、发改、工信、教育、城管、外交乃至人民银行等金融部门都被赋予突发事件应急管理的职责，从而形成了相对完整的分类管理体系。分类管理部门需要在突发事件发生之前做好预防和准备工作，并负责具体类别的应急管理事件的响应处置。

4. 分级负责

按照突发事件的性质、范围、危害的不同，分别由不同层级的政府负责应急处置，在事中根据级别动用不同的人力、物力、财力进行突发公共事件的处置，在事后根据级别追究相关责任单位或责任人，有利于提高应急管理的效率并明确责任。《突发事件应对法》将突发事件划分为“特别重大、重大、较大、一般”四级。《国家森林草原火灾应急预案》对“分级响应”的相关要求明确为根据森林草原火灾初判级别、应急处置能力和预期影响后果，综合研判确定本级响应级别。按照分级响应的原则，及时调整本级扑火组织指挥机构和力量。火情发生后，按任务分工组织进行早期处置；预判可能发生一般、较大森林草原火灾，由县级森林（草原）防（灭）火指挥机构为主组织处置；预判可能发生重大、特别重大森林草原火灾，分别由设区的市级、省级森林（草原）防（灭）火指挥机构为主组织处置；必要时，应及时提高响应级别。

5. 属地管理

应急管理工作由事发地人民政府负主要责任，按照“党政同责、一岗双责”的要求，实行谁主管谁负责的原则，本辖区、本单位、本部门的主要负责人是应急管理工作的第一责任人，负责突发事件的事前评估、整改预防、启动响应、开展应对、防止扩散等全方位工作，具备统一实施应急处置的权力。现实操作中，坚持属地管理为主而非“全靠属地管理”，并不排斥上级政府及其有关部门对其应对工作的指导，也不能免除发生地其他部门和单位的协同义务。

（二）应急管理体制机制建设的通用原则

综合全球经验，应急管理的体制机制通常由五大版块构成：一是由行政首长担任的应急最高领导；二是各级政府设置的应急统一领导机构；三是统一领导机构下常设的应急管理机构；四是主管部门牵头下的应急专项指挥机构；五是专家顾问组。综上，形成了统一指挥、反应灵敏、功能齐全、协调有序、运转高效的应急管理机制。

1. 以本国政体为基础，通常由行政首长担任最高领导

应急管理的最高领导通常由各级政府的最高长官担任，对重大事项进行决策，对关键性资源进行指挥调动和处理，确保重大突发事件时的危机决策效率和重要资源的快速调配。就国家层面的突发事件而言，政府行政首长作为最高领导，担任最高指挥官和最终决策者，对重大事项进行决策，对关键性资源进行指挥调动和处理，全面领导国家的应急响应工作，从而确保重大突发事件时的危机决策效率和重要资源的快速调配。例如，美国总统、俄罗斯总统、日本首相、澳大利亚总理等是国家突发事件的最高领导人。

2. 以各级政府为载体，设置应急的统一领导机构

在各级政府内部设置应急管理委员会或组建联席会议，作为这一层级政府应急的统一领导机构，进行跨部门的综合性决策和指挥，并为行政首长提供决策的辅助和咨询，兼有信息中心、协调中枢、报警处理与紧急服务等功能，其负责人由各级政府的最高长官担任，成员由分管各类突发事件应对的政府长官、部门负责人担任。该机构的职责主要包括：研究制定应对突发事件的重大决策和指导意见；审定应急预案；组织指挥处置特重大突发事件；在应对突发事件工作中协调与上下级政府、有关部门和单位的关系；领导下一级开展突发事件相关应对工作；定期分析总结应对突发事件工作等。

3. 常设的应急管理机构，负责日常事务和紧急协调

在每一级应急管理委员会或联席会议中，设置应急管理的常设办事机构，遵照效率原则，直接对各级政府的最高长官负责，配备专门编制，有行政经费和专项预算。常设的应急管理机构的工作一般分为两类，一是负责常态下的应急管理

日常事务，主要包括协助应急委员会的成员组织处理突发事件，承担其具体工作；负责总值班工作；根据应急委员会的决定，负责规划、组织、协调、指导、检查突发事件应对工作；根据应急委员会的要求，负责应急管理的预案、体制、机制、法制建设。二是紧急状态下的指挥和协调工作，统一指挥和协调各应急管理职能部门，同时兼具应急指挥中心的职能，设有指挥场所并配备相应的设备设施，作为突发事件发生时的指挥平台。

4. 在主管部门牵头下，成立应急的专项指挥机构

遵循专业导向的原则，针对具体类别的常规突发事件，由其主管部门牵头设置应急管理的专项工作机构，分别负责此类突发事件的常态管理和紧急状态下的统一指挥和应对。若发生其他非常规的突发事件，成立临时专项机构，具体负责相关突发事件指挥和处置等应对工作。例如，北京市针对电力事故、通信保障、信息安全、反恐、刑事案件、建筑工程事故、城市公共设施事故、交通安全、防汛抗旱、突发公共卫生事件、生产安全事故、森林防火、人防工程事故、重大动植物疫情、消防安全、地震、应急救助、空气重污染、涉外突发事件设置了 19 个市突发事件应急指挥部[①]，负责 19 类突发事件发生后的应急响应和统一指挥。

5. 组建专家顾问组，提供专业咨询和对策建议

设置专家顾问组，联动相关专家为应急响应提供专业咨询和对策建议。专家顾问组主要职责包括对突发事件的发生和发展趋势、救灾方案、处置办法、灾害损失和恢复方案等进行研究、评估，并提出相关建议；为突发事件相关应急处置工作提供科学有效的决策咨询方案；为公共安全规划、信息系统的建设与管理、灾害科学最新发展趋势的跟踪等方面提供意见和建议等。例如，广东省从 2007 年开始，成立突发事件应急管理专家组，现有专家 52 名，涉及自然灾害、事故灾难、公共卫生事件、社会安全事件、综合管理五大类及其 45 个细分领域[②]，为全省应急管理工作出谋献策，提供决策建议、咨询指导和技术支持。

综上，应急管理的机构设置，由应急最高领导、应急统一领导机构、常设的应急管理机构、应急专项指挥机构、专家顾问组五大版块构成，进而形成统一指挥、反应灵敏、功能齐全、协调有序、运转高效的应急管理机制。

---

①《北京市 19 个市突发事件应急指挥部介绍》，北京应急网，2018 - 9 - 10，http://www.bjyj.gov.cn/zhb。

②《专家组简介》，广东省应急管理办公室官网，2018 - 9 - 10，http://www.gdemo.gov.cn/ywwk/zjk/zjz03。

（三）我国应急管理体制机制的历史沿革

我国应急管理体制机制经历了从“分灾种管理”“综合化管理”“综合应急管理”的三阶段历史沿革。

1. 分灾种管理阶段

第一代应急管理体系的主要特征是“分灾种管理”。自1949年中华人民共和国成立至2003年“非典”之前，突出表现为不完整单部门负责制、临时性指挥部机制、外生性减灾机制、重大自然灾害的中央“兜底”机制等特征。

第一，不完整单部门负责制。例如，水利部门主要负责洪涝灾害的防范和应对，气象部门主要负责气象灾害的预报和监测，地震部门主要负责地震灾害的预报和监测，民政部门主要负责灾后的生活救助，安监部门主要负责安全生产事故的预防、救援和调查。这里所说的“不完整”主要是指灾害管理在制度上缺乏整体设计，仅对洪水和地震的管理相对成熟。

第二，临时性指挥部机制。在国家层面，主要有三大临时性指挥部：国家防汛抗旱总指挥部、国务院抗震救灾指挥部和国家森林防火指挥部。这些指挥部的设立可以在一定程度上弥补单部门负责制的缺陷，提升防汛抗旱、抗震救灾和森林灭火中的对多部门进行协调的能力。

第三，外生性减灾机制。在联合国“国际减灾十年”活动的倡导下，中国也成立了国际减灾十年委员会，并在“国际减灾十年”活动结束之后更名为中国国际减灾委员会，2005年更名为国家减灾委员会（简称“国家减灾委”）。可见，在2003年“非典”之前，中央政府已开始重视防灾减灾，然而由于地方政府缺乏内生动力，防灾减灾的效果并不理想。

第四，重大自然灾害的中央“兜底”机制。地方政府在自然灾害管理中责任模糊，相应机构设置不健全。一旦发生重大自然灾害，救灾主要依靠中央“兜底”，地方政府缺乏开展防灾减灾的动力。

总体上看，分灾种管理主要是一种事后修补模式，既有显著不足，也有贡献，在应对1976年“唐山大地震”、1998年“长江流域洪水”等重大自然灾害中发挥了作用。

2. 综合化管理阶段

第二代应急管理体系的主要特征是“综合化管理”。2003年“非典”之后，中国开始建设以“一案三制”（应急预案、应急体制、应急机制和应急法制）为核心的应急管理体系，突出表现为相对完整的事前单部门负责制、高度统一的事后政府负责制、附属式综合协调机制、属地化的“责任下沉”机制等特征。

第一，相对完整的事前单部门负责制。在第一代应急管理体系的基础上，单部门负责制的适用范围扩大。除水利、气象、地震、民政、安监等部门外，卫生、公安、外交、金融等部门均被赋予突发事件应急管理的职责，从而形成了相对完整的分类管理体系。

第二，高度统一的事后政府负责制。《突发事件应对法》规定：国务院和县级以上地方各级人民政府是突发事件应对工作的行政领导机关；国务院在总理领导下研究、决定和部署特别重大突发事件的应对工作；县级人民政府对本行政区域内突发事件的应对工作负责。2008 年，“5・12”汶川地震后，实践中由各级党委和政府统筹统一负责各类突发事件的应急响应。

第三，附属式综合协调机制。为加强突发事件应急响应中对不同职能部门的协调，通常由各级人民政府在其办公厅内设应急管理办公室（简称应急办）。在行政层级上低于相关职能部门，只能依托各级人民政府办公厅的行政权威才能有效开展协调工作。应急办主要职能是应急值守，综合协调职能发挥得并不充分。

第四，属地化的“责任下沉”机制。突发事件按照分级响应的原则，四个等级突发事件的响应主体分别对应于国务院、省（直辖市）、市（区）、县各级人民政府，国务院对特别重大或需要其协调的重大突发事件作出应急响应，其他级别的突发事件由地方政府按照“属地管理为主”原则应对。

总体上看，以“一案三制”为核心的应急管理体系有整体性设计，覆盖面广，虽然仍存在许多不足，但对成功应对 2008 年“汶川地震”、2010 年“玉树地震”“舟曲特大泥石流”、2013 年“芦山地震”和 2014 年“鲁甸地震”等重大自然灾害功不可没。

3. 综合应急管理阶段

第三代应急管理体系的主要特征是“综合应急管理”。这一阶段自 2018 年应急管理部成立之后至今，突出表现为从单一灾种走向全灾种的综合、“总体国家安全观”、防范化解重大风险、社会治理创新的重大实践特征。

第一，从单一灾种走向全灾种的综合。从强调全灾害管理走向重视全过程管理，在综合性和专业性之间进行取舍和权衡，从体制上建立和完善以应急管理部为牵头组织的多主体协同网络，从机制上逐步从准备、预防、减缓、响应和恢复五个环节实现应急管理的流程重塑。国家综合性消防救援队伍也在转型升级，围绕建强应急救援主力军和国家队，优化整合力量资源，加快构建全灾种、全领域、全覆盖的应急救援力量体系。

第二，“总体国家安全观”的实践。2014 年 4 月 15 日，习近平总书记在主持召开中央国家安全委员会第一次会议时，首次提出总体国家安全观，并系统提出“11 种安全”，要求统筹发展和安全，坚持人民安全、政治安全、国家利益至上有机统一。以人民安全为宗旨，以政治安全为根本，以经济安全为基础，以军事、科技、文化、社会安全为保障，健全国家安全体系，增强国家安全能力。从国家安全的角度对应急管理赋予更高的要求和使命，也在体制机制层面将特定种类的突发事件上升到更高层面的应急，突出表现为将生态环境类突发事件的应对从传统的安监部门剥离出，转为生态环境部门主管。

第三，防范和化解重大风险的实践。中共十九届三中全会提出防范和化解重大风险是未来三年工作的重中之重；党的十九大将防范化解重大风险与精准脱贫、污染防治并列为三大攻坚战，且放在三大攻坚战的首位；2019 年 1 月习近平在省部级主要领导干部坚持底线思维着力防范化解重大风险专题研讨班中强调“提高防控能力着力防范化解重大风险，保持经济持续健康发展社会大局稳定”。应急管理的全流程已覆盖风险防范化解工作，进而在其体制机制设计方面也对风险防范工作的机构设置、人员配备等进行充分考量和保障。

第四，联动开展社会治理创新的实践。中共十六届四中全会正式提出“社会管理创新”，中共十八届三中全会正式提出“社会治理创新”，中共十九届四中全会进一步提出“坚持和完善共建共治共享的社会治理制度，保持社会稳定、维护国家安全”。社会治理创新是对社会管理创新的发展，也是社会安全事件、社会治安稳定等领域的应急管理工作内容。实践中，新时代“枫桥经验”的实践和推广，信访制度的完善，人民调解、行政调解、司法调解联动工作体系，社会矛盾纠纷多元预防调处化解综合机制，专群结合、群防群治的社会治安防控体系，自治、法治、德治相结合的基层社会治理，网格化管理和服务，社会稳定风险评估机制等一系列社会治理创新的实践，为维护社会安全稳定、防范应对社会安全事件等作出重要贡献。

（四）我国应急管理体制机制的整体设计

当前，我国正在努力创建一套全新的应急管理制度、构建适应国家治理体系和治理能力现代化的应急管理体系，统一指挥、专常兼备、反应灵敏、上下联动、平战结合的中国特色应急管理体制正加快形成。根据《国家突发公共事件总体应急预案》和《应急管理部职能配置、内设机构和人员编制规定》（厅字

〔2018〕60 号）的相关规定，我国应急管理体制机制的主要结构如下：

1. 党中央、国务院是应急管理最高领导机构

党中央、国务院是应急管理的最高领导机构，负责制定和发布关于应急管理工作的方针政策和决策部署，并指定相关同志负责组织特别重大等级灾害的应急处置工作。

2. 各级应急管理部门统筹管理应急管理事务

根据第十三届全国人民代表大会第一次会议批准的国务院机构改革方案，2018 年 3 月设立应急管理部，是国务院组成部门，为正部级单位，统筹领导全国范围的应急管理事务。省（自治区、直辖市）、市、区县设置相应等级的应急管理部门。应急管理部贯彻落实党中央关于应急管理工作的方针政策和决策部署，在履行职责过程中坚持和加强党对应急管理工作的集中统一领导，集中整合了国家安全生产监督管理总局的职责，国务院办公厅的应急管理职责，公安部的消防管理职责，民政部的救灾职责，国土资源部的地质灾害防治、水利部的水旱灾害防治、农业部的草原防火、国家林业局的森林防火相关职责，中国地震局的震灾应急救援职责以及国家防汛抗旱总指挥部、国家减灾委员会、国务院抗震救灾指挥部、国家森林防火指挥部的原有部门的职责。按照分级负责的原则，一般性灾害由地方各级政府负责，应急管理部代表中央统一响应支援；发生特别重大灾害时，应急管理部作为指挥部，协助中央指定的负责同志组织应急处置工作，保证政令畅通、指挥有效。

应急管理部门坚持优化、协同、高效的原则，对内加强职能的融合和重塑，优化组织结构和运行机制，把分散体系变成集中体系，把低效资源变成高效资源。全面落实 24 小时在岗应急值守工作制度，初步建立安全生产常抓严管长效机制，推动落实安全生产责任制和自然灾害防治责任，探索建立应急响应专题会商机制，形成救援扁平化组织指挥模式、防范救援救灾一体化运作模式等，并形成了应对特别重大灾害“1 个响应总册 + 15 个分灾种手册 + 7 个保障机制”的应急工作体系。对外与 23 个相关部门加强沟通，处理好“统”与“分”的关系，界定好“防”与“救”的职责。应急管理部作为综合部门，承担安委会、减灾委和抗震救灾、防汛抗旱、森林草原防火等指挥协调机构的办事职责，承担统筹自然灾害防治的主要责任。“防”是各部门工作责任，涉灾部门在本行业领域负责预防工作，应急管理部门做好统筹协调和综合防范工作，“救”是应急管理部门的主要职责，涉灾部门要防止事态扩大，做到灭早灭小。

3. 应急管理的社会力量参与机制

应急管理工作除了党委、政府和专业力量的发挥，还需要发挥社会力量的作用。各级党委、政府和应急管理部门，坚持鼓励支持、引导规范、效率优先、自愿自助的原则，搭建社会组织、志愿者等社会力量全方位参与防灾减灾救灾工作的协调服务平台，按照分类分级的原则建立应急管理专家库、人才库、社会组织库等，为应急管理提供决策建议，协同开展减灾救灾、应急救援、灾后重建等工作。

（五）全球应急管理体制机制的典型架构

全球实践来看，不同国家的国体和政体的差异导致了应急管理的机构设置和职能设定上存在差异，现以美国、俄罗斯、日本的做法为示例。

1. 美国应急管理的机构设置和职能设定

美国在国土安全部（Department of Homeland Security，DHS）成立之前，应急管理由独立的联邦应急管理局（Federal Emergency Management Agency，FEMA）负责。2003 年 3 月联邦应急管理局和其他的 22 个联邦机构合并组成国土安全部[①]，国土安全部成为美国应急管理的专门机构，直接向总统负责，应急管理由总统全面领导。国土安全部由边境与交通安全、应急准备与回应、科学与技术、情报分析与基础设施保护和行政管理等相关部门组成，并设海岸警卫队、美国特工处、公民与移民服务局、州与地方政府协调办公室、私人部门联络办公室、总监察长办公室等机构，另有国土安全会议为国土安全部长提供有关国土安全的建议。此外，美国联邦层次的其他多个部门也参与应急管理，包括司法部、国防部、国务院等。

全国范围内，美国应急管理的实地操作主要在州和地方政府层次，在一般情况下由州和地方的行政长官（州长，市、县的管理者）负责，当超出管辖能力时请求联邦支持，由联邦政府的应急管理机构参与或负责。

2. 俄罗斯应急管理的机构设置和职能设定

俄罗斯的应急管理机构设置中，总统发挥着核心和决定性的作用。下设联邦安全会议[②]，于 1992 年 6 月 3 日成立，作为宪法规定的咨询机关，为总统起草有关安全问题的决议和文件；审议国家安全保障、武装力量发展、军事机构建设等

① 郭济等：《中央和大城市政府应急机制建设》，中国人民大学出版社 2005 年版，第二章。

② 郭济等：《中央和大城市政府应急机制建设》，中国人民大学出版社 2005 年版，第二章。

问题；从战略上评估实施国家政策基本方针实施进程、国内外有关国家安全的形势等；制定和修订保障国家安全的标准和指标；组织安全会议职权范围内的科研工作等。联邦安全会议的组织机构主要包括主席（一般由总统担任）、安全会议秘书（由总统进行任命和解雇，直接向总统报告）、成员（包括联邦安全局局长、联邦总统行政部门负责人、联邦国防部长、俄罗斯联邦总统在伏尔加联邦地区的全权代表、联邦海关局局长、联邦司法部长等）。紧急事件发生时，联邦安全会议启动“紧急决策机制”：安全会议秘书直接向总统汇报形势分析，预测和行动方案，然后由总统最终决策后，再由安全会议秘书负责贯彻执行。

3. 日本应急管理的机构设置和职能设定

1961 年日本出台《日本灾害对策基本法》(災害対策基本法/Basic Act on Disaster Control Measures)，确定了中央防灾会议领导下的综合性灾害对策体制，并逐步形成了由政府、社会团体、个人组成的全社会防灾体系。其中，中央防灾会议是日本防灾的最高行政权力机构，由日本首相担任中央防灾会议会长，委员由国务大臣和首相任命的资深学者组成;地方灾害管理机构为地方防灾会议,具体包括都道府县防灾会议和次一级的市街村防灾会议。为应对涉及两个以上行政区的灾害而共同制定防灾规划和灾害紧急措施需要,可设立地方防灾会议的协议会。

中央政府在内阁府（相当于国务院）设置中央防灾会议①（中央防災会議/ちゅうおうぼうさいかいぎ/Central Council of Defense Meeting）作为中央层面应急管理的专门机构，负责中央层面和全国范围的应急管理，具体职责主要包括制定国家防灾政策和规划并推行实施；协调应急和防灾中中央各部门之间、中央与地方以及地方公共机关之间的关系；协助制定并实施地区防灾规划；根据需要收集汇总防灾减灾相关信息；对地方灾害预防委员会或地方间联合委员会的工作提供建议和指令等。中央防灾会议由内阁总理大臣担任会长，成员由全体内阁成员、4 名指定公共机构长官（包括日本银行、日本红十字会、日本广播协会、日本电讯电话公司）、4 名专家学者组成，每年召开 4 次会议。中央防灾会议下设专业调查会，用以调查灾害相关的专门事项；下设干事会具体承担应急管理的相关工作。

除了中央防灾会议，日本中央省厅和内阁府其他相关部门根据其部门属性和

①《中央防災会議組織図》，防災情報のページ，2018 - 9 - 10，http://www.bousai.go.jp/taisaku/soshiki1/soshiki1.html。

职责，总务省（消防厅）、法务省、外务省、财务省、文部科学省、厚生劳动省、经济产业省（中小企业厅、资源能源厅、核能安全、保安院）、农林水产省、国土交通省（国土地理院、气象局、海上保安厅）、环境省、防卫省等[①]也有相对应的应急管理和防灾减灾的职责。

三、事前的防灾备灾重点工作

（一）防灾备灾的界定与内涵

1.“防灾”的界定和内涵

“防灾”是指预防灾害，主要通过对可能引发突发事件的风险进行评估与整治而实现。根据《突发事件应对法》，各级人民政府和有关单位，需对本行政区域内和本单位负责范围内的容易引发自然灾害、事故灾难、公共卫生事件、社会安全事件的危险源、危险区域进行调查、登记、风险评估，定期进行检查、监控，并责令有关单位采取安全防范措施，及时消除事故隐患，防止发生突发事件、矛盾激化和事态扩大。

防灾已成为应急管理的首要工作。当前我国应急管理坚持以防为主、防抗救相结合的原则，努力实现从注重灾后救助向注重灾前预防转变，从应对单一灾种向综合减灾转变，从减少灾害损失向减轻灾害风险转变，提高防灾减灾救灾能力，防范化解重特大安全风险。对此，要健全风险防范化解机制，加强风险评估和监测预警，从源头上防范化解重大安全风险，加强对危险化学品、矿山、道路交通、消防等重点行业领域的安全风险排查，提升多灾种和灾害链综合监测、风险早期识别和预报预警能力，真正把问题解决在萌芽之时、成灾之前。

2.“备灾”的界定和内涵

“备灾”是指应急准备。联合国难民署将应急准备定义为“制订计划与采取一定行动，以确保拥有应对预期危机的足够资源与具备配置资源的能力，通过预防性的行为实现使危机的负面影响最小化的过程”[②]；美国《国家危机准备指导方针》(National Preparedness Guidelines)[③] 将应急准备界定为“为建立、维持和

---

①《日本的灾害对策》，日本内閣府ホーム，2011－2/2018－9－10，http://www.bousai.go.jp/1info/pdf/saigaipanf_c.pdf。

② UNDP：《Disaster Preparedness（Second Edition）》，DHA/UNDRO－DMTP－UNDP，1994：66.

③ DHS：《National Preparedness Guidelines（formerly the National Preparedness Goal）》，2007－9/2018－9－10，https://www.fema.gov/pdf/emergency/nrf/National_Preparedness_Guidelines.pdf.

改进现有的能力而采取的一系列活动，旨在预防、应对和修复危机事件”。基于此，本书“备灾”是指为应对常见灾种和频发危机，应急管理主体在制定应急预案、设置应急机构、落实应急保障、建设应急队伍等多方面所做的事前准备工作。

设置应急机构对应体制机制建设是应急综合准备的基础，遵循“三定方案”原则，构建起应急管理工作机制和组织体系，并通过机构编制实现机构的更新升级和动态平衡。制定应急预案是应急综合准备的抓手，以提前设置应急方案的形式，将应急管理涉及的体制设置、机制运行、法制保障等多方面内容予以整合，从而形成指导、预防与处置突发事件的规范性文件，将在本书的第二章第三节重点介绍。本节将对落实应急保障、建设应急队伍进行重点介绍。

（二）应急物资储备保障

应急物资储备保障，是落实用于满足应急管理和突发应急处置全流程工作顺利进行的人、物、技术、制度等一系列保障性资源与支持。应急机构和人员如何履行职责、应急预案能否发挥作用，最终靠的是相应的综合应急保障能否到位和落实。做好综合保障，备灾工作才算真的“落地”，才有可能“有用”。根据《突发事件应对法》《国家突发公共事件总体应急预案》及四类突发事件应急预案等相关规定，各有关部门要按照职责分工和相关预案，提前做好应对突发公共事件的人力、物力、财力、交通运输、医疗卫生及通信等多方面物资储备和保障等工作，保证应急救援工作的需要、灾区群众的基本生活和恢复重建工作的顺利进行。

1. 人力资源保障

以综合性消防救援队伍、解放军和武警部队为核心，以各类专业应急救援队伍为基础，以社会应急力量为补充的应急救援队伍建设是人力资源保障的核心。公安（消防）、医疗卫生、地震救援、海上搜救、矿山救护、森林消防、防洪抢险、核与辐射、环境监控、危险化学品事故救援、铁路事故、民航事故、基础信息网络和重要信息系统事故处置以及水、电、油、气等工程抢险救援队伍是应急救援的专业队伍和骨干力量。

2. 物资保障

要建立健全应急物资监测网络、预警体系和应急物资生产、储备、调拨及紧急配送体系，完善应急工作程序，确保应急所需物资和生活用品的及时供应，并加强对物资储备的监督管理，及时予以补充和更新。地方各级人民政府应根据有关法律、法规和应急预案的规定做好物资储备工作。

3. 财力保障

要保证所需突发公共事件应急准备和救援工作资金。对受突发公共事件影响较大的行业、企事业单位和个人要及时研究提出相应的补偿或救助政策。要对突发公共事件财政应急保障资金的使用和效果进行监管和评估。鼓励自然人、法人或者其他组织（包括国际组织）按照《中华人民共和国公益事业捐赠法》等有关法律、法规的规定进行捐赠和援助。

4. 交通运输保障

常态时，应完善铁路、公路、水路、民航等应急运力储备，加强灾害多发易发地区航空应急服务基地建设，并建立健全应急物流体系，从而保证紧急情况下应急交通工具的优先安排、优先调度、优先放行，确保运输安全畅通。要依法建立紧急情况社会交通运输工具的征用程序，确保抢险救灾物资和人员能够及时、安全送达。

5. 医疗卫生保障

加强突发急性传染病防控队伍和医疗卫生应急专业技术队伍建设，推进国家紧急医学救援基地和区域紧急医学救援中心建设，健全各级紧急医学救援队伍，支持红十字会等社会卫生力量发展，从而保障突发事件发生后能够根据需要及时赴现场开展医疗救治和疾病防控，及时为受灾地区提供药品、器械等卫生和医疗设备。

6. 灾民生活保障

做好受灾群众的基本生活保障工作，确保灾区群众有饭吃、有水喝、有衣穿、有住处、有病能得到及时医治。

7. 治安维护与秩序保障

常态时，加强公安特警队伍建设，强化防暴制暴、攻击防护等装备配备，提高公安特警应急处突、反恐维稳能力，从而保障紧急状态下对重点地区、重点场所、重点人群、重要物资和设备的安全保护和秩序维护。必要时，依法采取有效管制措施，控制事态，维护社会秩序。

8. 疏散避难保障

城乡规划应当符合预防、处置突发公共事件的需要，统筹安排应对突发公共事件所必需的设备和基础设施建设，建立与人口密度、城市规模相适应的应急避险场所，完善紧急疏散管理办法和程序。

9. 通信保障

建立健全应急通信、应急广播电视保障工作体系，完善公用通信网，建立有线与无线相结合、基础电信网络与机动通信系统相配套的应急通信系统，确保突发公共事件应对工作的通信畅通。

10. 公共设施保障

常态时，应强化城市公共安全风险管理，做好“海绵城市”、房屋建筑、城市桥梁、轨道交通、地下综合管廊和管线、大型游乐设施等风险评估、安全监管、设施建设。危态中，有关部门要按照职责分工，分别负责煤、电、油、气、水的供给以及废水、废气、固体废弃物等有害物质的监测和处理。

（三）应急救援力量建设

应急救援力量建设是“备灾”的重点内容，遵循专群结合、专常兼备、平战结合的原则，应做好应急力量的系统部署和全面建设。习近平总书记强调，要加强应急救援队伍建设，采取多种措施加强国家综合性救援力量建设，建设一支专常兼备、反应灵敏、作风过硬、本领高强的应急救援队伍。

1.“四位一体”的应急救援力量系统布局

当前我国应急救援力量已形成“四位一体”的国家综合性救援力量体系：国家综合性消防救援队伍发挥应急救援主力军和国家队作用、各类专业应急救援队伍发挥重要协同和专业处置作用、社会应急力量发挥辐射带动作用、人民解放军武装部队军事行动力量发挥重特大灾害事故突击抢险救援作用。

第一，国家综合性消防救援队伍。主要由消防救援队伍和森林消防队伍组成，共编制19万人，是我国应急救援的主力军和国家队，承担着防范化解重大安全风险、应对处置各类灾害事故的重要职责。转制前，主要履行防火、灭火职责，在救援方面仅限于以抢救人员生命为主的应急救援任务。转制后，围绕发挥应急救援主力军和国家队作用，对标“全灾种、大应急”任务需要，一方面坚持预防为先，全力防范化解重大安全风险；另一方面在继续履行灭火救援职责的基础上，承担起水灾、旱灾、台风、地震、泥石流等自然灾害和交通、危险化学品等事故的应对处置任务。

第二，各类专业应急救援队伍。主要由地方政府和企业专职消防、地方森林（草原）防灭火、地震和地质灾害救援、生产安全事故救援等专业救援队伍构成，是国家综合性消防救援队伍的重要协同力量，担负着区域性灭火救援和安全生产事故、自然灾害等专业救援职责。另外，交通、铁路、能源、工信、卫生健康等行业部门都建立了水上、航空、电力、通信、医疗防疫等应急救援队伍，主要担负行业领域的事故灾害应急抢险救援任务。

第三，社会应急力量。截至2019年，官方统计社会应急队伍有1200余支，依据人员构成及专业特长开展水域、山岳、城市、空中等应急救援工作。另外一些单位和社区建有志愿消防队，属群防群治力量。社会应急力量重点围绕规范有序发展，发挥辐射带动作用，提高公众防灾避险意识和自救互救水平进行建设，形成政府主导、属地管理、配合有力、全社会参与的应急工作格局。

第四，人民解放军和武装部队是我国应急处置与救援的突击力量，担负着重特大灾害事故的抢险救援任务。军队非战争军事行动力量纳入国家应急力量体系建设，建立健全军地协调联动机制，确保大灾大难时协调有序、指挥顺畅、联动高效。

2. 多元并进、专业高效的应急救援力量建设

“四位一体”的应急救援力量布局，多元并进。采取与地方专业队伍、志愿者队伍相结合和建立共训共练、救援合作机制等方式，强化战斗力建设，抓紧补短板、强弱项，提高各类灾害事故救援能力。当前，适应“全灾种”救援需要，分区域在全国布点建设了27支地震、山岳、水域、空勤专业队，以及2个消防救援搜救犬培训基地，在各省组建了机动支队、抗洪抢险救援队，各地同步组建了246支工程机械救援队、2800余支各类专业队，在边境线组建了6支跨国境森林草原灭火队，在黑龙江和云南分别建设了南方、北方空中救援基地，并在拉动和实战中锤炼队伍、磨合机制，提升综合救援能力。

3. 区域应急救援中心的科学部署与建设

科学建设区域应急救援中心，要坚持少而精的原则，打造尖刀和拳头力量，按照就近调配、快速行动、有序救援的原则。国家区域应急救援中心是国家应对特别重大灾害的专业性区域应急指挥协调中心和物资储备调运基地，应急管理部在东北（大庆市萨尔图区）、西北（兰州新区）、华中、西南（成都市淮州新城）、东南沿海建设五个国家区域应急救援中心，主要承担应对特别重大灾害时就近快速响应、现场救援、跨区域投送应急资源、协助灾区党委和政府实施专业指挥协调等职责，具备指挥协调、综合救援、培训演练、物资储备和航空保障等基本功能。与此同时，部分省份也在积极行动：山东省设立省森林火灾（泰安）、危险化学品事故灾害（淄博）、自然灾害（济南）、矿山和地质灾害（济宁）、海洋灾害（青岛）5个区域应急救援中心，作为全省区域应急指挥中心、

作战支援基地、专业攻坚力量和综合培训实体，承担重特大灾害事故快速响应、综合救援、安全保障、专业指导、持续保障等任务。

第二节　分类分级是科学防灾的基础

一、突发事件分类分级的通行标准

（一）突发事件的分类标准

突发事件的数量繁多、类型多样。根据不同的标准，可对突发事件进行不同的分类。通过突发事件分类，能够将复杂的突发事件分门别类，实现精细化的突发事件管理，提升突发事件管理实际操作的可行性和科学性。突发事件通常从以下六个维度进行分类研究：

（1）从基本性质进行分类，可分为自然突发事件（如自然灾害、某些传染病）和人为突发事件（如恐怖活动、犯罪行为、破坏性事件）等。

（2）从影响范围进行分类，可分为国际突发事件、国内突发事件、组织突发事件等。

（3）从主要成因进行分类，可分为政治突发事件、经济突发事件、社会突发事件、价值突发事件等。

（4）从采取手段进行分类，可分为和平方的冲突方式（如静坐、示威、游行）和暴力性的流血冲突方式（如恐怖活动、社会骚乱、战争）。

（5）从复杂程度和可控性进行分类，可分为结构良好的突发事件和结构不良的突发事件。

（6）从演变过程进行分类，可分为能量积累型的突发事件（如地震、火山爆发）和级联放大型的突发事件（如金融危机）。

（二）突发事件的分级依据

按照突发事件的性质、范围、危害的不同，可以将突发事件分为不同的等级，从而确定由不同层级的政府负责应急处置，在事中根据级别启动相应的应急预案，采取相应规模的处置措施，动用不同的人力、物力、财力开展应急处置和救援工作，在事后根据级别追究相关责任单位或责任人。综上，分级便于高效化的应急管理，有利于提高突发事件应急处置的效率并明确责任。

实践中通常按照突发事件导致的损害程度进行分级，损害程度越大则突发事件级别越高。例如：美国国家航空航天局（National Aeronautics and Space Administration）根据财产损失和人员伤亡情况，将航空事故分为五级①；国际海事组织（International Maritime Organization）根据事故导致的财产损失、伤亡和职业病的严重程度，将海事事故划分为三级②；英国安全卫生执行局（Health and Safety Executive）根据事故对人造成的影响，将公共安全事故分为三级③。

二、我国突发事件的法定四类四级

（一）我国的四类突发事件

根据《突发事件应对法》等相关法律法规，突发事件按照发生过程、性质和机理主要分为自然灾害、事故灾难、公共卫生事件、社会安全事件四类。

1. 自然灾害（Natural Disasters）

自然灾害是指由于自然异常变化造成的人员死伤、财产损失、社会失序、资源被破坏等一系列后果的突发事件，具有不可抗力、破坏程度大、恢复难度大等特征。我国是全球自然灾害最严重的国家之一，灾害种类多、发生频率高、灾变强度大、影响范围广。频发多发的自然灾害主要包括气象灾害、海洋灾害、水旱灾害、地质灾害、地震灾害、生物灾害和森林草原火灾等。

2. 事故灾难（Calamitous Accidents）

事故灾难是指在人类生产生活过程中发生的，直接由人类活动引发，并且造成人员伤亡、经济损失或环境污染的突发事件，具有环境较复杂、救助难度较大、救助专业性要求高等特征。我国常发的事故灾难主要包括安全生产事故、交通运输事故、公共设施和设备事故、辐射事故、环境污染和生态破坏事件等。

3. 公共卫生事件（Public Health Accidents）

公共卫生事件是指突然发生、造成或者可能造成社会公众身心健康严重损害的突发事件，具有诱因复杂、影响面广、控制难度大、应对专业性强等特征。我国常见的公共卫生事件主要包括传染病疫情、群体性不明原因疾病、食品安全事件、职业危害、动物疫情及其他严重影响公众健康的突发事件。

---

①《美国国家航空航天局事故和危机报告、调查和记录保持的程序性要求》，美国国家航空航天局（NASA）公开文件 NPR 8621. 1B。

②《事故调查、报告和记录保持》，美国国防部（Department of Defense）公开文件 DoDI 6055. 7。

③《职业安全卫士评估标准》（OHSAS 18001），英国安全卫生执行局（Health and Safety Executive）公开文件。

4. 社会安全事件（Public Security Incidents）

社会安全事件是指因人为因素引起，由极端敌对分子制造或人民群众参与，有一定组织性和目的性，对社会公共秩序、群众人财安全、政府公共管理造成负面影响的突发性公共事件，具有影响恶劣、成因复杂、急剧爆发、处置不当易导致恶性衍生灾害等特征。我国常见的社会安全事件主要包括恐怖袭击事件、民族宗教事件、经济安全事件、涉外突发事件和群体性事件等。

（二）我国的四级突发事件

根据《突发事件应对法》等相关法律法规，按照其性质、严重程度、可控性和影响范围等因素，将突发事件分为特别重大、重大、较大、一般四级①，不同类别突发事件的精细化分级标准由国务院或者国务院确定的部门制定，旨在落实应急管理的责任和提高应急处置的效能。就整个国家而言，四级的划分依据和标准分别是：

第Ⅰ级：特别重大（Especially Serious）：一般由国务院负责组织处置，如“5·12”汶川地震（2008年）、“东方之星”轮翻沉事件（2015年）、“8·12”天津港瑞海公司危险品仓库特别重大火灾爆炸事故（2015年）、“12·20”广东深圳光明新区渣土受纳场特别重大滑坡事故（2015年）等。

第Ⅱ级：重大（Serious）：一般由省（直辖市、自治区）级政府负责组织处置，如“12·31”上海外滩陈毅广场拥挤踩踏事件（2015年）、“11·18”北京大兴西红门镇重大火灾事故（2017年）等。

第Ⅲ级：较大（Relatively Serious）：一般由市级政府负责组织处置。

第Ⅳ级：一般（Common）：一般由县级政府负责组织处置。

以安全生产事故为例，分级依据具体见表1-3。

表1-3　突发事件分级的标准和依据（以安全生产事故为例）

事故分级	事故分级的标准
特别重大事故（Ⅰ级）	造成30人以上死亡，或者100人以上重伤（包括急性工业中毒，下同），或者1亿元以上直接经济损失的事故
重大事故（Ⅱ级）	造成10人以上30人以下死亡，或者50人以上100人以下重伤，或者5000万元以上1亿元以下直接经济损失的事故

①《中华人民共和国突发事件应对法（英文版）》，中国人大网，2009-2-20，http://www.npc.gov.cn/englishnpc/Law/2009-02/20/content_1471589.htm。

表1-3（续）

事故分级	事故分级的标准
较大事故（Ⅲ级）	造成3人以上10人以下死亡，或者10人以上50人以下重伤，或者1000万元以上5000万元以下直接经济损失的事故
一般事故（Ⅳ级）	造成3人以下死亡，或者10人以下重伤，或者1000万元以下直接经济损失的事故

来源：《生产安全事故报告和调查处理条例》（国务院令第493号）。

三、复杂环境的突发事件分类分级

（一）安全生产风险的精细化分类

在安全生产领域，根据突发事件应急管理和风险治理工作的需要，安全生产风险的分类分级逐步精细化、专项化，并根据具体行业领域、具体管理主体和对象而呈现不同维度的分类对象或分级标准。

第一，按照导致事故的直接原因分类，《生产过程危险和有害因素分类与代码》（GB/T 13861—2009）将生产过程危险和有害因素分为4个大类、15个中类。其中的4个大类分别为：

（1）人的因素（Hominine Factors）。是指在生产活动中，来自人员或人为性质的危险和有害因素。

（2）物的因素（Material Factors）。是指机械、设备、设施、材料等方面存在的危险和有害因素。

（3）环境因素（Environment Factors）。是指生产作业环境中的危险和有害因素。

（4）管理因素（Management Factors）。是指管理和管理责任缺失所导致的危险和有害因素。

第二，按照最终的事故类型分类，《企业职工伤亡事故分类》（GB 6441—1986）根据导致事故的原因、致伤物和伤害方式等将危险因素分为20类，分别为物体打击、车辆伤害、机械伤害、起重伤害、触电、淹溺、灼烫、火灾、高处坠落、坍塌、冒顶片帮、透水、放炮、火药爆炸、瓦斯爆炸、锅炉爆炸、容器爆炸、其他爆炸、中毒和窒息、其他伤害。

第三，按照影响人的职业健康分类，职业病危害因素是指职业活动中存在的各种有害的化学、物理、生物因素以及在作业过程中产生的其他职业有害因素。根据卫计委颁发的《职业病危害因素分类目录》(2002 年颁发，2015 年最新修订)，将职业病危害因素按性质分为六大类，分别为粉尘（52 小类）、化学因素(375 小类)、物理因素（15 小类)、放射性因素（8 小类)、生物因素（6 小类)、其他因素（3 小类)。

（二）专项领域风险的专业化分级

针对专项行业领域和专业设施设备，其安全隐患和风险的分级更加精细化和专业化。现以危险化学品重大危险源风险、城市火灾风险、社会稳定风险为例予以说明。

1. 危险化学品重大危险源的风险定级

国家标准《危险化学品重大危险源辨识》(GB 18218—2018）明确危险化学品应依据其危险特性及其数量进行重大危险源辨识，可分为生产单元危险化学品重大危险源和储存单元危险化学品重大危险源，其分级标准应采用单元内各种危险化学品实际存在量与其相对应的临界量比值，经校正系数校正后的比值之和 R 作为分级指标。根据计算出来的 R 值确定危险化学品重大危险源的级别（$R \geqslant 100$ 为一级、$100 > R \geqslant 50$ 为二级、$50 \geqslant R > 10$ 为三级、$R < 10$ 为四级)。

2. 城市火灾风险定级

原公安部消防局《火灾高危单位消防安全评估导则（试行)》以及《广东省火灾高危单位消防安全管理规定》(粤府办〔2014〕10 号)、《上海市火灾高危单位界定标准》(2013 版)、《福建省火灾高危单位消防安全管理规定》、重庆市《火灾高危单位消防安全评估规程》(DB50/T 632—2015）等地方规定对于火灾高危风险给出专业化的具体分级标准。其中，原公安部消防局印发的《火灾高危单位消防安全评估导则（试行)》指出“容易造成群死群伤火灾的下列单位是火灾高危单位：①在本地区具有较大规模的人员密集场所；②在本地区具有一定规模的生产、储存、经营易燃易爆危险品场所单位；③火灾荷载较大、人员较密集的高层、地下公共建筑以及地下交通工程；④采用木结构或砖木结构的全国重点文物保护单位；⑤其他容易发生火灾且一旦发生火灾可能造成重大人身伤亡或者财产损失的单位。”

3. 社会稳定风险定级

结合《国家发展和改革委员会办公厅关于印发重大固定资产投资项目社会稳定风险分析篇章和稳评报告编制大纲（试行）的通知》(发改办投资〔2013〕

428 号）的相关要求和《福建发展改革委印发关于重大固定资产投资项目社会稳定风险评估暂行办法的通知》（闽发改投资〔2013〕826 号）、《上海市重点建设项目社会稳定风险评估篇章（报告）编制指南（试行）》等地方规定，重大项目社会稳定风险的定级标准见表 1－4。

表 1－4　重大项目社会稳定风险定级标准

项目		风险等级		
		高风险 （重大负面影响）	中风险 （较大负面影响）	低风险 （一般负面影响）
评估维度	总体描述	大部分群众对项目有意见、反应特别强烈，可能引发大规模群体性事件	部分群众对项目有意见、反应强烈，可能引发矛盾冲突	多数群众理解支持但少部分人对项目有意见，通过有效工作可防范和化解矛盾
	单因素风险程度	2 个及以上重大或 5 个及以上较大单因素风险	1 个重大或 2～4 个较大单因素风险	1 个较大或 1～4 个一般单因素风险
	整体综合风险指数	>0.64	0.36～0.64	<0.36
	调查结果	采用面向特定对象征求意见的方式，征求意见结果明确反对者超过 33%	采用面向特定对象征求意见的方式，征求意见结果明确反对者占 10%～33%	采用面向特定对象征求意见的方式，征求意见结果明确反对者低于 10%
	可能引发的风险事件	大规模群体性事件，如围堵施工现场、堵塞交通、冲击党政机关、集体械斗、聚众闹事、人员伤亡等	一般群体性事件，如集体上访、静坐请愿、非法集会/集体散步、示威、堵塞或阻断交通、媒体（网络）出现负面舆情等	个体矛盾冲突，如个体信访、静坐、散发宣传品、挂横幅、网络散布谣言或负面信息等
	风险事件参与人数	单次事件 200 人以上	单次事件 10～200 人	单次事件 10 人以下
	风险接受准则	风险水平高，项目必须严格实施削减风险的应对措施	风险水平较高，必须实施削减风险的应对措施	风险水平一般，当前应对措施有效，可不必采取额外技术、管理方面的预防措施

注：综合考虑上述条件后确定项目总体风险等级。

（三）城市安全风险分类分级遵循管理导向

在城市安全风险评估等相关工作中，一般遵循管理导向，从有效管理和控制各类城市安全风险入手，对风险进行分类分级，进而对风险制定合理管控措施、明确管控责任部门、制定管控方案等。

城市安全风险的分类一般依据各相关部门的评估对象、要求以及特定时间、空间特点来确定。总体而言，城市安全风险评估范围应涵盖城市工业企业、城市人员密集场所、城市公共设施和其他城市风险，城市安全风险的分类标准见表1-5。

表1-5 城市安全风险的分类标准

分　类	详细分类示例
城市工业企业风险	包括各类具有有毒有害、易燃易爆的物质和能量易发生火灾爆炸等事故的工业企业。主要涵盖重大风险源企业；危险化学品生产企业；危险化学品经营企业；使用、储存危险化学品达到一定数量的工矿商贸企业；危险化学品运输企业；民爆企业和烟花爆竹仓库；涉氨、涉氯企业；LPG、LNG加气站/储配站；加油站；港口码头/铁路货运站/机场货运危险化学品堆场；粉尘涉爆企业；锂离子电池生产、加工及储存企业；电镀企业；气瓶充装企业；新能源充电设施；再生资源回收站；汽车/铁路/船舶/航空航天和其他运输设备制造及维修企业；钢铁冶金有色企业；建筑施工企业；劳动密集型企业；矿山等
城市人员密集场所风险	包括人群高度集中、流动性大、易发生群死群伤事故的场所及大型活动。人群密集场所主要涵盖城中村；超高层建筑；大型商场（含地下商城）、专业市场、城市综合体；宾馆、酒店、饭店；地铁枢纽站；客运车站；口岸；客运码头；民用机场；学校及托幼机构；福利院；养老机构及救助站；人流量大的医院、公共娱乐场所、图书馆、体育场馆、博物馆、旅游景区（景点）、宗教场所；大型群众性集会活动场所等城市人员密集场所。大型群众性集会活动主要涵盖体育赛事、户外运动、文艺演出、演唱会、游园、灯会、庙会、花会、焰火晚会等
城市公共设施风险	包括影响城市正常生产生活的各类重要设备及城市生命线工程设施。主要涵盖城市轨道交通设施（地铁、轻轨列车）；公路交通（客运班车、旅游包车、重型货车和汽车、建设施工单位散装物料车、校车、教练车等重点交通运输设备设施）；水上交通（商船、游船、渡船、渔业船舶）；水利工程；电力工程；隧道桥梁（含高架桥、立交桥）；管线管廊（燃气、石油、天然气、水、电等）；老旧电梯及大型游乐设施；玻璃幕墙；户外广告牌；危险边坡（淤泥渣土受纳场、垃圾填埋场和焚烧站等重点设备设施）
其他城市风险	不属于以上三类的城市风险，如可能造成坍塌、滑坡等因自然灾害因素引发的各类地质灾害部位。地质灾害部位类主要涵盖易受台风、暴雨影响而引发事故的设备设施和重点地质灾害点；城市低洼区；暗渠化河道；河道上盖建筑、老旧建筑（含历史违法建筑）；交通事故易发多发路段以及易发生滑坡、泥石流、塌陷、沉降、地裂缝等地质灾害和内涝灾害等重点区域和部位

来源：河南省地方标准《城市安全生产风险评估规范》。

城市安全风险应针对各企业、各行业领域、各街镇（园区）情况，对不同类别的安全风险采用相应的风险评估方法，实现区域风险量化评估，对此城市安全风险应形成科学的分级标准，见表1-6。

表1-6　城市安全风险的分级标准

分　类	详细分级示例
重大风险（红色标识）	（1）层次分析计算结果权重0.4以上。 （2）重大风险数量占全部风险数量30%以上。 （3）较大及以上风险数量占全部风险数量的50%以上。 （4）重点行业、领域较大及以上风险数量占全部风险数量30%以上。 （5）人口密度＞20000人/平方千米且重大风险数量10个以上。 （6）个人风险和社会风险不可接受
较大风险（橙色标识）	（1）层次分析计算结果权重0.2~0.4。 （2）重大风险数量占全部风险数量10%以上。 （3）较大及以上风险数量占全部风险数量的30%以上。 （4）重点行业、领域较大及以上风险数量占全部风险数量10%以上。 （5）人口密度＞10000人/平方千米且重大风险数量5个以上。 （6）个人风险或社会风险不可接受
一般风险（黄色标识）	（1）层次分析计算结果权重0.05~0.2。 （2）重大风险数量占全部风险数量5%以上。 （3）较大及以上风险数量占全部风险数量的10%以上。 （4）重点行业、领域较大及以上风险数量占全部风险数量5%以上。 （5）人口密度＞1000人/平方千米且较大及以上风险数量5个以上。 （6）个人风险和社会风险应尽可能降低
低风险（蓝色标识）	（1）层次分析计算结果权重0.05以下。 （2）重大风险数量占全部风险数量5%以下。 （3）较大及以上风险数量占全部风险数量的10%以下。 （4）重点行业、领域较大及以上风险数量占全部风险数量5%以下。 （5）个人风险和社会风险可接受

来源：《天津市安委会关于印发城市安全风险评估工作指导意见的通知》。

第三节　风险评估是防灾备灾的前提

一、风险评估的目标和意义

风险评估是防灾备灾的基础工作，在实际操作中通常称为“隐患排查”，是指在对突发事件分类分级的基础上，中央、省级、市级（设区）、县级、乡级及其相关部门和组织人员需通过定期检查、实时监控、风险调查、检验检测等一系列工作，及时发现可能存在的安全隐患和事故风险。

我国《突发事件应对法》《国家突发公共事件总体应急预案》《国家突发公共事件应急体系建设“十三五”规划》对四类突发事件的风险评估作了相关要求和规划：

第一，四类突发公共事件的共性风险评估。具体包括：对易引发危机的危险源、危险区域进行调查、登记、风险评估，定期进行检查、监控；建立健全安全管理制度，定期检查安全防范措施的落实情况，及时消除事故隐患；完善预测预警机制，建立预测预警系统，开展风险分析，做到早发现、早报告、早处置等。

第二，自然灾害的风险评估。具体包括：开展自然灾害综合风险调查，编制自然灾害风险图和自然灾害综合区划图，推进自然灾害风险、综合减灾能力调查与评估等。

第三，事故灾难的风险评估。具体包括：重要设施设备、高危行业领域、高危生产环节应及时排查和消除隐患；公共场所类和人员密集类场所应定期检测其监测预警和应急救援的设备设施；基础性行业业务系统和关键信息基础设施应做好风险管控和隐患排查等。

第四，公共卫生事件的风险评估。具体包括：对高危环境、重点领域、关键物品做好风险监测和检验检测，及时发现突发公共卫生事件等。

第五，社会公共安全事件的风险评估。具体包括：及时掌握并处理可能引发社会安全事件的问题，防止矛盾激化和事态扩大；完善重大决策社会稳定风险评估机制等。

二、风险评估的流程与环节

无论是科学研究还是实际操作，风险评估基本可分为风险识别、风险分析、风险定级三个环节。现以《公共事务活动风险管理指南》（GB/T 33455—2016）为基础，对三个环节进行介绍。

（一）风险识别

风险识别是通过识别风险源、影响范围、事件及其原因和潜在的后果等，生成一个全面的风险清单，全面、系统和准确地描述风险状况。

风险识别不仅要考虑有关事件可能带来的损失，也要考虑其中蕴含的机会。进行风险识别时要掌握相关的和最新的信息，必要时需包括适用的背景信息，特别是法律法规的变化情况、近期发生的风险事件案例以及利益相关者信息。识别风险需要所有相关人员的参与，选择适合于其目标、能力及其所处环境的风险识别工具和技术。

为保证风险识别的全面性、准确性和系统性，可构建符合需求的风险识别框架。一般而言可选择的风险识别框架包括根据法律法规识别、根据管理目标识别、根据以往发生的案例识别、根据利益相关者识别、根据外界关注热点识别、根据组织机构设置识别、根据工作流程分析、根据环境识别等。

对查找出的风险事件进行归类并进行适当描述，必要时对每个风险设置相应的编号和名称。然后，将这些风险事件统一列表，列示每一风险发生的概率、可能产生的后果、可能发生的时间、涉及部门/岗位、责任人员、涉及利益相关者、适用管理依据等信息，形成风险清单。考虑到内外环境的不断变化，有必要对风险清单进行定期更新和持续升级。

（二）风险分析

风险分析是指对识别出的风险，考虑导致风险事件发生的原因和来源、风险事件的正面和负面的后果及其发生的可能性、影响后果和可能性的因素、不同风险及其风险源的相互关系，还要考虑现有的管理措施及其效果和效率，以及风险的其他特性，对其进行定性和定量分析，为接下来的风险定级、风险应对、风险管理等工作提供支持。

根据风险分析的目的、获得的信息数据和资源，风险分析可以是定性的、半定量的、定量的或以上方法的组合。一般情况下，首先采用定性分析，初步了解风险等级和揭示主要风险。适当时，进行更具体和定量的风险分析。

风险分析的因素包括但不限于制度的完善程度与执行力度、利益相关者的综合状况、执行人员素质、所涉及工作的频次、外部环境的影响程度和稳定性、过去发生的类似风险事件的情况、所处领域的特殊性和规律性、后果的类型、后果的严重程度、社会敏感度等。

风险分析的结果可通过专家意见确定，可通过对事件或事件组合的结果分析来确定，可利用相关历史数据来推导确定，可利用故障树和事件树等建模方法来预测，也可通过对实验研究或可获得的数据推导确定。对后果的描述可表达为有形或无形的影响，在某些情况下可能需要多个指标来确切描述不同时间、地点、类别或情形的后果。在风险分析中，应考虑组织的风险承受度及其对前提和假设的敏感性，并适时与决策者和其他利益相关者有效地沟通。另外，还要考虑可能存在的专家观点中的分歧及数据和模型的局限性。

（三）风险定级

风险定级也称为风险评价，是将风险分析的结果与组织的风险准则比较，或者在各种风险的分析结果之间进行比较，确定风险等级，以便做出风险应对的决策。

在可能和适当的情况下，可采取以下步骤进行风险定级：

（1）在风险分析的基础上，对风险进行不同维度的排序，包括风险事件发生可能性的高低、后果严重程度的大小以及社会敏感度的高低，以明确风险对利益相关者的影响程度。

（2）在风险水平排序的基础上，对照风险准则可以对风险进行分级，具体等级划分的层次可以根据实际情况设定。

（3）在风险排序和分级的基础上，根据管理需要，可以进一步确定需要重点关注和优先应对的风险。

考虑公共政策、公共决策、公共活动、公共事务等的公共特性，党政部门的风险定级标准可能更为多元化，除了安全、经济、管理等方面的考虑，还需考虑合法性、合理性、科学性、可行性甚至习俗、责任、道德等一系列的社会指标，更为复杂。

三、风险评估的方法和操作

（一）风险评估的常用方法简介

风险评估方法可采用定性、半定量、定量方法中的一种或几种方法的组合，应用于风险识别、风险分析、风险定级或风险评估的全流程。一般而言，采用定性分析的情形主要包括：作为初选，以决定此风险是否需要进行进一步的分析；使用定性分析便可做出决策，不需投入更多的时间和精力；没有足够的资料和资源进行定量分析或无法赋值。而定量分析可利用模型模拟、试验研究或历史数据外推等方法。风险评估的常见方法见表1－7，具体实施中根据需要选择合适的风险评估方法。

表1－7 风险评估的常见方法简介

序号	评估方法	简介	方法类型
1	检查表法	按事先编制的有标准要求的检查表逐项检查，并按规定赋分标准赋分评定安全等级，多用于各类系统的设计、验收、运行、管理、事故调查	定性
2	案例分析法	对给定的案例材料进行分析，掌握风险事件发展规律和关键控制点，并应用于本部门、本事务的风险识别	定性
3	头脑风暴法	邀请利益相关者和专家代表，营造自由的讨论环境使与会者畅所欲言，充分交流看法，作为进一步分析的基础	定性
4	类比法	利用类比作业场所检测、统计数据分级和事故统计分析资料类推，多用于职业安全卫生评价作业条件、岗位危险性评价	定性
5	神经网络法	利用人工神经网络，建立数据处理模型，测算风险值的方法，多用于建设项目社会稳定的评估	定性
6	德尔菲法	专家意见的反馈匿名函询法，其大致流程是在对所要预测的问题征得专家的意见之后，进行整理、归纳、统计，再匿名反馈给各专家，再次征求意见，再集中，再反馈，直至得到最终结果	定性
7	层次分析法	通过专家打分法等手段构造风险因素重要性的判断矩阵，确定风险因素权重的方法，该方法能够在信息数据不充分和某些风险难以量化的情况下，确定风险因素的权重	定性
8	熵权法	客观赋权的方法，通过计算风险指标的信息熵，根据风险指标的相对变化程度对风险指标体系整体的影响来确定风险指标的权重，具有精确度较高、客观性较强的特点	定性

表1-7（续）

序号	评估方法	简介	方法类型
9	工作危害分析法（Job Hazard Analysis，JHA）	适用于对作业活动中存在的风险进行分析，制定控制和改进措施。具体措施包括按生产流程的阶段、地理区域、装置、作业任务、生产阶段、部门划分等多作业活动进行科学划分，并将作业活动分解为若干个相连的工作步骤，识别每个步骤潜在危险、有害因素，然后通过风险评价，判定风险等级，制定控制措施	定性
10	预先危险性分析（Preliminary Hazard Analysis，PHA）	在设计、施工和生产前，对系统中存在的危险性类别、出现条件、导致事故的后果进行分析，识别系统中的潜在危险，确定危险等级，防止危险发展成事故，多用于各类系统设计、施工、生产、维修之前的概略分析和评价	定性
11	标杆分析法	关注并跟踪外部环境，将本组织、本事务的各项活动与具有良好绩效的其他组织、活动或相关法律法规及监管制度等进行对比、分析，识别出潜在风险	定性
12	情景分析法	对本组织、本事务所处环境及未来可能出现的情景及其风险状况进行推断、预测，识别出潜在风险	定性
13	故障类型与影响分析法（Failure Mode Effect Analysis，FMEA）	根据实际需要将系统分割为子系统、设备和元件，分析各自可能发生的故障及其类型、原因、影响，评定影响程序等级及其可采取相应的对策，绘制系统图和可靠性框图，用于辨识单一设备和系统的故障模式及每种故障模式对系统或装置的影响，提高系统的安全可靠性，多用于机械电气系统、局部工艺过程，事故分析	定性
14	问卷调查法	依据组织和活动的目标，确定相应的风险因素，按照类别形成表格向内部外部相关人员发放，获得有关风险的重要信息	定性与定量相结合
15	风险矩阵法（LS或PR）	将风险事件的后果严重性相对定性分为若干级，将风险事件发生的可能性也相对定性分为若干级，然后以严重性为表列，以可能性为表行，制成表格，在行列的交点上给出定性的加权指数；$R=L\times S$（R：风险程度；L：事故可能性，重点考虑事故发生的频次以及人体暴露在这种危险环境中的频繁程度；S：事故后果严重性，重点考虑伤害程度、持续时间）	定性与定量相结合

表 1－7（续）

序号	评估方法	简介	方法类型
16	作业条件危险性分析法（LEC）	多用于各类生产作业条件操作人员伤亡安全风险评估，根据三种风险因素指标值的乘积大小来评价风险大小，三种因素分别是 L（事故发生的可能性，Likehood）、E（人员暴露于危险环境中的频繁程度，Exposure）和 C（一旦发生事故可能造成的后果，Consequence）	定性与定量相结合
17	故障树分析法（Fault Tree Analysis, FTA）	演绎法，由事故和基本事件逻辑推断事故原因，由基本事件概率计算事故概率，多用于宇航、核电、工艺、设备等复杂系统事故分析	定性与定量相结合
18	事件树分析法（Event Tree Analysis, ETA）	归纳法，由初始事件判断系统事故原因及条件内各事件概率，计算系统事故概率，多用于各类局部工艺过程、生产设备、装置事故分析	定性与定量相结合
19	危险指数法（Risk Rank，RR）	通过评价人员对几种工艺现状及运行的固有属性（作业现场危险度、事故概率、事故严重度等）进行比较计算，确定工艺危险特性重要性大小，多用于工程项目的各阶段（可行性研究、设计、运行等阶段）和在役装置的工艺操作危险性评估	定量
20	危险和可操作性研究（Hazard and Operability Study，HAZOP）	以关键词为引导，找出公益过程中的状态和系统可能出现的偏离、偏离原因、偏离后果及可采取的对策，其侧重点是工艺部分或操作步骤各种具体值，多用于化工系统、热力系统、水力系统的安全风险评估	定量
21	灰色理论分析法	根据因素之间发展趋势的相似或相异程度，亦即“灰色关联度”作为衡量因素间关联程度的一种方法，操作步骤为确定反映系统行为特征的参考数列和影响系统行为的比较数列，对参考数列和比较数列进行无量纲化处理，求参考数列与比较数列的灰色关联系数，求关联度，开展关联度排序	定量
22	模糊综合评价法	利用模糊矩阵运算的科学方法，对于多个子系统和多因素进行综合评价，多用于各类生产作业条件的安全风险评估	定量

表1-7（续）

序号	评估方法	简介	方法类型
23	道化学公司的火灾、爆炸危险指数法（DOW）	根据物质、工艺危险性计算火灾爆炸指数，判定采取措施前后的系统整体危险性，由影响范围、单元破坏系数计算系统的整体经济、停产损失，多用于火灾爆炸危险性等级事故损失的评估，生产、贮存、处理燃爆、化学活泼性、有毒物质的工艺过程及其他有关工艺系统	定量
24	帝国化学工业公司的蒙德法（MOND）	由物质、工艺、毒性、布置危险计算采取措施前后的火灾、爆炸、毒性和整体危险性指数，评定各类危险性等级，多用于火灾、爆炸、毒性及系统整体危险性等级，生产、贮存、处理燃爆、化学活泼性、有毒物质的工艺过程及其他有关工艺系统	定量

注：根据公开资料整理，为不完全统计。

（二）风险矩阵法（PR模型）的原理和应用

实践中，风险评估的常用方法为风险矩阵法，也称为“发生概率—发生后果”模型（PR模型），对风险爆发为危机的后果损失和发生概率进行评估（图1-1）。

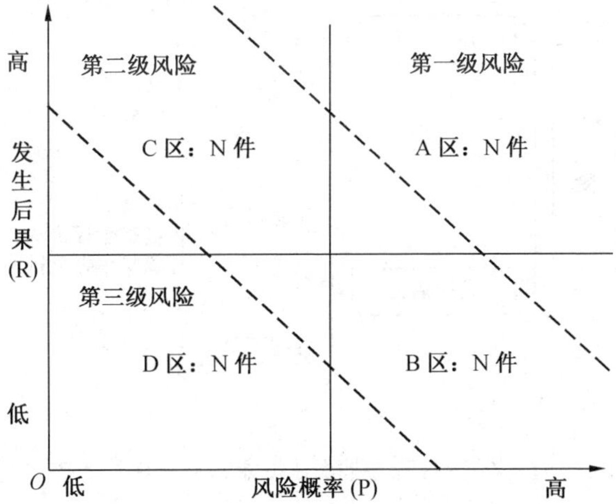

图1-1　风险评估的“PR模型”示意图

1. 风险矩阵法（PR模型）[①] 的原理和过程

① PR模型也称为LS模型，详见本书表1-7第15项。

第一，对风险发生概率（也称为“可能性”，Possibility，P）进行评估。通常主要依据风险识别中获取的全要素数据或既往文献资料，分析并推测事件发生的可能性，不同类别风险的概率评估具有其研判标准。

第二，对风险发生后果（也称为“严重性”，Result，R）进行评估。通常对突发事件可能会产生一系列直接影响和间接后果进行定量或定性的分析。直接影响通常包括人员死伤、安置人数、经济损失、基础设施影响、生态环境影响等；间接后果包括应对成本和赔偿损失等。

第三，在确定发生概率（P）和发生后果（R）的基础上，可形成风险评估的“PR模型”，进而研判出风险所处的区域范围，或者结合风险等级的计算方法得出风险指数，最终综合确定风险等级。

数据充足时，事件发生的可能性及后果的严重性应根据相关数据，采用概率法、指数法等定量方法进行确定。根据计算出的事件发生的可能性以及后果严重性，直接计算风险水平。数据不足时，事件发生的可能性及后果的严重性宜采用定性或半定量的方法进行确定，如图1-2所示。

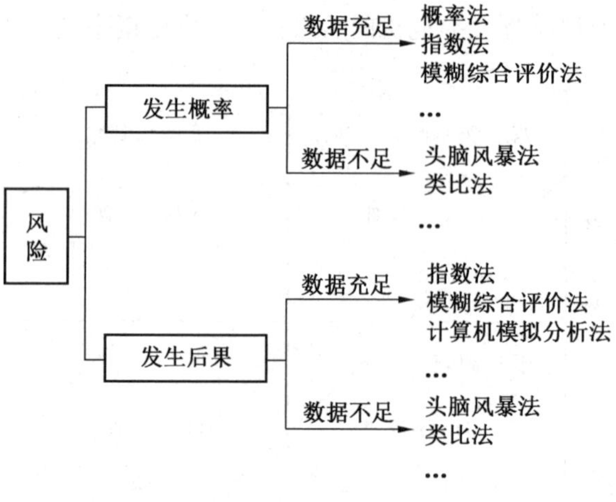

图1-2 发生概率和发生后果的具体确定方法

2. 风险矩阵法（PR模型）的研判指标

在实际操作中，需根据一定的具体指标（参数、标准等）来评估风险发生概率大小和发生后果严重性。现以北京市城市安全风险发生概率和后果的部分评估指标为例，具体如下。

（1）风险发生概率的研判指标。风险发生概率的研判指标见表1－8。

表1－8　风险发生概率的研判指标

指标	释　　义	概率分级标准	描述	等级
历史发生概率（$Q1$）	从该风险过去N年发生此类突发事件的次数（频率）得出等级值	过去2年发生1次以上	很可能	5
		过去5年发生1次	较可能	4
		过去10年发生1次	可能	3
		过去10年以上发生1次	较不可能	2
		过去从未发生	基本不可能	1
现场管理水平（$Q2$）	从安全生产标准化评审分值得出等级值。安全生产标准化评审分值采用现场实际得分折算进行。安全生产标准化评审分值＝现场实际得分/(600－现场部分实际不涉及项分值)×1000	低于700分	很可能	5
		700～799分	较可能	4
		800～899分	可能	3
		900～950分	较不可能	2
		950分以上	基本不可能	1
风险承受能力（$Q3$）	从评估对象自身的风险承受能力（稳定性）来判断发生此类突发事件的可能性	承受力很弱	很可能	5
		承受力弱	较可能	4
		承受力一般	可能	3
		承受力强	较不可能	2
		承受力很强	基本不可能	1

（2）风险发生后果的研判指标。风险发生后果的研判指标见表1－9。

表1－9　风险发生后果的研判指标

领域	释　　义	具体指标	后果分级标准	描述	等级
人	安全风险对人这一领域所造成的损失主要从死亡人数、受伤人数的两个参数进行衡量。死亡人数是指因安全风险引发的事故或突发事件而遇难（包括经法定程序宣布死亡）的人数。受伤人数是指因安全风险引发的事故或突发事件而受伤，须接受医生或医疗机构治疗的人数	死亡人数/人	≥10	很大	5
			3～9	大	4
			1～2	一般	3
			0	小	2
			0	很小	1
		受伤人数/人	≥50	很大	5
			16～49	大	4
			5～15	一般	3
			3～4	小	2
			≤2	很小	1

表1-9（续）

领域	释　义	具体指标	后果分级标准	描述	等级
经济	经济损失是指因安全风险引发的事故或突发事件造成的人身伤亡及善后处理支出的费用和毁坏财产的价值	经济损失/万元	≥10000	很大	5
			5000～9999	大	4
			1000～4999	一般	3
			200～999	小	2
			≤199	很小	1
社会	安全风险对社会这一领域所造成的损失主要包括周边敏感目标影响、社会关注度两个参数。周边敏感目标包括党政机关、军事管理区、文物保护单位、学校、医院、人员密集场所、居民居住区、大型公交枢纽等。社会关注度是指社会对因安全风险引发的事故或突发事件关注的程度，主要体现在突发事件发生后，公众通过互联网、手机、电视、电台、报纸杂志、交谈交流等渠道对该事件关注的范围和时间的长短	周边敏感目标人群/人	≥10000	很大	5
			5000～9999	大	4
			1000～4999	一般	3
			100～999	小	2
			<100	很小	1
		社会关注度	本区或本市1天内	很大	5
			国内1天内，本市1～7天，本区7～30天	大	4
			国际1天内，国内1～7天，本市7～30天，本区30天以上	一般	3
			国际1～7天，国内7～30天，本市30天以上	小	2
			国内或国际30天以上	很小	1

【延伸阅读】全球风险评估指标

世界经济论坛（World Economic Forum）的全球风险评估指标①，由世界经济论坛编制的《全球风险报告》（The Global Risks Report）每年发布，从经济风险、环境风险、地缘政治风险、社会风险、技术风险五大指标进行评估，结合全球风险认知调查（Global Risks Perception Survey，GRPS），对年度全球风险进行识别、分析、定级；2020年1月15日，世界经济论坛在伦敦发布了《2020年全球风险报告》（The Global Risks Report 2020），列出了未来十年的全球亟须重视的五个最大的长期风险，按照概率排序的全球五大风险首次全部为环境风险。

① World Economic Forum：《The Global Risks Report 2020》，2020-1-25，https://www.weforum.org/reports/the-global-risks-report-2020.

四、风险评估在防灾备灾中的应用

风险评估在防灾备灾中承担基础作用，并在精细管理工具、隐患整治机制、应急管理规划等方面得到广泛应用。

（一）基于风险评估的精细管理工具（风险清单、风险数据库、风险分布图）

风险评估在防灾减灾中的应用包括风险清单、风险数据库、风险分布图等风险评估的直接成果，展现灾害风险的现状规模、分布形势、发展态势，用于明确防灾减灾的工作重点，指导防灾减灾工作的科学开展。

1. 风险清单

风险清单是指采用适当的方法和工具，通过识别、分析、评估可能导致危机的风险及其造成损失、影响范围、发生概率、潜在后果、涉及责任等因素，最终生成风险清单，全面、系统和准确地描述风险状况。

风险清单的制作过程应对查找出的风险进行归类并进行适当描述，必要时对每个风险设置相应的编号和名称。然后，将这些风险统一列表，列示每一风险的发生阶段、所属领域或类型、发生概率、发生时间、潜在后果、涉及部门或岗位、责任人员、涉及利益相关者、适用管理依据等信息。此外，考虑到内外环境的不断变化，有必要对风险清单进行定期更新和持续升级，风险清单示例见表1－10。

表1－10 风险清单示例

序号	风险名称	风险发生阶段	所属风险领域或类型	发生的概率	发生的时间	潜在后果	涉及部门或岗位	责任人员	涉及的利益相关者	适用管理依据	其他
1											
2											
3											
…											

注：根据《公共事务活动风险管理指南》（GB/T 33455—2016）总结，为不完全概括，有一定的误差。

2. 风险数据库

《国务院安委会办公室关于实施遏制重特大事故工作指南构建双重预防机制

的意见》(安委办〔2016〕11号)提出建设“企业安全风险数据库”和“区域安全风险数据库”,企业要依据安全风险类别和等级建立企业安全风险数据库;各地区要组织对公共区域内的安全风险进行全面辨识和评估,根据风险分布情况和可能造成的危害程度确定区域安全风险等级,并结合企业报告的重大安全风险情况,汇总建立区域安全风险数据库。

具体实施中应以风险清单为基础建立风险数据库,数据库应符合以下要求:

(1)数据库的数据项应至少包含风险清单的各项内容,以及事故发生的可能性等级、事故后果严重性等级、风险位置坐标、风险平面图、风险现场情况照片或图片、风险管控措施等内容。

(2)分行业建立风险概况表应至少包含风险对象类别(物质、设备设施、场所等)和风险对象具体描述等内容。

(3)数据库中风险分类、风险源、风险等级等有明确等级或编号的各数据项应在数据库中统一以对应等级或编号存储,并建立相应的索引表。

(4)风险企业所在行业或领域主管部门统一要求设置视频监控的,应建立风险企业视频监控点清单和对应链接。

(5)以风险数据库为基础,建立风险管控信息化基础数据库,补充风险源主体基本信息、风险源安全监管信息。督促和指导相关部门、企业做好相关信息的录入、维护,为实现全市风险数据库在线管理、风险动态管控等提供数据基础。

3. 风险分布图

《中共中央 国务院关于推进安全生产领域改革发展的意见》(2016年12月)、中共中央办公厅 国务院办公厅《关于推进城市安全发展的意见》(2018年1月)提出,对城市安全风险进行全面辨识评估,建立城市安全风险信息管理平台,绘制“红、橙、黄、蓝”四色等级安全风险空间分布图。

在具体实施中,应绘制单位的安全风险四色分布图、行业的安全风险比较图、区域的安全风险整体分布图三类图,并利用信息化手段形成电子图。

第一类是单位的安全风险四色分布图。以安全生产为例,企业按照有关制度和规范,针对本企业类型和特点,全方位、全过程辨识安全风险并进行分类分级,采取相应的风险评估方法科学评定风险等级,从高到低将安全风险划分为重大风险、较大风险、一般风险、低风险四个等级,分别用红、橙、黄、蓝四种颜色标示,使用四种颜色将不同等级的风险标示在总平面布置图或地理坐标图中,从而绘制企业“红橙黄蓝”四色安全风险空间分布图。某加油站的安全风险四色分布图如图 1 – 3 所示。

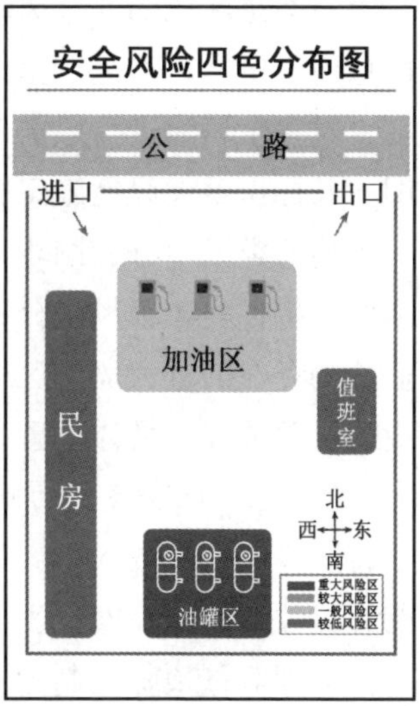

图 1 – 3　某加油站的安全风险四色分布图

第二类是行业的安全风险比较图。以安全生产为例，作业是指企业的部分作业活动、生产工序、关键任务，行业是指某一区域的不同行业（领域），由于其风险等级难以在平面布置图中标示，要利用统计分析的方法，根据采用定性、定量评估等方法评估得出的各作业或行业的整体风险值，计算各作业或行业安全风险的比例，对安全风险进行合理排序，进而绘制形成风险比较图。具体可以采用柱状图、曲线图或饼状图等将不同作业或行业的风险按照从高到低的顺序标示出来，突出工作重心。某建筑施工项目作业安全风险比较图如图 1 – 4 所示。

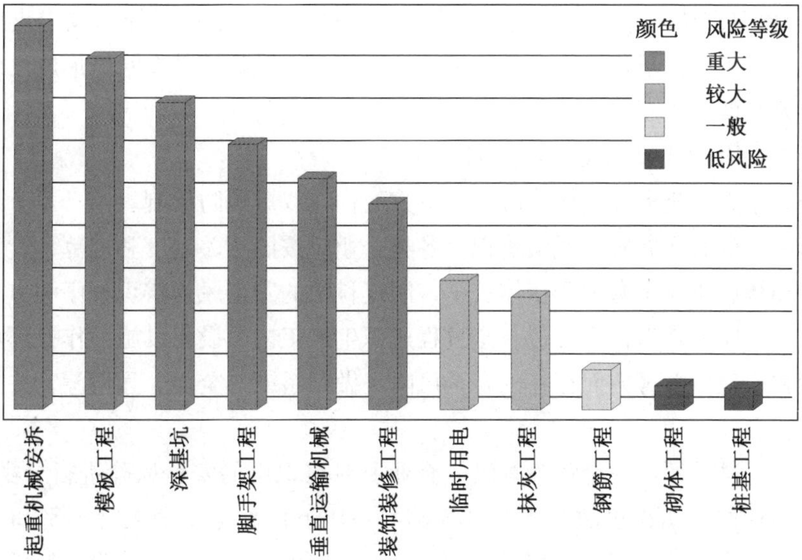

图 1 – 4　某建筑施工项目作业安全风险比较图

第三类是区域的安全风险整体分布图。对于一个地区、一个城市要组织对公共区域内的安全风险进行全面辨识和评估，根据风险分布情况和可能造成的危害程度，对安全风险进行风类分级，绘制区域“红橙黄蓝”四色安全风险空间分布图，并标识重大风险隐患分布情况。

上述三类风险分布图均可应用信息化手段，结合数字城市模型技术，形成电子地图，将各类各级风险分布展现在电子地图上。电子地图应能显示各地区、各行业分别存在的重大风险区域及相应的重大风险，以及企业存在的重大风险点及相应的风险情况、具体位置、风险影响范围、所对应的应急预案和周边情况。

（二）基于风险评估的隐患整治机制（以双重预防机制为例）

将风险评估内嵌入防灾工作中，是对可能引发突发事件的风险进行评估基础上的针对性整治，在安全生产领域已得到广泛应用，现以安全风险分级管控和隐患排查治理双重预防机制为例予以说明。《国务院安委会办公室关于印发标本兼治遏制重特大事故工作指南的通知》（安委办〔2016〕3 号）、《国务院安委会办公室关于实施遏制重特大事故工作指南构建双重预防机制的意见》要求构建安全风险分级管控和隐患排查治理双重预防机制，全面推行安全风险分级管控，进一步强化隐患排查治理，其核心内容主要是“着力构建企业双重预防机制”和“健全完善双重预防机制的政府监管体系”，同时强化政策引导和技术支撑，推进事故预防工作科学化、信息化、标准化，实现把风险控制在隐患形成之前、把隐患消灭在事故前面。

1. 着力构建企业双重预防机制

企业作为安全责任主体，应从以下方面构建双重预防机制。

第一，全面开展安全风险辨识。各类企业应按照有关制度和规范，针对本企业类型和特点，组织专家和全体员工，制定科学的安全风险辨识程序和方法，全面开展安全风险辨识，全方位、全过程辨识生产工艺、设备设施、作业环境、人员行为和管理体系等方面存在的安全风险，做到系统、全面、无遗漏，并持续更新完善。

第二，科学评定安全风险等级。企业要对辨识出的安全风险进行分类梳理，参照《企业职工伤亡事故分类》（GB 6441—1986）确定安全风险类别和风险等级，安全风险等级从高到低划分为重大风险、较大风险、一般风险和低风险，分别用红、橙、黄、蓝四种颜色标示。依据安全风险类别和等级建立企业安全风险数据库，绘制企业“红橙黄蓝”四色安全风险空间分布图。重点关注重特大事故风险、暴露人群，重大危险源、劳动密集型场所、高危作业工序和受影响的人群规模，对重大安全风险应填写清单、汇总造册，按照职责范围报告属地负有安全生产监督管理职责的部门。

第三，有效管控安全风险。企业要根据风险评估的结果，从组织、制度、技术、应急等方面对安全风险进行有效管控。通过隔离危险源、采取技术手段、实施个体防护、设置监控设施等措施，达到回避、降低和监测风险的目的。对安全风险分级、分层、分类、分专业进行管理，逐一落实企业、车间、班组和岗位的管控责任。关注运营状况和危险源变化后的风险状况，动态评估、调整风险等级和管控措施，确保安全风险始终处于受控范围内。

第四，实施安全风险公告警示。企业要建立完善安全风险公告制度，并加强风险教育和技能培训，确保管理层和每名员工都掌握安全风险的基本情况及防范、应急措施。要在醒目位置和重点区域分别设置安全风险公告栏，制作岗位安全风险告知卡，设置明显警示标志，标明主要安全风险、可能引发事故隐患类别、事故后果、管控措施、应急措施及报告方式等内容。

第五，建立完善隐患排查治理体系。企业要建立完善隐患排查治理制度，制定符合实际的隐患排查治理清单和隐患治理方案，明确和细化隐患排查的事项、内容和频次，并将责任逐一分解落实，做到责任、措施、资金、时限和预案“五落实”，实现隐患排查治理的闭环管理。通过与政府部门互联互通的隐患排查治理信息系统，全过程记录报告隐患排查治理情况。事故隐患整治过程中无法保证安全的，应停产停业或者停止使用相关设施设备，及时撤出相关作业人员，必要时向当地人民政府提出申请，配合疏散可能受到影响的周边人员。

2. 健全完善双重预防机制的政府监管体系

政府作为安全监管主体，应从以下方面加强双重预防机制建设。

第一，健全完善标准规范。制定完善安全风险分级管控和隐患排查治理的通用标准规范和分行业领域的制度规范、分地区的实施细则，明确安全风险类别、评估分级的方法和依据，明晰重大事故隐患判定依据，并按照有关标准规范组织企业开展对标活动。

第二，实施分级分类安全监管。各地区、各有关部门要督促指导企业落实主体责任，组织对企业安全生产状况进行整体评估，确定企业整体安全风险等级，并根据企业安全风险变化情况及时调整；推行企业安全风险分级分类监管，按照分级属地管理原则，针对不同风险等级的企业，确定不同的执法检查频次、重点内容等，实行差异化、精准化动态监管。对企业报告的重大安全风险和重大危险源、重大事故隐患，通过实行“网格化”管理明确属地基层监管责任，加强督促指导和综合协调，支持、推动企业加快实施管控整治措施，对安全风险管控不到位和隐患排查治理不到位的严格依法查处。制定实施企业隐患自查自治的正向激励措施和职工群众举报隐患奖励制度。

第三，有效管控区域安全风险。各地区要组织对公共区域内的安全风险进行全面辨识和评估，根据风险分布情况和可能造成的危害程度，确定区域安全风险等级，汇总建立区域安全风险数据库，绘制区域“红橙黄蓝”四色安全风险空间分布图。分级采取针对性管控措施、实行差异化风险管理。加强城市运行安全风险辨识、评估和预警，建立完善覆盖城市运行各环节的城市安全风险分级管控体系。

第四，加强安全风险源头管控。各地区要把安全生产纳入地方经济社会和城镇发展总体规划，在城乡规划建设管理中充分考虑安全因素。加强城乡规划安全风险的前期分析，完善城乡规划和建设安全标准，严格高风险项目建设安全审核把关。制定重大政策、实施重大工程、举办重大活动时，要开展专项安全风险评估，根据评估结果制定有针对性的安全风险管控措施和应急预案。积极落实国家关于淘汰落后、化解过剩产能的政策，推进提升企业整体安全保障能力。

（三）基于风险评估的应急管理规划（以中美应急管理五年规划为例）

全球实践中，一般会定期编制国家、城市的应急管理中长期规划（以三年、五年、十年为主要周期），而风险评估工作则是此类规划的基础和前提。现以中国、美国为例予以说明。

1. 美国联邦应急管理局《2018—2022 战略规划》

美国联邦应急管理局（Federal Emergeney Management Agency，FEMA，又译作美国联邦紧急管理署）为应对不断变化的应急响应需求、提高应急管理能力，制定了《2018—2022 战略规划》(The 2018—2022 Strategic Plan)。在这一规划中，FEMA 立足美国社会现实情况，对未来应急管理的运行环境、影响因素进行了预测，以确保规划富有前瞻性和广泛的视野。基于 SWOTS 分析，对防灾减灾成本、新技术应用、多元包容、新的威胁四个主要方面进行了研判。

第一，劣势：防灾减灾成本上升的可能性。由于自然灾害风险不断增加，关键基础设施趋于老化，以及当前美国经济发展的压力等因素限制了政府及社会在提高抵御风险能力方面的投资，因此 FEMA 预测在未来一段时期，灾时应急以及灾后恢复的成本将持续增加。

第二，优势：新技术应用带来创新的机会。通过技术创新能力的提升促进应急管理的变革。随着私营部门在科技创新方面突飞猛进的发展，FEMA 认为需要利用新技术简化 FEMA 应急管理程序，在提高效率、改善合作伙伴和灾难幸存者的用户体验方面进行创新。

第三，机遇：多元和包容的社会需求。随着美国人口的老龄化，以及在文化、语言和观念等方面的多元化，需要改进 FEMA 的多元与包容，包括 FEMA 自身雇员的构成需要更加多元化，以应对与整个应急管理人员社区进行协调的需求。

第四，挑战：新的威胁带来的挑战。来自各个方向的威胁正在扩大，其中网络安全与民族国家的威胁和恐怖主义是目前美国社会普遍关注的问题。因此，在国家安全战略层面需要评估最大风险的威胁和危险。因此 FEMA 强调领导全国建立备灾文化，包括改善风险管理、加强能力、动态学习和信息共享的重要性。

2. 中国《突发事件应急体系建设“十三五”规划》

根据《突发事件应对法》《中华人民共和国国民经济和社会发展第十三个五年规划纲要》等法律法规和相关文件，国务院办公厅 2017 年发布《突发事件应急体系建设“十三五”规划》，其中对于“十三五”时期面临的形势从三个方面进行了整体性的风险评估。

“十三五”时期是我国全面建成小康社会的决胜阶段。党中央、国务院把维护公共安全摆在更加突出的位置，要求牢固树立安全发展理念，把公共安全作为最基本的民生，为人民安居乐业、社会安定有序、国家长治久安编织全方位、立体化的公共安全网，我国突发事件应急体系建设面临新的发展机遇。同时也要看到，当前公共安全形势严峻复杂，深入推进应急体系建设面临风险隐患增多、诸多矛盾叠加的挑战。

第一，从突发事件发生态势看，突发事件仍处于易发多发期。地震、地质灾害、洪涝、干旱、极端天气事件、海洋灾害、森林草原火灾等重特大自然灾害分布地域广、造成损失重、救灾难度大；生产安全事故总量仍然偏大，道路交通、煤矿等矿产开采、危险化学品等重点行业领域重大事故频发，部分城市建筑、生命线工程、地下管网等基础设施随着使用年限增长，事故隐患逐步显现，由于生产安全事故、污染物排放或者自然灾害等因素导致的突发环境污染事件多发，危及公众生命、健康和财产安全，威胁生态环境，造成重大社会影响；鼠疫、霍乱等法定报告传染病时有发生，突发急性传染病在全球不断出现，境外输入传染病以及生物技术误用滥用谬用风险不断增大，食品药品安全基础依然薄弱，公共卫生事件防控难度增大；社会利益关系错综复杂，诱发群体性事件因素较多，涉外安全风险日益增加，社会安全面临新的挑战。

第二，从突发事件的复杂程度看，各种风险相互交织，呈现出自然和人为致灾因素相互联系、传统安全与非传统安全因素相互作用、既有社会矛盾与新生社会矛盾相互交织等特点。在工业化、城镇化、国际化、信息化推进过程中，突发事件的关联性、衍生性、复合性和非常规性不断增强，跨区域和国际化趋势日益明显，危害性越来越大；随着网络新媒体快速发展，突发事件网上网下呼应，信息快速传播，加大了应急处置难度。同时，在推进全面建成小康社会进程中，公众对政府及时处置突发事件、保障公共安全提出了更高的要求。

第三，从我国应急体系发展现状看，与严峻复杂的公共安全形势还不相适应。主要表现在：重事后处置、轻事前准备，风险隐患排查治理不到位，法规标准体系不健全，信息资源共享不充分，政策保障措施不完善，应急管理基础能力亟待加强；应急队伍救援装备和核心能力不足，专业和区域分布结构不均衡；应急物资储备结构不合理、快速调运配送效率不高，资源共享和应急征用补偿机制有待健全，应急信息发布和传播能力不足，公共安全科技创新基础薄弱、成果转化率不高，应急产业市场潜力远未转化为实际需求，应急保障能力需进一步提升；与城市安全保障相适应的应急管理体系建设压力加大；基层应急能力薄弱，公众参与应急管理的社会化组织程度较低，公共安全意识和自救互救能力总体薄弱，社会协同应对机制有待健全；随着“一带一路”倡议的实施和全方位开放新格局的构建，保护我境外公民和机构安全的需求不断增长，参与国际应急的能力亟须提高。

2020 年 10 月 29 日，中国共产党第十九届中央委员会第五次全体会议通过《中共中央关于制定国民经济和社会发展第十四个五年规划和二〇三五年远景目标的建议》，这是对即将结束“十三五”时期、进入“十四五”时期的转型时期作出新一轮的社会总体风险评估结论，指出：当前和今后一个时期，我国发展仍然处于重要战略机遇期，但机遇和挑战都有新的发展变化。当今世界正经历百年未有之大变局，新一轮科技革命和产业变革深入发展，国际力量对比深刻调整，和平与发展仍然是时代主题，人类命运共同体理念深入人心，同时国际环境日趋复杂，不稳定性不确定性明显增加，新冠肺炎疫情影响广泛深远，经济全球化遭遇逆流，世界进入动荡变革期，单边主义、保护主义、霸权主义对世界和平与发展构成威胁。我国已转向高质量发展阶段，制度优势显著，治理效能提升，经济长期向好，物质基础雄厚，人力资源丰富，市场空间广阔，发展韧性强劲，社会大局稳定，继续发展具有多方面优势和条件，同时我国发展不平衡不充分问题仍然突出，重点领域关键环节改革任务仍然艰巨，创新能力不适应高质量发展要求，农业基础还不稳固，城乡区域发展和收入分配差距较大，生态环保任重道远，民生保障存在短板，社会治理还有弱项。

第二章　监测预警与预案管理

◎拓　扑　图

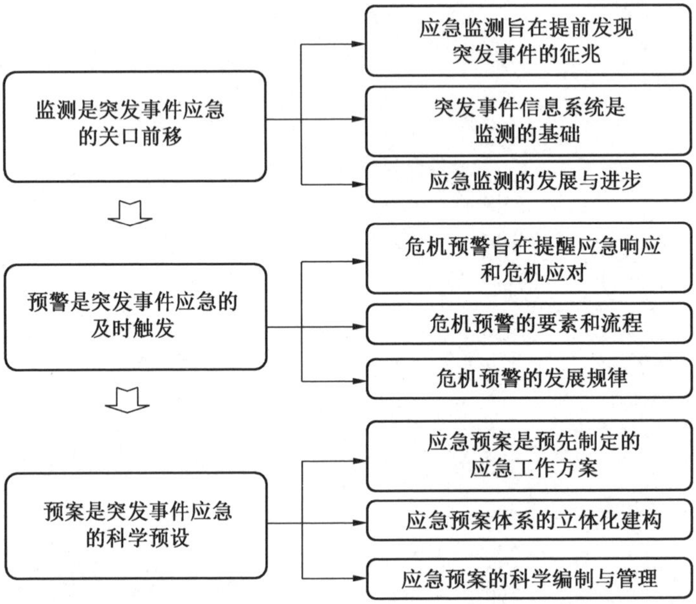

◎本　章　概　要

◎ 监测预警：应急管理要靠监测实现关口前移和常态管理；预警的实质是触发响应和启动应急，监测预警是连接防灾备灾和应急处置的纽带。

◎ 预案管理：风险治理的重要工具是预案，预案管理是科学应急的基础。

应急监测是突发事件应急的关口前移，旨在提前发现突发事件的征兆，对突发事件及其演变发生作出预测和评估。信息是应急监测的重要抓手，建立突发事件信息系统是开展应急监测的基础工作，用于确保信息在收集、加工、传递、发布等各环节工作开展能够具备全面性、及时性、准确性、持续性、有效性，从而确保应急监测的科学、准确、及时。近年来，应急监测工作呈现出多方面的发展与进步：一是多灾种、灾害链的监测基础设施建设；二是科学化、智能化的监测技术与手段创新；三是一体化、全覆盖的应急管理大数据应用平台；四是跨地域、跨部门的信息共享。

危机预警是突发事件应急的及时触发，旨在提醒内部管理方或外部利益相关方及时开展前置或实时的应急响应和危机应对。危机预警的核心要素包括预警的主体和对象、条件和程序、内容和形式、手段和渠道、调整和反馈，串联起来即形成危机预警的基本流程。全球范围内，各类突发事件的危机预警工作在实践中逐步发展完善：一是预警指标的适时调整和灵活修改趋势；二是分类预警的专业化和精细化趋势；三是预警技术的高科技应用和精确度提升。

预案管理是突发事件应急的操作参考，是风险治理的重要工具。应急预案以预先指定应急工作方案的形式，将应急管理中涉及的体制设置、机制运行和法制保障融入其中，形成指导、预防与处置突发公共事件的规范性文件。我国形成“横向到边、纵向到底”的应急预案体系，自上而下涵盖总体应急预案、专项应急预案、部门应急预案、地方应急预案、企事业单位应急预案、重大活动应急预案6个层次。随着法律法规和政策文件的出台，应急预案编制和管理的科学性、规范性不断增强，其规划、编制、审批、发布、备案、演练、修订、培训、宣传教育、日常管理等一系列工作均需要规范性要求和专业化指导。

第一节　监测是突发事件应急的关口前移

一、应急监测旨在提前发现突发事件的征兆

（一）应急监测的界定

应急监测是指国家有关部门通过设立各种监测网点，根据突发事件的性质和种类，长期、连续地收集、核对、分析监测目标的动态分布，对可能引起突发事件的各种因素和发生前的各种征兆进行观察、捕捉和预测，并将信息及时上报和反馈的活动。

应急监测的主体一般为人民政府和专业机构，同时一般的企事业单位和人民群众作为群测群防群治体系的重要组成，也逐步成为监测网络中的重要力量；应

急监测的对象多为可能引发的四类突发事件的危险源、风险隐患及重点防护目标。根据《突发事件应对法》，国家建立健全突发事件监测制度，县级以上人民政府及其有关部门应当根据自然灾害、事故灾难和公共卫生事件的种类和特点，建立健全基础信息数据库，完善监测网络，划分监测区域，确定监测点，明确监测项目，提供必要的设备、设施，配备专职或者兼职人员，对可能发生的突发事件进行监测。

应急监测应坚持五个原则：

(1) 依法监测。要依据突发事件监测相关的法律、法规、规章、标准、制度开展监测工作。

(2) 客观公正。不断完善监测标准，如实、客观记录风险隐患情况并进行比较分析，真实反映突发事件趋势状况。

(3) 重点监测。由于影响突发事件的因素繁多，因此实际工作时应对那些危害大、出现频率高的风险隐患实行优先重点监测。

(4) 信息保密。对属于保密信息的监测数据，监测机构及其工作人员不得泄露。

(5) 专业监测与社会监测相结合。基于专业监测的同时，重视广大人民群众和企事业单位在监测中发挥的重要作用，构建全方位、立体式的“群测体系”。

(二) 应急监测的主要类型

按照不同的分类标准，应急监测可分为不同的类型。

第一，根据监测方式可分为常规监测、特殊监测、随机监测、应急监测。常规监测是指一般、定期、日常性的风险收集和监测。特殊监测是指对特定突发事件的临近期或发生期间，对其载体或危险源进行非常规监测。随机监测是指根据现实需要而对某些可能发生的突发事件随机进行的抽样监测。应急监测是指突发事件发生后针对重点区域、场所、对象开展的实时动态观测，及时为危机决策和应急处置提供信息支撑、分析判断、预测预报。

第二，根据监测时间先后顺序可分为早期监测、中期监测和后期监测。早期监测是指在风险尚未或刚被感知和发现时对指定的对象和承载体进行监测。中期监测是指风险发展到一定阶段后、特性逐步显露且发展方向相对清晰固定时对其进行的进一步监测。后期监测是当突发事件已发生并可能造成一定破坏、为了实时掌握突发事件发展变化的趋势而开展的监测。

第三，根据监测手段性质可分为定量监测和定性监测。定量监测是对突发事件及其承载体、环境的相关参数或量化数据进行观察、测量、记录、采集、分析、整理，从而描述和分析特征规律、风险水平、发展趋势的监测。定性监测是对不可量化的状况进行风险监测和综合研判，如某些社会公共安全事件的发展态势和危机监测等一般属于定性监测。

第四，根据监测的常见技术方法可分为专业技术检测和群众简单监测。专业技术监测通常利用3S（即遥感技术，Remote Sensing，RS；地理信息系统，Geographical Informtion System，CIS；全球定位系统，Global Positioning System，GPS）、视频、无线、卫星等监测技术，对风险源的安全状况进行实时监测，快速采集各种数字化和非数字化信息、参数及其变化趋势，从而给出风险评估结果，及时发生预警信息。群众监测一般发动广大人民群众和企事业单位、特别可能是受到突发事件威胁的个体或集体，采用简单设备或方法来进行突发事件监测。例如，在地质灾害多发的农村地区，发动村民作为兼职灾害信息员，开展对潜在地质灾害风险的定期监测、简易观测、及时收集上报工作。

二、突发事件信息系统是监测的基础

根据应急监测的界定，信息是应急监测的重要抓手。基于此，建立突发事件信息系统是开展应急监测的基础工作。

（一）突发事件信息的内涵

信息是应急管理活动不可缺少的资源。突发事件信息是指在整个突发事件应对过程中产生的以及应急管理者收集加工和输入输出的所有信息的总称，既包括反映或可能影响应急管理客体运行状态的各种原始信息和预测信息，也包括经过加工并在应急管理全过程中应用、反映应急管理者行为的信息。

突发事件信息具有如下特征：

（1）时效性。突发事件本身具有不断变化的特征，突发事件信息也会随之变化，进而表现出动态性和时效性，时效性往往决定了突发事件信息的价值。

（2）不确定性。突发事件的发生可能源于多方面因素，突发事件处理的方式方法是否科学、及时、有效也会直接影响突发事件发展的方向和趋势。同时，突发事件本身处于发展变化的过程，突发事件的信息获取也处于动态过程中。以上综合导致信息的不确定性，需要不断核实、动态修正。

（3）主观性。突发事件信息本身是客观的，但由于信息处理者存在主观认识偏差、受交通通信等客观因素影响、可能存在逃避责任的主观意图等，部分信息在传递过程中存在迟报、漏报甚至谎报、瞒报等主观问题。

按信息的内容和作用可以对突发事件信息进行不同的分类。

（1）按信息来源可分为内部信息、外部信息。

（2）按信息时间可分为预测信息、过去信息。

（3）按突发事件类型可分为自然灾害信息、事故灾难信息、公共卫生事件信息、社会安全事件信息。

（4）按信息获取渠道可分为政府渠道信息、新闻渠道信息、公众渠道信息等。

突发事件信息对突发事件的预防与应急准备、监测与预警、应急处置与救援、事后恢复与重建环节等全流程均有重要作用。

（1）突发事件信息是应急管理系统的基本构成要素和有机联系的介质。信息是应急管理的基本要素，又是系统中各要素有机结合和相互作用的介质。

（2）突发事件信息是应急管理工作的中心。突发事件预防、预警、处置、恢复的全过程是以信息为媒介的过程，表现为信息的不断输入、输出和反馈。信息是整个应急管理工作的基本前提和依据。

（3）突发事件信息是突发事件应对工作中各部门、各层次、各环节相互之间沟通联络的纽带。应急管理工作须通过信息交换使各个部门步调一致、协调配合、联动合作，进而实现共同目标。

（二）突发事件信息系统的静态建设

根据《突发事件应对法》，县级以上地方各级人民政府建立或确立统一的突发事件信息系统，汇集、储存、分析、传输有关突发事件的信息，并与上级人民政府及其有关部门、下级人民政府及其有关部门、专业机构和监测网点的突发事件信息系统实现互联互通，加强跨部门、跨地区的信息交流与情报合作。

突发事件信息系统是确保信息在收集、加工、传递、发布等环节能够实现全面性、及时性、准确性、持续性、有效性等的前提。随着计算机和信息技术的广泛应用，在应急管理中广泛使用现代化信息技术成为必然的趋势。基于此，突发事件信息系统可界定为针对突发事件的防范和处置，在整合和充分利用各类应急信息的基础上，以信息技术为支撑，集通信、计算机、网络、地理信息系统、全球定位系统、视频监控、数据库与信息处理等多种技术为一体，具备语音通信、视频会议、图像显示及风险分析、监测监控、预测预警、动态决策、综合协调、应急联动与总结评估等功能的综合性软硬件集成的系统平台。

全球范围内，部分国家依靠先进的信息技术建立了高效的突发事件信息系统，极大提高了突发事件应急管理的效率。以美国为例：美国应急联邦管理局（FEMA）制定了“E－FEMA”战略，利用信息技术在电子政务框架下构建信息技术基础设施，以此提高政府部门的应急能力和效率。1998 年提出了信息技术基础架构 1.0 版，于 2001 年修订为 2.0 版本，并开发形成国家应急管理信息系统（National Emergency Management Information System，NEMIS）。此外，美国建立多种应急信息管理系统、灾害模拟及分析软件，如 SLOSH、ALOHA、HAZUS－MH、OREMS、RIMS、FEMIS、WebEOC、Blue292、CRISIS™、EM2000、EOC-System、E－Team、LEADERS、OpsCenter、RAMSAFE、等，其中 SLOSH（Sea，Lake，Overland，Surge from Hurricanes）系统用于预测飓风引起风暴潮的危险性，ALOHA（Areal Locations of Hazardous Atmospheres）用于危险化学品扩散分析和应急响应、规划、训练等领域，HAZUS－MH（HAZards U. S. Multi—Hazard）预测飓风、洪水和地震等造成的后果。

目前，我国的突发事件信息系统主要有政府应急管理信息系统、专业部门突发事件信息系统、辅助信息系统等组成。

（1）政府应急管理信息系统的主要功能供授权用户获取数据库资料，提供决策支持，实现全流程管理，记录突发事件应对工作处置过程，基本实现基本值守应急、信息汇总、指挥协调、专家研判和视频会商等功能。

（2）专业部门突发事件信息系统主要有民政、气象、水利、地震、消防、电力、民航、卫生、银行、公安、环保等专业部门的信息系统。

（3）辅助信息系统主要包括地理信息系统、人力资源信息系统、应急物资管理信息系统、应急知识信息系统等。

统一的应急管理信息技术系统尚未完全形成，部分地区内部、部门之间、地区之间的突发事件信息处于相对分散和各自独立状态，甚至某些信息的报送缺少统一的格式和标准，不利于信息的整合与共享。

应急管理部自成立以来，高度重视科技信息化工作，全面加强应急管理信息系统建设，2018 年印发《应急管理信息化发展战略规划框架（2018—2022年）》，规划构筑应急管理信息化发展“四横四纵”总体架构，形成“两网络”“四体系”“两机制”。“两网络”指全域覆盖的感知网络、天地一体的应急通信网络。“四体系”指先进强大的大数据支撑体系、智慧协同的业务应用体系、安全可靠的运行保障体系、严谨全面的标准规范体系。“两机制”指统一完备的信息化工作机制和创新多元的科技力量汇集机制。2019 年，应急管理部实现应急指挥信息网上下贯通，建成应急管理综合应用平台和应急指挥一张图，具备应急指挥调度能力。同时，构建监测预警网络，推进危险化学品安全风险监测预警系统建设，积极探索“互联网 + 监管”模式，运用大数据发现系统性问题，依靠科技信息化提升防范化解重大安全风险能力。

（三）突发事件信息系统的动态运行

突发事件信息系统的动态运行，即围绕突发事件信息的一系列工作流程主要包括信息收集、信息分析与加工、信息传递与沟通、信息发布四个环节。

1. 突发事件的信息收集

信息收集是突发事件信息流程最基础的环节，一般通过政府及其有关部门、专业机构自身的监测网点、仪器、手段等获取信息。各类突发事件产生和表现形式各不相同，必须建立多种收集信息的途径才能有效监测各类突发事件，在其发展初期监测其苗头，在其发展过程中及时掌握其趋势。《突发事件应对法》要求县级以上人民政府及其有关部门、专业机构应当通过多种途径收集突发事件信息。信息收集过程中需注意：一是全面，既要重视对突发事件现场信息的收集，也要重视对突发事件背景、产生原因、发展趋势等信息的收集。二是真实，随时注意鉴别，剔除不真实的信息资料，对模糊信息要追根溯源弄清楚，对存在重大疑问的信息不可急于采用。三是多渠道收集，既要重视政府渠道收集，也要注意新闻渠道收集；既要从属地政府收集、也要从主管部门收集。虽然政府和有关机构已建立一些突发事件信息的收集系统，但是由于突发事件种类繁多、表现形式各异、发展趋势复杂，除了依靠政府和相关机构的途径，还需在基层的单位和机构建立信息报告员制度，及时收集和报告相关突发事件的信息，公民、法人和其他组织对此也有相应的报告义务。

2. 突发事件的信息分析与加工

信息分析与加工是将杂乱无章的原始信息，按需要进行梳理，剔除次要的、相互矛盾的信息，编辑精炼、准确的信息，并对各种信息资料进行比较，从中分析突发事件的发展变化趋势及特征。信息加工贯穿于突发事件应对工作全过程：一是事前信息加工，例如对自然灾害的致灾因素、承载体、历史灾害、综合减灾资源和能力调查与评估，对安全生产的风险隐患和危险源进行排查。二是事中信息加工，分析突发事件发生的原因、危害程度、扩散情况、所需资源等，分析各种处置方案的可行性、成本、效果等。三是事后信息加工，分析突发事件损失情况、对灾区的影响、应对工作的经验和教训、恢复重建工作等信息。

3. 突发事件的信息传递与沟通

信息传递与沟通是指通过合适的渠道，将加工后的信息传递到应急管理各相关主体，是各级人民政府及其有关部门、专业监测网点及公民、法人或其他组织开展信息互动的过程，也是连接信息收集、加工和利用的中间环节。信息传递的渠道主要包括通过政府部门传递、新闻媒体传递、社会公众传递等环节。从信息流向看，将突发事件信息沟通分为纵向的信息上报、横向的信息交流与共享。

纵向的信息上报即信息报送。法定的信息上报内容要简明、准确，应涵盖突发事件信息和可能引发突发事件的预测预警信息，一般包括时间、地点、信息来源、事件起因和性质、基本过程、已造成的后果、影响范围、事件发展趋势和已经采取的措施以及下一步工作打算等要素。信息上报形式主要包括：一是各级人民政府及其有关部门向上级人民政府及其有关部门报告突发事件信息；二是专业机构、监测网点向所在地人民政府及其有关主管部门报告突发事件信息；三是获悉突发事件信息的公民、法人或其他组织向所在地人民政府、有关主管部门及专业机构报告突发事件信息。有关单位和人员报送、报告突发事件信息，应当做到及时、客观、真实，不得迟报、谎报、瞒报、漏报。

横向的信息交流与共享主要包括跨部门、跨地区、地方人民政府与武装力量之间，以及不同国家和机构之间的信息互通有无和共享合作，涉及国家机密、商业机密和个人隐私的信息除外。信息交流与共享按照不同主体可分为同级人民政府及其有关部门交换突发事件信息和不同区域的政府及其相关部门之间交换突发事件信息，以及不同的专业机构、监测网点之间交换突发事件信息。

4. 突发事件的信息发布

信息发布是指由法定的行政机关依照法定程序将其在行使应急管理职能的过程中所获得或拥有的突发事件信息，以便于知晓的形式主动向社会公众公开的活动。突发事件信息发布的主体是法定行政机关，具体是指由有关信息发布的法律、法规所规定的行政部门；信息发布的客体是广大的社会公众；信息发布的内容是有关突发事件的信息，主要指公共信息，涉及国家秘密、商业秘密和个人隐私的政府信息不在发布的内容之列；信息发布的形式是行政机关主动向社会公众公开，而且以方便于公众知晓的方式主动公开。在信息传播飞速发展的社会背景下，突发事件信息发布工作关系到政府的形象，有利于减少猜测和动员社会力量参与突发事件应对工作。事实证明，社会信息越公开，社会的自主能力和承受能力越高，社会就越稳定。信息发布与新闻发布、危机公关、负面舆情风险控制等内容紧密相关，将在本书第五章做重点介绍。

三、应急监测的发展与进步

近年来，随着应急监测的不断投入建设和相关科学研究的深入，监测工作呈现出多方面的发展与进步。

（一）多灾种、灾害链的监测基础设施建设

应急监测的基础设施建设主要包括监测站点、线、网及其相关设施设备的建设与管理。加强监测基础设施建设主要包括扩大监测网络，增加监测点密度，改进监测手段等。多灾种、灾害链的综合监测是监测基础设施和监测网络体系的发展方向。中共中央政治局 2019 年 11 月 29 日下午就我国应急管理体系和能力建设进行第十九次集体学习，习近平总书记在会上强调“要加强风险评估和监测预警，加强对危化品、矿山、道路交通、消防等重点行业领域的安全风险排查，提升多灾种和灾害链综合监测、风险早期识别和预报预警能力”。《国家综合防灾减灾规划（2016—2020 年）》提出“加快气象、水文、地震、地质、测绘地理信息、农业、林业、海洋、草原、野生动物疫病疫源等灾害地面监测站网和国家民用空间基础设施建设，构建防灾减灾卫星星座，加强多灾种和灾害链综合监测，提高自然灾害早期识别能力”。

根据国家突发事件应急管理和综合防灾减灾“十三五”规划等要求，多灾种、灾害链的综合监测重点包括：加强重点区域气象、水文监测预报基础设施建设；加大地震监测台点密度；完善卫星、飞机、船舶、台站等监视监测手段；完善农林灾害监测网络、动植物检验检疫和疫情监测预警系统；建立外来入侵生物监测预警网络；加快推进森林草原火灾瞭望台和视频监测系统建设；建立健全国家环境安全动态监测预警体系；建设瓦斯、尾矿库、危险化学品生产和运输等重大危险源监控系统；增加水文、水土保持监测站和森林火险监测站；加强对重要水源地、国防工业基地、电信基础设施、能源基础设施、运输基础设施、银行金融、储备物资仓库、港口、机场、核电站、大坝、政府设施和关键性商业资产等重要目标的监控；加强国家主干公路网、高速铁路网、内河高等级航道网、航空运输、卫星通信等交通安全信息监控能力建设；加强对公共交通和人员密集场所

的大客流监控；强化突发急性传染病预防预警措施；健全食品安全突发事件信息直报和舆情监测网络体系；建立健全金融风险动态监测预警体系，加强对互联网金融、私募投资基金等新兴市场领域监控等。

（二）科学化、智能化的监测技术与手段创新

科技支撑是应急管理发展的必然方向，在应急监测领域应加强基础理论研究和关键技术研发，综合利用天地空观测技术创新，推进“互联网＋”、大数据、物联网、云计算、地理信息、移动通信、高效数值模拟等新理念新技术新方法的应用，提高灾害模拟仿真、分析预测、信息获取、应急通信与保障能力，实现监测手段现代化、预警方法科学化和信息传输实时化，不断提升监测预测预警的准确性和时效性。

根据国家突发事件应急管理和综合防灾减灾“十三五”规划等要求，科学化、智能化的监测技术和手段创新，重点包括：实施国家地震烈度速报与预警工程；推进核设施、油气管线、大型石化企业、高铁、城市轨道交通等重大工程设施地震预警和紧急处置技术应用；推进突发急性传染病快速检测技术平台建设；建立海洋环境实时在线监控系统；提高卫星遥感火情监测、航空巡护及地面巡护能力；推进实时在线环境监测监控系统和环境保护大数据建设；实施安全生产信息化建设工程，实现政府监管监察执法、企业在线监测和预警防控信息一体化；建设重大危险源、重要基础设施、重点企业和工业园区、重点区域安全监测物联网系统等。

实际运行中，各省市结合实际需要积极开发应用科学化、智能化的检测技术平台。例如，由贵州省应急管理厅组织开发的防汛抗旱监测预警系统，通过大数据及人工智能技术开发，将全国划分为19个计算区域，共覆盖52万条小流域、5万条中小河流和670万个计算断面，在15分钟内就能实现全国小流域洪水预报预警发布，实现了一张图掌握全国汛情。

（三）一体化、全覆盖的应急大数据应用平台

在我国，根据国务院安委会办公室、国家减灾委办公室、应急管理部《关于加强应急基础信息管理的通知》（安委办〔2019〕8号）相关要求，应急管理部根据全国应急管理一盘棋一张网的要求，按照国家政务服务平台“互联网＋监管”系统建设方案，规划和建设全国应急管理大数据应用平台，依托国家数据共享交换平台体系，充分利用大数据、云计算、物联网等技术，实现重大风险和隐患在线监测、超前预警预报和灾害事故高效处置。各地区、各有关部门、各

行业企业要在加强自身信息化建设、健全完善相关系统的基础上，将本地区、本部门掌握的安全生产、自然灾害防治领域的风险和隐患信息以及灾害事故信息逐步接入，形成纵向贯通、横向集成、安全可靠、覆盖安全生产和自然灾害防治全部行业领域的全国应急管理大数据应用平台。各地区、各有关部门根据自身职责权限使用全国应急管理大数据应用平台，协同做好灾害事故的防范处置工作，全面提升应急管理能力水平。

应急管理部成立后，规划促进应急通信网络的发展，依托“国家天地一体化信息网络工程”，在充分整合消防救援、地震、森林消防、煤监等单位存量通信网络资源基础上，实现“全面融合、全程贯通、随遇接入、按需服务”，向抢险救灾机构、指挥人员提供全天时、全天候、高精度的信息支援，为应急救援指挥提供统一高效的通信保障。

（四）跨地域、跨部门的信息共享机制平台

目前，具有应急管理职责要求的相关部门均建立了本业务领域的专业数据库和信息库，但主要采用本系统的标准和规范建设，各成体系也相互形成资源孤岛，很多部门间无法实现数据资源共享，需要把收集上来的应急管理相关的数据采用国家的统一标准分门别类，科学储存。基础数据库的建立是应急管理的一项基础工作，可以服务于应急管理的各个环节和相关部门。

基于应急监测平台和信息系统的建设，广泛汇聚信息资源，构建共享服务体系，推动跨部门、跨层级、跨区域的互联互通、信息共享和业务协同。《应急管理信息化发展战略规划框架（2018—2022 年）》的“数据治理”部分，从数据接入系统和数据交换系统对信息共享给出解决技术问题的方案。其中“数据接入系统”是指利用数据抽取、消息服务、文件上传、填报采集等技术手段，以人工导出、前置抽取等方式，实现多源异构数据的跨网络、跨地域的统一引接。“数据交换系统”是提供跨应用、跨业务、跨部门的信息共享，通过应急通信网络为各级应急管理部门提供监督管理、监测预警、指挥救援、政务管理等全业务域数据；通过电子政务外网与国家共享交换平台对接获取其他部委应急管理业务相关数据，分类接入气象、自然资源、水利、交通运输、海洋、森林等外部单位信息资源，不断扩大信息获取范围。

第二节 预警是突发事件应急的及时触发

一、危机预警旨在提醒应急响应和危机应对

（一）危机预警的界定

危机预警（Crisis Warning）是指应急管理主体和决策部门，根据监测、报警或其他上报信息及其评估研判结果，在发现突发事件即将发生、或发生的可能性增大、或已经发生但可能升级扩大时，发布有关危机爆发的警报或提醒，以提醒相关主体开展提前或实时的应急响应、危机处置、安全防护、救援逃生等应对措施，来规避危险、减少损失。

危机预警的作用在于通过向相关主体发布预警、触发响应，以期开展前置性的危机应对或实时的应急处置。对不内外的不同主体，危机预警发挥不同的作用。对于内部的部门及其人员的危机预警，也即内部预警，用于提醒相关部门和人员提前或及时启动应急预案和响应措施，保障人民群众的生命与财产损失；内部预警应保持情报机构、行动部门等相互之间充分的信息共享与沟通联络，实现情报价值最大化和预警响应行动的无缝衔接。对于外部的人民群众的危机预警，也即外部预警，用于提醒相关群众或社会组织重视危机，配合做好危机发生之前的风险防范或规避等相关工作，并在危机发生时有意识地开展自救互助、紧急逃生；外部预警应尽可能提升风险预警的精细化和人性化，便于外部群众的理解和配合。

（二）监测和预警的关系

监测与预警是突发事件应对工作的第一防线。在应急管理实际应用中，监测与预警包含了三个层面的内容：一是对日常风险信息监视。根据一系列前提条件和参数预测突发事件的发生发展和危害性，发布警报。二是对突发事件实施动态监视。对突发事件下一步发展的趋势、影响进行分析，调整警报级别并重新发布。三是对次生、衍生事件进行监视。根据事件链对当前事件可能引起的次生、衍生事件进行定性、定量分析，发布警报。突发事件的监测与预警贯穿于突发事件发生发展的全过程，但重在事发前的监测与预警，这也是“预防为主”的工作要求。

突发事件的监测与预警是相辅相成、相互统一的关系。通过监测及时收集可能发生突发事件潜在风险的有关信息，监控掌握能够表示危机严重程度和进展状态的特征性信息，对危机发生的可能性、发生的时间、发生的地点、发生的原

因、可能影响的范围、可能造成的危害，以及危机的演化方向和变化趋势作出分析判断，发出预警信息，以便政府部门和公众及时掌握和提前应对，避免突发事件或减少突发事件造成的损失。简而言之，监测获得相关的信息并进行风险评估，而预警则将风险评估的结果传递给相关部门和人员。一方面，科学的监测是精确预警的前提和基础；另一方面，只有通过有效的预警才能把监测得出的结论及时地传递给相关部门和人员。

二、危机预警的要素和实施

危机预警的核心要素包括预警的主体和对象、内容和形式、手段和渠道、调整和反馈。将核心要素串联起来即形成危机预警的基本流程：在信息收集与报送、信息分析与研判等危机决策的基础上，预警主体针对马上要发生、必然会发生或已经在发生的突发事件，形成预警信息，通过一定的平台和渠道，针对影响区域和人群，通过发出警报、通报、提醒等方式发布预警，提醒应急响应和自救互助，并在后续根据情况变化和预警反馈对预警做适时调整或解除。

（一）预警的主体和对象

危机预警的主体为应急管理的相关部门及其人员；接收对象为可能受到危机影响、需通过预警来提醒其做好准备或作出响应的所有相关主体，既包括政府也包括群众，既包括组织也包括个体。

预警发布主体是各级政府及其相关部门；同时根据“分类管理”的原则，负责某类或某项突发事件的管理部门一般负责此类或此项公共危机的专项预警工作；预计信息一般发布给可能受到预警危机影响的人群、组织、地区，既包括需要处置和应对该预警危机的政府部门和人员，也包括受其影响的人民群众和社会组织。

（二）预警的内容和形式

对于自然灾害、事故灾难和公共卫生事件，预警的条件是“即将发生或者发生的可能性增大时”，而对于社会安全事件，预警的条件则是“即将发生或者已经发生”。突发事件的预警和突发事件本身一样需要进行分级，其所分级数、分级对象和分级标准也是相同的；突发事件本身和突发事件的预警都分成Ⅰ级（特别严重）、Ⅱ级（严重）、Ⅲ级（较重）和Ⅳ级（一般）四级，分别用红色、橙色、黄色和蓝色表示。突发事件的预警分级一般根据突发事件可能造成的危害程度、影响范围、紧急程度和发展势态等因素来决定，不同的突发事件的预警级别标准是有区别的，所以《突发事件应对法》没有规定预警级别的具体划分标准，但近几年来国务院发布各种突发事件专项应急预案对可以预警的突发事件预警级别规定了统一的划分标准。例如，《气象灾害预警信号发布与管理办法》规定：暴雨预警信号分为四级，分别以蓝色、黄色、橙色和红色表示。

根据我国有关规定，国家所发布的突发事件预警信息，在内容上一般包括突发事件的类别、预警级别、发布时间、起始时间、影响或可能影响的范围、警示事项、应对措施、发布机关、咨询方式等。预警表现形式一般包括信号、文字、声音、图像、视频等。对于某些预警研究相对成熟的领域，预警的内容以标准规范或约定俗成的预警信号图标的形式呈现。例如，突发气象灾害预警信号图标由代表气象灾害种类的图形符号、中英文文字、代表预警信号颜色的图案等组成[①]。危机预警信息的内容和形式（以暴雨预警信息为例）见表2－1。

预警发布的信息要以公众需求为导向，警报的语言必须简洁、清晰、易懂，避免使用冗长、晦涩的专业性语言；警报的内容要表述清楚可能发生的突发事件将会带来的威胁和影响，考虑到公众的价值判断与利益权衡等因素，提出有针对性的响应措施和建议；警报发布的对象应仅限于可能受到突发事件影响地区的公众，避免警报扰民的现象；警报的内容要充分考虑到不同人的不同需要，做到有的放矢，公众的情况千差万别，拥有不同的教育水平、经济实力、民族身份与信仰、语言、健康状况和灾害经历等，同样的警报内容会产生不同的效果。

【实用工具】暴雨预警信息的内容和形式

表2－1　危机预警信息的内容和形式（以暴雨预警信息为例）

等级	发布条件（预警等级）	图标	应急响应措施
蓝色预警信号	12小时内降雨量将达50毫米以上或已达50毫米以上且降雨可能持续		（1）政府及相关部门按照职责做好防暴雨准备工作。 （2）学校、幼儿园采取适当措施保证学生和幼儿安全。 （3）驾驶人员应当注意道路积水和交通阻塞，确保安全。 （4）检查城市、农田、鱼塘排水系统，做好排涝准备

① 突发气象灾害预警信号图标一般呈长方形，长与宽之比为6∶5。左上部是气象灾害种类的图形符号，颜色为信号颜色，底色为浅灰色；右上部是气象灾害种类的中文文字，底色为信号颜色；左下部是预警信号颜色的中文名称，右下部是气象灾害种类的英文文字，底色均为信号颜色。

表2-1（续）

等级	发布条件（预警等级）	图标	应急响应措施
黄色预警信号	6小时内降雨量将达50毫米以上或已达50毫米以上且降雨可能持续		（1）政府及相关部门按照职责做好防暴雨工作。 （2）交通管理部门应当根据路况在强降雨路段采取交通管制措施，在积水路段实行交通引导。 （3）切断低洼地带有危险的室外电源，暂停在空旷地方的户外作业，转移危险地带人员和危房居民到安全场所避雨。 （4）检查城市、农田、鱼塘排水系统，采取必要的排涝措施
橙色预警信号	3小时内降雨量将达50毫米以上或已达50毫米以上且降雨可能持续		（1）政府及相关部门按照职责做好防暴雨应急工作。 （2）切断有危险的室外电源，暂停户外作业。 （3）处于危险地带的单位应当停课、停业，采取专门措施保护已到校学生、幼儿和其他上班人员的安全。 （4）做好城市、农田的排涝，注意防范可能引发的山洪、滑坡、泥石流等灾害
红色暴雨预警	3小时内降雨量将达100毫米以上或已达100毫米以上且降雨可能持续		（1）政府部门按照职责做好防暴雨应急和抢险工作。 （2）停止集会、停课、停业（除特殊行业外）。 （3）做好山洪、滑坡、泥石流等灾害的防御和抢险工作

注：根据国家气象局公共气象服务中心“中国天气网”暴雨预警信号的相关介绍[①]整理总结。

（三）预警的手段和渠道

警报发布与传递的手段必须是有效的，具备以下特征：

（1）多样性。警报传播媒介既包括电话、手机、广播、电视、报刊、网络、警报器、宣传车，也包括鸣锣敲鼓、奔走相告等人际传播方式。当然，也可以多种手段并用。

（2）针对性。警报传播要针对不同的群体采取不同的手段，如在广播、电视信号无法接收的情况下，可采取发警报或奔走相告的方式，对老、幼、病、残、孕等特殊人群以及学校等特殊场所和警报盲区应当采取有针对性的公告方式。

①《暴雨预警信号的相关介绍》，中国天气网，2018-9-10，http://www.weather.com.cn/static/html/about/alarm_rain.html。

（3）全覆盖性。警报的传播要确保可能受到突发事件影响的所有公众都能知晓警情。通常，应急管理部门应保持对特定群体发布警报手段的稳定性和经常性，使其能够密切关注相关信息。

（4）互动性。警报传递手段最好具备双向可达性，以便于公众及时反馈警报接收信息。

预警发布的渠道是指预警信息对内对外发布的技术平台和通信渠道。当前我国基本建立起“分类管理、分级预警、平台共享、规范发布”的危机预警信息发布平台，并初步形成“横到边、纵到底”的突发事件预警信息发布系统①。一方面，以电子政务网为纽带，实现国家预警发布系统与相关部门间的横向连通，实现“横到边”；另一方面，以地面宽带网和卫星通信为纽带，实现了国家、省、市三级预警发布管理平台和县级发布终端的纵向贯通，实现“纵到底”。基于此，预警技术平台可分前端、中端、后端三个部分：前端是连接应急指挥部门的预警发布系统，中端是连接各种发布渠道的预警信息传播系统，后端是面向不同受众群体的终端设备，预警发布平台的技术结构图如图2－1所示。

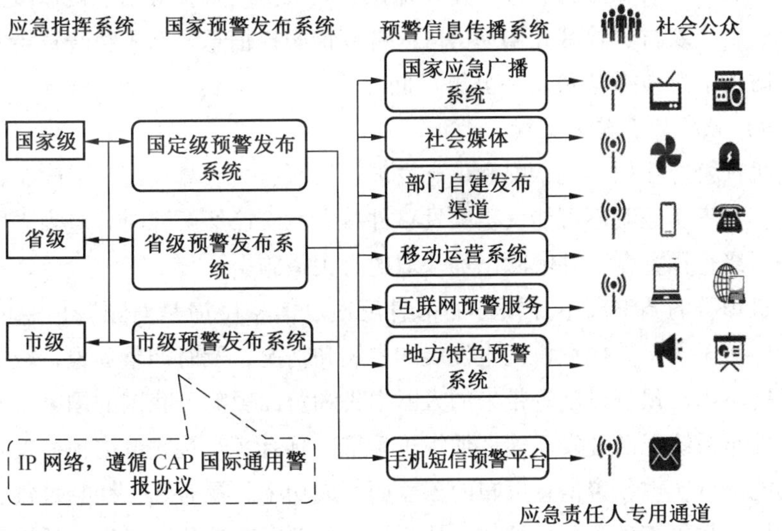

图2－1 突发事件预警发布系统（手段＋渠道）的技术结构图

①《国家突发事件预警信息发布系统的建设与应用》，陕西应急网，2018－9－10，http://yjb.shaanxi.gov.cn/html/134/201610/21/207322_0.html。

近年来，我国突发事件预警信息发布遵循“分类管理、分级预警、平台共享、规范发布”的原则，建立了国家突发事件预警信息发布系统，依托气象业务体系建成“一纵四横、一通四达”预警发布体系，即前端横向连通应急管理、卫生健康等16个政府部门，纵向连通国家、省、市、县四级政府，后端建立一条直通各级应急责任人的专用通道，以及专线接入电视台、应急广播、移动运营商和ABT互联网平台，形成了上下相互衔接、规范统一、多部门应用的综合自然灾害、事故灾难、公共卫生事件、社会安全事件四大类突发事件的预警信息发布业务体系，实现我国76类预警信息的统一发布，为国家和公众提供精准的预警信息服务。预警信息发布具备通过手机短信、微博、微信、互联网媒体App、电话、传真、网站，以及农村大喇叭、显示屏、气象信息员等多渠道、一键式的发布能力，社会公众覆盖率达87.4%。在2020年新型冠状病毒感染的肺炎疫情防控工作中，经国家卫健委与中国气象局协调，两部门进一步健全信息发布联动机制。各级卫生健康部门可利用预警发布系统的农村大喇叭、气象信息显示屏、气象影视、互联网、新媒体、手机短信等多种发布手段，提高疫情防控相关预警、风险提示、通知公告、宣传科普知识和政策措施解读等信息传播覆盖率，加强社区、广大农村、牧区和偏远山区人群疫情防控信息发布和科普宣传工作，切实解决防疫信息传播“最后一公里”问题。

（四）预警的调整和反馈

危机预警应根据危机状况和事态发展、按照有关法律规定，适时调整、取消或重发。有事实证明不可能发生突发事件或者危险已经解除时，应当立即宣布解除警报，终止预警期，并解除已经采取的有关措施。

危机预警的调整离不开预警的信息反馈。信息反馈是对预警信息的跟踪监测，能够实时了解掌握危机发生发展的进展和情况，及时调整预警，减少预警失误、预警不当、预警过度等带来的人财损失和负面影响。我国的国家突发事件预警信息发布系统现已开发反馈评估等子系统，具有实时接收各类预警发布情况反馈的功能，可实现预警信息发布的覆盖面、成功率、及时性、社会效益、媒体舆论等指标的收集统计和分析评估，从而为各预警发布单位实时反馈预警发布情况和效果。

三、危机预警的发展规律

全球范围内，各类突发事件的危机预警工作在实践中逐步发展完善，以更好适应应急响应的现实需求。

（一）预警指标的适时调整和灵活修改趋势

危机预警应遵循灵活修改原则，预警的指标体系应根据实际情况进行适时调整，及时更新换代。在恐怖袭击的预警中，恐怖分子行动以及反恐情报获取是不断变化的，要根据掌握的所有信息进行分析研判，灵活、及时、连续地调整反恐预警级别与行动建议等，便于公众作出科学判断和合理的行动决策。美国在“9·11”事件后逐步建立反恐预警系统。2002 年 3 月建立国土安全警报系统（Homeland Security Advisory System），2011 年 4 月将其进一步升级为国家威胁警报系统（National Terrorism Advisory System），2015 年新增中间级的预警级别“公告”（Bulletin）。该系统历经三次修改与优化，预警的专业性、科学性、可靠性得以提升。

1. 五级国土安全警报系统（2002—2011 年）

美国于 2002 年 3 月建立的国土安全警报系统①是以美国本土恐怖威胁为对象的五级制反恐预警机制，每一级别的预警都会触发联邦政府部门和安全人员的特定预警响应措施，美国国土安全部的五级国土安全警报系统见表 2-2。

表 2-2 美国国土安全部的五级国土安全警报系统

警报颜色	警报级别	风险程度	预警响应建议
红色	严重 Severe	严重的恐怖袭击风险	为应急需要增加人员；指派应急人员，设立机动小组；对交通实行管制；关闭公共场所等
橙色	高 High	高恐怖袭击风险	执法机构加强协作；对大型公共事件采取更多保护措施，或更改举办地点，必要时取消；在某些区域场所对特定人员实行严格的限制准入措施等

① 2001 年“9·11”恐怖袭击事件促使美国反恐预警系统的建立。2002 年 3 月 12 日，小布什签署美国总统第三号令，正式授权建立反恐预警系统，目的是通过“综合的和有效的手段向联邦、州、地方政府以及美国人民警告可能遭到恐怖袭击的风险”；同日，时任美国总统安全事务助理兼白宫国土安全办公室主任汤姆·里奇（Thomas Ridge）宣布成立国家恐怖袭击预警系统，即国土安全警报系统。2003 年 1 月美国国土安全部成立并投入运转，随后 HSAS 预警系统被移交给国土安全部管理。根据美国总统第五号令，预警级别由国土安全部部长和总统安全事务助理共同决定，当两者意见出现重大分歧时再由总统直接决定。

表 2-2（续）

警报颜色	警报级别	风险程度	预警响应建议
黄色	较高 Elevated	显著的恐怖袭击风险	加强对重要地点的监控；联邦政府、各州政府、各社会组织应使各自应对突发事件的计划与其他机构的计划相协调；加强对威胁的评估，进一步完善防范措施；执行突发事件应急计划等
蓝色	警戒 Guarded	一般的恐怖袭击风险	检查应急机制沟通是否顺畅；对应急处置程序进行论证和更新；向公众发布信息，提高民众应急能力等
绿色	低 Low	低恐怖袭击风险	完善已有的预防性措施；保证工作人员安全意识及防范技能的培训；为确保对所有基础设施脆弱性的持续评估和相应改进措施的采取，设立常态性的工作机制等

来源：美国国土安全部官网，国土安全警报系统介绍①。

在应对恐怖威胁方面，国土安全警报系统初期曾发挥积极作用，通过及时发布预警信息，提醒并指导联邦机构和公众采取防护措施，提高了全社会防范恐怖袭击的应急能力。但在实际使用过程中，该预警系统也逐渐显露出多种弊端：一是预警等级划分不合理，大部分预警级别基本用不上，存在结构性缺陷，在该系统运行期间，美国共 17 次发布或调整全国性的反恐预警，基本上是中高级别的黄色预警和橙色预警，最高级别的红色预警仅被发布过 1 次，而低级别的绿色预警或蓝色预警则从未被发布过；二是预警过度依赖通过颜色来区分威胁严重程度，缺乏具体的信息和行动建议，联邦机构发布的预警信息模棱两可，既无法解释清楚发布的依据，也难以为针对公众或政府提供具体的行动建议；三是预警期限没有时间限制，大多数的联邦州长期处于黄色预警状态，让负责安全事务的政府机构和美国民众始终绷紧神经，长期处于警戒状态使得各方疲惫不堪。

2. 二级国家威胁警报系统（2011—2015 年）

基于五级指标的国土安全警报系统的诸多弊端，经过多方讨论与综合评估，美国于 2011 年 1 月宣布取消国土安全警报系统，新建立国家威胁警报系统

① DHS：《Homeland Security Advisory System》，2018-9-10，https://www.dhs.gov/homeland-security-advisory-system.

（National Terrorism Advisory System，NTAS）。该预警系统根据恐怖威胁的性质与特点，有针对性地发布面向特定区域和人群、具有特定内容和期限的反恐预警信息。其中预警等级分为“迫切威胁警报”（Imminent Threat Alert）和“升级威胁警报”（Elevated Threat Alert）两个级别。“迫切威胁警报”用于发布针对美国的“可信的、具体的、即将发生的”恐怖威胁预警；“升级威胁警报”用于发布针对美国的“可信的”恐怖威胁预警。精简为两级指标的国家威胁警报系统在初期使用中确实有效规避了五级指标的诸多弊端，但也逐渐出现过于简略的弊端，导致警报系统的作用未能得到有效发挥。

3. 三级国家威胁警报系统（2015 年至今）

鉴于二级国家威胁预警系统过于简略的弊端，美国于 2015 年新增中间级的预警级别“公告”（Bulletin），形成两种类型、三个级别的预警方式，美国国土安全部的三级国家威胁警报系统见表 2-3。

表 2-3　美国国土安全部的三级国家威胁警报系统

预警类型	威胁等级	预警含义
警报（Alerts）	迫切威胁警报（Imminent Threat Alert）	警告可信的、具体的、即将发生的恐怖威胁
	升级威胁警报（Elevated Threat Alert）	警告可信的恐怖威胁
公告（Bulletins）	公告（Bulletin）	描述恐怖威胁的当前状况或者总体趋势

来源：美国国土安全部官网，国家威胁警报系统介绍①。

（二）分类预警的专业化和精细化趋势

随着应急管理相关领域的细分，危机预警的分类也在逐步细化。例如，《国家突发公共事件应急体系建设“十三五”规划》对常见灾种和频发危机的专项预警提出精细化的具体要求，危机分类预警专业化和精细化的具体要求见表 2-4。

（三）预警技术的高科技应用和精确度提升

随着危机规律的深入掌握和高新技术的全面应用，危机预警在静态监测和动态预警的精确度有所提升。危机预警的精确度提升有利于提高预警的效能，更好

① DHS：《National Terrorism Advisory System》，2018-9-10，https://www.dhs.gov/national-terrorism-advisory-system.

表2-4 危机分类预警专业化和精细化的具体要求

预警分类	分类预警专业化和精细化的具体要求
气象灾害预警	加强重点区域气象、水文监测预报基础设施建设，提高对中小尺度强对流天气、台风、暴雨等及其可能引发的地质灾害、洪涝灾害和其他次生灾害的预测预警能力等
地震灾害预警	进一步完善地震台网，提升震情跟踪监视能力；实施国家地震烈度速报与预警工程，大力推进核设施、油气管线、大型石化企业、高铁、城市轨道交通等重大工程设施地震预警和紧急处置技术应用；加强我国管辖海域海底地震监测能力建设等
海洋灾害预警	充分利用已有项目和资源，完善卫星、飞机、船舶、台站等监视监测手段，建立海洋环境实时在线监控系统，提高海洋灾害、海洋平台溢油和海洋污染监测预警能力等
生物灾害预警	完善农林灾害监测网络，建立覆盖全国的有害生物监测站点及野生动物疫源疫病监测站点，完善动植物检验检疫和疫情监测预警系统。建立外来入侵生物监测预警网络，健全出入境生物安全查验机制，有效防范外来生物入侵等
火灾预警	加快推进森林草原火灾瞭望台和视频监测系统建设，提高卫星遥感火情监测、航空巡护及地面巡护能力等
突发环境事件预警	建立健全国家环境安全动态监测预警体系，推进实时在线环境监测监控系统和环境保护大数据建设。完善突发环境事件信息报告和公开机制等
安全生产事故预警	实施安全生产信息化建设工程，实现政府监管监察执法、企业在线监测和预警防控信息一体化，提升重大危险源监测监控能力等
交通事故预警	加强国家主干公路网、高速铁路网、内河高等级航道网、航空运输、卫星通信等交通安全信息监控能力建设，实现对运行状态的动态监控。加强对公共交通和人员密集场所的大客流监控等
传染病预警	强化突发急性传染病预防预警措施，不断改进监测手段，健全风险评估和报告制度，推进突发急性传染病快速检测技术平台建设，提高及时发现和科学预警能力等
食品安全事故预警	健全食品安全突发事件信息直报和舆情监测网络体系，整合食品安全风险监测、监督抽检和食用农产品风险监测、监督抽检数据，建立完善预警分析模型和系统，提高食品安全监测预警能力等
金融事故预警	建立健全金融风险动态监测预警体系，加强对互联网金融、私募投资基金等新兴市场领域监控，强化新兴金融业态突发事件应急处置能力建设，完善防范和处置非法集资工作机制，优化跨市场数据交换平台的风险隐患识别与预警功能，确保国家金融体系稳定运行等

来源：《国家突发公共事件应急体系建设“十三五”规划》，不完全统计。

发挥预警的作用。

1. 掌握危机规律，预警静态监测的精确度提升

对于自然灾害、公共卫生等自然成因导致的突发事件，其危机预警的核心在于危机规律的掌握和应用。具体而言是指在充分研究和掌握某种危机规律的基础上，对其开展监测，一旦监测到即将爆发的危机，立即向相关人员或群体发出预警，利用知晓危机爆发和危机实际爆发之间的时间差开展前置应对，采取危机预防、危机干预等措施，减少人员伤亡、财产损失、次生灾害、负面影响等。

随着公共危机研究的逐步深入和拓展，危机规律的掌握也在逐步深化和全面，这有利于提升预警在静态监测方面的精确度。对危机规律的掌握越全面精准，对危机的监测越精确细致，发现即将爆发危机的时间越提前，危机预警的提前度越高、准确度越高、有用性也越强。例如，地震预警是在地震发生时利用电波比地震波快的原理在灾难前发出警告，以减少人员伤亡和次生灾害。随着对地波、地震波等地震规律和知识的掌握越全面，地震的监测精确度越高，预警时间就越长，预警效果越好。研究表明：预警时间为 3 秒时，可减少人员伤亡 14%；预警时间为 10 秒时，可减少人员伤亡 39%；预警时间为 20 秒时，可减少人员伤亡 63%。

2. 应用高新技术，预警动态运行的精确度提升

当前，基于大数据高新科技的发展及其在危机预警领域的应用，使信息收集、危机研判、预警发布等预警动态运行的精确程度得到显著提升。

大数据在危机预警中的作用主要是通过大数据技术获得公共危机的海量信息和数据，进而通过汇总筛选、统计分析等得出相应结论。信息收集更加可靠、全面、快速，也为危机研判提供更加全面可靠的依据，从而提升危机研判和预警的精准程度。例如，基于大数据技术的传染病危机预警，其精确程度得到有效提升（表 2－5）。

表 2－5　基于大数据技术的传染病危机预警

具体技术	原理和方法	典型示例
基于网络大数据的传染病预警	人们患病之后会通过互联网查询相关的信息，并且通过跟踪查询关键词的频率可以预测疾病的发生率；对此，可应用大数据的技术，基于互联网及搜索引擎进行疾病监测	2009 年，谷歌搜索引擎利用关键搜索词成功监测并预警了流感暴发，比美国疾病预防控制中心的预警提前一周以上

表2-5（续）

具体技术	原理和方法	典型示例
基于社会因素和自然环境因素大数据的传染病预警	病原体变异、人体免疫力、人们的生活方式和防病意识等社会和自然环境因素都可能影响疾病的发生；对此，可有效采集社会环境和自然环境因素，从而应用于传染病的监测预警	2014年埃博拉病毒爆发时，加拿大某公司运用地理资讯系统，通过分析全球航班起降、人口移动、气候因素、家禽家畜密度、城市卫生管理系统等资讯建立模型，发布全球病毒动态地图，成功预警下一个可能大规模传染埃博拉病毒的地区
基于医疗大数据的传染病预警	通过症状监测实现大数据技术下的预警；症状监测是指持续、系统地收集、分析临床明确诊断前与疾病暴发相关的资料，及时发现疾病在时间、空间上的异常聚集，以期对疾病暴发进行早期探查、预警和快速反应	电子病历系统已覆盖全国，公共卫生部门可以通过分析全国各地的患者出现相同或相似症状的信息，对某些传染病的暴发进行预警，提前快速响应

注：部分内容参考祝丙华等《基于大数据传染病监测预警研究进展》，原文发表于《中国公共卫生》。

第三节　预案是突发事件应急的科学预设

一、应急预案是预先制定的应急工作方案

（一）应急预案的界定

应急预案是各级人民政府及其部门、基层组织、企事业单位、社会团体等多主体为依法、迅速、科学、有序应对突发公共事件，最大程度减少突发事件及其造成的损害而预先制定的工作方案。应急预案解决的是政府应急管理的规范性问题，是工作的程序、规程和指南，提供突发事件应对的标准化反应程序，是突发事件处置的基本规则和应急响应的操作指南。应急预案以预先指定应急工作方案的形式将应急管理中涉及的体制设置、机制运行和法制保障融入其中，形成指导、预防与处置突发公共事件的规范性文件。

（二）应急预案的特点

应急预案作为突发事件的应对方案，具有以下特点：

（1）全面性。应急预案囊括事前预测预警、事发识别控制、事中应急处置

和事后恢复重建，贯穿突发事件应急管理全过程。

（2）系统性。应急预案本身作为应急管理工作中的重要组成部分，是突发事件应对处置的操作指南，包括了应对工作的各环节。各个应急预案之间又相互衔接，形成预案体系。

（3）权威性。应急预案一般由各级政府及其部门等行政机关颁布施行，是政府的施政措施，体现法律法规要求。

（4）实用性。应急预案中所规定的预防应对处置的计划和方法，既有历史经验和理论概括，又有科学分析和成功做法，通用性、操作性强。

（三）应急预案的类别

应急预案种类较多，按行政区域可划分国家级应急预案、省级应急预案、市级应急预案、县级应急预案和基层单位应急预案；按基层单位可划分为社区应急预案、乡镇应急预案、学校应急预案、企业应急预案和单位应急预案；按突发事件类型可划分自然灾害应急预案、事故灾难应急预案、公共卫生事件应急预案和社会安全事件应急预案；按预案适用范围可划分综合应急预案、专项应急预案、现场应急预案、单项应急预案等。根据我国实际情况，按照“统一领导、分类管理、分级负责”的原则，国家总体应急预案中规定，突发事件应急预案体系包括国家总体应急预案、国家专项应急预案、国务院部门应急预案、地方应急预案、企事业单位应急预案、重大活动应急预案六大类。

（四）应急预案的价值和意义

应急预案有助于识别风险隐患、了解突发事件的发生机理、明确应急救援的范围和体系，使突发事件应对处置的各个环节有章可循，其价值和意义集中体现为三个方面：

（1）应急预案规定了应急处置的流程和步骤，为准确研判突发事件的规模、性质、程度并合理决策应对措施提供了科学的思路和方法，有利于对突发事件及时作出响应，科学规范突发事件应对处置工作。

（2）在应急预案中明确各级政府、部门、组织的职责，以便形成精简、统一、高效和协调的突发事件应急处置体制机制。

（3）在应急预案中事先合理规划、储备和管理各类应急资源，从而在突发事件发生时，按照预案明确的程序合理配置应对突发事件的相关资源。

二、应急预案体系的立体化建构

从新中国成立开始，我国相关领域就在探索建立国务院部门应急预案。20世纪80年代地震、国防科工等部门借鉴国际经验，编制了破坏性地震应急反应预案、核应急计划等。2003年非典（SARS）事件发生后，国务院迅速成立“建立突发事件应急预案工作小组”，在全国范围内大规模推进应急预案编制工作，这是我国应急预案体系建设的正式起点。自2006年1月国务院颁布《国家突发公共事件总体应急预案》以来，我国应急预案工作不断修正完善，截至2019年9月，我国制定了550余万件应急预案，形成了应对特别重大灾害“1个响应总册+15个分灾种手册+7个保障机制”的应急工作体系。内容上已涵盖了四类突发事件中常见灾种和高发危机的应急预案，层级上已搭建了从中央到地方、从政府部门到基层组织的预案体系，形成“横向到边、纵向到底”的立体化应急预案体系，自上而下涵盖总体应急预案、专项应急预案、部门应急预案、地方应急预案、企事业单位应急预案、重大活动应急预案6个层次。

（一）总体应急预案

总体应急预案是各级人民政府突发事件应急预案体系的总纲，明确了各类突发事件分级分类和应急预案框架体系，规定了各级政府应对特别重大突发事件的组织指挥体系、工作机制等内容，是指导预防和处置各类突发事件的总体规范性文件。编制总体应急预案的目的是为了提高政府保障公共安全和处置突发事件的能力，最大限度地预防和减少突发事件及其造成的损害，保障公众的生命财产安全，维护国家安全和社会稳定，促进经济社会全面、协调、可持续发展。总体应急预案由各级人民政府制定发布，本级政府办公室（厅）组织实施。

（二）专项应急预案

突发事件种类多样、复杂，应对处置需要相应的专业知识和技术，根据应对突发事件“横向到边、纵向到底”的要求，专项应急预案是总体应急预案的横向展开，是总体应急预案的专业化和具体化。专项应急预案主要是各级人民政府及其相关部门为应对某一类或几类突发事件而制定的涉及数个政府部门职责的应急预案，分为自然灾害、事故灾难、公共卫生事件、社会安全事件四类。各级各类专项应急预案依据国家相关法律法规和各级人民政府总体应急预案编制而成，都有各自的适用范围和启动条件，对于响应程序、预防预警机制、响应措施、后期处置、保障措施等也有不同的要求和规定。

（三）部门应急预案

部门应急预案是各级人民政府有关部门根据总体应急预案、专项应急预案和自身职责，为应对某一类或几种类型突发事件而制定的涉及单个政府部门职责的应急预案。部门应急预案和专项应急预案的区别主要有以下三点：

（1）制定主体不同。专项应急预案由各级人民政府的综合部门牵头制定，政府办公厅（室）印发，涉及多个相关部门的工作职责；部门应急预案由各级人民政府的职能部门自己制定，只涉及自身的工作职责。

（2）法规效力不同。专项应急预案由多个政府部门共同承担应急职责，由各级人民政府印发实施，体现着一级政府的意志；部门应急预案由政府某个部门编制并负责印发实施，一般仅体现某一部门的意志，其法定效力相对较低。

（3）适用范围不同。有的专项应急预案是某一大类突发事件的“总体应急预案”，但预案的指向性和针对性仍不够具体，需要编制一些部门应急预案，以明确规定更加专业的应对措施；部门应急预案对组织机构的规定是“部门性”的，一般不涉及除了法定职责外的政府其他部门职责。

（四）地方应急预案

地方应急预案是下级人民政府根据上级人民政府的总体应急预案、专项应急预案而制定的相应应急预案。具体包括省级突发事件总体应急预案、省级专项应急预案、省级部门应急预案、各地市州、县市区政府、基层政权组织的突发事件应急预案。其基本构成层次包括：

（1）省总体应急预案，省应急预案体系的总纲，是省政府应对特别重大、重大突发事件的规范性文件。

（2）省专项应急预案，省政府及其有关部门为应对某一种或几种类型突发事件而制定的涉及多个部门职责的应急预案。

（3）省级部门应急预案，省政府有关部门根据总体应急预案、专项应急预案和部门职责为应对突发事件制定的预案。

（4）市州、县市区应急预案，在上级政府的领导下，按照分类管理、分级负责的原则，由市州、县市区政府及其有关部门分别制定。

（5）基层组织应急预案，在上级政府的领导下，根据辖区特点和实际需要，由乡镇、街道制定的应急预案，如有必要，村委会、居委会等基层群众性自治组织也应制定有关应急预案。地方应急预案与国家应急预案在基本构成、编制依据、工作原则、组织机构、应急响应、善后处置等方面的规定基本相同。

（五）企事业单位应急预案

企事业单位的应急预案依照有关法律、法规，参照政府应急预案，结合各自特点和实际情况制定。预案明确了企事业单位是其内部发生突发事件的责任主体，应急预案是各单位应对突发事件的操作指南。从应急管理实际情况来看，企事业单位一直都是突发事件的高发区域，如能针对可能发生的突发事件编制预案并适时组织演练，一旦发生突发事件能迅速启动、及时反应，将突发事件控制在萌芽状态，有效减少人员伤亡和财产损失。企事业单位应急预案可采用与政府应急预案相同的预案体系，也可以采用其他类型的预案体系将本单位各种具体应急预案有机组合起来。企业应急预案的重点包括明确组织机构及其职责、危害辨识与风险评价、确定通告程序和报警系统、明确应急设备与可用设施、评估评价能力与可用资源、明确保护措施程序、信息发布与公众教育、事后恢复程序、培训与演练等。事业单位应急预案的编制目的与企业基本相同，都是为了更好地预防和处置突发事件。事业单位应急预案的构成与政府基本一致。

（六）重大活动应急预案

举办较大规模的集会、庆典、会展和文化体育等重大活动，在相对较小空间、较短时间内聚集了大量的人流、物流和现金流，卫生防疫、交通事故、恐怖袭击、火灾爆炸、刑事案件、群体性事件等各类突发事件的发生概率骤然上升，编制重大活动应急预案的目的在于预防和处置重大活动中可能出现的突发事件，最大限度地保护人民群众的生命和财产安全，维护社会和谐稳定。基于此，重大活动主办单位应按照“谁主办、谁负责”的原则，根据有关法律、法规和政府相关应急预案，结合自身实际制定应急预案，报公安机关批准后实施，并报当地人民政府备案。针对重大活动期间可能出现的突发公共事件，可按照预案确定的处置流程，采取相应的应急处置措施予以处置，对此预案应体现的重点内容包括：及时确定事故的原因和危害程度；制止混乱，及时疏散群众；根据情况实行区域性交通管制，分流无关车辆、行人，确保救援通道畅通；及时救护、救援；维护社会秩序；做好新闻报道工作，正确引导舆论。

三、应急预案的科学编制与管理

随着法律法规和政策文件的出台，应急预案编制和管理的科学性、规范性不断增强，其规划、编制、审批、发布、备案、演练、修订、培训、宣传教育、日常管理等一系列工作均需要规范性要求和专业化指导，以下主要介绍我国情况，同时借鉴参考部分国际经验。

（一）应急预案的框架和内容

应急预案以实现有效预防应对突发事件为核心目标，其框架内容一般包括七方面。

（1）突发事件应急处置的政策法规依据、工作原则和应对重点等基本内容。

（2）突发事件应急管理工作的组织指挥体系与职责。对应急指挥机构的响应程序和内容，有关组织应急救援的责任等。

（3）预防准备情况。对潜在突发事件采取的预防控制、监测预警等措施，将突发事件消除在萌芽状态或及时开展先期处置。

（4）基本应急程序。针对发生不同类别突发事件的分级响应主体、应急处置程序、抢险救援流程。

（5）应急保障措施。包括人力、财力、物资、交通运输、医疗卫生、治安维护、人员防护、通信与信息、公共设施、社会沟通、技术支撑以及其他保障。

（6）事后恢复重建与善后管理。使生产生活、社会秩序和生态环境恢复正常状态，以及事后情况调查、应急处置过程总结评估及人员奖惩等。

（7）应急预案管理的日常性事务。为预防应对突发事件所做的宣传、培训、演练、调查评估，以及应急预案本身的修订完善等动态管理内容。

【实用工具】突发事件应急预案的基本框架

根据国家总体应急预案的框架内容，一个完整的应急预案一般包括应急准备、应急响应、应急处置和应急恢复的全过程，具体如下。

版块1：总则

1－1　编制目的。简要阐述编制应急预案的重要意义和作用。如加强和规范管理、提高保障和处置能力，有效预防和应对突发事件、减少危害及保障安全等。

1－2　编制依据。主要依据国家相关法律、法规、政策规定和国家相应应急预案。

1－3　适用范围。是指预案针对某一区域内，某种类型突发事件作出反应，预案只在制定单位管辖地域和职责范围适用，要级别明确、针对性强。

1－4　工作原则。要求明确具体。如统一领导、分级管理，条块结合、以块为主，职责明确、规范有序，反应灵敏、运转高效，整合资源、信息共享，预防为主、快速处置等原则。

版块2：应急组织机构与职责

2-1 按照突发事件处置需要设立应急指挥机构，明确主要负责人、组成人员及相应的职权。

2-2 应急指挥机构涉及的部门（单位）及其相应的职权和义务。

2-3 以突发事件应急响应过程为主线，明确突发事件发生、报告、响应、结束、善后处置等各环节的主管与协作联动部门；以应急准备及保障机构为支线，明确参与部门的职责。

版块3：监测预警

3-1 信息监测。确定预警信息监测、收集、报告和发布的方法、程序，建立信息来源与分析、常规数据监测、风险分析与分级等制度。

3-2 预警行动。明确预警方法、渠道以及监督检查措施和信息交流与通报程序，预警期间采取的应急措施及有关应急准备。

3-3 预警支持系统。建立预警体系和相关技术支持平台，明确使用、维护、改进系统的要求。

3-4 预警级别发布。明确预警级别的确定原则、信息确认与发布程序等。按照突发事件严重性和紧急程度，分为一般（Ⅳ级）、较大（Ⅲ级）、重大（Ⅱ级）、特别重大（Ⅰ级）的4级预警，颜色依次为蓝色、黄色、橙色和红色。

版块4：应急响应

4-1 应急响应级别。根据突发事件确定科学的分级标准，按照突发事件可控性、严重程度和影响范围，分为一般（Ⅳ级）、较大（Ⅲ级）、重大（Ⅱ级）、特别重大（Ⅰ级）的4级，启动相应级别的应急响应行动。突发事件的响应级别与预警级别密切相关，但也有所不同，可根据实际情况确定。

4-2 应急响应行动。根据突发事件级别明确预案启动级别和条件，明确响应主体、指挥机构工作职责、权限和要求，阐明应急响应及处置过程等。对于跨国（境）、跨区域、跨部门的突发事件，可针对实际情况列举不同措施，同时避免可能造成的次生、衍生和耦合事件。

4-3 信息报送和处理。明确信息采集的范围、内容、方法、报送程序和时限，要求符合政府信息公开的有关规定。如果突发事件涉及港、澳、台和境外人员，或可能影响到境外，需要向有关地区和国家通报的，明确通报程序和部门。

4-4 指挥和协调。现场指挥遵循属地为主的原则，建立党委和政府统一领导、突发事件主管部门为主、各相关部门参与的应急救援协调机制。明确指挥机构的职能和任务，建立决策机制，报告、请示等制度，建立信息分析、专家咨询、损失评估等程序。

4－5　应急处置。制定详细、科学的突发事件应对处置方案、处置措施，明确各级指挥机构调派应急队伍的数量及处置措施，队伍集中、部署的方式，设备器材、物资药品的调用程序，各应急队伍之间协作程序等。

4－6　信息发布。按照突发事件新闻发布应急预案的有关规定，遵循实事求是、及时准确的原则，明确信息发布的内容、方式、机构及程序。

4－7　应急结束。明确应急状态解除或紧急响应措施终止的发布机构及程序，并注意与现场抢救活动的结束区别开来。

版块5：善后工作

5－1　善后处置。明确人员安置、补偿，物资和劳务的征用补偿，灾后重建的政策措施，以及做好卫生防疫、保险理赔工作等。

5－2　社会救助。明确社会、个人或国内外机构的组织协调、捐赠款物的管理与监督等事项。

5－3　后果评估。突发事件分析评估、调查报告和经验教训总结及改进建议。

版块6：应急保障

6－1　人力资源保障。列出各类应急响应的人力资源，包括政府、军队、武警、机关团体、企事业单位、公益团体和志愿者队伍等。明确社会动员条件、范围、程序和必要的保障制度。

6－2　财力保障。明确应急经费来源、使用范围、数量和管理监督措施，提供应急状态时政府经费的保障措施。

6－3　物资保障。包括物资调拨和组织生产方案。根据具体情况和需要，明确具体的物资储备、生产及加工能力储备、生产流程技术方案储备。

6－4　通信保障。建立通信系统维护及信息采集等制度，确保应急期间信息通畅；明确参与应急处置各部门单位的通信方式和确保应急期间党、政、军领导机关及现场指挥的通信方案。

6－5　交通运输保障。包括各类交通运输工具数量、分布、功能、使用状态等信息，驾驶员的应急准备措施，征用单位的启用方案，交通管制方案和线路规划等。

6－6　医疗卫生保障。包括医疗救治资源分布、救治能力与专长、卫生疾病控制机构能力与分布、各单位的应急准备保障措施、被调用方案等。

6－7　人员防护。制定应急避险、人员疏散及救援人员安全措施等，规划和建立基本满足突发事件的人员避难场所。

6－8　技术装备保障。包括技术系统及储备，应急设施设备，突发事件现场可供使用的应急设备类型、数量、性能和位置，备用措施以及相应的制度等。

6－9　治安维护。制定应急状态下治安秩序的各项准备方案，包括警力培训、布局、调度和工作方案等。

版块7：监督管理

7－1　预案演练。明确应急演练的范围、内容、组织及工作要求等。

7－2　宣传和培训。包括应急预案、应急法规、预防避险、自救互救的应急常识宣传，各级领导、应急管理和救援人员的常规性和专业性培训以及培训的工作要求等。

7－3　奖惩和责任。明确监督主体和罚则，明确奖励对象、方式及责任追究程序等。

版块8：附则

8－1　名词术语解释。预案中专用名词、术语，缩写语和编码的定义，说明突发事件类别、等级以及对应的指标定义，统一信息技术、行动方案和机关术语等编码情况。

8－2　预案管理与更新。明确预案制定、监督管理及实施部门单位，规定预案评审与更新方式。

8－3　预案解释部门。明确预案批准、印发机关和解释部门。

8－4　预案实施时间。明确预案实施或生效时间，一般从印发之日起施行。

版块9：附件

各种表单和说明文件，包括操作手册、指挥机构组织结构图、应急部门通信方式、指挥部成员联系方式、人员疏散地图、资源位置图、紧急设备使用说明等。

（二）应急预案的编制要求

编制应急预案必须充分研究和把握突发事件的共性规律和个性特征，以现有能力和资源为基础，围绕突发事件应急管理的全流程，最大限度地控制突发事件的破坏力和影响范围。

1. 预案体系的完整性

突发事件具有种类多、分布广的特点，对此构建应急预案体系应覆盖影响各领域、各行业的各种类型突发事件，确保系统性、完整性、全面性。

（1）纵向到底。按照《突发事件应对法》的规定，各级政府都要组织突发事件应急预案的编制工作，国家、省、市（州）和县市区、街道、乡镇、园区以及村、社区都要制定应急预案。

（2）横向到边。各级各部门各领域各行业应结合各自特点，针对可能发生并造成严重后果的突发事件，根据社会发展变化和客观形势的要求，制定各类应急预案，力求基本覆盖高发类型突发事件。

（3）外延到点。各个城镇社区和农村居民点是突发事件应对处置的“最后一公里”，也是应急能力相对薄弱的地方，应将预案覆盖到这些节点，从而将应急管理延伸到每一户、每一个人。社区和农村可在上级政府的指导下制定简明扼要、简便易行的单项应急预案，做到应急有预案、救援有队伍、联动有机制、善后有措施。

2. 预案内涵的科学性

应急预案是应对和处置突发事件的行动指南，应做到规划设计科学、表述清晰准确、逻辑系统严密、措施权威科学。

（1）系统。应完整包括突发事件应对的事前、事发、事中、事后各环节，明确各环节的具体措施、责任分工，逻辑结构严密完整。

（2）权威。应急预案应符合党和国家的方针政策，符合有关法律、法规、规章，依法规范，明确应急管理体系、组织机构、职责任务等一系列行政性管理规定，保证应急工作的统一指挥。

（3）科学。在全面调查研究和分析论证的基础上制定科学处置方案，用于严密统一、协调有序、高效快捷地应对突发事件。

3. 预案对象的针对性

各级各类应急预案的作用和功能不尽相同，对此编制预案应注重针对性，有的放矢，针对具体情况及所要达到的目的和功能来组织编制预案。

（1）切合实际。预案应符合实际情况，反映自身特点，切忌生搬硬套。

（2）吸收借鉴。既应研究国家应急预案精华和要点，尽量在框架体系、主要内容上与国家预案对接，做到上下相衔接，也应学习各地各部门甚至国外的应急预案，借鉴其成功经验和有效做法，还应研究过去突发事件处置案例，分析比较成功经验或失败教训，从中归纳科学有效的做法、经验、习惯，并提炼上升为科学、规范的处置预案内容。

（3）区别对待。一般而言，政府总体应急预案的重点在于“原则指导”；专项应急预案的重点在于“专业应对”；部门应急预案的重点在于“部门职能”；基层单位应急预案的重点在于“具体行动”；重大活动应急预案的重点在于“预防措施”。

4. 预案应用的操作性

应急预案必须能用、管用，具有很强的现实可操作性。

（1）明确。预案内容一般都涉及预防应对、善后处理、责任奖惩等具体问题，文本应准确无误、表述清楚，不能模棱两可、产生歧义。分类分级标准尽可能量化，职能职责定位尽可能具体，避免出现职责不清、推诿扯皮等。

（2）实用。始终把握关键环节，以现有能力和资源为基础，从实际出发设置组织指挥体系，与应急处置工作相适应。

（3）精练。编制预案在篇幅上要坚持“少而精”的原则，确保主题鲜明、内容翔实、结构严谨、文字简练。

5. 预案制定的规范性

预案的编制程序、体例格式等方面应力求规范、标准。

（1）编制程序规范。各类预案从立项、起草、审批、印发、发布、备案、实施及其更新、修订、宣传、培训和演练等动态管理的编制程序均应依法依规开展。

（2）内容结构规范。应急预案编制内容的结构框架、呈报手续、体例格式、字体字形、相关附件等应符合相关规范。

（3）体例格式规范。统一预案编制标准，从格式、字体、用纸等作出相应规范。

（三）应急预案的编制程序

不同类型和级别的应急预案，编制程序也不尽相同。一般来说，编制级别越高、管辖范围越大、启动级别越高、体系结构越完整的应急预案，编制程序越正式、规范，过程也相对较复杂，如国家、省市区、市（州）级别的总体应急预案和各类专项、部门应急预案。编制部门级别低、管辖范围小、管理对象少、面对单一种类突发事件的应急预案，编制程序也较简单，如企事业单位内部安全应急预案、某一个重大活动专项应急预案等。一般而言，预案编制包括立项、起草、审批、印发公布及备案 5 个环节，并在编制完成后的实施过程中开展动态管理。

1. 立项

应急预案制定部门（单位）应根据突发事件性质、特点和可能造成的危害，组织有关部门和人员成立应急预案编制小组，确定专人负责；制订编制计划和管理办法；根据具体情况布置编制工作；做好预案起草、评审、审核、报批、发布工作；对预案编制工作加强检查、指导、督促。

2. 起草

预案编制小组应认真开展调查研究，对照上级预案，借鉴外地同类型预案，广泛听取各方面意见和建议，召开专家评估会论证，并在制定部门（单位）领导班子集体审定后正式上报同级政府。应急预案的起草过程即为应急预案的内容编制过程，一般包括四个环节：

（1）风险评估。识别危害因素，分析事件后果，评估后果危害程度，提出控制风险措施。

（2）应急资源调查。全面调查第一时间可调用的应急队伍、装备、物资、场所等应急资源状况和合作区域内可请求援助的应急资源状况。

（3）征求意见。广泛听取有关部门、单位、专家的意见，必要时向社会公开征求意见。

（4）编制预案的具体内容。应根据《突发事件应对法》和其他有关法律、法规的规定，针对突发公共事件的性质、特点和可能造成的社会危害，明确突发事件应急的组织指挥体系与职责、预防与预警机制、处置程序、应急保障、事后恢复重建措施等内容。

3. 审批

政府办公厅（室）对主办部门（单位）报送的预案（草案）要认真进行审核。审核过程中，应会同主办部门（单位）征求相关部门（单位）意见，对相关部门（单位）的意见进行综合协调。预案（草案）审核完毕后，按程序报送政府办公厅（室）分管负责人，政府秘书长、政府分管负责人、政府常务负责人审发。

4. 印发公布与备案

预案经政府批准后实施，由政府办公厅（室）印发，由主办部门（单位）负责解释。政府办公厅（室）应会同主办部门（单位）及时向社会发布。

5. 备案

经批准实施的应急预案，向社会公布后报同级政府备案。以省专项应急预案为例，编制程序为主责部门立项→成立专门小组起草→起草单位报省政府办公厅（应急办）初审→征求相关成员单位意见→组织专家评审→报省政府办公厅（应急办）复审→报省政府按程序报批印发→由省相关部门公布施行。

（四）应急预案的评估与修订

发布实施后的应急预案应建立定期评估、修订、更新制度，分析评价预案内容的针对性、实用性和可操作性，并做好相应的修订和更新，实现应急预案的动态优化。

1. 应急预案评估

应急预案是根据突发事件一般特点和经验教训事前编制的，带有一定主观性，与事实可能存在差距，因此需要定期对预案进行评估、作出修订，使之更加完善，符合实际工作要求。

第一，资料收集。根据实际需要成立内部人员和外部专家组成的预案评估工作组后，应收集预案评估的相关资料，包括法律法规、标准、规范性文件及上位预案中的有关规定变化情况；应急指挥机构和成员单位（部门）及其职责调整情况；面临的事故风险变化情况；重要应急资源变化情况；应急救援力量变化情况；预案中的其他重要信息变化情况；应急演练和事故应急处置中发现的问题等。

第二，实施评估。采用资料分析、现场审核、推演论证、人员访谈的方式对应急预案进行评估。

（1）资料分析。针对评估目的和评估内容，查阅法律法规、标准规范、应急预案、风险评估方面的相关文件资料，梳理有关规定、要求及证据材料，初步分析应急预案存在的问题。

（2）现场审核。依据资料分析的情况，通过现场实地查看、设备操作检验的方式，准确掌握并验证应急资源、生产运行、工艺设备方面的问题情况。

（3）推演论证。根据需要，采取桌面推演、实战演练的形式对机构设置、职责分工、响应机制、信息报告方面进行推演验证。

（4）人员访谈。采取抽样访谈或座谈研讨的方式，向有关人员收集信息、了解情况、考核能力、验证问题、沟通交流、听取建议。

第三，形成报告。报告基本格式和主要内容如下：

（1）评估人员情况。评估人员基本信息及分工情况，包括姓名、性别、专业、职务职称及签字。

（2）预案评估组织。预案评估工作的组织实施过程和主要工作安排。

（3）预案基本情况。应急预案编制单位、编制及实施时间、批准人。

（4）预案评估内容。包括评估应急预案管理要求、组织机构与职责、主要事故风险、应急资源、应急预案衔接及应急响应级别划分方面的变化情况以及实施反馈中发现的问题。

（5）预案适用性分析。依据评估出的变化情况和问题，对应急预案各个要素内容的适用性进行分析，指出存在的不符合项。

（6）改进意见和建议，针对评估出的不符合项，提出改进的意见和建议。

（7）评估结论，对应急预案作出综合评价及修订结论。

2. 应急预案修订

应急预案制定机关或者单位应当按照有关法规，定期或适时修订应急预案。一般而言，以下七种情形下应急预案需修订：

（1）有关法律、行政法规、规章、标准、上位预案中的有关规定发生变化的。

（2）应急指挥机构及其职责发生重大调整的。

（3）面临的风险发生重大变化的。

（4）重要应急资源发生重大变化的。

（5）预案中的其他重要信息发生变化的。

（6）在突发公共事件实际应对和应急演练中发现问题需要作出重大调整的。

（7）应急预案制定单位认为应当修订的其他情况。

在突发事件应急处置或者应急演练结束后，也应及时对应急预案进行评估，总结经验教训，提出修订建议。修订应急预案时应当在风险分析和应急能力评估后，按照制定程序重新进行编制、审议、批准、备案和公布。

（五）应急预案的宣传、培训、演练

应急预案的实效发挥通过人的切实掌握和有效执行来保障，对此应开展应急预案的宣传、培训、演练等工作。

应急预案中的应急响应行动一般需要广大公众支持配合和积极参与。因此要利用多种方式广泛公布应急预案，开展应急预案宣传解读。对需要公众广泛参与的非涉密的应急预案，编制单位应当充分利用互联网、广播、电视、报刊等多种媒体广泛宣传，制作通俗易懂、好记管用的宣传普及材料，向公众免费发放，使公众做到应知应会；对预案中涉及公众生命安全保障的部分应当作为宣传、普及的重点内容；对涉及需要保密的内容，可制发应急预案简本，公布部分内容。

应急预案培训是应急管理队伍建设的基础性工作，也是提高各级党政领导干部、专兼职应急管理工作人员、广大公务员、学校企业等基层单位负责人、专业救援人员应对突发事件的整体素质和业务能力的重要途径，应纳入领导干部培训、公务员培训、应急管理干部日常培训内容。通过编发培训材料、举办培训班、开展工作研讨等方式，对与应急预案实施密切相关的管理人员和专业救援人员等组织开展应急预案培训，并根据不同的培训目标、对象和内容，分别研究制定培训质量评估和考核制度并适时开展检查。

应急演练是增强应急预案实用性、从而提升应急准备实效性的重要方法。应急预案编制单位应当建立应急演练制度，根据实际情况采取实战演练、桌面推演等方式，组织人员广泛参与处置联动性强、形式多样、节约高效的应急演练。应急演练组织单位应当组织演练评估。鼓励委托第三方进行演练评估。应急预案演练可以验证预案的整体或关键部分的科学性和合理性，检验应急响应行动的可行性和有效性，检查各项应急工作的准备情况。第八章中将对应急预案演练作重点介绍。

（六）应急预案的数字化建设和绩效考核

应急预案数字化一般又称数字化应急预案管理系统（Digital Emergency Plan Management System，DEPMS），可以有效实现应急预案的动态管理，提高信息化管理水平。其核心内容是应急预案基本情况数据库，包括预案本身和与之相关的周边数据信息，形成综合的、系统的应急预案数据库。在数字化基础上，形成互联网或政府内网上的交互式平台，可及时了解预案的最新数据和变化情况。除此以外，还可通过该系统实现应急预案的评审、培训、模拟演练和审查工作，更好地实现应急预案管理部门和应急管理具体工作的衔接，增强应急预案的实用性和有效性，提高工作效率。

开展应急预案管理考核工作，可建立目标管理责任制。各级应急管理办事机构会同预案主责单位开展检查，对预案执行情况予以奖励或责任追究，以便有效推进工作，加强相互联系，落实预案中规定的各项内容。应急预案管理工作的考核，既可与应急管理综合考核结合进行，也可以由主责单位对各责任部门进行考核。

【延伸阅读】美国应急预案体系的顶层设计

在美国，从《罗伯特·T·斯塔夫灾难恢复与紧急救助法》到《第8号总统政策令》，逐步建立起国家应急预案体系的顶层设计。1988年，美国国会通过《罗伯特·T·斯塔夫灾难恢复与紧急救助法》(Robert T. Stafford Disaster Relief and Emergency Assistance Act，PL 100－707)①，该法案为其后所有涉及应急预案的法律奠定了基础。1992年，美国联邦政府发布《联邦响应预案》(Federal Response Plan)②，作为联邦政府应对突发事件的应急预案；同步联邦政府相关部门制定专项预案，地方政府也开始制定地方性的应急响应预案。2004年，根据《第5号国土安全政策令》，国土安全部发布《全国突发事件管理系统》(National Incident Management System)③，其中规定了全国统一的突发事件指挥系统、多机构协调系统和公共信息管理系统；在此基础上，美国联邦政府于2004年发布《国家响应预案》(National Response Plan)④，形成覆盖“全危险、全专业、各层级”的突发事件应急响应预案。2008年，美国联邦政府发布《国家响应框架》(National Response Framework)⑤，用“框架”取代了“预案”，明确应急相关方、响应流程、组织设置及职责、预案功能类别等内容。2011年，美国白宫颁布《第8号总统政策令》(Presidential Policy Directive/PPD－8：National Preparedness)⑥，这一政策令是全国应急响应和预案体系建设的政策指导性文件，并以此为基础制定颁布和实施了一系列政策文件，逐步健全了国家应急预案的顶层设计。

美国的应急预案体系可概括为“2类别、3层级、5环节、1主3附”。

---

① FEMA：《Robert T. Stafford Disaster Relief and Emergency Assistance Act》，1988－11－23/2018－9－10，https://www.fema.gov/media－library－data/1490360363533－a531e65a3e1e63b8b2cfb7d3da7a785c/Stafford_ActselectHSA2016.pdf.

② FEMA：《Federal Response Plan (Public Law 93－288)》，1999－4－1/2018－9－10，http://biotech.law.lsu.edu/blaw/FEMA/frpfull.pdf.

③ FEMA：《National Incident Management system》，1999－4－1/2018－9－10，https://www.fema.gov/media－library－data/1508151197225－ced8c60378c3936adb92c1a3ee6f6564/FINAL_NIMS_2017.pdf.

④ FEMA：《National Response Plan》，2004－12－10/2018－9－10，http://www.fema.gov/pdf/emergency/nrf/nrf－core.pdf.

⑤ FEMA：《National Response Framework》，2008－1－21/2018－9－10，https://www.fema.gov/media－library－data/1466014682982－9bcf8245ba4c60c120aa915abe74e15d/National_Response_Framework3rd.pdf.

⑥ FEMA：《Presidential Policy Directive/PPD－8：National Preparedness》，2011－3－30/2018－9－10，https://www.fema.gov/learn－about－presidential－policy－directive－8.

第一，2 种类别的预案。一是“商议预案”(Deliberate Planning)，是指整体和宏观层面的应急预案准则、原则、基本要求等内容；二是“事件行动预案”(Incident Action Planning)，是指微观和操作层面的应急工作方案，以“目标－任务能力－执行”为思路。

第二，3 个层级的预案。一是战略层面（Strategic－level）设定应急预案的愿景和目标，如国家战略、国土安全战略、地方风险减灾战略等；二是操作层面(Operational－level）提供为执行预案所需的任务和资源，如州应急操作预案、联邦跨部门协作预案、部门和机构协作预案等；三是战术层面（Tactical－level）展示任务实施和资源应用的具体方式方法，如行动预案、资源部署预案等。

第三，5 个环节的预案。围绕涉及预防、保护、缓解、响应、恢复 5 个环节的应急能力建设，形成相应的预案体系。既包括 5 个环节的基本应急方案和制度设计，如《全国预防框架》(National Prevention Framework)，也包括 5 个环节的跨部门、跨区域协作响应方案，如《联邦部门预防协作计划》(Prevention Federal Interagency Operational Plan)。

第四，应急预案的“1 主 3 附”框架设计。一是“基本预案”(Base Plan)，规定了有关行为主体的角色与职能、应对依据、应对程序等；二是“应急支持功能附件”(Emergency Support Function Annexes)，规定了交通、消防、医疗、网络通信等需要整合联邦资源和调配支援部门的领域应急要求；三是“支持附件”(Support Annexes)，规定了财务管理、志愿者管理、社会组织协同等常见社会参与和保障支持的要求；四是“突发事件附件”(Incident Annexes)，针对特定突发事件类型的应对预案，实质是小型专项预案。

【实用工具】应急预案管理的情境构建

情景构建（Scenario Planning）是应急预案管理的常用方法，主要用于应急预案的编制、演练、修订、更新等工作，现已成为应急培训、演练规划的重要方法和策略。

1. 情景构建的基本原理

情景构建是指通过模拟重现突发事件情境，以此推演应急管理过程的方法。其中，“情景”(Scenario）是特定突发事件演化过程和灾害后果的系统性、形象化呈现。

情景构建可用于指导应急管理相关方开展基于预案编制、预案更新、多个预案有效衔接、应急演练，在此基础上情景构建可有效提升应急准备的针对性和有效性，提升和改进防灾备灾能力。

2. 情景构建的主要环节

情景构建采用PDCA模型，对应“策划（Plan）—实施（Do）—检查（Check）—改进（Act）”的闭环流程，分为情景筛选、情景开发、情景应用、情景评审与改进四个环节，应急预案管理的情景构建PDCA机理如图2-2所示，情景构建实施的主要环节、重点工作和主要作用见表2-6。

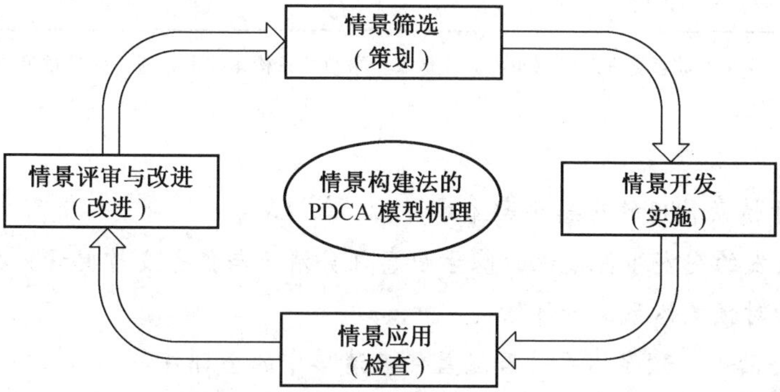

图2-2 应急预案管理的情景构建PDCA机理①

表2-6 情景构建实施的主要环节、重点工作和主要作用

主要环节	重点工作和主要作用
情景筛选 Scenario Select （策划）	基于历史案例和趋势预测，从符合组织风险特点的历史案例和现实威胁中，选取具有代表性的突发事件情景清单，用来编制和演练相对应的应急预案；通过对本区域的风险进行评估，综合历史事件、灾害趋势、专家推论等因素，筛选能够产生巨灾的典型情景，具体应满足代表性和典型性、发生可能性、后果严重性、影响范围和处置难度、任务覆盖面广等要求
情景开发 Scenario Development （实施）	基于情景清单，应用专家研讨、相关方风险沟通、案例分析、模拟仿真等方法，对突发事件的要素进行开发，系统性地推导在设定环境下某类突发事件的演化过程和灾害后果；情景开发的要素主要包括情景概要、背景信息、演化过程、事故后果、应急任务等

① 国家安全生产监督管理总局：《重特大生产安全事故情景构建技术导则（征求意见稿）》，2018-2-6/2018-9-10，http://www.smaj.gov.cn/info/1736/32877.htm。

表2-6（续）

主要环节	重点工作和主要作用
情景应用 Scenario Response （检查）	应用情景对组织的预案体系进行优化，以开发的若干情景为应对目标，有针对性地完善应急预案、开展培训演练、编制应急体系建设规划等，从而提升应急能力的过程
情景评审与改进 Review and Update （改进）	监测组织的风险、环境和应急能力的变化，分析现有情景的适用性，在一定条件下对组织的情景进行评审改进，使其与组织风险相适应。

注：根据国家安全生产监督管理总局《重特大生产安全事故情景构建技术导则（征求意见稿）》等资料总结整理。

3. 基于情景构建的应急预案体系评估

根据开发的突发事件情景，基于应急任务清单与任务支撑要素分析，一般从以下六方面对预案体系进行评估：

(1) 全面性。预案体系是否涵盖任务清单中的全部任务。

(2) 衔接性。相关预案所针对各项任务的表述是否一致、是否可以衔接。

(3) 任务主体完整性。各项任务的主责部门、协同部门及部门间协同机制的表述是否完整、可行。

(4) 任务程序可行性。各项任务执行程序的描述是否完整，任务程序是否可以满足该类事故的时间约束。

(5) 任务可持续性。在情景中可能出现通信中断、交通堵塞等业务中断的背景下，是否设计了备选方案。

(6) 支撑资源完备性。是否针对各项任务的装备、队伍等支撑资源开展差距分析，并对资源补充调用机制进行考虑。

4. 基于情景构建的应急预案编制与修订

依据上述的应急预案体系评估结果，从五方面开展预案编制或修订。

(1) 缺失任务。针对预案体系中没有覆盖的应急任务，基于该项任务的支撑要素分析等进行必要的补充。

(2) 实战措施。基于情景支撑，召集相关方开展风险沟通与能力评估，从实战角度出发编制或修订预案，建立任务执行程序流程图。

(3) 协同统筹。推进相关部门之间的会商沟通，补充各任务主责部门、协同部门之间的协同机制等。

(4) 资源调度。针对同一类资源、装备、队伍需要支撑多项任务的情景，建立单项资源调度机制，补充编制资源保障相关预案。

(5) 完善业务连续性管理。分析通信、交通等核心任务的可靠性，并设置必要的连续性管理方案。

5. 基于情景构建的不同应急预案衔接

基于情景分析，提升不同主体、类别、层级的关联预案之间的衔接性。

(1) 任务执行连贯性。以任务为主线，提升主责部门、协同部门、部门协同机制、执行程序等相关预案之间的衔接表述一致性。

(2) 信息沟通连贯性。以信息为主线，提升相关预案对于信息传递路径、信息共享机制、信息研判机制、态势分析机制等的表述一致性。

(3) 资源调度连贯性。以资源管理为主线，提升相关预案对同类资源调度机制的表述一致性。

(4) 响应升级连贯性。以事故的态势演化为主线，提升相关预案对事件升级过程中的指挥权移交、组织体系变更、任务调整、工作交接等行为的表述一致性。

6. 基于情景构建的应急演练

情景构建中的任务清单可用于统筹指导应急演练，具体表现：

(1) 情景构建团队可参与应急演练的组织与导调。

(2) 情景构建过程中的相关方就特定任务的分析研讨可转变为桌面演练，与此同时桌面推演成果可对情景的完善提供支撑。

(3) 情景构建的成果可为应急演练提供科学可信的某一片段、特定或整体的场景。

(4) 情景任务清单中的单项任务或多项任务的组合可转换为桌面演练或实战演练的主题。

(5) 情境应用的检验预案、锻炼队伍、磨合机制、加强风险沟通等也是应急演练的目的。

第三章 危机决策与风险控制

◎拓　扑　图

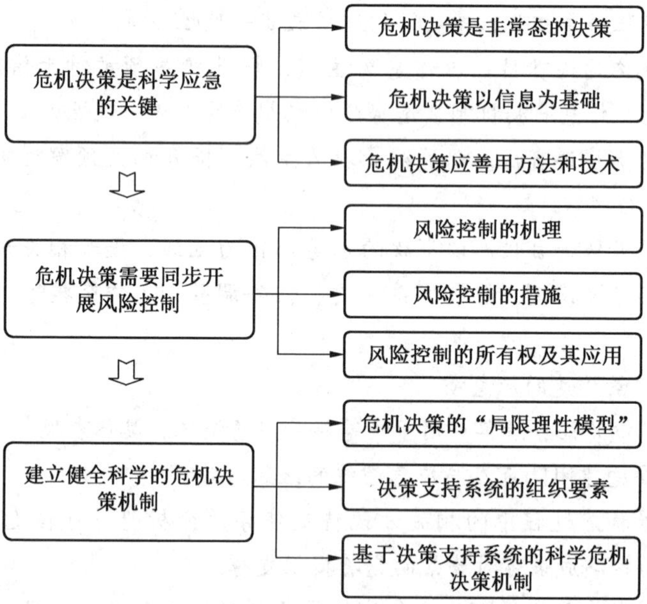

◎本　章　概　要

◎ 危机决策：应急管理的科学程度取决于危机决策。

◎ 风险控制：风险治理在危机决策环节的重要工作是通过风险控制来规避应急管理的失误和负面影响。

危机决策贯穿应急管理的始终，是科学应急的关键，具体是指决策者在有限的信息、时间、资源、人力等约束条件下，在监测风险、获取信息、了解情况的基础上，分析和研判危机，并确定应对危机的具体行动方案的过程。危机决策面临着环境复杂、时间紧迫、信息不对称、条件受限等挑战，“快真准全”的信息是科学危机决策的重要前提。危机决策方法主要包括基于应急预案的、基于范例推理的和基于智能规划的危机决策方法，3S 技术、大数据技术、人工智能技术等在危机决策中也得到广泛应用。

风险控制（Risk Control）贯穿危机决策的全过程，在一定的原则要求和有效工具辅助下，通过采取风险规避—风险消除—风险干预的策略，将风险控制在可承受的范围，起到降低风险发生可能性、降低风险造成损失、阻止风险兑现或在风险兑现后阻止危机升级等作用。风险所有权是开展风险控制的抓手，并由此区分风险的内部控制和外部控制。

危机决策适用“局限理性模型”，遵循“多害相比取其轻”的原则，甚至采取“排除法”的方案，抓住重点、当机立断、制定“可用方案”，并在执行时调整优化。对此，科学的危机决策需要决策支持系统，具体包括“情报信息网”“基本情况库”“应急决策支持库”“研判预警关”“科学决策关”“督察考核关”。危机决策应充分考虑其特定“时空”环境，以信息系统为基础，以风险准则为导向，在风险控制的作用下，在科学决策支持系统的作用下，作出决策方案并予以执行，同时根据新情况的出现进行动态调整和更新。

第一节 危机决策是科学应急的关键

一、危机决策是非常态的决策

（一）危机决策的界定和功能

危机决策（Crisis Decision - making）是指决策者在有限的信息、时间、资源、人力等约束条件下，在监测风险、获取信息、了解情况的基础上，分析、研判危机，并确定应对危机的具体行动方案的过程。与常态状况下的决策相比，紧急状态下的危机决策是一次性的非常规性决策活动，面临更大的难度和挑战。

危机决策不仅要对现有危机状况提出有效控制的科学方案，还要对潜在危机进行评估预测，提出阻止危机升级或出现新生危机的方案，从而达到尽可能减轻人财损失和负面影响、保护人民群众生命财产安全的危机管理目标。

由于危机具有突发性、紧迫性和不确定性等特点，危机决策面临着环境复杂、时间紧迫、信息不对称、条件受限等挑战。

（二）危机决策的环境复杂

危机决策的环境复杂主要表现在组织外部环境、内部环境及决策者的心理环境三方面。

第一，危机决策面临复杂的外部环境。外部环境通常指存在于组织外部并对组织直接或间接施加影响的因素，如政治、经济、人口、生态等。相对于常规决策的外部环境，由于危机状态、演变发展、连锁反应、后果影响的突发性和不确定性，危机决策的外部环境具有高度的复杂性。

第二，危机决策面临复杂的内部环境。内部环境主要指组织内部的构成要素，如人员、物资、成员间关系、组织文化等因素。由于危机具有突发性和不确定性，内部环境也在时刻发生着变化。与此同时，外部环境的复杂性、危机的突发性、危机演变的不确定性，也会对内部环境造成影响。

第三，危机决策者面临复杂的心理环境。由于内外部环境的复杂，以及危机突发、时间紧迫、条件受限等多方面因素的影响，导致决策者承受巨大的心理压力，面临复杂的心理环境。

（三）危机决策的时间紧迫

常规决策中，决策方案正式出台之前，决策者往往有充足的时间对其进行反复修改；而危机事件的突然爆发，迫使决策者需要在不损害决策合理性的前提下，适度简化决策程序，在有限的时间内迅速确定决策方案并安排实施。

危机决策的时间紧迫性，导致决策失误的可能性增大。美伊人质危机处理（1979—1981 年）、美国核潜艇撞沉日本“爱媛号”渔船事故（2001 年）、“3·11”日本福岛核事故（2011 年）、韩国“岁月号”沉船事故（2014 年）等，由于时间紧迫，其危机决策出现不及时、不科学等失误，在不同程度上遭到社会舆论的批评。也有特例，例如，美国三里岛核电站发生泄漏事故（1979 年）的两日后，时任宾夕法尼亚州州长迅速作出三里岛居民撤离现场的决定，下令核电站方圆 5 英里内的孕妇和儿童撤离、10 英里内的学校全部关闭，有效避免了直接的人员死伤。

（四）危机决策的信息不对称

突发事件的突发特性导致其相关信息易以模糊、散乱、混沌等形式存在，使决策主体所掌握的信息与真实信息之间存在着数量、质量、时效等方面的“不对称性”，进而对危机决策的准确程度产生负面影响。信息不对称主要表现为不及时、不完全、不准确。

第一，信息不及时。危机事态的发展变化迅速，且信息传递须经历一定的流程和环节，导致危机决策者掌握信息时存在难以完全避免的滞后性。

第二，信息不完全。危机事态发展本身存在随机性和不确定性，且紧急状态具有一定的混乱性，导致危机决策者难以在有限时间内掌握和控制所有的事态发展信息。

第三，信息不准确。危机决策的信息在传递、反馈、处理的过程中受到主客观因素的影响，尤其是小道消息和造谣传谣等"信息干扰"和"信息噪声"，易出现"信息失真"，进而损害信息的准确性和有效性。

（五）危机决策的条件受限

现实操作中，危机决策过程面临信息、时间、人力、技术等多方面条件受限的局面，具体表现为合格决策者的不足、专业人员的缺乏、技术支持的稀缺等。

第一，合格决策者的不足。紧急状态下，合格的危机决策者需满足极高要求、具备高超水准，包括：①立足全局和长远、国家安全和公众利益之上的站位。②果断决策、勇于担当、敢于担责的魄力。③善于抓住关键、看清本质、权衡利弊、区分轻重缓急的智慧。④乐于接纳先进技术、科学手段、他人建议的胸怀，能够灵活应变、团结内部、周旋外部的能力等。总体而言，目前尚缺乏合格的危机决策者。

第二，专业人员的缺乏。在自然灾害、事故灾难、公共卫生事件、社会安全事件的细分领域中，其危机决策需参考该领域的资深专家或专业技术人员的意见；但专家或专业技术人员在事发后决策中易出现缺位问题，导致决策主体面临危机时缺乏专业意见的辅助决策。

第三，技术支持的稀缺。当前危机决策的技术设备、智能系统、支持平台等仍处于稀缺状态，且常态情况下多处于闲置状态，在危机状况中使用时可能出现失灵状态，对危机决策的帮助较小，甚至某些关键设施和重要系统的专业技术设备可能出现被黑客攻击或遭电子干扰等问题，反而带来阻碍。

二、危机决策以信息为基础

（一）危机决策的信息要求

信息是决策的基础和依据，也是决策的先导和前提。信息的完备程度是影响决策者行为选择的关键变量之一，信息不对称是突发事件情景下决策者面临的基本约束条件。应急决策过程实质上可看作是对相关信息的收集、整理、分析和运用的过程。突发事件发生后，决策者最为重要的工作是依据既定的信息对问题进行界定，从而在准确研判的基础上迅捷有效采取各种应急处置措施。“快真准全”的信息是危机状态下科学危机决策的重要前提，要求做到：

第一，“快”。危机决策的信息应满足实时监测收集、及时传递报送的要求，以满足时间紧迫情况下危机决策所需的信息。

第二，“真”。危机决策的信息应满足真实展现现状、符合实际情况的要求，淘汰和筛除无关、虚假的信息，并规避“信息噪声”给危机决策带来的干扰。

第三，“准”。危机决策的信息应精准有效，是可用于定性和定级，从而直接决定危机决策的信息，间接相关的信息应放在次级优先的位置。

第四，“全”。在满足快、真、准的前提下，危机决策的信息尽可能全面，以期提供危机定性定级、基本情况、就绪状况、应急能力等方面的信息。

（二）危机决策信息来源

危机决策信息来源于内部和外部两方面。

1. 内部行政系统的信息收集经验

危机决策的内部信息主要包括应急管理部门的内部环境相关信息和通过内部人员和专业手段获取的信息。具体操作中，应急管理相关部门建立健全突发事件监测和内部情报系统，完善监测网络，划分监测区域，确定监测点，明确监测项目，提供必要的设备、设施，配备专职或者兼职人员，对可能发生的突发事件进行监测，获取信息。

美国反恐信息的收集通常由多个部门牵头，组成情报部门，通过信息收集与共享形成内部情报信息网。国土安全部（Department of Homeland Security）负责牵头收集与评估恐怖威胁情报，其信息源涵盖联邦调查局（Federal Bureau of Investigation）、中央情报局（Central Intelligence Agency）、国家安全局（National Security Agency）、毒品强制管理局（Drug Enforcement Administration）、国防部（Department of Defense）等所有主要涉及恐怖活动的情报机构。

德国的情报收集主要由内政部机构管理实施，通过应急管理信息系统具体落实。管理机构层面，内政部机构主要通过对电视、广播、报刊、通讯社等公开情报来源进行对比分析和综合判断，完成应急情报的收集工作，分为地方和中央两个层级；州内政部主要负责本州范围内的应急安全情报收集；联邦内政部主要负责跨州或全国范围内的应急情报收集工作。此外，联邦民事保护与灾难救助局（Bundesamt für Bevölkerungsschutz und Katastrophenhilfe，BBK）可以收集和使用关于个人数据、经济救援能力、目标物体、基础设施等方面的信息[①]。技术操作层面，德国的应急管理信息系统主要由德国紧急预防信息系统（deutsches Notfallvorsorge-Informationssystem，deNIS）、升级版的德国紧急预防信息系统（deNIS Ⅱ）构成。紧急预防信息系统集中了互联网上所有能找到的紧急预防措施信息，所提供的信息包括可能发生的各种威胁和相关部门所提供的防范对策；升级版的德国紧急预防信息系统主要是建立在民事保护和灾难防护领域的内部信息网络[②]。此外，为了加强联邦和州之间在情报收集上的协作，2002 年 10 月，联邦民事保护与灾难救助局下属的危机管理中心建立了联邦与各州之间的情况通报联合中心（German Joint Information and Situation Centre，德语简称 GMLZ），实现突发事件信息的及时报告和通报[③]。

2. 外部社会力量的信息收集经验

危机决策的外部信息主要包括应急管理部门外部环境的相关信息和通过外部人员和社会途径获取的信息。具体操作中，应急管理部门加强信息收集的社会动员，建立健全突发事件信息外部收集的“信息报告制度”，在基层建立专职或者兼职信息报告员制度；获悉突发事件信息的公民、法人或者其他组织，应当立即向所在地人民政府、有关主管部门或者指定的专业机构报告，通过积极发动社会监督和民众举报，扩大信息收集的覆盖面。

我国通过群防群治模式和志愿者队伍，充分发展壮大平安志愿者、社区工作者、群防群治工作的机制和模式，来加强情报信息收集的社会动员，形成外部的信息网络。具体而言，通过落实举报奖励制度，对于提供重大线索、帮助破获重大案件或者有效制止违法犯罪活动、协助抓获犯罪分子的，给予重奖。北京治安防控工作中建立起以社区治安志愿者队伍为主要载体的“人防网”，“朝阳群众”“西城大妈”“海淀网友”“丰台劝导队”等志愿者队伍，配合公安机关随时发现违法犯罪的新线索。以“朝阳群众”为例，“朝阳群众”主要由治安志愿者、党员巡逻队、专职巡逻队、义务巡逻员、治保积极分子五部分人组成，每月向警方提供线索，集中反映涉及盗销电动自行车、街头诈骗、反恐、公共安全、涉毒类等线索；朝阳区财政每月对治安志愿积极分子给予补贴。尤其在安保执勤工作

① 张磊：《德国应急管理体系研究》，国家行政学院出版社 2013 年版，第 70 页。
② 钟开斌：《中外政府应急管理比较》，国家行政学院出版社 2012 年版，第 248 页。
③ 钟开斌：《中外政府应急管理比较》，国家行政学院出版社 2012 年版，第 247 页。

期间发生意外的志愿者，不仅可获得保险理赔，还可得到区治安志愿基金补助①。

美国反恐情报信息收集也会依托和借助社会力量，美国国土安全部认为在保卫国家方面，最好的安全策略是发动并依靠美国公众的力量，并将其视为关键合作者。2009 年，美国国土安全部在全国范围内发起了“若看到，要举报”(If You See Something，Say Something)② 运动，鼓励民众及时将恐怖分子的可疑恐怖苗头行为报告给情报部门，以最大范围收集恐怖情报信息。2015 年 6 月，洛杉矶警察局推出了“我看护”(I Watch)③ 的全民反恐活动，帮助公众识别和举报疑似恐怖分子的可疑现象。

3. 危机信息源的动态更新

危机状态的动态变化对危机决策信息系统提出动态更新的要求，全面整合信息来源和收集途径，利用技术手段和管理手段，实现对危机决策相关数据和信息的实时监控、动态更新、集成展现。

技术手段的应用主要通过立体化实时监控来实现。具体操作中，一般表现为摄像头的视频监控。在此基础上，互联网、手机通信、物联网、无人机、人工智能等高新技术的应用，能够有效提升实时监控的精准度和高效化。

管理手段的应用主要通过信息员实时汇报制度来实现。具体操作中，灾害信息员、气象信息员、群测群防员、食品药品安全联络员、网格员等应急信息员，负责收集应急事件相关信息，并及时向值班领导和有关领导报告应急事件发生的时间、地点、信息来源、伤亡情况、影响范围、发展趋势、已采取的措施和其他需要上报的有关事项等。

（三）危机决策的“信息源 - 信息渠道”机理

危机决策中的信息传播过程，遵循“信源→信道→信宿”的共性规律。其中，“信源”是信息的发布者，即上载者；“信道”是信息的传播过程，可能遭遇噪声的干扰；“信宿”是信息的接收者，即最终用户。基于此，危机决策的

①《政法工作者揭秘“朝阳群众”是怎样炼成的?》，央广网，2015 - 7 - 9，http://news.cnr.cn/native/gd/20150709/t20150709_519142765.shtml。

② DHS：《If You See Something，Say Something》，2018 - 9 - 10，https://www.dhs.gov/see-something-say-something.

③ The LOS ANGELES POLICE DEPARTMENT：《IWatchLA》，2018 - 9 - 10，http://www.lapdonline.org/iwatchla.

“信息源－信息渠道”机理指出，在应急决策过程中，信息的完备程度同时受到信息源是否清晰和信息渠道是否畅通的影响。

1. 危机决策的信息源和信息渠道

信息源（有时简称为“信源”）是指信息的来源。在突发事件情景下，信息源主要体现为突发事件本身的属性、特征和内容，即突发事件发生后所呈现的事态本身的状态是否清晰无误，为事发地的第一响应人员所了解和把握。突发事件的信息源（有时也称作“灾情”）包括自然属性和社会属性两个方面：自然属性主要是指事件的大小、频率、持续时间、区域范围、起始速度、空间扩散、时间间隔重现期等特征参数；社会属性主要是指突发事件造成或可能造成的损失和社会经济影响。信息源可用“清晰程度”这个指标来进行测量并进行不同信息源状态之间的比较。如果突发事件发生后，发生原因、发展变化过程、造成的后果、所需采取的应急处置措施等有关情况非常清楚，第一响应人员完全了解和掌握，则把信息源的状态界定为“完全清晰”。反之，如果各方面的事态信息杂乱无章、非常混乱，第一响应人员完全不了解和掌握，则把信息源的状态界定为“完全模糊”。导致信息源模糊的情形，包括突发事件本身信息模糊（客观模糊）、事发现场第一响应人员或上级应急决策者研判不准或故意瞒报（主观模糊）两类。

信息渠道（有时简称为“信道”）是指信息源与接收者的中介。信源必须通过信道才能传递给信宿。信息渠道通常包括有力的传递工具、多样化的传递通道和专业化的信息人员等各种硬件和软件要素。在由上级决策者和事发地第一响应人员构成的简化双层应急决策架构中，可把信息渠道简化为从事发地第一响应人员把事态信息上报、传递给上级部门和决策者的通道。决策者要对所发生的突发事件及时、准确作出研判并采取有效的应急处置措施，除了信息源本身清晰完整外，还必须有健全、畅通的信息渠道，将这些信息源及时传达给决策者，为决策者进行决策提供科学依据。信息渠道可用“畅通程度”这个指标来进行测量并进行不同信息传递情形之间的比较。如果突发事件发生后，信息工作人员和信息传递的设施设备、工具手段、技术支撑等完好无损，事发地第一响应人员作出与实际情况完全相符的科学研判，及时、准确、客观上报事态信息，则把信息渠道的状态界定为“完全畅通”。反之，如果信息传递的软硬件设备、工作人员等遭到严重破坏和惨重损失，或事发地第一响应人员故意不报、迟报、谎报、瞒报、漏报事态信息，则把信息渠道的状态界定为“完全不畅”。突发事件发生后导致信息渠道不畅的情形分为信息传递的软硬件受损和信息渠道杂乱两类。信息源模糊与信息渠道不畅的主要原因见表3－1。

表3－1 信息源模糊与信息渠道不畅的主要原因

问题		原因
信息源	客观模糊	（1）突发事件规模巨大（罕见巨灾），给事发地造成特别重大的冲击和破坏，导致大量人员伤亡、经济损失、环境破坏和社会影响，并可能不断引发一系列次生、衍生事件，各种情况错综复杂，瞬息万变，突发事件信息在第一时间、第一现场不为或难于为第一响应人员所把握。 （2）突发事件为过去不曾发生或很少发生的新的事件，不为人们所认知、了解和熟悉，事发现场的第一响应人员和上级应急决策者无章可循，无经验可依，客观上对事件认识不足
	主观模糊	（1）事发现场的第一响应人员因能力所限，对突发事件的认识和研判不准确、不及时、不全面，所作出的判断与事件本身的实际情况存在较大偏差，从而导致信息源模糊（无意导致的主观模糊）。 （2）事发现场的第一响应人员主观上故意迟报、谎报、瞒报和漏报突发事件信息，导致信息源模糊（有意导致的主观模糊）
信息渠道	信息传递的软硬件受损	（1）通信工具和技术设备可能遭破坏（设备受损），突发事件发生后第一时间、第一现场很多通信工具遭到冲击和破坏，在事发现场的信息人员无法及时通过信息传递工具和技术，将事发现场的信息及时、全面、准确地向上级决策者报告。 （2）事发地的信息人员受冲击（人员受阻），突发事件尤其是重特大突发事件发生后，有时会造成重大人员伤亡。更极端的情况是，身处事发现场的承担信息收集、研判和上报的信息人员自身也可能受到伤害
	信息渠道杂乱	突发事件信息渠道杂乱或多个不同的信息渠道之间相互冲突

2. 基于信息源和信息渠道的应急决策情形

根据信息源是否清晰、信息渠道是否畅通，突发事件情景下的应急决策情景分为四类。

（1）信息源模糊且信息渠道不畅。这是突发事件发生后决策者面临的最为棘手的情景。在这种情境下，决策者在突发事件发生后同时面临信息源和信息渠道“双受阻”“双失灵”的现象，不仅突发事件本身的核心信息模糊，决策者知之甚少，而且信息渠道被打断，现场信息无法及时传递上报给上级决策者。

（2）信息源清晰但信息渠道不畅。突发事件发生后，事件本身的核心信息清晰，即突发事件发生的状态、发生的原因、发展变化的过程、造成的后果、所需采取的应急处置措施等方面都具有相对的确定性、为事发现场人员所熟悉和了解，但信息的传递渠道被打断，缺乏有效的传递工具，导致现场人员无法及时将所掌握的事态信息上报给上级决策者。

（3）信息源模糊但信息渠道畅通。突发事件发生后，虽然信息传递渠道保持完整畅通，信息传递工具未遭到破坏，但事件本身的核心信息模糊，不为决策者所熟悉和了解，故决策者仍无法及时有效作出正确决策。

（4）信息源清晰且信息渠道畅通。这是突发事件发生后决策者面临的最简单、难度系数最低的情景，也是大部分一般性、常规性突发事件发生后的情景。在这种情境下，决策者在突发事件发生后同时面临信息源和信息渠道“双顺畅”的现象：事件本身的核心信息清晰，信息传递渠道完整。基于“信息源－信息渠道”的应急决策情景分类见表3－2。

表3－2　基于“信息源－信息渠道”的应急决策情景分类

项　目		信　息　源	
		模　糊	清　晰
信息渠道	不畅	Ⅰ信息源模糊、信息渠道不畅（2003年上半年中国的“非典”疫情）	Ⅱ信息源清晰、信息渠道不畅（1976年唐山大地震和2008年汶川特大地震）
	畅通	Ⅲ信息源模糊、信息渠道畅通（2008年山西襄汾“9·8”特别重大尾矿库溃坝事故）	Ⅳ信息源清晰、信息渠道畅通（各种常见的一般性、常规性突发事件）

“信息源－信息渠道”解释框架从知识分布和信息传递的角度描述了应急决策中信息的稀缺性、分散性、有限性等特征，强调突发事件情境下信息的准确获取与有效传递对决策的重要作用。在突发事件发生后应急决策动态演进过程中，由于多主体、多阶段、多层级等固有特征，只有信息源清晰、信息渠道畅通并且两者恰当匹配（“双畅通、互匹配”），才能出现应急决策的“机会之窗”，此事信息才能及时、准确、全面地被基层人员收集和研判，并被迅捷上报、传递到上级决策者手中。上级决策者以所接报的信息为基础，及时、准确地对事态进行准确研判，快速高效进行应急决策，采取有效的应急处置措施。

三、危机决策应善用方法和技术

(一) 危机决策的基础性方法和模型

突发事件危机决策问题，是非结构化或半结构化问题，传统的决策理论和方法难以适应其新的特点，针对危机决策的特征和要求，目前常用的危机决策方法主要包括基于应急预案的危机决策方法、基于范例推理的危机决策方法和基于智能规划的危机决策方法①。

1. 基于应急预案的危机决策方法

基于应急预案的危机决策方法是决策者将决策问题及决策目标与预案相匹配，从而得到决策方案的方法。应急预案又称应急计划，是针对可能发生的重大事故或灾害，为保证迅速、有序、有效地开展应急与救援行动、降低事故损失而制定好的有关计划或方案。

基于应急预案的危机决策方法的决策程序主要由 4 个步骤组成。

(1) 危机识别。收集危机的状态特征信息。包括危机的类型特征信息、烈度信息、趋势信息和可能造成的影响信息等，当危机超出已知分类知识的范围，则需进行人工干预，直接经过讨论协商后拟定备选方案。

(2) 预案匹配。决策者结合预期的决策目标与预案库中的预案和当前情况进行匹配产生备选方案，当预案库中找不到与决策问题相匹配的预案时，需要在人工干预下对预案进行修改和调整，形成备选方案，备选方案可能是多个预案的组合。

(3) 备选方案评估。经过对备选方案的评估选择最后的执行方案，如果备选方案不能满足要求，需要在人工干预的条件下对备选方案进行修改，直到满足要求为止。

(4) 方案实施。对执行方案的具体落实和操作。如果该方案执行效果优良或者比较有价值，则将其存储在预案库以备后续使用；如果在方案实施过程中遇到新的突发事件，则开始新一轮的危机决策。

2. 基于范例推理的危机决策方法

基于范例推理的危机决策方法是使用范例推理技术将决策问题与范例库中的

---

① 李明磊等:《非常规突发事件应急决策方法研究》，载《中国安全科学学报》，2012 (3) 第 158 - 163 页。

范例进行匹配，从而进行决策的方法。基于范例的推理技术是一项人工智能领域中的问题求解和学习推理技术，它利用过去经验中特定知识，通过寻找与之相似的历史范例，然后把范例重新应用于新的问题。

基于范例推理的危机决策方法的决策程序主要由 5 个步骤组成。

（1）危机信息获取。非常规突发事件爆发后，及时获取当前危机的相关信息，对危机进行判断和评估，形成当前需要解决的目标范例。

（2）范例检索与匹配。根据获取的危机信息对范例库进行检索、匹配得到与目标范例相似度高的一个或多个源范例。

（3）方案重用与修改。对源范例根据当前的情况进行部分重用和修改，获得备选方案。

（4）方案评估。对备选方案进行评估并选择合适的执行方案，如果得不到可行的方案，则需要进行修正直至获得可行的方案。

（5）方案实施。对得到的方案进行具体的落实和操作。在决策方案的实施过程中，实施效果的反馈信息、危机事件演化出的新信息等都会陆续产生，这些信息与原有信息的结合，将产生新的危机情景，并构成新范例，决策者可以根据新的信息重新进行检索、推理和决策。

3. 基于智能规划的危机决策方法

规划是关于动作的推理，是一种抽象的、清晰的深思熟虑过程，这个过程通过预期动作的期望效果，选择和组织一组动作尽可能好地实现一些预先给定的目标。智能规划是使用人工智能方法从计算上研究这个深思熟虑过程的技术。智能规划技术包括经典规划（Classical Planning）、类经典规划（Neo - Classical Planning）、分层任务网络规划（Hierarchical Task Network Planning，HTN）等。

HTN 规划模型是一种应用最为广泛的智能规划模型，已经应用在生产线调度、危机管理、后勤规划、航天器规划和调度等领域。基于 HTN 智能规划技术的危机决策方法的决策程序主要由 5 个步骤组成。

（1）当前信息获取。在非常规突发事件爆发后，及时获取当前突发事件的状态，包括突发事件的位置、类别、程度、规模、复杂性等，以及可支配的应急资源等状态信息。

（2）应急目标的制定。根据当前状态和应急目标的要求，危机决策者制定出需要完成的应急目标，以及任务目标的偏好信息等。

（3）应急行动方案的生成。根据当前状态和制定好的应急目标，调用 HTN

规划器生成规划方案或规划方案的集合。

（4）方案的评价。在得到的应急行动方案集合中选取合适的执行方案，或者判断得到的执行方案是否真的切实可行。

（5）方案实施与监控。执行并监控得到的应急行动方案，如果在该过程中发生其他突发事件，或者在执行过程中态势发生变化造成方案无法继续执行，则重新开始此过程。

（二）基于3S技术的危机决策模型

3S技术是RS遥感技术（Remote Sensing）、GIS地理信息系统（Geographic Information System）、GPS全球卫星定位系统（Global Positioning System）的统称。RS遥感技术可以从高空或外层空间实时收集地物的电磁波信息，并记录这些信息，进行传输、处理和判读分析，从而实现远距离控测、识别地表地物和现象的综合技术。可用于气象、资源调查，土地利用规划，农作物病虫害预测，环境和地震监测等方面。GIS地理信息系统是融合计算机图形和数据库于一体，具有强大的空间信息采集、管理、分析和输出功能，其地理空间分析功能和可视化的信息表达方式，可为救灾资源的可视化查询展示，灾害的分析、评估、危机决策提供良好的技术支撑。其中WebGIS是目前GIS技术中的一种主流技术，是Web技术和GIS技术相互融合的产物，是将GIS功能融入Web中的一种新的技术，其应用前景更是日益广泛。GPS全球卫星定位系统是能够快速、实时、高精度、高效率地提供三维空间坐标及其他相关信息的一个定位与导航系统，广泛应用于军事、交通导航与定位、大地测量等领域。

随着信息技术的发展，RS、GIS、GPS这3种技术的有机结合，构成了一个可以充分利用各自技术特点的一个强大空间技术应用体系，即3S集成技术。在3S集成技术中，GPS实时、快速、精确地提供目标的空间位置信息，可为灾害信息发布和灾害救援提供相关的准确位置信息，实现对救灾力量的高效调度和指挥，提高救灾的速度与质量。RS用于实时、快速地提供大范围地表地物影像，以及周围环境的可被GIS分析利用的各种灾情数据。在灾害发生前，通过对它提供的大量灾害发生背景数据进行分析，预测可能发生灾害的地区、时间。灾害发生发展过程中，可以连续监测灾害的进展情况和发展趋势。在灾害发生后，可通过它迅速地评估确定受灾地区的损毁情况以及恢复重建的进展。GIS地理信息系统可以集成管理多种来源的大量实时数据，并通过对具有空间位置关系数据的获取、存储、处理、分析及可视化显示输出，有效地对突发灾害进行评估模拟，为救援指挥提供辅助决策。

现以基于 GIS 技术的铁路事故救援危机决策系统设计为例①说明。构建铁路沿线真实三维场景（包括铁路沿线设备设施、周边状况、地质环境等），将高速铁路应急救援列车仿真模拟、最优路径规划等功能进行实证应用，以期为铁路运输调度相关部门在应急救援决策时提供科学依据。铁路应急救援智能决策主要依据事故现场的三维仿真模拟，分析事故点周边所处环境、地质环境等因素，根据铁路沿线安置的应急资源自动查找出最近的应急出口，确定最佳的救援方案。最优应急救援方案推荐流程如图 3－1 所示。

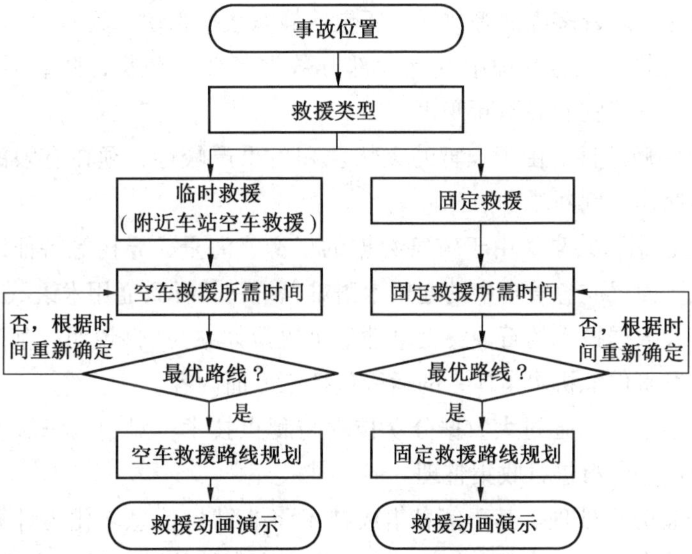

图 3－1　最优应急救援方案推荐流程

（三）基于大数据技术的危机决策平台

大数据是一个抽象概念，一般指超出常规数据库软件工具所能捕获、储存、管理和分析的超大规模数据集。大数据技术是一种大规模的分布式模型，通过网络将抽象的、可伸缩的、便于管理的数据能源、服务、存储方式等传递给终端用

① 刘文斌等：《GIS 技术在铁路应急救援智能决策中的应用研究》，载《中国安全科学学报》，2019（29）第 195－200 页。

户，是一种新型高效快速获取有效信息的能力。目前大数据技术得到广泛的使用。例如，将大数据储存技术运用到煤矿应急管理中，成功地提高了煤矿企业现有信息系统构架的海量数据存储及处理性能。此外，将大数据技术成功运用到智能电网中，将模糊的电网数据清晰化，对数据进行降维，并根据数据项彼此之间的关联性有选择地向业务部门或用户提供有效信息，提高了智能电网的运作速率。

综合各种对大数据的特征描述，危机决策中所应用的大数据具有如下特点：

（1）结构异构性。应急管理数据不但包括专业文档、文字等文本格式、相关表格、图像、影音多媒体等数据，还包括静态数据和动态数据。

（2）时变性。应急管理中的绝大部分数据是流动数据，随着时间而改变，受损情况随着灾情的发展不断变化。

（3）时间敏感性。由于灾害的突然性和后果严峻性，须在有限的时间内对突发事件迅速作出判断。

（4）信息难以共享。由于灾害数据的多源、海量、异构等特征以及灾害形式的多样性，使得应急管理中的通用术语难以统一，导致通用术语缺乏。

现基于大数据技术的石油突发事件危机决策体系为例[①]说明。基于大数据技术的石油突发事件危机决策体系的运行包括三方面内容。

（1）信息收集。通过大数据分众技术与爬虫技术，对中国海域石油合作项目区域内的信息资料进行收集整理。

（2）信息分析处理。基于信息集成技术将非结构信息转化为计算机二维码数据源信息并进行有效储存和分析挖掘，对突发事件的风险程度进行判定，迅速提炼出应对突发事件有效的建议措施。

（3）信息发布。将风险识别等级分为特别重大事故、重大事故、较大事故与一般事故，利用可视化技术的人机交换界面，通过网络传输信息光纤向对应的管理部门发出报警及事件信息资料，同时提供对应决策辅助建议，利用 GIS 技术提供救援资源最佳调度方案。

① 何沙等：《基于大数据技术的危机决策指挥体系构建——以中国国际石油合作突发事件为例》，载《科技管理研究》，2017（3）第 163 – 168 页。

第二节　危机决策需要同步开展风险控制

风险控制（Risk Control）贯穿危机决策的全过程，是以捍卫风险准则为中心的纠偏纠错系统，旨在规避或减少危机决策的责任失误或负面危害，从而起到降低人财损失、次生灾害和负面影响等的作用。

一、风险控制的机理

（一）危机决策以风险准则为导向

风险准则，也即风险方针（Risk Policy），是决定危机决策方向的“指挥棒”。风险准则的确定需要综合考虑危机决策的目标、价值观、风险偏好，需要结合应急管理主体对危机的容忍度、承受力来决定，是在有限时间和条件内作出最符合当下应急需要的选择与判断。风险准则的本质是选择和取舍，决定了决策时应放在最优先考虑的问题和保护的利益。

确定风险准则时要考虑以下因素：风险可能发生的后果的性质、类型以及后果的度量；可能性的度量；可能性和后果的时限；风险的度量方法；风险等级的确定；利益相关者可接受的风险或可容许的风险等级；多种风险的组合的影响。

危机决策的风险准则因人而异、因时而异、因事而异，对于不同国家、不同部门、不同危机事件，决策准则可能不一。一般而言，危机决策准则包括四对关系的选择：

（1）生命第一还是财产第一。

（2）公共利益（普通公众利益）还是个体利益（局部精英）。

（3）短期止损（损失最小化）还是长期受益（效益最大化）。

（4）经济利益为先还是社会效益为先。

《突发事件应对法》提出我国开展危机决策的基本准则，具体而言：“保护人民生命财产安全，维护国家安全、公共安全、环境安全和社会秩序”；“有关人民政府及其部门采取的应对突发事件的措施，应当与突发事件可能造成的社会危害的性质、程度和范围相适应；有多种措施可供选择的，应当选择有利于最大程度地保护公民、法人和其他组织权益的措施。”

【延伸阅读】《ISO 31000：2018 风险管理指南》中的风险准则

根据国际标准化组织制定的国际标准《ISO 31000：2018 风险管理指南》，

为有效管理风险，组织在实施风险治理时，可遵循下列原则：

第一，控制损失，创造价值。以控制损失、创造价值为目标的风险治理，有助于组织实现目标、取得具体可见的成绩和改善各方面的业绩，包括人员健康和安全、合规经营、信用程度、社会认可、环境保护、财务绩效、产品质量、运营效率和公司治理等方面。

第二，融入组织管理过程。风险治理不是独立于组织主要活动和各项管理过程的单独的活动，而是组织管理过程不可缺少的重要组成部分。

第三，支持决策过程。组织的所有决策都应考虑风险和风险治理。风险治理旨在将风险控制在组织可接受的范围内，有助于判断风险应对是否充分、有效，有助于决定行动优先顺序并选择可行的行动方案，从而帮助决策者作出合理的决策。

第四，应用系统的、结构化的方法。系统的、结构化的方法有助于风险治理效率的提升，并产生一致、可比、可靠的结果。

第五，以信息为基础。风险治理过程要以有效的信息为基础。这些信息可通过经验、反馈、观察、预测和专家判断等多种渠道获取，但使用时要考虑数据、模型和专家意见的局限性。

第六，环境依赖。风险治理取决于组织所处的内部和外部环境以及组织所承担的风险。需要特别指出的是，风险治理受人文因素的影响。

第七，广泛参与、充分沟通。组织的利益相关者之间的沟通，尤其是决策者在风险治理中适当、及时的参与，有助于保证风险治理的针对性和有效性；利益相关者的广泛参与有助于其观点在风险治理过程中得到体现，其利益诉求在决定组织的风险偏好时得到充分考虑。利益相关者的广泛参与要建立在对其权利和责任明确认可的基础上；利益相关者之间需要进行持续、双向和及时的沟通，尤其是在重大风险事件和风险治理有效性等方面需要及时沟通。

第八，持续改进。风险治理是适应环境变化的动态过程，其各步骤之间形成一个信息反馈的闭环。随着内部和外部事件的发生、组织环境和知识的改变以及监督和检查的执行，有些风险可能会发生变化，一些新的风险可能会出现，另一些风险则可能消失。因此，组织应持续不断地对各种变化保持敏感并作出恰当反应。组织通过绩效测量、检查和调整等手段，使风险治理得到持续改进。

（二）风险控制的实质是捍卫风险准则

风险控制的实质是捍卫风险准则，确保危机决策的全过程围绕风险准则来展开，具体包括以下三方面内涵：

第一，确保风险准则本身的科学性，也即确保危机决策的风险准则本身具备科学性。一般而言，科学的风险准则应满足以下要求：一是具备合法性、合规性，符合现行法律法规、党纪条例、政策制度的相关要求；二是符合“责任模型”的要求，精确区分主要责任和次要责任、直接责任和间接责任、确有责任和虚假责任等；三是满足三重利益的排序，也即“国家利益→群体利益→个体利益”的优先次序。

第二，通过“负面清单”制度，科学应对“违背风险准则”的情境。风险准则的违背情境是指违背风险准则的要求可能造成严重责任事故的情况。对此，可应用“负面清单”制度，提前列出可能违背风险准则的情境并采取措施予以规避。例如，按照国务院《关于实行市场准入负面清单制度的意见》等系列文件要求，国家发展改革委、商务部印发《市场准入负面清单（2018 年版）》，全面实施市场准入负面清单制度，对于负面清单以内的行业、领域、业务等，市场主体均应“令行禁止”、不予参与，负面清单之外的皆可依法平等进入，切实规避市场运营中的高危风险。

第三，通过“动态校验”制度，科学应对“偏离风险准则”的情况。风险准则的偏离情况是指参照现行风险准则、“合法”但“不合理”的情况。对此，可应用“动态校验”制度，根据环境变化，动态调整风险准则，使之符合客观现状及其需求。“动态校验”制度的具体工作包括但不限于：一是对照风险控制计划检查工作进度与计划偏差；二是监测、分析风险的环境变化和发展趋势；三是持续关注内外部环境的变化，如法律法规、相关政策的出台和变化，利益相关者情况变动，自身目标、职责的调整改变，舆情变化等；四是定期评审风险控制计划和应急预案，确保其适宜性、充分性和有效性；五是实施风险控制的绩效评估；六是及时检测并识别新生风险，在需要时根据情况作相应处理。

二、风险控制的措施

在风险控制的具体操作中，应根据不同阶段、不同环境、不同条件下的状况，有针对性地选择合适的风险控制策略。

（一）风险规避

风险规避（Risk Aversion）是指对于严重违背风险准则的情况，采取规避的风险控制措施，避免重大损失和严重后果。

对于难承受、可规避的风险，可采取风险规避策略，在做好充分风险评估的基础上，通过取消、延缓、搬迁、远离等方式，停止或退出可能引发风险的活动或项目，稳妥规避风险及其损失。风险规避策略的适用条件是对该风险的承受力不足，在应用前需慎重考虑，对承受力做好全面评估。

全球的实践表明，风险规避能够有效规避人员死伤，例如，美国洛杉矶市为防“炸弹”关闭千所学校。2015 年 12 月 14 日晚，美国加利福尼亚州洛杉矶市多所学校收到炸弹袭击威胁的邮件，写信人自称“极端分子”，扬言将于 12 月 15 日与其他 32 名同伴使用炸弹、毒气和步枪袭击洛杉矶的公立学校。基于难承受人员死伤的风险准则，在未确认邮件来源和写信人之前，学区管理层决定采取于 15 日紧急关闭市内近 1000 所公立学校、疏散近 65 万名学生的风险规避策略，协同警方注意在学校展开安全搜查。后来调查结果显示，这只是一场意在扰乱学区正常秩序、制造恐慌气氛的恶作剧。

在我国的实际操作中，风险规避的代表性做法是制定社会稳定风险评估机制。例如，重大固定资产投资项目实施前需开展社会稳定风险评估，评估主体作出的社会稳定风险评估报告认为项目存在高风险（大部分群众对项目有意见、反应特别强烈，可能引发大规模群体性事件）或者中风险（部分群众对项目有意见、反应强烈，可能引发矛盾冲突）的，国家发展改革委不予审批、核准和核报①。国家发展改革委对于存在高风险或中风险的项目作出“不予审批、核准和核报”的决策，实质是在充分风险评估的基础上稳妥规避风险的策略。

（二）风险消除

风险消除（Risk Elimination）是指在不违背风险准则的前提下，对风险源采取可行且可控的消除方法，形成更有利于决策执行的局面。

对于难承受、可消除的风险，可采取风险消除策略，即对于特定情境中可消除的风险，消除风险源，实现根源治理。风险源的消除，以不超出承受力范围为底线，具体应用中应统筹考虑，规避因消除风险源而可能产生的其他风险。

实际操作中，风险消除的典型做法为制度整改，针对某些高危频发的风险，形成深入制度层面的整改，通过修正原制度或出台新政策，争取在源头上处置问题。例如，山东济南非法经营疫苗系列案件，在对一批责任人实施问责后，立足

---

① 国家发展改革委：《重大固定资产投资项目社会稳定风险评估暂行办法》（发改投资〔2012〕2492 号）。

标本兼治、强化制度监管，通过了《国务院关于修改〈疫苗流通和预防接种管理条例〉的决定》①，明确以下三方面旨在消除风险的制度整改措施：一要严格疫苗流通管理，将自愿接种的第二类疫苗比照国家免疫规划用的第一类疫苗，全部纳入省级公共资源交易平台集中采购，不再允许药品批发企业经营疫苗，坚决制止通过借用资质和票据进行非法经营的“挂靠走票”等行为；二要建立疫苗从生产到使用的全程追溯制度，强化储存、运输冷链要求，增设疾控机构、接种单位在接收环节索要温度监测记录的义务；三要加大处罚及问责力度，对非法购销、未按规定储运疫苗等违法行为提高罚款金额，增设对责任人员的禁业处罚，并严格属地监管职责，增加地方政府及监管部门主要负责人引咎辞职的规定。

（三）风险干预

风险干预（Risk Intervention）是指，在不违背风险准则的前提下，对风险源采取降级、对冲等方法，来阻止危机爆发、减轻损害后果、提高应灾承受力，形成更有利于决策执行的环境。

对于难容忍、须干预的风险，可采取风险干预策略，即提前设置干预方案，在事前干预以阻止风险升级和危机爆发，或在事后干预来阻止连锁反应或降低损害。干预策略的应用中，应科学研判风险或危机的等级，及时识别出风险升级、危机爆发或危机升级、连锁反应的“临界点”，在临界点采取相应的措施，提前干预危机。

在突发事件发生之前，通过提前预警做好相应的防范措施，及时干预风险来阻止升级或降低危害。例如，国土安全部警报系统（Homeland Security Advisory System，HSAS）②，将美国领土内的恐怖袭击预警分为三个等级，每一个级别都会触发政府部门相对应的反恐响应，同时会提醒民众做好相应的防恐自保措施。

风险干预的重要方法是风险容忍度分析与“临界点”干预。以航班延误后乘客闹事的风险干预为例。根据群众对航班延误的容忍时间，选择恰当的时机作出风险干预的决策。一般而言，乘客对于航班延误、停滞等待的风险容忍度由等待时间的长短来决定，等待时间越长，容忍度越低，一旦到达甚至超过容忍的“临界点”，将可能引发闹事，民航乘客风险容忍度的一般指标见表 3－3。

① 李克强：《疫苗质量安全是不可触碰的“红线”》，人民网，2016－4－14，http://cq.people.com.cn/n2/2016/0414/c365403－28142787.html。

② DHS：《National Terrorism Advisory System | Homeland Security》，2018－6－8/2018－9－10，https://www.dhs.gov/national－terrorism－advisory－system.

表 3-3　民航乘客风险容忍度的一般指标

容忍度状况	风险识别	容忍度的具体表现
高	平静期	一般而言，乘客在航班延误 2 小时以内，如果航空单位做好细致的解释工作，大部分乘客能平静地予以接受和谅解
中	焦躁期	航班延误超过 2 小时接近 4 小时，乘客在情绪上会越来越焦躁
低	愤怒期	航班延误超过 4 小时接近 8 小时，部分乘客已经处于严重不满和生气的状态，同时会向航空单位提出很多责备和要求。此阶段若航空单位处置不当，乘客的“怒火”会激化，易出现“群体骚动”迹象
极低	对抗期	航班延误超过 8 小时，乘客会表现出极大的不满，并要求航空单位进行赔付；若航空单位未能及时平息，事件可能进一步升级，直到冲突失控

注：根据案例总结，为不完全统计，具有相应的误差。

基于此，从乘客风险容忍度分析入手，在“临界点”进行风险干预，能够有效规避或阻止乘客闹事的事件产生。2016 年 5 月 20 日，交通运输部出台的《航班正常管理规定》是精细化治理航班延误的典型做法，通过航班延误原因的具体分析、航班延误处置的规范性要求、航班延误后的全面服务等一系列精细化治理措施，综合防范和化解乘客闹事风险。具体操作如下：

（1）航班延误信息 30 分钟周期性告知，满足乘客知情权，缓解乘客焦躁情绪。

（2）对航班延误原因做精细化分析，将航班出港延误旅客服务分为“食宿服务由旅客自理的情况”和“旅客享受免费食宿服务的情况”，以此为基础，分类应对、厘清责任。

（3）基于航班延误等候时间的人性化服务，在乘客容忍度的“临界点”进行干预，有利于缓和乘客情绪，对冲风险，具体而言，“机上延误超过 2 小时（含）的，应当为机上旅客提供饮用水和食品；机上延误超过 3 个小时（含）且无明确起飞时间的，应当在不违反航空安全保卫规定的情况下安排旅客下飞机等候”。

（4）利用免费 wifi、免费供电、免费饮用水等风险对冲项，提高乘客的容忍度，延长“临界点”对应的时间是减少直接干预次数、节约干预成本的有效方案。

（四）风险控制措施的综合应用

在风险控制的具体操作中，应根据不同的社会环境和风险特质，综合应用“风险规避→风险消除→风险干预”的“三重过滤式”集成路径。一是若能规避，则努力规避风险，免于受灾；二是若能消除，尽量排查和清除隐患，实现风险消除；三是若难规避也难根除，则尽力干预风险，阻止其转化为危机；三重机制的循环形成风险控制的良好格局。

以新加坡 PX 项目的风险控制①为例。受国土面积的制约，新加坡的 PX 项目集中于境内裕廊岛地区。第一，该选址距市区仅 10 公里，但已在最大程度上远离人口密集区的主岛，以规避主城区的安全风险；第二，对裕廊岛上的高危场所采取严格的封闭式和区域隔离式运营管理，尽可能消除技术或管理层面的风险；第三，该岛作为新加坡重大化工项目聚集地，对安全生产风险形成实时监测和提前干预机制，并形成立体化应急预案，开展多层次、高频率演练，确保突发情况下能够及时干预。

【案例分析】“8·8”九寨沟地震灾害的风险控制

2018 年，“8·8”九寨沟地震②的震级大，给当地造成一定经济损失，但人员伤亡程度却相对比较轻，究其原因，在于应对地震风险控制三种策略的综合应用③。

1.“8·8”九寨沟地震的风险规避策略

距离九寨沟地震震中几公里的漳扎镇甘海子村，原本处在一公里外的老村子里。“5·12”汶川地震之后，九寨沟县附近地区均按 8 度进行抗震设防。地震部门和专家在巡查时发现村里的隐患：该地区与周边山地距离过近，存在地质滑坡的危险；该地区所处地带的地基差，存在向河中心滑坡的风险；该地区处于 8 度抗震设防区，但房子仅用矸石堆砌，没有主体结构，远达不到 8 度抗震设防的要求。因此，当地政府要求全村搬迁，并通过向村民提供贷款、规划发展民宿旅游等方式，解决村民搬家建新房的成本和搬家后的收入问题，让所有村民在 2009 年搬迁到新地址，在九寨沟地震中规避了高强度地震和滑坡泥石流等风险。

---

①《新加坡：将危险化学品工厂“请出”人口聚集区》，新华网，2015-8-15，http://news.xinhuanet.com/2015-08/15/c_1116265361.htm。

② 2017 年 8 月 8 日，四川九寨沟县发生地震，震级为里氏 7 级、震源深度 20 千米、最大烈度 9 度，造成 25 人死亡、5 人失踪、543 人伤病，城乡住房不同程度受损，交通、通信、市政、学校、医院等基础设施和公共服务设施受到不同程度破坏。

③《“震情重”为何“伤害轻”》，央视网，2017-9-24，http://m.news.cctv.com/2017/09/24/ARTIJgR3Wjkg6L5fEF6WhlWU170924.shtml。

2. “8·8”九寨沟地震的风险消除策略

地震风险致人员死伤和财产损失的风险源主要在于房屋抗震设防水平不合格，不仅未起到保护的效果，反而使居住在房屋内的居民出现人员伤亡和财产损失。对此，在暂无须搬迁的情况下，提升房屋建筑的抗震设防水平，确保房屋能够起到抵御地震和保护人员财产的作用，达到消除风险源、应对地震风险的效果。九寨沟地震发生时，漳扎镇甘海子村里的民宿客栈全部客满，但在符合抗震设防要求的房屋保护下，没有造成一人伤亡；村里房屋多为轻度或中度受损，结构未遭毁坏，修复后可继续居住。该结果源于村中建筑达到“8度设防”标准，从而“面临8度破坏时坏而不倒”。

3. “8·8”九寨沟地震的风险干预策略

地质隐患地带搬迁，房屋工程的抗震设防是规避和消除风险的两条重要防线；在地震到来之后，通过科学救灾，尽可能减轻人员伤亡和财产损失。例如，九寨沟地震之后，四川省地震局第一时间公布了地震烈度图，直观展示了地震灾害的范围和最大破坏程度。这张图有助于掌握重灾区和救援重点，为救援及重建工作提供了科学依据。九寨沟全县对突发事件应对法和防震减灾法的贯彻到位，在旅游行业系统设置了专项应急预案，在地震后的24小时内疏散并转移61000多名游客，最大程度上减少了游客死伤和损失。应急救援的同时进行交通管制，避免社会无序救援造成爱心拥堵现象，保障九寨沟救灾的有序和高效。

综上，防震减灾工作需要坚持“以防为主、防抗救相结合”① 理念，本质是将风险应对的规避策略、消除策略、干预策略进行集成应用，实现全流程和全方位的应对体系，在最大程度上降低地震灾害带来的负面影响，有效减少人员死伤和财产损失。

三、风险控制的所有权及其应用

（一）风险控制应明确风险所有权

风险所有权是指风险控制中各相关部门、单位、人员应尽的职责。风险控制的组织应强化责任管理，保证风险控制的责任认定和所有权明晰，从而确保风险控制的有效执行。

明确风险所有权是风险控制的前提。全球的实践表明，需克服两大误区：一

①《中共中央　国务院关于推进防灾减灾救灾体制机制改革的意见》（2016年12月19日）。

是“所有权越位”，往往表现为政府部门过多、过度承担了责任，不仅易出现安全失误，还易导致群众问责；二是“所有权缺位”，针对新生风险与风险新变化，由于决策、部署等的失误，政府部门未能尽责尽职，易受到群众指责与舆论批评。

对此，风险所有权明晰和责任到位是风险控制的重要基石。例如，欧美“邻里守望”（Neighborhood Watch）将社区的居民联合起来、互相帮助，共同预防犯罪，改进当地治安状况，形成居民主动参与、与执法者积极合作的安全社区模式①。通过“邻里守望”，社区安全风险所有人各自负责、全员参与，落实社区安全风险防控责任。

基于风险所有权的内外之分，风险控制可分为内部和外部两方面：一是内部风险控制，以相关部门自身履行其风险所有权为基础，旨在实现减少内部操作失误、责任事故最小化；二是外部风险控制，以相关部门和社会公众共同履行风险所有权为基础，旨在减少外部配合失误、实现负面影响最小化。

（二）风险的内部控制

危机决策的风险内部控制是指，在应急管理的全流程，针对可能出现的机制、组织、管理、人员素质与能力等影响危机决策的内部风险，通过制定和实施相应的制度规范，规避或减少内部问题，从而控制危机决策的操作失误和责任事故。内部风险控制应做好五方面的工作。

第一，确立公共部门内部控制原则。借鉴企业等其他主体的内部控制规范，确定“全面性、重要性、制衡性、适应性、成本效益”等原则。

第二，落实全流程的风险内部控制责任，具体包括：①“上游”做好目标设定和定岗定责的工作，明确风险控制方案的制定、实施、监督和维护等人员的职责；②“中游”落实内部和外部监督，通过上级督导、专业审计、群众监督、媒体监督，促进执行过程中的责任落实和失误最小化；③“下游”做好绩效考核和追责问责的工作。

第三，建立健全风险内部控制的相关制度并确保有效落实，具体方式包括但不限于：①明确内外部风险管理资源的配置、分工和合作方式；②建立批准、授权制度以及监督和检查制度；③建立绩效测量，及相应适度的奖励、惩罚制度；

---

①《NATIONAL NEIGHBORHOOD WATCH - A DIVISION OF THE NATIONAL SHERIFFS' ASSOCIATION》，2018-9-10，https://www.NNW.org.

④建立内外部利益相关者之间的沟通协调机制；⑤建立对内对外的沟通和报告机制等。

第四，构建规范性的风险控制环境。主要包括加强危机决策部门的组织架构设置，培育公共部门的部门文化，建立完善的人力资源管理机制。例如，在岗位管理方面，可以重点关注关键岗位的控制，建立起明确的岗位分工和责任制。

第五，建立评价与监督机制。强化公共部门自我监督、约束与改进。内部审计部门应定期或不定期地对单位内部管理机制的建立和执行情况予以监督，对内部控制的有效性进行监督，对业务经营的合法合规性和经营效率予以监督，通过监督，及时发现低效、无效、失效工作环节，并采取切实措施予以纠正完善。

（三）风险的外部控制

外部风险控制是指，在应急管理的全流程，针对已爆发的危机或未爆发的风险可能造成人财损失、社会恐慌、负面影响等后果，通过与外部利益相关群体开展相应的风险控制工作，规避或减少外部问题，尽可能避免或减少危机给社会和民众带来的多方面损害。外部风险控制主要应做好两方面的工作。

第一，在突发事件发生前，应尽可能选择较经济、合理、有效的方法来减少或避免突发事件的发生，将突发事件发生的可能性和后果降至可能的最低程度。

第二，在突发事件发生后，应共同努力、通力协作，立即采取针对性的风险应急预案和措施，尽可能减少人员伤亡、经济损失和周边环境影响等，并防止次生灾害、排除风险隐患。

危机决策的全面风险控制，重在外部风险控制，尽可能减轻突发事件所带来的人财损失和负面影响。基于此，《突发事件应对法》提出："突发事件应对工作实行预防为主、预防与应急相结合的原则。国家建立重大突发事件风险评估体系，对可能发生的突发事件进行综合性评估，减少重大突发事件的发生，最大限度地减轻重大突发事件的影响。"

第三节　建立健全科学的危机决策机制

一、危机决策的"局限理性模型"

危机决策，不适用经济决策领域的"完全理性模型"和行为决策领域的"部分理性模型"，而适用"局限理性模型"。

“完全理性模型”是在“经济人”假设基础上形成的，认为“决策者具备完全的理性知识，追求效用最大，通过冷静客观的思考进行决策”。具备完全理性的领导者会根据问题确定明确且具体的目标，并且严格按照决策流程选择使决策效益最大化的方案。“完全理性模型”下，不仅能穷尽所有的备选方案，而且备选方案可通过精细量化比较其优劣性，从而确保决策者能够从中找到“最优方案”，作出“最优选择”。其由于对于决策情境的理性设计和苛刻要求，不适用于危机决策的现实环境。

“部分理性模型”是在“社会人”假设①的基础上，认为决策者知识有限，不能完全掌握全部信息，也无法认识决策的所有规律，只能追求“满意方案”而非“最优方案”。“部分理性模型”符合常态决策的实际情况，但在危机状态下，“部分理性模型”仍然不适用于信息随时变化的危机环境。

在此情况下，“局限理性模型”更贴合危机决策的实际环境。由于突发事件信息较少、时间紧急、决策难度大等综合客观因素，不能盲目追求“最优方案或满意方案”，也难以做到统筹兼顾、考虑周全、集思广益、注重程序等科学性的标准。“局限理性模型”遵循“多害相比取其轻”的原则，甚至采取“排除法”的方案，抓住重点、当机立断、制定“可用方案”，并在执行时调整优化。危机决策的“局限理性模型”示意图如图3－2所示。

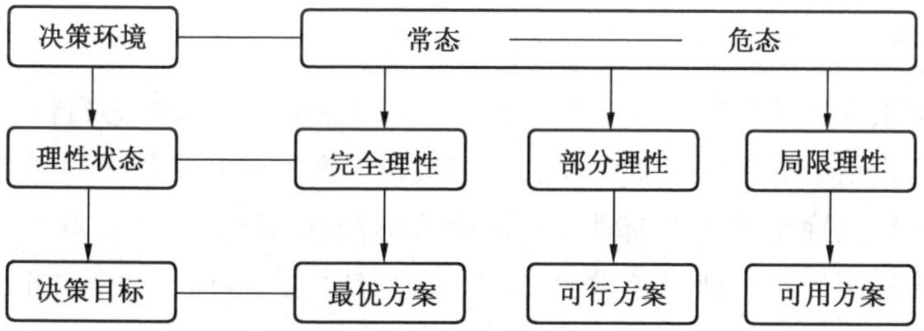

图3－2　危机决策的“局限理性模型”示意图

二、决策支持系统的组成要素

总结而言，危机决策的科学决策支持系统，需要实时的情报信息、详细的基

① 赫伯特·西蒙：《行政行为：行政机构决策过程研究》，1947年。

础资料、专业的参考依据、精准的研判预警、科学的决策流程、切实的督导考核等要素。现对社会维稳风险治理与科学管理“一网、两库、三关”体系①予以剖析和说明。危机决策的科学决策支持系统机理如图3-3所示。

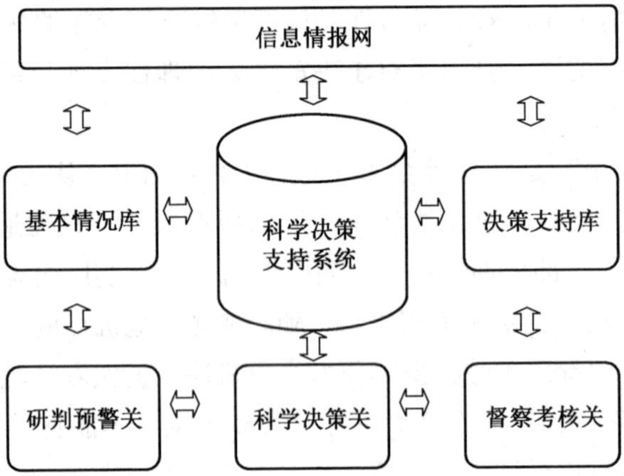

注：根据唐钧著《政府风险管理——风险社会中的应急管理升级与社会治理转型》（中国人民大学出版社，2015年1月）的相关资料总结改编。

图3-3 危机决策的科学决策支持系统机理

（一）科学决策支持系统的“情报信息网”

科学决策支持系统需要“情报信息网”，以保障科学决策为目标，以全面整合、共享情报信息资源为基础，以实现对危机情况信息实时侦控为核心功能。

信息工作贯穿于各类影响风险防范和危机处置工作的始终。基于此，以信息主导工作为基本理念，通过建设全方位、多层级、立体化、动态性的信息收集、报送网络，达到对危机态势的总体把控，具体要求包括如下：

第一，建立一体化的信息网络，全面整合信息资源，实现信息网多层级无缝衔接。以应急管理的基层单位——区县政府为例，一般应建设三个层面的信息网络：第一个层面为区县级层面，由区县应急管理主责部门牵头，负责整体统筹全

① 从2008年起，为了顺应区域发展需要，巩固提升维稳成果，北京市朝阳区与中国人民大学危机管理研究中心合作，以高校专家提供理论指导、参与重点难点问题研究，地方政府提供实证支持与具体操作的方式，着手建设以专群结合为基础，以科技手段为保证，以“一网、两库、三关”为核心内容的社会维稳风险治理与科学管理体系，在优化基层维稳运行机制、深化社会服务管理创新方面进行了积极探索。

区县的信息管理工作，实现信息在区县级层面的综合利用和实时共享，实现全区县信息资源的纵向统筹；第二个层面为区县属职能部门和街乡层面，在公安政法、国家安全、信访排查等多部门网络的基础上，建立部门与部门之间、部门与街乡之间、街乡与街乡之间的沟通机制，实现全区县信息资源的横向沟通；第三个层面为基础层面，建立覆盖全区县各社区、村、企事业单位、社会团体的危机信息员队伍，实现对各类信息的全面掌握。综上，通过建立“纵向到底、横向到边”的三级信息网络，能有效避免信息收集主体因条块分割造成各自为政的局面，实现信息的全区县统筹调度、部门归口报送、资源共享利用的一体化、无缝隙体系。

第二，建立全方位、立体化的实时监控，即全面整合信息收集途径、手段，实现立体化实时监控。仍以区县政府为例，在通过三级信息体系实现全区内部信息有效收集的同时，信息网全面纳入互联网、移动终端、手机通信等新型媒介，电视、广播、报刊等传统媒体和12345热线、110、119、120、999等政府服务保障系统，全面整合信息收集的技术手段，实现人力情报与技术情报的有效结合、公开措施与秘密工作的有效结合，传统方法与现代科技手段的有效结合，网络监控与落地查实的有效结合，全面拓宽信息收集的广度和深度，实现对风险信息的立体化实时监控。

第三，建立高效率的动态运行机制，即全面加强机制建设，实现信息传递的动态运行。信息在各级层面的及时传递是实现信息价值的必要要求。按照这一要求，信息网络应做到：①形成信息的筛选过滤机制，找出真实的、相关的、对危机决策可能有用的信息，淘汰和去除无关、虚假的信息，规避“信息噪声”给危机决策带来的干扰和问题。②建立培训机制全面提升情报人员素质。③通过设置考核奖惩、责任追究等机制，全面落实各项工作责任制。④通过完善报送机制，明确信息的收集类别、保密级别、传递时限、报送方式等内容。通过完善工作机制实现信息传递工作的规范化、制度化，为信息高效、动态运行提供坚实保障。

（二）科学决策支持系统的“基本情况库”

科学决策支持系统需要建立“基本情况库”，以全面系统掌握危机决策所需的危机本身、危机应对、应急准备等资料及相关知识为内容，以建设风险隐患资料库、重点矛盾纠纷资料库、基本情况资料库等三个子库为内在基础，在决策时提供全面准确的资料支持，具体要求如下：

第一，全面。应涵盖基本情况和应急就绪状况的全方位资料，包括重点的“人地物事环”情况，与应急管理相关水电气热、广电通信、交通运输、食品供应、卫生医疗等，与就绪状况相关的机构设置、应急预案、人才准备、应急保障等。

第二，准确。对此应做到对基本情况和就绪状况的全面收集、翔实记录、合理分类、动态更新。

第三，实用。将各类资料通过技术手段转化形成“风险地图”①，并予以系统整合，形成动态更新，实现对总体情况的直观反映，为全面掌控形势、开展危机决策提供便捷化的支持。“风险地图”具有资料留存、查询、比对等多项功能。

（三）科学决策支持系统的“决策支持库”

科学决策支持系统需要建立“决策支持库”，以规范化的案例收集和标准化的应急处置为主要内容，以建设专业处置决策支持系统、现场应急和群众工作决策支持系统、媒体舆情应对决策支持系统三个子系统为基础，在决策时提供可借鉴的辅助依据，具体要求如下：

第一，分类收集掌握世界范围内已有的各种涉稳事件的典型案例，总结其发生原因、处置过程、成功经验和失败教训。

第二，根据各类典型案例提炼总结形成针对各类涉稳事件能够采取的若干种标准化、规范化的处置方法，以及各种处置方法可能产生的效果和可能造成的负面影响。

第三，通过数据、内容的不断更新和技术支持，实现同类搜索、经验提示等功能，起到为政府科学决策提供支持的作用。

（四）科学决策支持系统的“研判预警关”

科学决策支持系统需要建立“研判预警关”，以对风险信息的有效鉴别为基础，分级评定风险程度，科学研判信息，准确分析趋势走向，具体包括两方面工作。

第一，设定科学的风险评估标准。以目前世界上通用的风险等级评定标准为

① 唐钧：《政府风险管理——风险社会中的应急管理升级与社会治理转型》，中国人民大学出版社2015年版。一般而言，风险地图由“风险源地图”“风险分布地图”“趋势研判和风险预测地图”“应急准备的就绪状况地图”组成，进而整合形成总的“风险地图”。

基础，全面结合实际情况，对以往突发事件的危机预警进行规律性研究，建立一套符合实际情况和本土特点的信息风险指标评定标准。该标准通过设定发生可能性程度、境内外舆论关注程度、人员规模程度、发生地点敏感程度、引发关联性程度、动因影响程度、防控难度等一系列量化指标，将风险程度定为三个级别，即第一级为“不能容忍应立即处置的风险”、第二级为“可容忍需重视的风险”、第三级为“应关注需跟踪的风险”。

第二，信息风险指标评定标准在操作层面启动两级审核制度。即街乡和职能部门进行初级审核，区县级层面由应急管理主责部门进行二级审核，通过两级审核制度实现对海量信息的有效过滤和大量风险的逐级分流。

（五）科学决策支持系统的“科学决策关”

科学决策支持系统需要建立“科学决策关”，以实现突发事件的标准化处置为核心功能，处置流程标准化、决策机制规范化、体系运行制度化，具体包括两方面工作。

第一，根据“研判预警关”所确定的风险等级，设计一套完善的标准化处置流程，该流程明确不同级别事件的处置责任主体、处置时限、工作标准；在发生不同风险等级的突发事件时，各级责任主体按照流程要求自动启动处置工作，形成各司其职、各负其责、责任明确、流程规范、机制完善、整体联动、高效运转的处置模式。

第二，针对标准化处置流程无法解决的个别重大突发紧急事件，建立专家评审分析、情况会商等一系列研判机制，确保对特殊类涉稳事件的科学决策。

（六）科学决策支持系统的“督察考核关”

科学决策支持系统需要建立“督察考核关”，以落实应急管理责任为保障，实绩与政绩挂钩，责任与后果明确，奖励与处罚分明，具体包括三方面工作。

第一，建立一整套贯穿体系。涉及信息网络建设、风险信息预警研判以及危机事件决策处置等各个方面的督察考核机制。

第二，建立责任追究机制。通过确定后果等级和责任等级，对因决策失误、政策制定失误、指挥失当、措施不到位、人员不到位等原因造成严重后果的，分门别类明确处罚标准，在进一步明确危机管理工作责任的同时，明确因工作失职、渎职所要承担的后果，起到事前警示作用。

第三，建立绩效考核机制。以全面应用绩效管理理论为基础，通过建立科学完善的绩效考评办法，定期对各部门、各街乡的工作成效进行考核，用科学的制度提升工作的积极性和主动性。

三、基于决策支持系统的科学危机决策流程

在科学决策支持系统的作用下，危机决策机制的运行流程是在危机决策的特定时空环境中，以"快、真、准、全"的信息为基础，以决策准则为指引，在有效的风险控制下，做出决策方案并执行，同时根据环境变化进行调整，开展持续决策。科学危机决策机制的运行流程如图 3－4 所示。

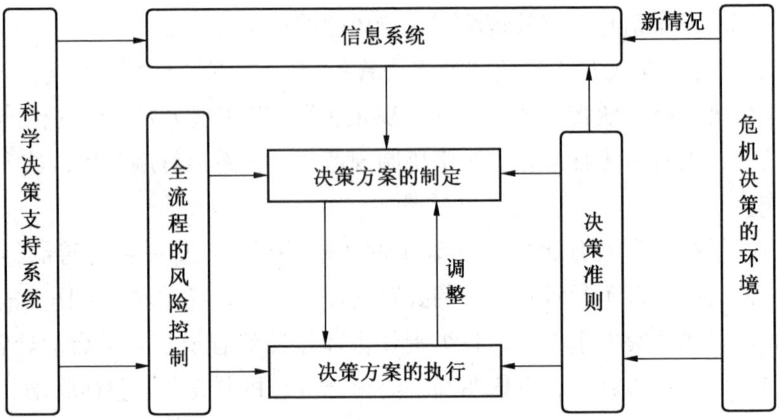

图 3－4　科学危机决策机制的运行流程

【案例分析】莫斯科人质危机事件的危机决策

2002 年 10 月 23 日晚 21 时左右，40 多名车臣绑匪闯入位于莫斯科东南区的莫斯科轴承厂文化宫大楼剧院，将文化宫内的 850 多名观众、演职员、工作人员胁持作为人质，要求俄罗斯军队撤出车臣。到 26 日凌晨 7 时左右，俄罗斯军警及"阿尔法"小组以秘密化学气体麻醉文化宫表演厅内所有人，进而强攻，将车臣绑匪歼灭。其中击毙 39 名恐怖分子，其余逃离或被擒获，多数人质获救、129 名人质因麻醉气体而死亡。

此次危机事件中，在面临一系列压力的情况下，俄罗斯政府艰难开展危机决策，同步推进与绑匪的沟通谈判和对人质的积极营救，最终以武力制伏绑匪。这一过程中，危机决策的要点如下：

第一，第一时间确定决策准则。事件一发生，俄联邦安全总局"阿尔法"

小组、内务部特警部队、国防部特种反恐分队和大批警察迅速包围现场。俄总统普京闻讯后立即取消出访活动，火速召集内务部、俄联邦安全局、南部联邦区以及军方的高级官员开会研究解决危机的对策，确定了“最大限度保护人质安全”和“誓不妥协、谈判和动武两手准备、立足武力营救”的原则和方针。基于该原则和方针，俄解救人质工作小组重点开展两方面工作：一方面，与绑匪进行心理战，争取和平解决，避免造成重大人质伤亡；另一方面，派特工混入剧院，掌握动态，里应外合，调备炸药、速效麻醉剂等物品，准备在万不得已的情况下实施突袭。

第二，决策机制运转高效。该事件发生前的10年，车臣匪徒在莫斯科和其他一些城市制造了一系列爆炸民宅、劫持人质的重大事件，促使俄当局建立“总统领导国家安全会议—担负主要任务的强力部门负责人领导联合应急指挥中心—副职担任现场指挥”的三级危机处理机制。此次事件发生后，该机制马上开始运作，组织协调外交、地方政府、内务部、俄联邦安全局、军队及现场各部门参战队伍的工作，形成整体合力。事件发生1小时内相关机构均赶赴现场并完成部署，反应快速。

第三，科学部署决策执行的指挥、分工、协调。在克里姆林宫，俄总统普京坐镇指挥，以联邦安全总局局长帕特鲁舍夫为首的联合应急指挥中心开始运作，将解救人质行动代号定为“雷雨”。按照联合应急指挥中心命令，“阿尔法”小组、内务部特警部队、国防部特种反恐分队在1小时内完成部署工作，进入战备状态；另外300多名军警迅速集结并在现场、周边地区及首都各重点目标担负警戒任务；莫斯科市政府则负责疏散附近居民，安抚人质家属，筹备救援物资；在距文化宫剧院不足50米的地方，设立前线紧急情况指挥中心，由联邦安全总局一名副局长负责指挥工作。

第四，获取可靠信息、掌握现有情况。前线紧急情况指挥中心采取三方面措施，以获取可靠信息、掌握现有情况。第一，通过多种途径派遣特工秘密进入文化宫，了解掌握绑匪人数、分工、武器弹药以及人质数量情况，摸清建筑构造特别是出入口、地下通道情况，为突击行动做准备；第二，由俄联邦安全局派人借助夜色抵近剧院大楼，在绑匪难以察觉的地方安装电子监控装置，对剧院内尤其是人质所处演出大厅的情况进行监视；第三，对文化宫内所有的固定电话和移动电话实行24小时的监听，以了解绑匪在外围的同伙情况和绑匪与外界通话内容，掌握绑匪的动态。

10月24日，应绑匪要求，俄解救人质工作小组与其进行谈判。俄前总理普里马科夫等一批高级官员、记者、演员以及国际红十字会的官员也先后进入文化宫与绑匪交谈，均无功而返，谈判陷入僵局。但通过谈判、侦听、送食物等渠道，俄当局已掌握了文化宫内的基本情况。

第五，根据情况变化适时调整决策方案。10月25日16时左右，俄联邦安全局局长透过媒体公开表示，只要释放人质，当局将保证绑匪人身安全。普京总统也于25日20时发表电视讲话，称“谈判的大门仍然敞开”。其间，陆续有人质被绑匪释放或趁机逃出剧院，也有装扮成醉汉或其他人员的俄特工在试图进入剧院时被枪杀。双方互不让步的情况令俄当局研判：和平解决人质危机无望、绑匪有随时引爆炸药包与人质同归于尽的可能。面对这种情况，经过紧张策划和部署，俄当局决定用“特殊手段”消灭劫持人质的恐怖分子，解救人质。

26日凌晨，俄当局故意透露风声：“当日凌晨3时将发动进攻。”对此绑匪严阵以待，精神高度紧张。但到时间后俄当局却按兵不动，致使绑匪的警惕性逐渐松懈。5时多，特种部队开始通过排污、供暖管道及空调系统向剧院输入名为“芬酞尼”的速效麻醉剂气体。除剧院二楼个别绑匪外，其他绑匪和人质即时昏厥。5时30分，爆破分队用高爆炸药将剧院外墙炸开大洞，担负协同掩护任务的佯攻分队两人一组在多处位置朝天鸣枪，引诱绑匪开枪，使其暴露方位。已注射过防毒药物、身着防弹衣的突击分队分别从多处被炸开的缺口、剧院后面一楼窗户、正面一楼各主要出入口及下水道迅速冲人剧院。突击队员向大厅及设在二楼的绑匪指挥部投掷了催泪瓦斯弹，先后将在二楼的巴拉耶夫等男匪及其他分布在演出大厅各个位置、腰上绑着炸药的女匪逐一击毙。控制局面后，俄排爆专家和救援人员立即跟进排除爆炸物，疏散和救助人质。40分钟后，应急指挥中心宣布，这起历时50个小时的人质危机事件结束。基本情况为50余名男女绑匪被击毙，120多名人质因中毒当场及送医院抢救无效死亡，700余名人质被解救，特种部队无人牺牲。

第四章 应急处置与科学指挥

◎拓 扑 图

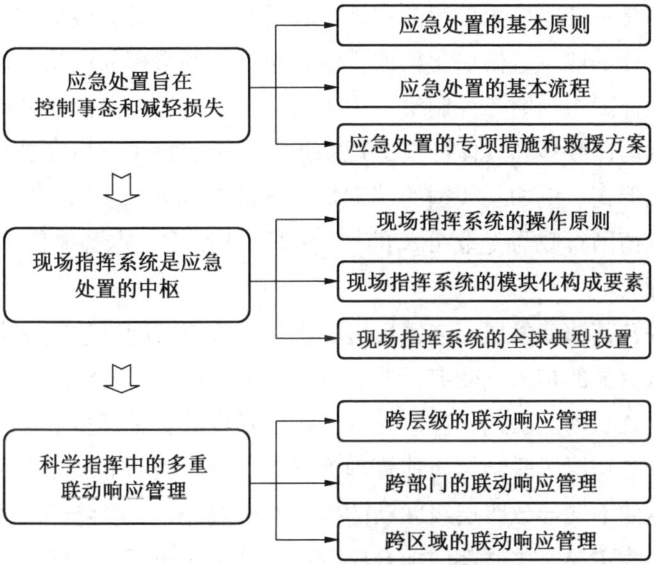

◎本 章 概 要

◎ 应急处置：应急管理的速度和专业体现在应急处置方面，其核心任务是快速处突和科学救援。

◎ 科学指挥：风险治理是指挥系统的内核，现场指挥系统是中枢，联动和协调是关键。

应急处置是指相关责任主体根据监测预警立即启动相应等级的预案，召集应急救援队伍和社会力量，调动属地应急物资和设备，采取专业应急处置措施，开展应急处突与紧急救援工作。应急处置具体工作内容繁杂，以尽可能降低突发事件危害、减少群众人财损失为目标，可概括为触发响应、先期处置、快速评估、启动预案、现场处置、信息管理、处置结束七个环节。各类各级主体均有应急处置的责任义务，针对四类突发事件也有其法定的专业应急处置措施和流程；应急救援的行动方案以被救者和施救者的生命安全为优先，主要任务包括现场初始评估、辅助逃生与隔离危害、伤情检查和院前急救、现场区域划分、伤员搜救、医疗救治、保护重要财产、事态控制和心理调适。

突发事件发生后，为保证现场处置和救援工作的有效实施，必须对事件现场的所有应急工作实施统一的指挥和管理，即现场指挥系统，国际上一般称为 ICS 系统。现场指挥系统是应急处置的中枢，其基本要求是反应机敏、运转灵活、权威高效，基于此一般设置模块化构成要素，包括现场指挥部、综合研判组、应急作业组、资源保障组、财务控制组，用于统一行动、标准操作并可灵活拓展。根据不同国家的国体政体和具体国情，现场指挥系统的模块化构成要素可组装演化为不同的组织形式。例如，我国的“现场指挥部”模式、美国“1 +3 +4”的现场指挥体系、德国行政与专业分离的“1 +7”体系、日本幕僚体系指导下的多层级现场指挥。

突发事件及其演变发展、连锁反应、次生灾害等可能导致突发事件等级的上升、影响区域范围的扩大、受灾行业领域的增多，进而需要跨层级、跨地域、跨部门的应急处置联动。对此，应急处置的科学指挥需要做好多个维度的联动响应管理工作：一是跨层级联动，属地管理为基础，按需联动上级和中央，中央制和联邦制的政体的不同导致跨层级联动的操作有所差异；二是跨部门联动，一般由某一主责部门为主导，关联部门配合应急；三是跨区域联动，建立长效合作、信息互通、资源共享、平台共建的组织形式和工作机制，形成互联互通、协同处置的格局。

第一节　应急处置旨在控制事态和减轻损失

一、应急处置的基本原则

应急处置是指突发事件发生后，政府及其部门等应急处置主体，为尽快控制和减缓突发事件造成的危害和影响，根据监测预警立即启动相应等级的预案，召集应急救援队伍和社会力量，调动属地应急物资和设备，采取专业应急处置措施，开展应急处突与紧急救援工作，必要时开展区域之间的联动和部门之间的合作，寻求利用最优势的应急资源来应对危机，控制事态发展或者消除突发事件的危害，最大限度地减少突发事件造成的损失，保护公众的生命和财产安全的过程及其活动。

第一，以人为本，生命为先。突发事件存在多种威胁，会造成多种损失。因此，应对处置时，要坚持以人为本的原则，先救人，后救物，把挽救生命与保障人们的基本生存条件放在首要位置，而不是舍本逐末。同时，必须高度关注应急救援人员的人身安全，有效保护应急处置者，避免次生、衍生事件的发生，这是应急处置“以人为本”的当然表现。

第二，依法管理，科学处置。在应急处置过程中，要严格依照国家法律、法规、规章等规定采取应急处置措施。要充分利用和借鉴各种高科技成果，发挥专家的决策智力支撑作用，避免蛮干苦干。同时，也要充分利用专业人员的专业装备、专业知识、专业能力，实现突发事件的专业处置，体现专业处置的原则，使突发事件处置能够依法、科学、有序地进行，进而减少不必要的生命、财产损失。

第三，速度第一，快速反应。应急处置快速及时、效率为先，以最快的速度到达现场并开展应急工作。快速反应原则具体表现为四方面。

（1）到达现场的用时短、速度快。例如最严格的消防灭火遵循“1 分钟出警”准则。

（2）现场处置及时高效，在最短时间内将灾害损害控制到最小范围。例如，我国大力推行微型消防站的建设，旨在提高消防灭火现场处置的速度和效率。

（3）适应恶劣环境，以提升救援速度。

（4）短时间内并行处理多种救援任务，整体上提升应急处置和紧急救援速度。例如，航空救援具有快速高效、受地理空间限制较少的优势，能够适应大风大雨大雪等恶劣气候、人员密集的城市中心区或交通不便的荒郊山区等恶劣环境，可采用“悬停”的方式救人或机降救援人员和物质。此外，同步具有丰富的机载任务设备，可同步执行侦察灾情、运送救援人员和物资、撤退受灾民众或伤员、援救受困人员、吊运大型救援设备、中继通信、消防灭火及卫生防疫等多种任务，有效提升响应速度。

第四，专业处置，高效有序。应急处置开展专业处置，不断提升专业性。专业处置通过专业操作规范、专业负责机构、专业人员培养和专业技术设备来实现。

（1）应急处置的专业操作规范。应急处置有关的法律法规、规章制度、应急预案、国家标准等，规定了应急处置的专业措施和处置方案。

（2）应急处置的专业负责机构。应急处置的专业处置对应急人员的智能、技能、体能、意志等方面均有专业要求，因此对应急专业人员须进行专业教育。

（3）应急处置的专业技术保障。应急专业处置需要与应急特点相适应的专业技术、设施、设备来提高应对突发事件的能力，须根据专业处置的不同性质和特点，提高应急的专业技术，配备装备精良的应急救援设施，增加专业器材的数量和种类。

第五，统一领导，分级负责。应急处置工作通常需要跨部门、跨地域调动资源，因而必须具有高度集中、统一领导与指挥的应急管理指挥系统，实现资源的整合，避免各自为战，确保政令的畅通。对于应急指挥来说，统一领导的关键是要在党委的集中领导下，发挥政府的主导作用，调动全社会的力量，形成应急的合力。同时,应急处置要坚持分级负责的原则。即按照突发事件的具体分级，依据各级各类应急预案要求，由相应级别的应急指挥机构作出决策,具体进行处置。

第六，属地兜底，先期处置。突发事件发生后，当地必须及时地展开先期处置，以防止突发事件事态进一步扩大、升级，尽可能地减少突发事件造成的损失。这是因为属地是突发事件的事发地，熟悉当地的情况；属地政府及有关部门在第一时间内赶赴突发事件事发现场，有助于把突发事件消灭在萌芽状态。

第七，比例原则，分级响应。应急人员的配备等级、操作方案的设置等级、资源保障的配置等级应与突发事件等级相一致，既能有效处置危机，又不造成浪费。对此，应急处置按照“分级响应”的要求，根据突发事件的等级及其触发的危机预警等级，由相对应等级的主体采取相对应等级的应急处置措施，配置相应等级的应急资源，开展应急处置。

第八，广泛动员，协调联动。突发事件具有涉及范围广、社会影响大、破坏性较强等特点，一般超出了某个政府部门甚至某级地方政府的控制能力，需要广泛开展社会动员、实现协调联动。一是整合政府、企业和第三部门力量，形成共同应对突发事件的网状化格局，发挥整体效能和作用。二是突发事件发生地政府同相邻地区政府建立应急协调联动关系，统筹调动人力、物力、财力资源。三是要充分发挥武装力量在应急救援中的突击队作用，体现军民结合、平战结合的精神。

第九，打破常规，迅速高效。由于突发事件的演化瞬息万变、不确定性强，在维护公共秩序、保证公共安全、维护公民权利、保障基本人权的基础上，可根据实际需要打破常规、大胆创新，务求应急处置的迅速和高效。例如，《湖南省实施〈突发事件应对法〉办法》第三十八条规定，在紧急情况下，负责组织处置突发事件的人民政府可以灵活确定应急处置措施的步骤、顺序、方式、形式和时限，变通或者部分省略有关行政程序；应急处置措施可能影响公民、法人或者其他组织合法权益的，应当履行表明身份、告知事由、说明理由等程序义务。

二、应急处置的基本流程

应急处置的具体工作内容繁杂，以尽可能降低突发事件危害、减少群众人财损失为目标；根据《突发事件应对法》的相关规定，应急处置工作可概括为触发响应、先期处置、快速评估、启动预案、现场处置、信息管理、处置结束七个环节。

（一）触发响应

应急处置的触发分为由报警和求助触发响应和由监测和预警触发响应两种类型。

1. 报警和求助触发响应

突发事件现场的“第一响应人”了解情况之后应有针对性地进行报警与求助。我国常用的报警求助电话有 110 治安类报警求助，119 火警类报警求助，120 医疗救护类报警求助以及 122 交通事故类报警求助，每一类有其特定的受理范围。遇险时的求助需根据自身的情况和周围的环境条件，通过用声响、反光镜、抛物烟火、地面标志等七种方式发出求救信号。

2. 监测和预警触发响应

可以预警的自然灾害、事故灾难或者公共卫生事件即将发生或者发生的可能性增大时，专业机构、监测网点和信息报告员应当及时向所在地人民政府及其有关主管部门报告突发事件的相关信息，政府根据法定权限和程序发布相应级别的警报，决定并宣布有关地区进入预警期，同步向上级人民政府报送突发事件信息，进而触发响应。

（二）先期处置

先期处置是指在突发事件即将发生或刚刚发生后初期，有关部门对事件性质、规模等只能作出初步判断或者无法作出准确判断的情况下，对事件进行的早期应急控制或处置，并随时报告事态进展情况，最大限度地避免和控制事件恶化或升级的一系列决策与执行行动。突发事件的先期处置是应急管理“事发”工作的首要环节。及时、快速且有效的处置可以争取时间，以尽可能少的应急资源投入，最有效地控制事态扩大和升级并减少损失。

先期处置的目标，是在突发事件发生的第一时间开展先期处置工作，按照边处理、边报告的原则，及时有效地控制事态、防止事态的升级和扩大，并将了解的情况和所采取的措施立即反馈给有关部门和地区。为有效处理和控制突发事件的影响范围和损失，应当遵循以下原则：

（1）统一现场指挥。建立应急处置现场指挥员制度，确定越级指挥、先期处置的原则与权限，落实并完善应急管理行政领导负责制和责任追究制。

（2）根据事态性质决定处置方式，尤其是需要专业救援人员处置的突发事件，现场处置人员应着重转移周边群众，维护现场秩序，等待专业救援队伍到来。对各类原因不明的突发事件要一边隔离事态和控制处置，一边及时判明事件性质和发展趋势。

（3）边处置边报告。对没有明确规定、把握不准的问题，应当及时请示，情况紧急来不及请示时应处置与报告同步推进。

（三）快速评估

突发事件的不可预见性导致了信息的不完备，增加了突发事件的不确定性，而快速评估能有效减少突发事件的信息缺失，尽可能在比较短的时间内对突发事件的发生和可能的演化趋势进行总体分析和判断。快速评估是指在突发事件发生后的较短时间内，由履行领导职责或组织处置突发事件的政府及其有关部门按照有关规定指派工作组或有关机构针对特定问题进行的快速调查，短时间内提供相关信息的行动或过程。

快速评估一般包括三方面：

（1）突发事件事态形势快速评估，也即“现场初始评估”。用于确定最初的救援需求，确定正在逼近的危险以及对应的直接行动，通常要求在事件发生的数小时内对事态形势作出快速评估，以作为采取适当应对行动的决策基础。

（2）突发事件损失和影响快速评估。为应急处置决策指挥提供信息服务，主要包括突发事件影响范围、突发事件级别、事故灾情隐患、影响区域人员伤亡情况、直接经济损失、房屋倒塌损失及疏散安置者数量、影响区域基础设施损失情况、影响区域环境情况、影响区域公共服务情况、影响区域社会损失以及次生衍生灾害等。

（3）灾民和影响区域需求快速评估。为应急救援决策提供信息服务，主要包括抢险救灾所需的人财物等资源情况、抢险救灾需求情况、影响区域群众对生活（生产）物资的需求情况、影响区域救援的医疗和防疫需求情况、不同时期的突发事件的救助目标及需求情况等。

快速评估常见方法包括：

（1）上报汇总法。利用事发单位和基层政府按照上级部门或者应急指挥部门的相关规定或指令，短期内迅速上报各类突发事件信息和数据，以此累计汇总为基础进行快速评估。

（2）遥感法。利用现代飞机（包括无人机、飞艇等）或卫星遥感技术，快速拍摄获取灾区上方的图像资料，再利用图像处理技术分析灾区损失和影响情况进行快速评估。

（3）灾害模型法。针对特定类型突发事件，采用数学方法建立灾害模型。当突发事件发生时，将突发事件的级别、范围、影响区域人口、社会和经济统计资料以及其他相关参数代入已建立好的灾害模型中，快速评估出所需要的相关内容。

（4）案例法。利用历史上类似事件或相似案例与本次事件进行类比，进而根据历史事件的相关数据推断出快速评估的结果。

（5）综合法。综合利用以上两种或几种方法，以获得更为准确或者更为广泛认可的评估结果。例如，可综合上报汇总法和案例法，用类比历史事件的数据来修正上报汇总数据的误差。

（四）启动预案

当确定突发事件级别后，按照分级响应的原则，拥有相应管辖权的人民政府应迅速启动应急预案，调集应急救援队伍、应急救援物资，派出应急协调人员和专家赶赴突发事件现场，并成立现场应急指挥部。交通运输部门应全力保障救援队伍和救援物资到达事发现场。在突发事件继续扩大升级的情况下，所启动应急处置的级别应当作出相应调整。

（五）现场处置

现场处置工作一般包括生命救援和事件处置两方面。生命救援是指灾害发生后开展搜救伤员和医护救助等工作，以便尽可能减少人员伤亡、保障群众的生命安全。事件处置是指通过一系列专业措施，控制危机源，处置突发事件，减少危害所造成的人员死伤、财产损失和负面影响。根据我国相关法律法规的规定，自然灾害、事故灾难、公共卫生事件、社会安全事件应急处置的专业处突工作总体要求略有不同，在“三、应急处置的专项措施和救援方案”中详细说明。

（六）信息管理

应急处置中的信息管理主要包括对于信息的收集分析、上传下达、对外发布、互联互通等方面的工作，是政府部门、组织、媒体、公众等多方之间进行的信息传递与沟通交流的过程，是确保信息上传下达和响应联动协调的重要环节，也是危机处置内部与外部建立信任和合作的桥梁。同时注意敏感信息的保密工作。

（七）处置结束

应急处置结束后，现场应急指挥部撤销，应急处置终止。环保部门要对受突发事件影响的地区进行监测，卫生防疫部门要对疫病的流行进行监控，防止次生、衍生灾害的发生。同时，有关部门要清理现场和废墟，进行人员清点和撤离，解除警戒，开展善后处理和事故调查等。

【案例分析】日本东京地震灾害应急处置的时间表

应急处置阶段的重点在于政府迅速启动应急预案，快速实现科学有效的救援行动。突发事件发生后立即启动应急预案，以“减少人身伤亡”为首要原则，采取科学有效的防灾减灾措施；同时，满足受灾民众的最基本的生活需要，维持受灾地区的社会秩序。

以日本东京为例，东京对地震灾害发生后的第一时间启动（先期处置）到应急、恢复的活动时间系列安排作出规定：

（1）灾害发生之前：发布和传递灾害预报，收集和传递海啸信息。

（2）灾害发生3小时之内：召集职员，设立灾害对策指挥部，收集受害损失信息，向市民通报和披露信息，请求媒体播放和报道，请求自卫队派遣救援，进行消防活动，对危险物设施等采取应急措施，防水，引导居民避难，实施保安警备，实施交通限制和管制，进行救助和急救，收集和传达医疗信息。

（3）灾后3～6小时：设立避难场所，派遣医疗救护班，确保药品和医疗器材。

（4）灾后6～12小时：请求相邻地方政府和有关机构进行救援，清除紧急运输道路上的障碍物，确保运送车辆运送受伤者，开展保健活动。

（5）灾后12～24小时：判断和实施《灾害救助法》，对市政生命线设施采取应急和恢复措施，对公共设施采取应急和恢复对策。

（6）灾后24～48小时：供应储备物品，帮助受灾者将相关物品调配运输到家。

(7) 灾后48~72小时：供应生活必需品，开设受灾者生活咨询窗口。

(8) 灾后72小时之后：准备伙食，处理遗体，处理垃圾、粪尿、废墟，采取应急住宅措施，发放灾害慰问金和灾害救援资金贷款，分配捐款和捐物，确定灾害类型为严重灾害。

【案例分析】海上搜救的应急处置标准化流程

1. 接收警报信息

通过相关部门人员或技术设备的监测，及时获取警情，或通过外部群众中的"第一响应人"报警，及时收到警报。在海上搜救的操作中，通过海上通信无线电话、海岸电台、卫星地面站、应急无线电示位标或公众通信网（海上救助专用电话号"12395"）等方式，获取海上突发事件的报警信息。

2. 核实遇险信息

核实遇险信息以确保遇险信息真实并能用于评估研判危机等级。在海上搜救中需核实海上险情的基本信息，包括：船舶或航空器的主要尺度、相关人员、联系方式；遇险人员的数量及伤亡情况；遇险船舶或航空器的损伤或损失情况及当时状况；载货情况；事发直接原因、已采取的措施、救助请求；事发现场的气象、海况信息等。

3. 研判危机等级

根据应急预案等有关规定，结合险情信息，对突发事件进行评估研判，确定响应等级。海上搜救的危机等级研判所需信息包括险情的紧迫程度；险情的危害程度和可能造成的社会影响；险情的影响范围和发展趋势；救援力量的选派，搜寻、救助方式的确定；遇险、获救人员的医疗移送和疏散方式等。

4. 启动应急处置

发生海上突发事件，事发地在本责任区的，按规定启动本级预案，承担应急指挥的机构立即进入应急救援行动状态；事发地不在本责任区的，在联络通报、协助应急的基础上，由具体负责部门启动应急预案。海上突发事件应急反应按照海上搜救分支机构、省级海上搜救机构、中国海上搜救中心从低到高依次响应；任何海上突发事件，搜救责任区内最低一级海上搜救机构应首先进行响应；责任区海上搜救机构应急力量不足或无法控制事件扩展时，请求上一级海上搜救机构开展应急处置。

5. 上报险情信息

按照海上搜救中心及同级人民政府的信息报告规定和程序逐级上报。信息上报的主要部门包括：事发地不在本责任区的，接警的海上搜救机构应立即向责任区所属搜救机构通报，并同时向上级搜救机构报告；省级海上搜救中心直接接到海上险情报警，应立即通知所属责任区的下一级海上搜救机构；涉及相邻省级搜救中心责任区的，应立即通知相邻省级海上搜救中心；事发地不在我国海上搜救责任区的，地方海上搜救中心应立即向中国海上搜救中心报告；涉及海上保安事件的，按海上保安事件处置程序处理和通报；涉及船舶造成污染的，按有关船舶油污应急反应程序处理和通报等。

6. 响应结束和准备善后

水上搜救机构在确定人员搜救基本结束，事件危害、次生灾害、衍生灾害等被基本消除后，同步做好善后恢复的准备工作，包括准备遇险船舶和遇难人员的善后处置工作、准备获救人员的安置和善后处理工作、准备海事主管机关及时组织对沉船沉物设标和打捞清除工作，尽早恢复海域使用功能等。海上搜救应急处置的操作如图 4－1 所示。

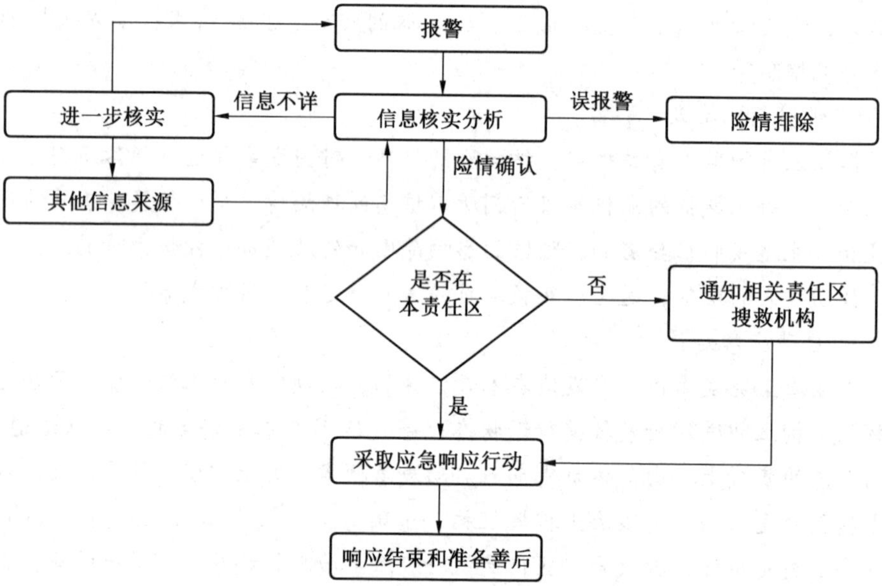

图 4－1　海上搜救应急处置的操作示意图①

① 根据《海南省海上搜救应急预案》（琼府办〔2011〕65 号）等相关公开资料整理总结。

三、应急处置的专项措施和救援方案

（一）应急处置主体及其责任义务

1. 各级政府是应急处置的责任主体

根据《突发事件应对法》的规定，我国突发事件应急处置的责任主体是履行统一领导职责或者组织处置突发事件的各级政府，这是由政府的本质、职能、能力所决定的。第一，政府的本质特征表明维护公共安全、保护人民群众生命财产、保障社会秩序正常运转是政府的首要责任；第二，政府的职能要求表明应急管理是政府的重要职能；第三，政府的能力体现表明掌握了绝大部分社会资源的政府具备在应对突发事件中承担领导责任和主要责任的能力。法律赋予政府采取应急处置措施的权力，目的在于突发事件发生后，政府必须在第一时间组织各方面力量，依法及时采取有力措施控制事态发展，开展应急救援工作，组织营救和救治受伤人员，防止事态扩大和次生、衍生事件的发生，努力减轻和消除其对人民生命财产造成的损害。

尽管应急处置的责任主体是各级政府，但政府不是唯一主体，应急处置需要全社会的共同参与和积极协作，更需要形成政府与全社会协调互动的良性关系。相关基层单位、社会组织和公民在应急处置中都应承担并履行相关的责任与义务。

2. 基层单位和社会组织在应急处置中应履行相关义务

基层单位主要包括企事业单位、居（村）民委员会等，是城市居民和乡村村民在生产生活中开展自我管理、自我教育、自我服务的基层群众性自治组织；社会组织包括工会、共青团、妇联等群众团体，是聚居在一定地域范围内的公众所组成的社会生活共同体，担负着传达落实上级领导机关政策措施、促进和谐社区和乡村建设、为群众服务的重要任务。基层单位和社会组织是社会的基础细胞单元，也是受突发事件威胁的主要利益相关者，在应急处置中承担起在第一时间处置突发事件和上报触发政府应急的责任。

受到突发事件威胁或存在利益相关的企事业单位的法定应急处置责任和义务主要包括：根据具体情况立即组织本单位应急救援队伍和工作人员营救受害人员，疏散、撤离、安置受到威胁的人员，排除险情；对于仍存在威胁的危险源、危险场所应采取必要措施予以控制或封锁，并采取措施防止危害扩大；立即将应急处置情况向所在地县级政府报告；对因本单位的问题引发的或者主体是本单位人员的社会安全事件，应按照规定上报情况并迅速派出负责人赶赴现场开展劝解、疏导工作，积极配合处置；事发地其他单位在突发事件发生后应服从政府发布的决定、命令，配合政府的应急处置措施，按照政府要求积极组织所在地的应急救援工作。

居（村）民委员会的法定应急处置责任和义务主要包括：按照当地政府的决定、命令，进行宣传动员，组织群众开展自救和互救，协助维护社会秩序；及时调解处理可能引发社会安全事件的矛盾纠纷。

此外，在应急处置和紧急救援中，社会组织协同开展人员搜救、伤病员紧急运送与救治、紧急救援物资运输、受灾人员紧急转移安置、救灾物资接收发放、灾害现场清理、疫病防控、紧急救援人员后勤服务保障等方面发挥重要作用，并从事中应急处置逐渐延伸到事前常态减灾阶段、事后过渡安置和恢复重建阶段的应急管理与风险治理全过程。

3. 公民在突发事件应急处置中应履行相关义务

公民既是突发事件的直接受众和应对主体，参与、配合、支持突发事件应急处置成为当前每位公民义不容辞的职责和义务，主要包括：一是合理注意的义务。是指应对突发事件的发生应保持必要的注意、警惕和反应。既有预防或预见义务，也有报告或通报义务。即有些事件或事故是可以预防或预见的，如果预见到因自己的行为或财产可能引起突发公共事件的发生，应当立即采取措施进行处理。同时，一旦发现突发事件的发生或可能发生，必须高度注意，迅速、及时报告有关部门，通报可能受到危害的单位和居民，并注意事态发展，根据情况采取可能的必要的应急措施。二是接受管理或管制的义务。是指应积极主动接受和配合突发事件的应急处置措施，遵守和接受行政机关的紧急措施或命令的义务。相关措施或命令包括隔离治疗、交通管制、信息登记或披露、排除妨碍、自助自救、协助等。三是容忍和不作为的义务。是指突发事件应急期间公民须容忍自己合法权益受合理限制的不作为义务，如暂停营业、不得举行集会等大型活动、在特定悲剧性事件中不参与娱乐性活动等。四是公务协助义务。既来源于平时应急立法的预先规定，也来源于突发事件应急中特定机关或人员的紧急命令或授权，以配合政府采取的应急处置措施，积极参加应急救援工作，协助维护社会秩序。

（二）突发事件的应急处置措施

根据《突发事件应对法》及其他单行的应急管理法律、法规、规章、预案，针对四类突发事件的性质、特点和危害程度，履行统一领导职责或者组织处置突发事件的政府组织有关部门应调动应急救援队伍和社会力量，依法依规采取相应的应急处置措施。自然灾害、事故灾难和公共卫生事件在应对措施上具有更多的相似性和共通性，《突发事件应对法》将这3类事件明确了必要的应急处置措施，对于社会安全事件则单独规定了应急处置措施。

1. 自然灾害、事故灾难和公共卫生事件的应急处置措施

自然灾害、事故灾难或者公共卫生事件发生后，政府须在第一时间组织各方面力量，依法及时采取有力措施控制事态发展，有效开展应急处置，避免其事态进一步扩大，努力减轻和消除其损害。其应急处置措施主要包括：

第一，救助性措施。人的生命是最宝贵的，应急处置必须坚持以人为本的原则，将社会公众的生命安全放在首位。在突发事件已经发生时，应急管理部门必须有效地组织人员对伤者进行救治，对受到或可能受到突发事件影响的社会公众进行安全疏散，并予以妥善安置。在应急处置过程中要先避险、后抢险，先救人、后救物。

第二，控制性措施。突发事件发生后，应急管理部门应迅速对危险源、危险区域和所划定的警戒区逐层实施有效的静态控制，同时进行交通管制以实施有效的动态控制。这样，应急处置活动就会有相对有利的外部环境，突发事件的扩散和升级就能够得到有效遏制，应急救援队伍、装备和物资也能够顺利地到达事发现场，从而防止危险继续蔓延而造成更为严重的后果。

第三，保障性措施。突发事件发生后，基础设施管理部门应当及时修复被损毁的公共设施，如公路、机场、码头、铁路、供排水、供电、通信等。在应急处置过程中，对基础设施应当格外重视，基础设施的修复可以稳定社会公众情绪，并有效保障应急救援队伍、装备和物资的运输。此外，在处置过程中，应急管理部门还要采取特殊的管理措施，确保食品、饮用水、燃料等基本生活必需品的供应，使社会公众有水喝、有饭吃、有地方住，患病可及时得到医治，实现大灾之后无大疫。这些是保障民生的基本措施，可防止灾区社会矛盾激化。例如，湖南省在抗击特大雨雪冰冻灾害期间，保供电、保交通、保民生的“三保”政策有效防止了突发事件的扩大升级。

第四，预防性措施。在应急处置过程中，应急管理部门不仅要着力减轻已造成的损害结果，还要排查有关设备、设施及活动场所潜在的风险，并采取有效的预防性措施，防止公众遭受新的损失，并注意防止各种次生、衍生事件的发生。

例如，在2003年“非典”期间，为了减少人员的流动与聚集，国家临时取消劳动节长假。又如，伦敦地铁爆炸案发生后，现场禁止使用手机，目的是防止手机信号引爆未被发现的炸弹。

第五，动员性措施。应急处置不能缺少强有力的人力、物力和财力保障。应急管理部门需要启用本级政府的财政预备和应急物资储备。必要时，可开展应急社会动员，紧急征用企业、社会所储备的物资、设备、设施、工具。同时，应急处置结束后，政府应给予被征用单位以适当的补偿。这样，紧急征用活动才具有可持续性。此外，社会公众有义务参与突发事件的处置工作，特别是有特定技术专长的社会公众，更应发挥其积极作用。

第六，稳定性措施。突发事件发生后，商品供应可能出现短暂性的紧缺，可能有人会囤积居奇、哄抬物价、制假售假，扰乱市场秩序。甚至有些不法分子趁火打劫，利用突发事件造成的混乱局面进行违法犯罪活动。这些都会造成不必要的社会混乱，干扰应急处置工作的开展。因此，《突发事件应对法》专门就此作出规定，应急指挥机构应协调国家执法机关，采取有效的稳定性措施，严厉打击违法犯罪活动，为突发事件的应急处置创造一个良好的外部环境。

2. 社会安全事件应急处置措施

根据《突发事件应对法》的规定，社会安全事件主要包括重大刑事案件、涉外突发事件、恐怖袭击事件、经济安全事件、规模较大的群体性事件等。其处置措施包括：

第一，强制隔离措施。社会安全事件发生后，由公安机关负责根据事件性质和危害程度依法采取果断行动进行强制干预。将冲突双方隔离，有效控制现场事态，维持正常的社会秩序。

第二，保护控制措施。社会安全事件发生后，特定区域内的建筑物、交通工具、设备、设施等可能会成为破坏对象，需要进行重点保护。燃料、燃气、电力、水等供应关系着千家万户，涉及国计民生，由公安机关负责对其采取必要的控制性措施，避免社会安全事件影响的扩散。

第三，封锁限制措施。社会安全事件发生后，必须实施现场管制，对出入封锁区域人员的证件、车辆、物品依法进行检查，限制有关公共场所内的活动。这有助于及时维持处置现场秩序，抓获犯罪嫌疑人，避免新的社会安全事件的发生。

第四，重点保卫措施。国家机关、军事机关、通讯社、广播电台、电视台、外国驻华使领馆是易受社会安全事件冲击的关键部门，也经常是群体性事件中公众表达利益诉求、发泄不满情绪的对象。例如，瓮安事件中公安机关成为被打、砸、烧的众矢之的。不仅如此，它们还因具有较高的象征性价值成为敏感地点，容易成为恐怖袭击等暴力活动的对象。为此，在处置社会安全事件的过程中，应当重点加强对以上机关的保卫工作。

第五，其他合法措施。在必要的情况下，可依照法律法规和规定采取其他措施。《突发事件应对法》规定，发生突发事件严重影响国民经济正常运行时，国务院或者国务院授权的有关主管部门可以采取保障、控制等必要应急措施，保障人民群众的基本生活需要，最大限度地减轻突发事件的影响。

(三) 应急救援的行动方案和技术措施

一般情况下，应急救援行动的优先原则是受害人员和应急救援人员的安全优先；防止事故蔓延优先；保护环境优先。应急救援的现场主要任务包括现场初始评估、辅助逃生与隔离危害、伤情检查和院前急救、现场区域划分、伤员搜救、医疗救治、保护重要财产、事态控制和心理调适。

1. 现场初始评估

应急救援的第一步是现场初始评估。“第一响应人”到达现场后，对突发事件现场情况和危险源状况进行初始评估，形成清晰、正确的行动方案，降低救援风险，提高救援效率。其中现场情况初始评估包括准确判断事件发生的时间、位置、造成事件的原因，根据事件的特征判断事件类型，并初步判断人员伤亡与财产损失情况，是否需要外界援助。危险源状况初始评估包括对引起人财损失的危险源进行测评，确定危险源的准确位置和影响范围，防止其影响和阻碍应急救援行动的开展。

现场初始评估有助于基本掌握突发事件的整体规模、影响范围、损失大小等情况，从而预判突发事件等级，与应急预案所规定的应急响应分级相对应，从而决定启动何种级别的应急预案和相应的反应机制，确定应急救援行动的规模和级别。对此，应将现场初始评估的结果及时上报给相关政府部门和单位，通知政府力量和专业队伍前往事故现场开展应急救援。

2. 辅助逃生与隔离危害

辅助逃生和隔离危害可尽量减少人员伤亡。将处于危险环境中的群众进行有效疏散，遵循先近后远、先易后难的原则，将群众紧急转移到安全地带并开展好临时安置工作。安全地带主要指避难场所，或者事故周边的空旷地带。与此同时注意隔离危害（最主要的是对火灾危害的隔离），以不引发再次损失为目标。通过鉴别危害物品和熟练使用工具，确保安全疏散地点远离危害、安全可靠，并在条件允许的情况下进行现场保护。

进行辅助逃生时一般可借鉴以下七个步骤：

（1）在紧急情况下估计灾害损害程度和发展趋势，决定是否需要疏散人员。

（2）作出疏散决定后，尽可能地汇总相关信息，选出较优的疏散路线和适当的疏散工具。

（3）告知疏散决定。采取多种方式告知受害人群撤离的时间、撤出路线和适当的自救互救方式，确保每一个需要撤离的人按建议的最优路线撤出。

（4）协助指导疏散交通，避免因拥挤堵塞而耽误撤离时间或造成不必要的人员伤亡。

（5）密切关注人员身体情况，对疏散撤离中的伤病者给予基础的紧急医疗救护。

（6）维持治安和秩序，确保疏散路线的安全畅通。

（7）检查是否留有落伍者并及时营救这些人。

3. 伤情检查和院前急救

在条件允许的情况下，应由具备专业技能的急救人员或医护人员，对伤员迅速开展伤情检查、实施院前急救，过程中应注意把握以下要点：一是条件允许的情况下，尽快转移伤员脱离险区；二是先复苏后固定，先止血后包扎，先重伤后轻伤，先救治后运送；三是急救的同时进行呼救，搬运时同步开展医护。

伤情检查是指确认并立即处理威胁生命的情况。一般步骤和方法包括：检查伤者的意识、检查气道、检查呼吸情况、检查伤者的循环体征、检查伤者瞳孔反应等初步判断，对伤员的头部、颈部、胸部、腹部、盆腔和脊柱、四肢进行检查，看有无开放性损伤、骨折畸形、触痛、肿胀等体征。同时，还要注意伤员的总体情况，如表情淡漠不语、冷汗口渴、呼吸急促、肢体不能活动等现象为病情危重的表现。

院前急救的常用救护技术主要是指现场外伤救助技术，包括止血、包扎、固定、搬运等最基本的紧急救助技术，以及休克、呼吸困难、呕血、咯血、过敏反应、抽搐等的简单处理方式。在现场的特殊条件下，不管什么性质、什么部位的外伤，若能及时、正确、有效地应用这些技术，在挽救被救助者生命、防止病情恶化、减少被救助者痛苦以及预防并发症等方面，均起着重要的作用。

4. 现场区域划分

现场区域的划分目的是保障人员和财产的安全，提高紧急救助的效率，其前提是有利于施救、有利于疏散。为实现其目的应遵循规避潜在危险源、因地制宜、资源优化使用三大原则。在遵循现场区域划分原则的基础上，可以利用现场有限空间，尽快按功能划出特定工作区域，为有序地开展施救活动提供前期保障。

根据实际需要，可将现场区域划分为人员聚集区、设备存放区、临时医疗救护区、心理辅导区、物资储备区、隔离警戒区、遗体临时存放区、现场指挥区等功能区，分别对人员、设备、医护、心理辅导、物资等方面进行集中管理和安排，并根据现实情况的需要适当增添、合并功能区。在设定功能区的同时，需要对功能区进行一定的规划，对各功能区的容纳量有一定的把握，确保在容纳负荷范围内使用。功能区的使用原则应根据不同区域的功能而定，总体原则是保障各区域的顺利运转。例如，人员聚集区应注意现场秩序的维护；设备存放区应注意按照设备储存要求存放，为设备存放提供适宜的条件；医疗救护区应注意保持环境的无菌化、保持人员的隔离；心理辅导区应注意营造轻松、安静的环境；物资储备区应注意保持干燥，保障物资的合理、正确储存。

5. 伤员搜救

伤员搜救由专业队伍确定涉灾人员的位置，紧急搜救被困人员和受灾群众。搜救人员应综合经验、设备、技术，快速有序地组织和实施搜寻工作。就现代搜寻技术而言，一般可分为物理搜寻、生物搜寻和高科技搜寻三类。物理搜寻可营救那些能看见或通过呼叫能够找寻并救助的涉灾人员；生物搜寻主要是通过搜救犬搜寻废墟中的幸存者；高科技搜寻需利用红外线、微波、声呐等技术，但需要专业技术人员和特殊设备的配套。例如，地震生命救援的过程中，需根据地震级别派遣国家综合性消防救援队伍、地震和地质灾害救援队伍、医疗卫生救援队伍等各类专业抢险救援队伍，协调解放军和武警部队派遣专业队伍，调配大型吊车、起重机、千斤顶、生命探测仪等救援装备，抢救被压埋幸存者和被困群众。

6. 医疗救治

在院前急救的基础上，医疗队伍赶往灾区进行现场救护，或将伤员运往医院或医疗点救助。其中，现场救护的一般原则是先救命后治伤，先重伤后轻伤，先抢后救，抢中有救，尽快脱离事故现场，先分类再运送，医护人员以救为主，其他人员以抢为主，各负其责，相互配合，以免延误抢救时机。同时，现场救护人员应注意自身防护。例如，地震应急的生命救援工作主要包括迅速组织协调应急医疗队伍赶赴现场抢救受伤群众，必要时建立战地医院或医疗点，实施现场救治；加强救护车、医疗器械、药品和血浆的组织调度，特别是加大对重灾区及偏远地区医疗器械、药品供应，确保被救人员得到及时医治，最大程度减少伤员致死或致残；统筹周边地区的医疗资源，根据需要分流重伤员，实施异地救治等。

7. 保护重要财产

重要财产是指价值贵重、无法再生、数量稀少甚至独一无二，或者关系到国家利益的财产，如档案、文物、历史资料等。进行救助之时，紧急救助人员需要对重要财产密切关注，寻找时机把财产转移到安全地带，隔离危害，保护好重要财产。一般情况下，重要财产受到威胁之时，需要筹备将重要财产进行转移，放置于安全地点，并着重进行保护。如果不具备转移重要财产的条件，则需要高级紧急救助员根据具体情况对重要财产存放的地点进行重点保护。

8. 事态控制和心理调适

在进行人员搜寻和财产保护的同时，通过对现场秩序的维护和对现场各方面人员的心态调试，营造安全和稳定的环境。现场秩序维护工作主要包括以下五项内容：

（1）保持人群秩序、避免因拥挤而发生踩踏等额外损伤。

（2）协助现场治安管理工作，防止盗窃等行为影响现场秩序。

（3）为重点特殊人群提供专门环境。例如，大灾之后可能有大疫，因此安置伤员、患病人员时就要注意空气的流通。

（4）把握现场宣传纪律，避免因信息报道不实导致不利于紧急救助工作开展的局面。

（5）安全知识宣传，利用涉灾人员了解现场状况，开展有针对性的预防，增强其自救和求助能力。与此同时，需要针对涉灾人员的具体情况，对其开展心态调试，应用沟通技术与倾听技术进行心理辅导，从而帮助涉灾人员尽快恢复正常，缓解其恐惧、焦虑、痛苦、紧张、愤怒等情绪。

第二节　现场指挥系统是应急处置的中枢

突发事件发生后，为保证现场处置和救援工作的有效实施，须对事件现场的所有应急工作实施统一的指挥和管理，形成统一的现场指挥系统，国际上一般称为ICS系统（Incident Command System，ICS）。

应急处置的现场指挥系统相当于大脑和神经系统的集合体，应急有效与否，集中表现在指挥系统的有效性方面。基于此，现场指挥系统的基本要求是反应机敏、运转灵活、权威高效。在现场指挥系统的作用下，快速高效地完成突发事件现场的搜救伤员、医疗救治、安置灾民、物资保障、卫生防疫、抢修基础设施、设置和维护警戒、维护社会治安、监测和控制险情、调整应急方案、防御次生灾害、部门联动协调、区域协同、信息通报、信息发布、开展社会动员、管理涉外事务等一系列工作。

一、现场指挥系统的操作原则

在具体操作中，现场指挥系统遵循统一性、标准化、灵活拓展的原则。

（一）统一性原则

由于现场应急的目标多样、主体复杂，且面临随机性和多样化的应急问题，因而现场指挥系统需遵循统一性的原则，现场指挥系统的统一性原则的要求见表4－1。

表4－1　现场指挥系统的统一性原则的要求

统一性的要求	统一性原则要求的具体阐释
1. 通过目标实现统一管理（Management by Objectives）	建立支撑性的任务目标作为统一管理的工具，具体包括：制定和发布任务、方案、规程和协议；强加绩效考核，以成效衡量表现
2. 设定现场最高指挥员（One Unified Commander）	现场最高指挥员会被赋予重要职权，是突发事件现场负责统一组织、指挥应急处置工作的最高指挥者
3. 指挥的一元化（Unity of Command）	每一个现场应急人员仅向一位指定的人员负责和汇报，每一个人都有一个指定的主管人，必须在事件现场向他报告，避免因多重指示尤其是多重相互矛盾的指示而引起的混乱

表4-1（续）

统一性的要求	统一性原则要求的具体阐释
4. 联合指挥中的统一性（Unified Command）	（1）将现场应急的组织机构、指挥场所、基本流程、资源管理纳入一个统一管理模式。 （2）当事故涉及多区域或多部门时，在统一指挥下行动，并确保单个机构的权责义务。 （3）所有参与部门需委派一名指挥员，组成突发事件管理小组，共同分担管理责任且行动一致
5. 适当管控幅度（Manageable Span of Control）	现场指挥系统中的分部门主管一般可有效掌控的3~7人，以5人为最佳，若数目有增减，救灾指挥官应重新考虑整个组织结构
6. 整合通信（Integrated Communication）	整合相关的行动部门和支持部门，必要时可建立多条通信网络，建立和使用共同的通信方案、共享通信程序和系统结构，并在通信整合的基础上建立指挥功能

注：根据美国联邦应急管理局《现场指挥系统培训：现场指挥系统基础资料》(Incident Command System Training – ICS Review Material)（2008-5）①、《广东省突发事件现场指挥官工作规范（试行）》(粤办函〔2015〕644号)②相关资料总结整理。

（二）标准化原则

由于现场应急部门的职能和执行手段复杂，因而现场指挥系统需通过标准化来实现规范管理和处置，以确保应急处置的专业和高效，现场指挥系统的标准化原则的要求见表4-2。

表4-2　现场指挥系统的标准化原则的要求

标准化的要求	标准化原则要求的具体阐释
1. 通用的术语（Common Terminology）	确定现场指挥中组织职责、资源分类、事件设施的通用术语，对人员职能、设备设施、应急资源、职位安排的描述予以规范

① FEMA：《Incident Command System Training – ICS Review Material》，2008-5/2018-9-10，https://training.fema.gov/emiweb/is/icsresource/assets/reviewmaterials.pdf.

② 广东省人民政府办公厅：《广东省突发事件现场指挥官工作规范（试行）》(粤办函〔2015〕644号)，2015-12-31/2018-9-10，http://zwgk.gd.gov.cn/006939748/201512/t20151231_636270.html。

表4-2（续）

标准化的要求	标准化原则要求的具体阐释
2. 模块化的组织（Modular Organization）	基于突发事件的规模和复杂性来建构模块化组织，事故指挥官负责模块化组织的建立和扩展，建立若干独立的功能单位，并可进一步细分
3. 标准化的行动方案（Incident Action Plan）	突发事件行动预案提供统一的行动方案来有效组织人员和设施设备，协调具体行动和资源，保证应急处置行动的统一高效
4. 预置的场所与设施（Predesignated Incident Locations and Facilities）	在突发事件发生地的临近地区，要建立相应的标准化行动场所和支持设施，一般包括指挥所、基地、营地、人员和物资集结地区、群体伤员分类救治区等，使现场指挥系统能够及时调度、高效安排
5. 全面的资源及其管理（Comprehensive Resource Management）	对可用于或潜在可用于支持突发事件管理、能够分派或分配的人员、小组、装备、供给品和设施等资源进行标准化配置和管理
6. 调度（Deployment）	人员和装备的调度有其严格的条件和程序要求
7. 信息和情报管理（Information and Intelligence Management）	形成收集、共享、管理情报信息的严格规范程序

注：根据美国联邦应急管理局《现场指挥系统培训：现场指挥系统基础资料》(Incident Command System Training - ICS Review Material)(2008-5)、《广东省突发事件现场指挥官工作规范（试行）》(粤办函〔2015〕644号）相关资料总结整理。

（三）灵活拓展原则

应急现场的不确定性和变动性对现场指挥提出灵活变化的要求，对此，现场指挥系统应根据应急处置的需要灵活拓展，及时扩编或调整所需的操作小组和人员。

具体实施中，一般将现场指挥系统的模块和架构设计成“可扩展的树状结构”，从而使具有灵活性（Flexibility）。例如，美国现场指挥系统在计划、作业、财务、后勤的“组”(Section) 级设置下，细分为“部”(Division)、“分部”(Branch)、“小组”(Group)、“小队”(Unit)，分别承担相应的职责与功能。根据突发事件的规模，组织结构可以自由增减，能够满足不同规模的应急需求。

（1）作业组（Operations Section）的灵活性拓展。作业组拓展后，一般分为空中作业和现场作业两部分，下细分战术小组、支持小组、任务小组、打击部队等。

（2）计划组（Planning Section）的灵活性拓展。计划组拓展后，一般包括资源、状况、文书、疏散等小组，如有需要，可增设特别技术专家。

（3）后勤组（Logistics Section）的灵活性拓展。后勤组的拓展通常包含支持与服务两个分组，支持分组主要包含补给、设施、地面支持等，服务分组一般包含通信、医疗、粮食等。

（4）财务组（Logistics Section）的灵活性拓展。财务组的拓展通常是针对计时、采购、补偿与花费的处理进行编组。

二、现场指挥系统的模块化构成要素

现场指挥系统的模块化构成是指提前设置现场响应所需职能小组，明确不同职能小组的职责分工、人员组成、资源配置等。在具体的应急处置中，根据突发事件的规模大小、复杂程度、环境情况，召集所需的职能小组模块并组建起现场指挥系统的整体。现场指挥系统的模块化构成一般包括五个要素。

要素一：现场指挥部。统领现场应急指挥部的整体行动，主要职责包括：掌控事态发展，评估现场状态，确定行动优先级，下达任务命令，制定应急队伍与资源的调配行动方案，监督行动执行，保持现场同上级、同外界的信息交流，确保现场指挥部有序运作等。

要素二：综合研判职能小组，简称“综合研判组”。承担研判和计划的职能，负责收集多方面信息，根据事件的性质组织涉事单位和相关专家进行研判会商，开展信息互通、技术协同、资源联动等工作。

要素三：应急作业职能小组，简称“应急作业组”。负责突发事件的处置、救援等具体的执行活动，同步匹配相应的组织资源。

要素四：资源保障职能小组，简称“资源保障组”。负责组织协调相关部门以确保交通、通信、医疗、技术、救灾、生活、环境以及区域性资源调配等多方面保障。

要素五：财务控制职能小组，简称“财务控制组”。负责制定总体预算、审批和执行物资征用采购、监督事故赔偿的商定和执行、对全过程经费执行进行实时审计等。

五要素共同组成现场指挥系统的基本框架，如图 4－2 所示。

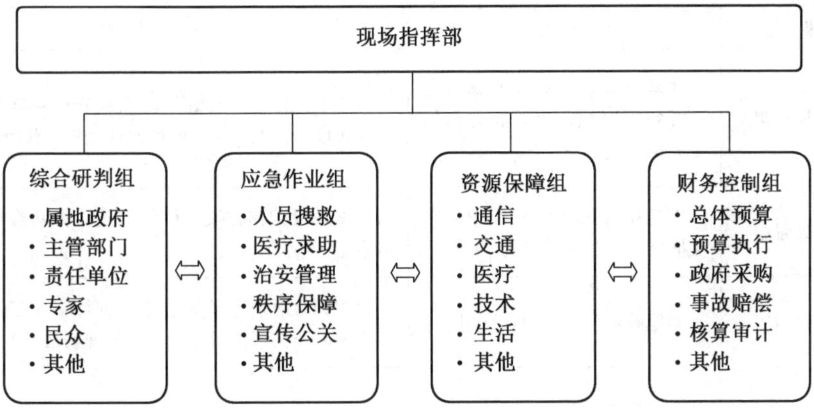

图4－2　现场指挥系统的基本构成

三、现场指挥系统的全球典型设置

根据不同国家的国体政体和具体国情，上述现场指挥系统的模块化构成要素可演化为不同的组织形式，现以中国、美国、德国、日本为示例予以说明。

（一）中国："现场指挥部"模式

在中国，现场指挥系统也被称为"现场指挥部"，属于非常设的临时机构，在突发事件发生后，应根据事件的性质、级别和处置工作的需要迅速设立现场指挥部。

突发事件发生后，应急预案未启动前，最先到达现场的抢险应急救援队伍按照"谁先到，谁指挥"的原则实行先期处置，及时将情况报告属地政府（应急办）。属地政府根据现场情况和主管部门及专家的意见，对接报的信息进行综合分析判，作出启动预案等级的建议。经批准启动预案后，相应的应急指挥机构成立现场指挥部，一般设置在灾害事故现场周边适当的位置，也可设在具有视频、音频、数据信息传输功能的指挥通信车上，应满足情况掌握及时、信息通信畅通、指挥灵敏高效等要求。

现场指挥部一般设综合协调组、应急处置组、安全保卫组、医疗卫生组、后勤保障组、人员疏散组、新闻协调组、善后处理组、专家组等，由相关部门人员组成，中国现场指挥系统的组成与职责见表4－3。

表4-3 中国现场指挥系统的组成与职责

工作小组	组成人员	具体职责
综合协调组	属地党委、政府办或属地党政办负责组织，相关职能部门派人员参与	应急信息汇总、传递、向上报告；应急资源收集、调度，协调各工作组的具体处置工作等
应急处置组	应急指挥机构负责组织，相关职能部门派人员参与	根据处置工作方案，组织实施，排除险情，控制事态
安全保卫组	属地政府公安部门负责组织	组织警力对现场及周边地区进行警戒控制，管制交通，监控事件责任人，维护现场治安秩序
医疗卫生组	属地政府卫健、疾控等部门负责组织，相关职能部门派人员参与	组织医疗机构和资源，及时救治伤员并对现场进行采样、消毒、防疫处理
后勤保障组	区、镇（街道）相关职能部门负责组织	落实现场应急物资、应急通信、交通运输、庇护场所、食品供应、水电气热等保障
人员疏散组	镇（街道）及区有关部门负责组织	掌握地形结构、群众数量、人财损失等现场情况，有序组织疏导人群并保障群众生命安全
新闻协调组	属地党政宣传部门负责组长，事件牵头部门和属地基层组织派人员参与	统一组织和协调新闻发布和事件报道；密切关注国内境外媒体动态和有关报道，及时应对负面信息和造谣传谣
善后处理组	事发地的镇（街道）及区有关部门负责组织，相关职能部门派人员参与	负责伤亡灾民、受损财物、恢复重建等方面的善后处理
专家组	属地政府（应急办）负责协调组建应急专家库，各相关职能部门负责组建相关领域或行业的专家小组	根据需要为应急委和指挥部提供技术研判和评估决策及建议；紧急状态或必要时，参与指挥部或现场处置工作

注：根据属地突发事件应急预案总结整理，为不完全统计。

（二）美国："1+3+4"的现场指挥体系

美国基于现场应急指挥的需要，构建"1+3+4"的现场指挥体系，如图4-3所示。美国"1+3+4"的现场指挥体系组成见表4-4。

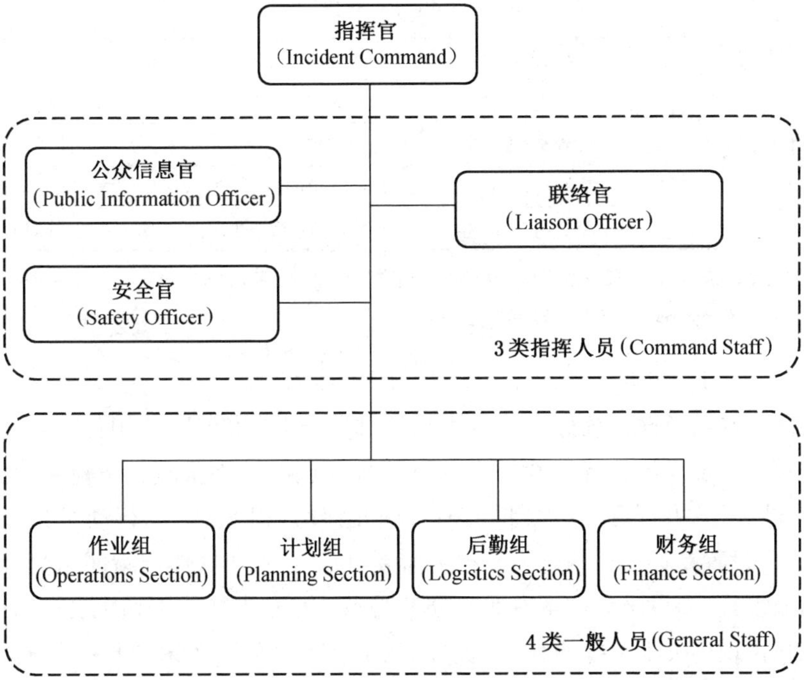

来源：美国联邦应急管理局《现场指挥系统培训：现场指挥系统基础资料》总结整理。

图4-3　美国"1+3+4"的现场指挥体系示意图

表4-4　美国"1+3+4"的现场指挥体系组成

模　块	组成人员	职　责　简　介
1名指挥官	指挥官	应急处置的领导者和管理者，在小规模事件中可一人承担所有职责，在大规模事件中可通过多名指挥人员共同处理，判断有必要则设立各自独立的职能部门
3类指挥人员（每一类一般由1名官员担任）	公众信息官	信息收集和整理，对内与相关机构沟通联系，对外与公众沟通，通过媒体发布信息
	安全官	安全监控与评估，确保应急行动和应急人员安全，有权终止不安全的应急行动
	联络官	与涉及的外界各部门、机构、私人组织进行联络协调

表4-4（续）

模　块	组成人员	职　责　简　介
4类一般人员（每一类一般由1名组长、1名副组长和若干名成员构成）	作业组/行动部	执行并协调应急行动
	计划组/规划部	态势监控、预测分析、资源跟踪、计划方案制订
	后勤组/后勤部	应急队伍的通信、食品、医疗、设施、交通运输保障
	财务组/行政组	监控应急过程产生的人力、物力费用，管理采购过程

来源：美国联邦应急管理局《现场指挥系统培训：现场指挥系统基础资料》（Incident Command System Training - ICS Review Material）（2008-5）总结整理。

（三）德国：行政与专业分离的“1+7”体系

德国的现场指挥系统称为“战术指挥部”，通常由消防队担任事件总指挥，负责灾难救援现场的领导与指挥，并对危机处理的结果负责，下设4个工作小组，即S[①]1（人力资源/管理组）、S2（灾情/计划组）、S3（行动组）、S4（物流组），并设置专家与机构代表。根据需要可加入S5（媒体与新闻组）、S6（通信与运输组）。内设组织注重专业，分工明确，互相支持，密切配合，有效确保了危机救援现场决策指挥的科学化、规范化、程序化。德国“1+7”现场指挥体系如图4-4所示，体系的组成见表4-5。

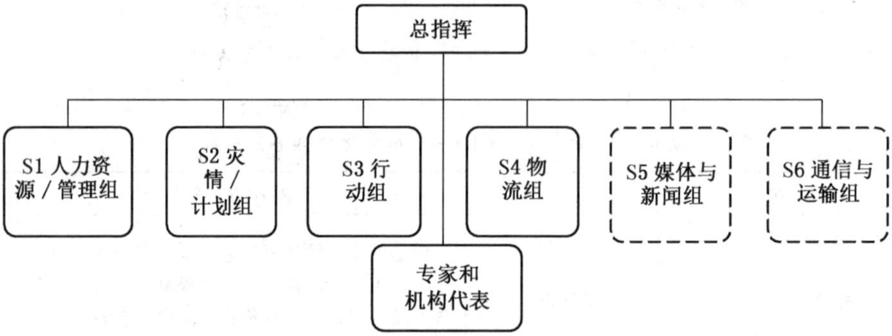

来源：根据《德国应急操作指挥与控制系统的领导与指挥规则》（Leadership and Command in Emergency Operation：Command and Control System，DV100 - German Regulation 100）总结整理。

图4-4　德国“1+7”现场指挥体系示意图[②]

①“S”意为“Staff Section”。

②《German Regulation 100（DV100）Leadership and Command in Emergency Operations》，https://www.sfs-w.de/projektgruppe-feuerwehrdienstvorschriften/vom-afkzv-autorisierte-uebersetzungen.html?no_cache=1&download=fwdv_100_engl_org.pdf&did=74.

表4-5　德国"1+7"现场指挥体系的组成

组成人员	具体要求
总指挥 Commander	负责灾难现场的组织、协调等任务，是现场救援的最终决策者，并能命令、调动其他现场志愿救灾组织及社会救援力量
S1 人力资源/管理组 Personnel and Administration	直接受总指挥领导，对人力资源情况进行监控，实施救援统计，保证指挥中心运作
S2 灾情/计划组 Information gathering and assessment	负责收集灾情，提供灾情图片，为总指挥报告做准备工作；同时评估灾情，将决策建议提供给总指挥，并编写救援日志
S3 行动组 Operation	负责组织专业救援人员，实施救援行动
S4 物流组 Logistics	负责为救援人员提供物质支持，并进行预决算
S5 媒体与新闻组 Media and Press	根据需要成立，负责应急救援现场的新闻发布及与媒体沟通
S6 通信与运输组 Communications and Transmission	根据需要成立，负责应急处置中的通信技术装备安装、维护及保持通信畅通
专家和机构代表 Experts and representatives of agencies involved in the incident	负责组织联络专家对现场救援处置给出指导建议

来源：根据《德国应急操作指挥与控制系统的领导与指挥规则》(Leadership and Command in Emergency Operation：Command and Control System，DV100 - German Regulation 100）总结整理。

（四）日本：幕僚体系指导下的多层级现场指挥

日本消防部门是现场指挥的主力，不仅参与火灾应急，也参与大规模灾害应急、应急救助救急等。日本的现场指挥系统呈现多梯次、多级别特点。依据东京消防厅警防规程［昭和五十四年（1979 年）3 月 12 日东京消防厅训令第 7 号］，现场应急指挥体系可分为四级指挥体系，从第 1 级到每 4 级的指挥官层级逐渐上升，根据灾害规模或复杂严重程度，派出相应等级的现场应急指挥体系，日本四级现场指挥体系组成见表 4-6。

表4-6　日本四级现场指挥体系的组成

层　级	基　本　情　况
第 1 级指挥体系	指挥官层级最低，为大队长或副署队长；当大队长为指挥官时，救灾主力为所属中、小队及机动救助队等救灾单位，并根据灾害状况另设指挥队及机动部队长，但指挥官得自行判断是否开设指挥本部

表4-6（续）

层　　级	基　本　情　况
第2级指挥体系	指挥官层级稍高，为署队长，救灾主力除所属大、中、小队等单位外，另外机动部队长也应投入救灾，相关指挥专职岗位人员工作由指挥队及管辖责任区的队部专职岗位人员担任
第3级指挥体系	指挥官层级更高，为方面队长，原担任指挥官的署队长应投入救灾，救灾主力除所属大、中、小队等单位外，方面队副队长应负责指挥机动部队长及机动救助队长进行救灾，相关指挥专职岗位人员工作由指挥队及管辖责任区的队部专职岗位人员担任
第4级指挥体系	指挥官层级最高，为警防本部长或警防副本部长。当警防本部长为指挥官时，原担任指挥官的警防副本部长及原专职岗位人员亦配合变更，由派驻的各副本部长担任指挥官的专职岗位人员

注：根据东京消防厅警防规程［昭和五十四年（1979年）3月12日东京消防厅训令第7号］等资料整理。

第三节　科学指挥中的多重联动响应管理

突发事件及其演变发展、连锁反应、次生灾害等可能导致突发事件等级的上升、影响区域范围的扩大、受灾行业领域的增多，进而需要跨层级、跨地域、跨部门的联动处置。对此，应急处置的科学指挥需要做好多个维度的联动响应管理（Multi-Coordination Management）。一方面，一旦突发事件超出基层的响应范围，则需要向上的层级联动；另一方面，跨区域、跨部门的应急处置往往超出某一属地政府、部门单位的能力范围，需要及时开展区域、部门的联动。

一、跨层级的联动响应管理

跨层级的联动响应坚持“属地管理为基础，按需联动上级和中央”的原则，具体而言：属地政府是应急处置的第一责任部门、领导机构、指挥机构，负责紧急救援、应急处置、防止次生灾害等工作。当突发事件的处置要求或难度超出某一层级的属地时，需通过信息上报、信息沟通等渠道，与上级单位和相关部门进行联动。跨层级联动的过程中，既坚持属地管理为主，让基层单位和属地政府能迅速反应、及时处理，同时不排斥上级政府及有关部门对其响应工作的指导，也不免除其他部门或其他区域的协同义务①。政体的不同导致跨层级联动的操作有所差异，以下以中央制和联邦制两种政体形式予以说明。

（一）中央制：基层政府兜底、必要时向上移交指挥权

中央制下的应急处置遵循以属地管理为主的原则，由属地政府兜底承担应急处置的具体职责，但中央政府的职能更大，一旦出现超越属地政府职权和能力范围的突发事件，应急处置的领导和指挥将上交，必要时移交到中央。

1. 我国的跨层级联动

在我国，由县级人民政府负责应急处置工作，采取措施控制事态发展，组织开展应急救援和处置工作；基层自治性组织配合开展应急处置，相关单位和群众参与应急处置。与此同时，县级人民政府应立即开展信息上报，一旦出现超越属地政府职权和能力范围的情况，将应急处置的指挥领导权上交。

跨层级联动的具体操作中，县级人民政府向上一级人民政府报告，必要时可以越级上报。如果涉及两个以上行政区域的，由有关行政区域共同的上一级人民政府负责，或者由各有关行政区域的上一级人民政府共同负责。县级人民政府不能消除或者不能有效控制突发事件引起的严重社会危害的，应当及时向上级人民政府报告，上级人民政府应当及时采取措施，统一领导应急处置工作。

应急管理部成立后，围绕构建统一指挥、专常兼备、反应灵敏、上下联动、平战结合的中国特色应急管理体制，我国建立应急管理部门承担重特大灾害指挥部协助党和政府负责组织应急处置的工作机制，建立一般性灾害由地方各级政府负责、应急管理部代表中央统一响应支援的应急处置机制，上下联动高效。

2. 日本的跨层级联动

在日本，一般灾害属地方管理，地方性的灾害发生或预测到灾害有可能发生时，地方政府官员（都道府县知事或市町村长）批准设置灾害对策本部，开展危机应对和应急处置。

当地方灾害应对需要联动中央时，由相关省厅的局长级负责人组成的紧急集合组在总理官邸内的危机管理中心集合，掌握和分析受灾状况，向内阁总理大臣汇报，根据需要召开相关阁僚协商会议及相关省厅联络会议，决定基本对策方针。此外，根据受灾状况，设立异常灾害对策本部（由防灾担当大臣任本部长）以及紧急灾害对策本部（由内阁总理大臣任本部长），必要时向地方派遣由防灾

① 唐钧：《社会管理概论》，中国人民大学出版社 2013 年版。

担当大臣等任团长的政府调查团，或者设立中央政府在当地的对策本部。

（二）联邦制：地方政府主导、必要时争取联邦支援

联邦制下的应急处置主要以地方政府为主，地方政府拥有相对较大的自主权，应急处置的指挥权属于事发当地政府。仅在地方政府应急力量和资源无法满足应急处置需要时，地方政府才会向上级政府或联邦政府提出援助请求，上级政府或联邦政府调用资源予以增援，但不接替当地政府的指挥权限。

1. 美国的跨层级联动

美国政府应急管理组织体系由三层组成：联邦政府层，包括国土安全部及其区域代表处；州政府，设有应急管理办公室；地方政府（市政府或县政府），设有应急管理机构。

美国应急管理的实地操作主要在州和地方政府层次，一般情况下由州和地方的行政长官（州长，市、县的管理者）负责，当超出管辖能力时请求联邦支持。例如，“9·11”事件和“卡特里娜”飓风灾害的应急处置主要由纽约市政府和奥兰多市政府作为应急核心。

美国国土安全部及隶属部门的联邦应急管理局是联邦政府应急处置的最高机构。该部是在“9·11”事件后由联邦政府22个机构合并组建而成的，在全美设10个区域代表处，主要负责与地方应急机构的联络。在紧急状态下，负责评估灾害造成的损失，制订援救计划，协同地方组织实施救助。

2. 德国的跨层级联动

德国实行属地管理的应急管理体制，也分为三个层级：联邦政府，负责联邦层面的应急管理和跨州应急的联动协调；州政府，其职责为推动议会立法、建设消防与救援力量、集中应急培训、统一救援行动、指挥与协调灾难救援等；此外，州政府还为地方政府进行财政支持、资源协调和信息报告等支持性工作；州以下地方政府，包括行政区政府、行政专区、县、非县管辖市等，对公民保护承担完全责任，政府部门、消防队、警察局、刑事调查局、技术救援协会、事故医院及志愿者救援组织等主体一并参与具体的应急处置。

在联邦层面上，专职负责应急管理与联动救援的是联邦内政部直属的联邦公民保护与灾难救助局（德语全称 Bundesamt für Bevölkerungsschutz und Katastrophenhilfe，英语全称 Federal Office of Civil Protection and Disaster Assistance，通常简称为 BBK）和联邦技术救援署（德语全称 Bundesanstalt Technisches Hilfswerk，英语全称 Federal Agency for Technical Relief，通常简称为 THW）。联邦公民保护

与灾难救助局负责处理联邦政府有关民事保护的任务；联邦技术救援署负责提供现场救援的战术指挥组织，代表联邦政府实施国内灾害救助。此外，参与应急救援的机构包括其他联邦部委、联邦军队、联邦警察和联邦刑事调查局等。

3. 澳大利亚的跨层级联动

澳大利亚突发事件的应急处置以联邦政府与州（地区）政府的伙伴关系为基础，危机管理的职责主要由州（地区）承担，具体而言：

第一，联邦政府在提升危机管理能力方面为州（地区）提供指导和支持。当州（地区）政府不能很好地处理突发事件并提出请求时，澳大利亚政府要向其提供物质援助。按照宪法规定，联邦政府有责任对外国的突发事件和海外难民救济提供人道主义援助。

第二，州（地区）政府制定规范危机管理和应急处置的法律和规章，提供警察、消防、救护车、危机服务、医疗服务，设立提供社会服务的政府和法定机构。

第三，突发事件发生后，地方政府与社会团体、志愿者组织等，一并参与应急处置和紧急救援。

二、跨部门的联动响应管理

当突发事件的处置要求或难度超出单一部门的职责和能力时，需开展跨部门的应急联动。跨部门的应急联动坚持“主责部门为主导，关联部门配合”的原则，根据突发事件的性质确定某个主要负责的部门，该部门为主导，其他关联部门各司其职、配合应急。

近年来，我国应急管理在跨部门联动方面逐步健全相关体系并取得成效。新成立的应急管理部与32个部门和单位建立了会商研判和协同响应机制，建立了军地应急救援联动机制，探索形成了一套行之有效的抢险救援技战术打法，有力有序有效应对了一系列超强台风、严重洪涝灾害、重大堰塞湖、重大森林火灾、特大山体滑坡和严重地震灾害，成功实施了各类重特大事故救援行动，最大限度把各种灾害和事故损失降到最低。

与应急的跨部门协同相对应，常态建立健全风险防控的会商机制。例如，《河南省人民政府关于改革完善应急管理体系的通知》（豫政〔2019〕11号）要求：各级应急管理、气象、公安、水利、交通运输、自然资源、生态环境、消防救援、地震以及宣传、网信等有关部门，要针对事故灾害发生规律、季节特点等，适时开展联合会商，分析研判事故灾害发生、发展趋势，科学有效做好防灾减灾救灾工作。要建立健全危险化学品、非煤矿山、煤矿、交通运输、建筑施工、教育、文化和旅游、医疗等领域行业安全联席会议机制。

三、跨区域的联动响应管理

应急处置的跨区域联动，由各相关区域人民政府及有关单位建立长效合作、信息互通、资源共享、平台共建的组织形式和工作机制，形成互联互通、协同处置的格局。

（一）签订长效合作协议

合法化是跨区域联动的前提。对此，属地政府之间通过签订应急联动协议，形成长效合作机制和管理制度，为共同应对区域性突发事件的制度设计和操作实施提供合法依据。

我国应急处置的跨区域联动合作协议主要集中在省级政府层面，以缔结协议的形式开展合作，共同应对区域性突发事件。例如，《泛珠三角区域内地九省区应急管理合作协议》建立了全国首个省际区域性应急管理联动机制和泛珠三角区域内地九省区应急管理合作联席会议制度，设立了秘书处负责联席会议日常工作，成立了专题工作小组开展专项合作，开展不定期的应急管理工作交流制度，在应急管理理论研究与实践探索等方面都开展了不同程度的合作与交流。

美国《州际应急管理互助协议》（Emergency Management Assistance Compact，EMAC）是美国自 1950 年由国会批准的第一个国家灾难救助协议，经由《南部地区应急管理互助协议》（Southern Regional Emergency Management Assistance Compact，SREMAC）发展而来，在应对 2001 年“9·11”恐怖袭击、2003 年哥伦比亚号航天飞机爆炸事件、2004 年墨西哥湾飓风、2008 年“卡特里娜”和“丽塔”飓风以及 2008 年中西部地区严重洪灾中展现了其强大的整合资源、促进合作的能力，在政府应对突发事件中发挥了重大作用。

（二）信息互通与资源共享

信息互通和资源共享是跨区域联动的基础。一旦出现涉及跨区域的重特大突发事件，达成合作协议的各方应主动加强信息的互联互通，共享相关信息资料，并以此为基础开展协调处置，加强排查和控制危险源。

跨区域联动的各相关区域应急管理责任主体，应做好两方面工作：一方面建立健全信息互通机制，针对在本区域发生、可能会波及其他区域的突发事件，第一时间向相关方通报情况、传达信息。另一方面共享应急资源，包括应急物资、救援队伍、救援装备、避难场所、专家资源等。如遇突发事件，根据事发区域的应急需求和现实需要，合作方应给予应急物资的支援，必要时可就近紧急向受灾方调拨应急物资等相关资源。例如，京津冀冰雪灾害天气交通保障应急联动中，在滞留人员物资保障、救援车辆保障、人员滞留现场秩序维护、滞留人员安置、物资运输及救援车辆免费通行等方面资源共享。

（三）网格化联动组织机构

在签署长效合作协议的基础上，还应建立跨区域联动的网格化组织机构，并形成工作机制和组织架构，该工作机制和组织架构可形成相对独立的治理结构。

根据《州际应急管理互助协议》的约定，美国形成网络化的应急联动组织体系负责跨区域联动的管理和执行，以美国州际应急管理互助协议委员会为例的跨区域联动的专业组织机构设置如图4－5所示。

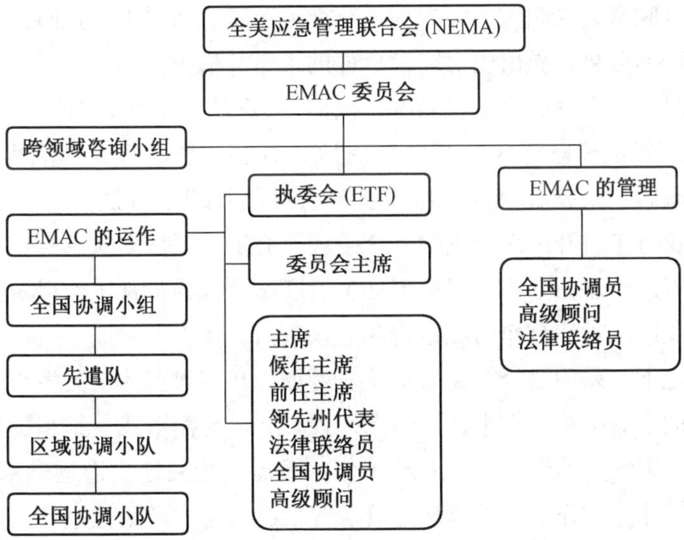

图4－5　跨区域联动的专业组织机构设置（以美国州际应急管理互助协议委员会为例）①

① EMAC：《EMAC'S Governance Structure》，2018－9－10，https://www.emacweb.org/index.php/learn－about－emac/emac－governance.

（四）全流程联动工作方案

跨区域的联动工作不仅限于事发后的应急处置阶段，还应贯彻应急管理的全流程，形成从事前防范和准备、事中应急处置和救援处突、事后的善后总结整改等全过程。

目前，我国跨领域联动的合作主要集中在事中环节，并逐步拓展至事前和事后的全流程。例如，根据《泛珠三角区域内地九省区突发事件应急联动机制管理办法》规定，应急联动响应程序包括信息通报、反馈信息、应急准备、现场指挥、联动结束5个环节。再如，美国基于《州际应急管理互助协议》的跨区域联动运作流程由事前预防（Prevent Preparation）、启动（Activation）、请求支持（Request & Offer）、响应（Response）、补偿（Reimbursement）组成，整个流程跨度是从突发事件发生之前开始，截止到受灾州对援助州完成补偿。

（五）日常联席与临时会商相结合

既要构建常态的日常联席会议模式，也要构建危态的临时会商机制。在常态情况下，设置联席会议制度，定期沟通与交流；紧急情况下，随时组织开展临时会商，分析研判形势，提出应对突发事件的策略与措施。

常态情况下，设置联席会议制度。例如，《泛珠三角区域内地九省区应急管理合作协议》规定建立泛珠三角区域内地九省区应急管理合作联席会议制度。具体包括：联席会议成员由各合作成员政府应急管理办事机构的主要负责人组成，联席会议每年召开一次，围绕一个主题研究决定区域内应急管理合作重大事项，由成员省区轮流主办；设置秘书处负责联席会议的日常工作以及向当次联席会议提交区域应急管理合作情况报告和建议等。

紧急情况下，采用联合会商来决策。例如，在京津冀冰雪灾害天气交通保障应急联动中的会商决策工作中，一般采用视频会议会商形式，组织、指挥、协调三地冰雪灾害天气交通保障应急联动工作。重点包括三地交通运输部门就降雪、车辆通行、铲冰除雪作业开展、交通管制等情况与各成员单位进行视频会商，采取协同工作措施，或视情况提出启动更高级别会商机制的建议，报请三地应急委（领导小组）批准；三地公安交管、气象等对口政府部门之间，属地区（县、设区市）政府之间视情况启动视频会商，共同做好应急保障工作，并向三地省（市）应急办报告冰雪灾害天气应急联动工作信息。

（六）灵活安排现场指挥模式

在现场的指挥中，将根据实际情况，以有利于高效指挥和快速处置为原则，可采取调度指挥、统一指挥、联合指挥等多种模式来安排现场指挥架构。

第一，调度指挥。发生跨区域突发事件后，按照属地为主的原则，由突发事件发生所在地成立现场联合指挥部，统筹协调相关区域的应急力量和应急资源，开展处置工作。例如，在京津冀冰雪灾害天气交通保障应急联动中，公安、交管、气象、宣传、民政、商务、卫生、铁路、民航等部门作为三地冰雪灾害天气道路交通应急联动保障的成员单位，做好各自相关保障工作，并服从会商调度指挥。

第二，统一指挥。若突发事件跨多个地域，联动的复杂程度较高时，可以采取“区域指挥”的概念，在多个关联地区的上层设统一指挥的协调机构，并设置区域指挥员协调应急指挥工作。例如，泛珠三角区域内地九省区的应急联动①中，成立应急管理合作联席会议，各省（区）相关部门的应急指挥机构加强沟通联系，建立健全区域联动机制。必要时，由联席会议秘书处负责协调处置跨省（区）特别重大、重大的突发事件。应急联动响应启动后，由事件发生地省（区）应急指挥机构申请，联席会议秘书处根据实际情况需要，协调相关省（区）应急指挥机构共同开展跨省（区）的应急处置。

第三，联合指挥。在跨多个区域且应急处置较为分散的情况下，可根据需要采取联合指挥的模式。以美国为例，根据美国国土安全部《全国突发事件管理系统》（National Incident Management System，NIMS）②，联合指挥（United Command，UC）的现场指挥体系中设一名联合指挥员，各区域派出一名指挥代表，确保应急指挥的协调性和资源配置的统筹。当事件涉及A、B、C三个地域（或部门）时，实施联合指挥的应急指挥体系组织结构如图4－6所示。

①《泛珠三角区域内地跨省（区）特别重大、重大气象灾害应急预案》（粤办函〔2013〕474号）。

② FEMA：《National Incident Management system》，1999－4－1，https://www.fema.gov/media-library-data/1508151197225-ced8c60378c3936adb92c1a3ee6f6564/FINAL_NIMS_2017.pdf.

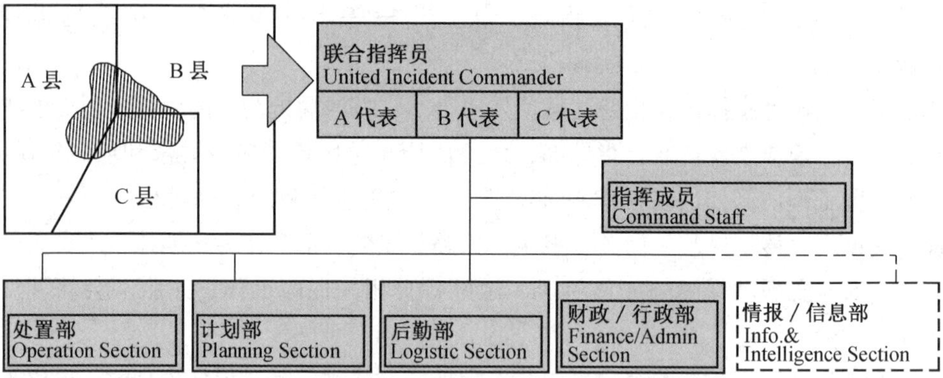

图4-6　美国应急指挥体系实施联合指挥时的组织结构图

第五章　新闻发布与舆情风控

◎拓　扑　图

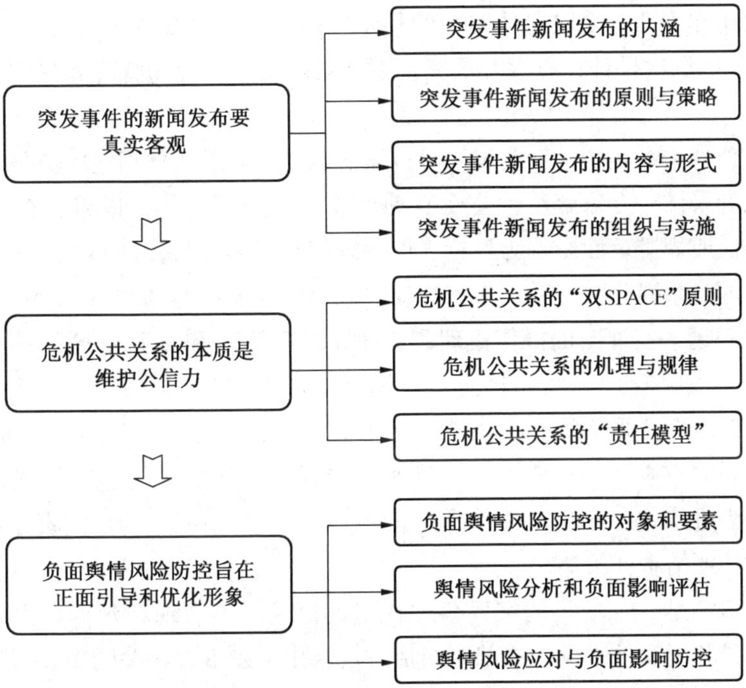

◎本　章　概　要

◎ 新闻发布：应急管理时的新闻发布用于依法依规信息公开、保障民众知情权、回应社会关切点，要求真实客观。

◎ 舆情风控：风险治理在舆论场的实施要靠危机公共关系和负面舆情风险控制，旨在维护公信力、正面引导和优化形象。

应急管理面临着“现场”和“舆论场”的融合阵地。“舆论场”危机管理的首要工作是突发事件新闻发布，新闻发布部门依据统一、准确、及时、客观、全面等要求，通过提供新闻通稿、举行新闻发布会、官方平台发布信息、组织专家解读等方式，向社会发布有关事态发展和应急处置工作的信息，第一时间发布基本事实，动态发布处置进展，及时发布调查情况，提供预警、防范、避险、服务类信息，用于保障信息公开、回应社会关切、稳定群众情绪、正确引导舆论、减少社会质疑、维护政府公信，消除可能引发社会不稳定的因素，促进事件妥善处置。突发事件新闻发布应做好发布前—发布中—发布后的规范化、全流程、闭环式的操作和管理，采取主动发布的科学策略，做好“定调子”的议题设置和“深挖掘”的层次设计，有效开展突发事件新闻发布的现场管理和失实新闻处置等工作。

危机公共关系是指针对突发事件或紧急状态，公关主体通过官方发布、媒体报道、记者采访、专家解读、公众互动、危机沟通等工作，以维护公信力为根本，以降低或规避负面影响为目标，以处理好与媒体、与公众的关系为核心，策划并实施的一系列公共关系工作和活动。危机公共关系遵循“双 SPACE”原则，应用好“两场—三维”的操作机理，处理好“现场”和“舆论场”的关系，遵循“信息管道”管理以发布信息；应用社会心态“181”模型和“利益相关”模型开展针对舆情受众的有效公关。责任状况是危机公关需考量的最重要因素，对此危机公关应遵循“责任模型”准则，包括无责任的速战速决模式、完全责任的以退为进模式、部分责任的社会协商模式、复合情况下的切割责任策略、交融情况下的厘清责任策略。

负面舆情是“现场”的突发事件在“舆论场”的表现和延伸，由内部的相关主体责任状况和外部的舆论状况组成，反映出突发事件相关的新闻报道、网民意见、媒体评论及其映射的群众对于该公共危机相关领域的主体形象和具体工作“满不满意、高不高兴、答不答应”的社会心态。负面舆情风险防控应做好舆情分析评估和舆情引导管理的两方面工作。其一是舆情风险分析和负面影响评估，包括舆情信息收集、舆情全面画像、舆情分析定级、舆情趋势预测等；其二是舆情风险应对与负面影响防控应遵循党性原则、“四个力”原则、中心目标原则、正确导向原则、正面宣传原则、分众化原则等基本原则，应用好“正面引导”“否定责任”“降低责任”“减轻批评”“重塑形象”五种策略。

第一节　突发事件的新闻发布要真实客观

一、突发事件新闻发布的内涵

（一）突发事件新闻发布的界定

突发事件新闻发布是指依据法律法规要求，政府及其相关部门和突发事件涉事单位，在突发事件发生的第一时间、应急处置过程中和处置结束后，根据法律法规的相关规定，通过新闻发布向媒体和公众及时、准确、客观、全面介绍的突发事件基本情况、应急措施及现状和公众防范措施（除涉及国家安全、有重大影响公共利益和个人隐私外）的过程。

我国政府信息公开制度在20世纪80年代就已出现，“非典”事件时期真正被重视并开始加强制度建设。到现在，突发事件新闻发布已成为应急管理和新闻发布的法定内容。突发事件新闻发布是应急管理的必需环节，按照《突发事件应对法》《国家突发公共事件总体应急预案》等相关法律法规规定，履行统一领导职责或者组织处置突发事件的人民政府应当按照统一、准确、及时、客观、全面的要求，在事件发生的第一时间向社会发布有关突发事件事态发展和应急处置工作的信息。突发事件新闻发布是信息公开的重要策略，按照《关于全面推进政务公开工作的意见》、国务院办公厅《关于在政务公开工作中进一步做好政务舆情回应的通知》等相关要求，政府部门应加强突发事件、公共安全、重大疫情等信息发布，对涉及特别重大和重大突发事件的政务舆情快速反应、及时发声，最迟应在24小时内举行新闻发布会，对其他政务舆情应在48小时内予以回应，并根据工作进展情况持续发布权威信息。

（二）突发事件新闻发布的作用

突发事件新闻发布对于提高政务信息公开的透明度、体现责任政府的形象和充分发挥政府信息对人民群众生产、生活和经济活动的服务作用，维护社会稳定都有着重要的现实意义。该制度的有效实行与推广，体现了政府应急管理体制和工作职能的根本改善，有力地推动了责任政府建设的步伐。随着突发事件新闻发布制度的深化和完善，将促使政府应急管理部门在公共服务过程中作出更有回应性和更加负责任的行为。总之，新闻发布贯穿应急管理的全过程，并在以下六个方面发挥重要作用。

1. 充分保障公民的知情权

知情权是指公民依法获取政府可公开信息的自由和权利。在应急管理中，政府部门通常通过授权发布、散发新闻稿、组织报道、接受记者采访、举行新闻发布会等形式，依法依规开展新闻发布，让公民能够获取和掌握相关信息，从而保障公民的知情权。

2. 应对谣言，缓解公众的恐慌

突发事件的突发性、紧迫性、不确定性和危害性对习惯于常态环境下的公众会造成巨大的心理冲击。政府新闻发布若未及时开展，可能导致官方信息缺位、谣言和小道消息滋生并传播。同时，由于获取的信息不对称和缺乏必要的应对措施、处置技能及资源，公众的态度、情感、意志和动机等会相互影响和感染，作出非常态的反应，包括产生焦虑和恐慌的心理、轻信并参与传播流言和谣言、产生非理性的行为等。因此，新闻发布有利于官方权威信息及时被公众所获知了解，以达到制止谣言和小道消息传播、缓解社会恐慌的作用。

3. 正确引导舆论，规避社会负面影响

媒体在报道突发事件的过程中，需要政府通过新闻发布来传播官方权威信息，提供可靠、全面、准确的事实依据，防止出现“虚假报道”等问题，规避舆论偏离正确方向、引发社会负面影响等问题。

4. 获取民众配合，争取多方支援，推动应急有效开展

突发事件新闻发布有利于与事件相关的地区和公众及时采取措施有效地进行防范，最大限度地减少突发事件带来的损失；有利于公众正确理解和执行政府为处置突发事件所采取的政策措施和应对方案，动员社会各方力量，使事件得到有效控制和妥善处理。此外，某些重特大突发事件仅靠属地力量或本国力量或难有效应对，对此，官方通过信息发布来及时对外告知危机事件，有利于争取其他省市、地区、国家、社会组织的帮助和支援，及时获取更加专业高效的应急处置或紧急救援力量，保障应急工作有效开展。

5. 强化社会监督，促进科学决策与实施

突发事件新闻发布制度通过对突发事件的信息公布，使政府应急管理部门把处置突发事件的行政过程及效果等各方面公之于众，也使公众对政府应急管理部门有更深刻的理解和更多的监督。突发事件发生后，若缺乏有效监督，政府在危机决策或处置中可能出现决策失误、权力滥用等问题，对此，政府可通过信息发布来主动接受社会监督，让民众和媒体在获取官方信息的基础上开展有效监督，

提出科学建议，从而促进政府危机决策和实施的科学性。

6. 维护公信力，塑造政府良好形象

当突发事件发生时，政府通过新闻发布能够有效避免信息披露不充分或不及时引发的次生形象危机或公信受损风险。同时，政府在第一时间告知公众事态发展和相关应急工作，可彰显政府部门积极负责的态度，有助于塑造政府的良好形象。

（三）突发事件新闻发布的特点

政府处置突发事件必须在第一时间向公众公开事件发生的实情和政府处置过程与结果，所以突发事件新闻发布与其他类型的新闻发布相比较在启动上具有被动性。

1. 突发性与动态性

突发事件新闻发布所涉及的信息源具有突发性和动态性的特点，进而导致信息发布具有相应的特征，须根据应急处置的最新进展，对信息开展动态、持续的收集、更新、汇总、分析、发布，形成完整的信息发布链，满足媒体传播诉求和公众知情需要。信息源的突发性和动态性是客观存在的，突发事件新闻发布设计必须符合这一特点，以统一、准确、及时的信息服务媒体、引导舆论，告示公众。

2. 紧迫性与表态性

突发事件本身与公众的社会生活关联度很高，往往对其生产生活产生直接影响，因此公众对于突发事件的信息需求量大、及时性要求高。与此同时，新闻媒体对突发事件的报道诉求强烈，追求报道速度的时效性、内容的独家性、手法的细密性，综合因素导致突发事件新闻发布具有紧迫性的特点。官方须在第一时间发布突发事件及其处置情况的权威信息，在满足公众知情的同时正确引导社会舆论，不给虚假信息、不实信息，不给谎言、谣言留下传播空间。同时，在突发事件新闻发布中不可避免涉及政府的立场、态度和责任，政府部门应针对具体情况恰如其分地表达官方意志，明确各级政府和相关单位的职责，引导媒体和公众理性看待和分析突发事件动态，进而形成有利于应急处置工作的社会舆论。

3. 负面性与修复性

突发事件的发生往往具有社会危害性，突发事件新闻发布的信息内容不可避免地具有负面性。对于突发事件新闻发布中存在的负面性内容，既要坦诚面对，不加掩饰，又要准确表达，不随意推断。对于突发事件所造成的生命财产损失和社会危害，如果及时准确地予以公开，可以通过媒体提醒公众采取必要的防范措施，尽可能避免社会损害的扩大，充分体现政府在处置工作中所尽的责任。此外，突发事件新闻发布具有修复性的特点，主要通过政府及其相关部门及时调动各种社会力量对相关事态进行科学处置予以体现，不能对事件本身和处置信息进行截流、淡化，甚至隐瞒和掩饰，需要各有关方面从大局出发提供大量的准确信息，以信息服务媒体报道，在服务媒体报道中引导舆论。在处置过程中再树政府以人为本、认真履责、务实高效的形象。

二、突发事件新闻发布的原则与策略

突发事件新闻发布应采取主动发布的科学策略，做好“定调子”的议题设置和“深挖掘”的层次设计。

（一）突发事件新闻发布的主要原则

在危机情形下，原则上要“主动说，全部说，快速说”（Tell your own tale, tell it all and tell it fast）[①]，总体而言，突发事件新闻发布应遵循以下五个原则。

1. 依法依规、有效发布

突发事件新闻发布的首要原则是依法依规，按照党和国家相关法律法规、政策制度、规范性文件等的要求予以开展。《突发事件应对法》中要求“履行统一领导职责或者组织处置突发事件的人民政府，应当按照有关规定统一、准确、及时发布有关突发事件事态发展和应急处置工作的信息”，《国家突发公共事件总体应急预案》中专设“信息发布”部分。中共中央办公厅　国务院办公厅《关于进一步改进和加强国内突发事件新闻报道工作的通知》、国务院办公厅《关于改进和加强国内突发事件新闻发布工作的实施意见》、国务院办公厅《关于印发国家突发公共事件新闻发布应急预案的函》《中华人民共和国政府信息公开条例》（国务院令第492号，2007年1月17日国务院第165次常务会议通过，2019年4月3日经国务院令第711号修订）、中共中央办公厅　国务院办公厅《关于进一步推行政务公开的意见》《关于全面推进政务公开工作的意见》《关于在政务公开工作中进一步做好政务舆情回应的通知》《〈关于全面推进政务公开工作的意见〉实施细则》等对于突发事件新闻发布提出了相关要求。地方层面按照

---

① 来源于英国危机管理专家罗杰斯特（Michael Regester）的“3T原则”：主动告知 Tell your own tale；全部告知 Tell it all；迅速告知 Tell it fast。

国家层面法律法规、政策制度、规范性文件等要求，相应建立起新闻发布的法律法规和政策制度。

2. 以人为本、人文关怀

将人民群众放在第一位，在新闻发布的过程中充分考虑人民的情绪、态度、需求、想法，尊重生命和尊严，具有人文关怀。具体而言：

（1）尊重群众知情权，满足群众对于突发事件及其应急处置的多方面信息需求。

（2）尊重生命尊严，表达合理情感，新闻发布应在第一时间通报突发事件造成的人员伤亡情况，对于突发事件给人民造成的人财损失、精神损害、生产生活不便等表达出关心、同情、怜悯，提醒相关民众防范和应对次生危机，并鼓励公众勇敢而理性地面对灾难和悲剧。

（3）避免“侵扰悲痛”（Intrusion Into Grief）①，在新闻报道和记者采访中避免出现对受害者及其家属带来的精神损害和二次伤害，例如发布死亡信息应细心谨慎、小心核对，在公布遇难或失踪人员肖像、职业、民族、家庭、工作单位、现场图像等个人信息要征得家属同意，描述事件过程时应充分体现对生命的尊重，切忌冷漠、麻木、猎奇等态度。

3. 快速发布、快捷获取

（1）发布速度方面在做到准确的基础上“宜早不宜迟，宜多不宜少”，快速发布、及时发声，切实回应社会关切，确保官方在应对突发公共事件和社会热点事件时“不失声”“不缺位”。《〈关于全面推进政务公开工作的意见〉实施细则》② 规定：“对涉及特别重大、重大突发事件的政务舆情，要快速反应，最迟要在5小时内发布权威信息，在24小时内举行新闻发布会，并根据工作进展情况，持续发布权威信息。”突发事件发生后，应第一时间启动新闻发布的应急预案，坚持事件处置与新闻发布工作同步安排、同步推进。

（2）发布渠道方面应做到让民众在第一时间可获取，可采用社交媒体、开通网站、24小时热线等方式向公众传播信息，及时利用微博、微信、电视、电

---

① 记者在意外及不幸事故发生后，侵扰一些因该意外或事故而悲伤的人（主要指亲友丧亡者），这种行为被称为“侵扰悲痛”（Intrusion Into Grief）；“侵扰悲痛”具体可分为两方面：信息采集环节的侵扰和信息呈现环节的侵扰。典型的“侵扰悲痛”行为包括使用欺骗或强制手段进行采访、强行打开被访者的痛苦记忆、报道内容失实、报道风格冷漠或轻佻、图片使用和文字描述过度刺激等。

② 国务院办公厅：《〈关于全面推进政务公开工作的意见〉实施细则》，中央政府官网，2016-11-15，http://www.gov.cn/zhengce/content/2016-11/15/content_5132852.htm。

台等工具进行全天候信息传送，方便不同地区、不同环境、不同条件的公众能在第一时间方便快捷地获取相关信息。

4. 及时跟进，动态更新

因为突发事件及其应急处置不断发展或变化，相关信息不断更新，新闻发布也应持续、动态开展。

（1）对突发事件进展的动态信息发布，可以帮助公众进一步了解更多的信息，认清形势、调整行动。

（2）对前期信息发布中由于情况不清晰而发布的不准确或不全面的信息、新闻发布瑕疵、媒体报道中的不实之处等进行纠正或补充。

（3）及时发布政府的应对举措，包括政府采取了哪些应对措施、取得了什么样的效果、是否有效控制了突发事件的发展情况等，是考验和显示政府执政能力的重要方面，也是公众关心的重要内容。

（4）事件结束后的信息发布，包括通报事件的整体情况、官方事故调查报告、勘正有关的错误信息、群众需要吸取的教训、事件相关责任人处理情况等。

从2020年1月24日至8月13日，北京市共计召开164场新冠肺炎疫情防控工作新闻发布会，每一场发布会都是以北京新冠肺炎疫情防控工作领导小组部署为主线，精心设计、周密安排发布形式、发布议题和发布重点，及时通报疫情进展、解读政策条例、回应群众关切，在科普辟谣、稳定民心、提振信心，强力有效、精准引导舆论等方面发挥了重要作用。

5. 权威可靠、保障公信

权威可靠的第一个要求是确保新闻发言人具备“双重权威”。新闻发言人的首要条件是具备“行政权威”，例如通过让“一把手”来做新闻发言人。在此基础上，条件允许的情况下兼顾“专业权威”，提升新闻发言的专业性和可信度，由专家学者列席参加新闻发布会。在保障发言人“双重权威”的同时，也要重视新闻发布信息的准确可靠，全面提升回应的准确度、针对性、有效性等。《关于全面推进政务公开工作的意见》明确指出，遇有重大突发事件、重要社会关切等，各省（自治区、直辖市）政府和国务院各部门主要负责人要带头接受媒体采访，表明立场态度，发出权威声音，当好“第一新闻发言人”。从全球实践来看，如遇重特大突发危机事件时，国家或属地的行政最高领导人往往作为新闻发言人。例如，“9·11”事件（2001年）、“卡特里娜”飓风灾害（2005年）、“12·14”桑迪胡克小学枪击事件（2012年）、“4·15”波士顿马拉松爆炸事件

(2013 年)、“10 · 1” 拉斯维加斯赌场枪击事件（2017 年）等发生后，时任美国总统第一时间向全球民众发表讲话。

6. 分类分级、口径一致

突发事件新闻发布应做到分类分级，并做到口径一致，即根据危机事件类别和级别来确定新闻发布所需政府部门、机构以及有关单位及其涉及的行政层级，从而确保新闻发布的归口管理、口径一致。

“分类”是指新闻发布应根据危机事件类别来确定新闻发布部门，一般为此类危机事件的主管部门、机构或单位。事件信息应由其事件所属领域的主管部门和事件处置的实际参与部门，根据各自职责分工和工作内容来发布信息。“分级”是指新闻发布也划分一定级别，根据突发公共事件的级别由相应层级的政府部门及其领导干部负责，并采取相应级别的信息发布方案。对涉及国务院重大政策、重要决策部署的突发公共事件，国务院相关部门是新闻发布的第一责任主体；对涉及地方的突发事件新闻，按照属地管理、分级负责、谁主管谁负责的原则进行回应；对涉及多个地方的政务舆情，上级政府主管部门是第一责任主体，相关地方按照属地管理原则进行回应。

（二）“定调子”的议题设置

主动发布的首要工作是做好议题设置，也即“定调子”（Set The Tone），具体包括：提前设置“备用议题”、初期主动发布“焦点议题”、中后期善于提炼“有效议题”。

1. 提前设置“备用议题”

形成议题设置的工作预案，提前设置突发事件的新闻议题，为第一时间的新闻发布做好基础工作。

媒体报道和公众关注的常见问题，也是官方为新闻发布而提前设置“备用议题”的内容，以生产安全类事故为例，主要包括：

（1）起因类问题。如事故发生原因、是否涉及易燃易爆物品、是否涉及管理漏洞和违规操作、目前调查进展和结果等。

（2）危机控制类问题。如目前事故影响控制程度、防范措施、其他隐患及其防范等。

（3）安全健康类问题。如目前事故造成的伤亡情况、具体数字和损失程度、事故发生地群众的安全健康保障、相关的医疗和善后措施、事故波及人群撤离情况、事故将对居民工作生活带来的深远影响等。

(4) 经济损失类问题。如涉及经济损失的官方评估报告、相关的补偿措施和政策、将事故发生地企业和居民经济损失降到最低的措施等。

(5) 环境影响类问题。如事故对周边环境的负面影响、对土壤水质空气的影响、应对和解决措施、阻止蔓延和恶化措施等。

2. 初期主动发布"焦点议题"

在尚未形成突发事件社会热点的自发传播和广泛关注时，公共部门要善于发布"焦点议题"①，主动吸引社会民众和媒体的关注，把社会自发形成的议题聚焦成为公共部门希望发布的话题上。

主动发布的"焦点议题"一般为"三维叠加"的议题，即"政府关切、民众关心、媒体关注"三者重叠的内容。基于此，官方信息发布应在明确应急工作需要、了解民众的话题预期、掌握媒体的报道需要和采访重点的基础上，科学设置突发事件新闻议题。

3. 中后期善于提炼"有效议题"

当突发事件新闻报道已出现多议题报道和大面积传播，或新闻发布已进入中后期时，公共部门应在报道现状中提炼"有效议题"来牵引媒体和影响公众，从而产生多层次的应急作用和社会效益。

(三)"深挖掘"的层次设计

公共部门要善于让媒体改善形象，转危为机，对此应做好"深挖掘"(Dig The Level) 工作，对报道层次进行深度挖掘。实践表明，突发事件的新闻报道一般挖掘四个层次，见表5-1。

表5-1 突发事件"深挖掘"的层次设计

层次顺序	层次内容	层次顺序	层次内容
第一层次	事件本身情况	第三层次	事件应对与处理
第二层次	事件原因	第四层次	善后处理与受害者意见

① 托马斯·伯克兰 (Thomas Birkland) 的"焦点事件理论"认为：由于媒体对焦点事件的采访能够引起广泛关注并促使采取改善行为，焦点事件在设置公众议题方面具有扮演主要角色的能力；焦点事件主要包括"常规性"和"非常规性"的主要类型，"常规性"基本上属于自然灾害，具有一定的可预测性，大多是孤立的，对人们议题日程的影响有一定程式可循，如飓风、龙卷风、暴风雨、地震等；"非常规性"以前从未发生过或发生时间已经很长已被人们忘怀，一般由于技术和社会的变化而引起，往往出乎人们意料、违反常规，产生不确定性和不可预知性；此类事件对日常媒体传播而言是一种冲击，从而成为各方人士发表意见的焦点，如"9·11"事件等。

突发事件新闻发布的过程中，若只到第一层次，易给谣言和小道消息留出大量空间。若到第二层次，可以驱逐不少谣言和小道消息。若到第三层次，基本上可以规避谣言和小道消息的广泛传播。在做好相应工作、报道客观事实的基础上，新闻发布若到第四层次，不仅能有效规避谣言和小道消息，还能在此次突发事件的新闻报道中进行可行且有效的正面宣传，达到“转危为机”的良好效果。

三、突发事件新闻发布的内容与形式

（一）新闻发布的核心内容

突发事件新闻发布的内容是指发布信息和新闻报道中的具体内容。

1. 第一时间发布基本事实

基本事实主要包括事件发生时间、地点、类别、人员伤亡、财产损失、已采取的应急措施等信息。基本事实的发布应做到对掌握的可公开信息不隐瞒、不遗漏，真实准确、简洁清晰。

2. 动态发布处置进展

处置动态主要包括抢险救援情况、人员伤亡情况、善后安抚安置措施、调查进展、防范和整改措施等信息。处置进展的发布应做到实时动态，尽可能与现场处置同步进行、不宜拖延。

3. 及时发布调查情况

调查情况主要包括原因、定性、责任认定、对责任者的处理建议等信息。对于已核实的信息，可通过“警情通报”等方式及时对外发布。

4. 提供预警、防范、避险、服务类信息

及时向社会发布次生灾害、连锁反应、安全隐患等相关的预警或提示信息，普及相应自救互救、防灾避险、疏散避难的常识与知识，提醒公众做好自我防护，配合紧急疏散避难或政府应急处置采取防范或避险措施。对事件造成群众交通出行、生产生活等方面不利影响的，应及时做好服务性信息发布。

（二）新闻发布的主要形式

突发事件新闻发布的主要形式包括提供新闻通稿，召开新闻发布会（背景吹风会、新闻通气会等），接受新闻媒体采访，以政府新闻发言人的名义发布新闻公报、声明、谈话，用官方信息平台发布信息，利用电话、传真和电子邮件答复记者问询，组织专家解读等。

1. 提供新闻通稿

及时全面地收集、整理和分析事件的相关信息，形成书面新闻通稿，并提出信息发布的范围、方式等初步意见，经审核后发布新闻通稿，统一事件信息相关口径，防止谣言传播。新闻通稿应包含基本事实、官方态度、决策部署、已有举措、应对计划等信息，内容简明扼要，避免无效信息。

2. 召开新闻发布会

新闻发布会是指政府或者有关部门举行的向新闻媒体介绍政府立场、观点、态度和有关方针、政策、措施等政府信息的问答式会议。对造成重大人员伤亡或社会关注度高、反响大的事件，应及时召开新闻发布会，并做到定时、定点、定期召开。新闻发布会原则上要设置问答环节，接受记者提问。新闻发布会通过电视、广播、电台、互联网、两微多端（微博、微信、多种移动新闻客户端）等进行全媒体的直播和转播。

3. 接受新闻媒体采访

组织记者集体采访或单独采访，明确专人负责媒体采访工作，公布联系方式，及时接受和回复记者问询，回应社会关切。在事件应急处置现场，指挥人员或指定人员在不影响救援的情况下，应接受新闻媒体采访，同时避免新闻媒体无序采访影响伤员救治。

4. 以政府新闻发言人的名义发布新闻公报、声明、谈话

新闻发言人由党和政府授权，郑重宣布某项新闻事实或者对某项政治事件发表声明，代表本部门、本单位的立场、态度和观点等。此种发布形式郑重程度高、政治性强，须采用书面和官方用语，是在特定场合使用的政治严肃性较强的新闻发布形式。

5. 用官方信息平台发布信息

应用官方网站、政务微博、政务微信、移动客户端、手机短信等官方互联网信息平台，实时动态发布突发事件应急处置、预警服务等信息，及时澄清谣言传言。传播成本低，即时发布、滚动发布，易于被大众接受，有需要的读者可以随时搜寻并获取信息。

6. 利用电话、传真和电子邮件答复记者问询

遇有热点新闻出现或是媒体需要确证某些新闻信息时，往往需要用电话、传真和电子邮件等方式来及时回复记者问询。利用电话、传真和电子邮件答复记者问询的特点是及时、简便、灵活、针对性强，需要反应快速。

7. 组织专家解读

事件处置和调查环节涉及较多专业信息时，相关部门可推荐专业领域权威专家参与信息发布，通过接受新闻媒体采访、参加新闻发布会、发布专家解读文章等，对事件原因、救援处置等方面的知识和原理作通俗易懂的专业解读，避免新闻媒体误读和公众误解，提高信息发布的权威性和公信力。

（三）新闻通稿的撰写和使用

新闻通稿是突发事件新闻处置中政府与媒体进行接触的最有效的渠道之一，对政务信息传播的控制程度仅次于召开新闻发布会。新闻通稿基本适用于各类媒体，迅速组织新闻通稿的撰写是突发事件新闻处置的关键环节。新闻通稿需信息准确、表达严谨。例如，我国中央政府很多重要信息就是以新华社电讯稿的方式向社会公布。

1. 突发事件新闻通稿的组织

新闻通稿的组织须安排专人负责，成立专项小组具体落实，具体应由宣传部门、事故发生单位及处置工作主要成员单位的工作人员和领导参加。宣传部门了解媒体，事故发生单位熟悉情况，领导参加则对事关全局的问题和口径进行把关。

2. 突发事件新闻通稿的要素

新闻通稿一般应该准备2篇以上，至少保证1篇消息，1篇通讯。消息中应该包括整个事件的核心信息，结构形式通常是“倒金字塔”，即把最后发生、最重要或最富有吸引力的材料置于篇首，呈现出重要性依次递减的顺序。通讯则是对消息内容的补充，可以是整个事件的背景情况介绍，也可以是政府希望媒体在报道中向公众说明的内容。新闻通稿的内容应涵盖“5W＋1H”，其中“5W”为Why（为什么），What（是什么），Where（在哪儿），Who（谁），When（什么时候），“1H”为How（如何）。

3. 突发事件新闻通稿的使用

新闻通稿一般在两种情况下使用。一种是在新闻发布会上提供给记者作为报道素材。新闻通稿以清楚的文字表述为媒体准确报道突发事件提供保障，媒体也可从新闻通稿中获得更多的突发事件信息、扩大报道范围。另一种情况是召开新闻发布会存在一定的困难时，可以将新闻通稿直接提供给记者。媒体都有各自不同的截稿期限，作为新闻发布机构要尽量安排好新闻通稿和发布会的时间，以配合媒体的截稿时间。

四、突发事件新闻发布的组织与实施

（一）新闻发布的基本步骤

在实践中，突发事件新闻发布逐渐形成规范性、流程化的过程，其基本流程可分为发布前、发布中、发布后三个基本环节。为配合每一环节的复杂工作，新闻发布需要多机制配合，包括组织领导和指挥协调机制、新闻发布方案审批机制、新闻发布机制、新闻媒体联系官方媒体报道机制、中外记者采访管理机制、网络舆情和信息安全管理机制、内部向上报告机制，确保多方面工作全面铺开、齐头并进。

1. 发布前：各方面的准备工作

发布前的准备工作主要包括组建新闻发布领导组，明确工作任务，建立工作机制，落实工作责任；同步组建新闻发布工作组，开展舆论分析，准备相关材料，组织媒体和安排现场。

第一，开展舆论分析，预测媒体问题，召开协调会。应针对突发事件及其应急处置，分析已出现的网络舆情，总结出媒体和公众对相关问题的关注要点，形成分析报告并策划问题单，尽可能涵盖已出现的媒体关注热点问题，同时也要预测发布会中可能会出现的新的热点问题和特殊问题。在此基础上，组织相关部门和人员参加的协调会，策划、准备和商定发布会的环节和细节，对业务部门负责人的发言和作答进行专项说明和发言培训。

第二，准备相关材料。一类提供给现场记者，主要包括背景介绍材料、影像图片资料、事实资料页等；如考虑到外国记者的因素，还要准备英文稿；另一类提供给新闻发言人，便于提示发言人在现场快速查找到相关的信息，主要包括口径材料、现场“发布辞”、新闻发布要点提示等。

第三，组织媒体与安排现场。主要包括媒体的组织与发布会现场的安排布置，包括通知记者、会场布置、设备调试、会场工作人员的岗位安排等。

2. 发布中：正式对外发布和同步舆情管理

总体而言，按照确定的新闻发布方案，新闻发布工作小组通过新闻发布会、新闻吹风会、新闻通气会、散发新闻通稿、接受记者采访、口头或者书面回答记者提问等多种形式进行新闻发布，同步开展网络舆情、信息安全、现场秩序等多方面的管理工作。

第一，发布会主持。当多人参与新闻发布会共同回答记者的提问时，一般需要主持人引介发言者并主导会议程序各环节的转换，其工作流程为：①会前向发言人简要介绍发布会现场情况、发布会环节和需注意的主要问题；②引领发言人进场；③宣布发布会正式开始；④介绍新闻发言人的姓名与职务；⑤简单介绍发布主题和背景；⑥请新闻发言人发布信息；⑦提示进入回答媒体提问环节并由主持人邀请记者提问；⑧控制提问时间；⑨宣布发布会结束；⑩引领发言人离场；⑪会后与发言人对发布会作现场小结；⑫视情况安排“独家专访”。

第二，会场管理。会场管理具体包括：①统计到场媒体，门禁或签到处工作人员做好到场媒体统计工作；②宣布注意事项，某些重大发布会开始前可由主持人或相关工作人员宣布发布会“注意事项”；③维持秩序，发布会中各岗位工作人员在岗待命，随时处理突发意外情况；④收尾工作，通常新闻发言人会留出 5 ~ 10 分钟与这些记者作快速的交流，同步应有现场人员在一旁维护秩序。

第三，舆情管理。舆情管理是指针对突发事件的舆情，做好收集、会商、研判、评估、回应、引导、处置等一系列工作。国务院办公厅《〈关于全面推进政务公开工作的意见〉实施细则》作出规定，要求建立健全政务舆情收集、会商、研判、回应、评估机制，对收集到的舆情加强分析研判并进行分类处置。舆情管理的核心是负面舆情风险控制，简称为“舆情风控”，详见本章第三节。

3. 发布后：报道收集与评估总结

新闻发布结束后的短期内，应开展相应的报道收集汇编工作；中长期内，开展相应的总结、奖惩、评估甚至追责工作，启动绩效管理机制，做好相应的总结评估和奖励处罚等工作。

第一，汇编报道。在发布会翌日，通过网络检索和查阅报纸的方式收集新闻发布会相关报道，编辑成报道汇编存档。在收集过程中发现报道中的问题（如报道量偏少、报道失实或偏差等情况）也要及时向新闻发言人反馈，以便快速作出回应。

第二，总结经验。场内负责人和参与各个岗位的工作人员分别写出发布会流程经验总结和岗位经验总结，报送新闻办公室相关领导。时间允许的话，可以开一次工作总结会，交流经验，以提高工作水平，并将经验汇总到工作备忘中，供以后工作参考。

第三，评估效果。针对新闻发布会的主题选择、时机安排、材料准备、发布人表现、广播电视网络直播、翻译质量、境内境外媒体报道等方面进行评估并形成评估报告，供发布会的组织方和发布方以及有关政府新闻发布机构内部研究和决策参考，以及时改进和不断提高新闻发布会质量。重要新闻发布会的评估可以由第三方研究机构承担。

（二）新闻发布的组织机构

由于突发事件新闻发布涉及的部门多、内容广，其组织机构、负责人员及其职责分工应提前做好相应的细化工作，具体包括：

1. 新闻发布领导小组

新闻发布领导小组主要成员由负责应急指挥的政府办、宣传部、新闻办及其主管部门担任，主要职责包括：接受市政府应急指挥部的授权，启动新闻发布工作；审定新闻发布方案，决定新闻发布内容；管理舆情、解疑释惑、澄清事实、批驳谣言、引导舆论、管理记者等。

2. 新闻发布领导小组的成员单位

新闻发布领导小组的成员单位主要成员及其职责包括：主管事件处置或具有应急管理职能的政府主管部门机构及有关单位负责组织领导新闻宣传工作、及时提供信息、拟定新闻稿件、参与新闻发布、回答记者提问等。党委宣传部负责组织指导对内新闻报道、协调解决新闻发布和报道中出现的问题、开展舆情评估和管理等。政府新闻办负责组织指导对外新闻报道、收集跟踪境外舆情、组织开展解疑辟谣、受理记者采访及现场管理工作等。

3. 新闻发布工作小组

新闻发布工作小组主要组成及其职责包括：新闻发布组负责制定新闻发布方案，拟定新闻发布内容，组织新闻发布并回答记者提问等。舆情管理组负责收集整理分析媒体报道、及时上报重要信息、评估研判网络舆论和信息安全风险、组织舆论引导和信息安全管理工作等。综合协调组负责新闻发布领导小组运转、情报信息上报及通报、受理中外记者采访申请及记者管理等。现场处置组为事件现场采访的中外记者提供采访和发稿等服务，并处理新闻发布现场和突发事件现场的各类情况。

4. 新闻发布会现场的工作人员

新闻发布会现场的工作人员主要成员及其职责包括：会场总负责负责台下一切情况处理和人员调度。签到处人员负责签到和资料发放。技术支持人员确保音响、灯光、网络、空调、电力等工作正常，有情况能及时处理。服务生负责答问环节递送话筒，兼带维持秩序。台侧工作人员落座于发布台侧方，随时观察新闻发言人和主持人，处理新闻发布会进行时的特殊情况，兼带维持前排摄影、摄像记者的秩序。通常会安排翻译人员坐在靠近发布台的侧方，以方便与新闻发言人交流，某些新闻发布厅设计有专门的同传室或翻译室以排除现场的干扰。新闻发布会现场的工作人员还包括速录人员、机动工作人员、安全保卫人员。

5. 新闻发布的外部专家组

政府相关部门应组织专门的应急专家队伍。专家队伍既要包括卫生、交通、公安等突发事件专项领域专家，也要包括传播、公关、心理、社会等综合领域专家。常态用于征求应急管理工作建设方面的专家意见，邀请专家参加应急演练，加强专家与政府部门工作人员的协调处置能力，同时也重视对非新闻传播领域专家的媒体素养培训。在突发事件发生时，通过专家发布评论和指导，在向公众说明情况、分析原因背景时发挥专家的专业优势更具权威性、信服力。此外，还应协调专家在媒体上发表权威的意见，帮助媒体鉴别、筛选有价值的专业信息，利用媒体引导公众在突发事件面前进行理性的思考和判断。

（三）新闻发布的常态管理

突发事件新闻发布工作主要在事中应急环节开展，但在常态情况下，应做好相应的管理工作，具体包括新闻平台建设和媒体关系维护、责任管理和绩效评估、制定预案并定期演练、全方位保障四方面工作。

1. 新闻平台建设和媒体关系维护

突发事件新闻发布需借助多种社会平台和渠道，要求新闻发布工作不仅需打造政府自身的信息平台和发布渠道，还需要和媒体打交道，借助新闻媒体的力量发布信息。基于此，在常态情况下，既要做好政府网站、官方微信、官方微博等的建设、运营、管理，也要做好不同部门的政府信息平台之间协同联动，还要加强与外部新闻媒体平台的公共关系与合作交流等。

2. 责任管理和绩效评估

明确机构设置和职责分工，加强组织协调和归口管理，建立绩效评估和问责制度，对重大政务舆情处置不得力、回应不妥当、报告不及时的情况予以追责①，从而倒逼新闻发布和舆情回应工作依法依规有效开展和落实，促进各级政

---

①《国务院办公厅关于印发2018年政务公开工作要点的通知》，国务院官网，2018-4-24，http://www.gov.cn/zhengce/content/2018-04/24/content_5285420.htm。

府及其有关部门进一步增强舆情意识，主动回应社会关切，解疑释惑，正确引导社会舆论。

3. 制定预案并定期演练

政府及其相关部门应制定突发事件新闻发布工作的应急预案。预案阐明在突发事件出现之后各相关部门的新闻发布责任、职能和相关资源，应对媒体和公众的原则与技巧。预案制定后还应在实际工作中针对各种情况及时修订完善，使之能在各种不同的突发事件中实用、有效。同时在日常要适当演练，用时才能井然有序，得心应手。

4. 全方位保障工作

突发事件新闻发布需要通信信息、经费人员、宣传培训等多方面保障，对此应做好以下三方面工作：

（1）建立健全通信网络系统，确保应急期间各相关部门和单位的信息畅通。

（2）根据有关规定，为新闻发布工作提供必要的财力支持、经费保障、人员配备。

（3）做好常态的公众信息交流、政策宣传、常识教育和新闻发布从业人员培训。

第二节　危机公共关系的本质是维护公信力

应急管理的阵地是“现场”和“舆论场”的融合。除了新闻发布，“舆论场”的应急管理还包括危机公共关系，简称“危机公关”(Crisis Public Relation, CPR)。是指针对突发事件或紧急状态，公关主体通过官方发布、媒体报道、记者采访、专家解读、公众互动、危机沟通等工作，以维护公信力为根本，以降低或规避负面影响为目标，以处理好与媒体、与公众的关系为核心，策划并实施的一系列公共关系工作和活动。

一、危机公共关系的“双 SPACE”原则

借鉴企业比较成熟的危机公关原则，针对公共部门公关危机的特征，可以运用危机公关“双 SPACE”原则应对体制上和操作上的困境。危机公关的“双 SPACE”原则见表 5－2。

表5-2 危机公关的“双SPACE”原则

原则缩写	原则要素	原则的具体内容
双S原则	系统原则（System）	危机公关应具备全局眼光、符合系统思考，相关主体运转协调、配合得当、统筹兼顾。具体操作中，可设计制度化的配合方案、权衡系统化的谈判尺度、设定标准化的操作步骤和应对模式，统一危机公关的规则、步伐、口径
	速度原则（Speed）	实践表明：新媒体环境中的公关速度与难度成反比，速度越快的情况下越能把握时机和主动权，公关难度越小。对此在具体操作时应迅速开展公关活动，力求及时控制危机的蔓延；应提前制定公关预案，并制定基本的模式化操作
双P原则	制度原则（Policy）	遵循基本的法律法规和制度规范，开展有序公关。一要有法可依，建立健全和修订完善危机公关的法律法规；二要有法必依，明确所有的危机公关措施均合法守法；三要违法必究，制裁危机公关中的违法行为
	政治原则（Politics）	危机公关可能涉及国际国内政治领域，可能关乎国际关系、国家形象、政府公信。对此，应有政治意识，考量政治影响，符合国家政治稳定和行政管理的要求。具体而言：不得触犯政治“底线”，需符合当前的“政治”任务
双A原则	态度原则（Attitude）	以群众“高不高兴、满不满意、答不答应”为危机公关的衡量尺度，通过提升危机公关的职业化和专业化来获取群众的理解和支持。一是认知度，对危机的性质、特点、规律、危害及其处理方针、政策、对策、职责等有清晰认知且熟练掌握，并通过危机公关展现出来；二是关注度，通过危机公关展现关注社会舆论和群众情绪发展的态度，持积极心态和负责态度来对待群众和媒体；三是力度，提出并实施及时有效的应急措施，并及时通报进展
	权威原则（Authority）	政府权威是政府公关中增进公众信任的核心要素。政府要在危机公关中以权威主公关，以公关树权威，及时发布权威信息以扑灭谣言和反对言论，树立权威的危机公关人员以顺利应对公关危机
双C原则	群众中心原则（Citizen-Centred）	明确危机公关的最终裁判是人民群众，对此应以人民群众的需求为出发点，做好信息公开工作，积极引导公众，避免公众误解。危机公关作为对公众心理和精神层面的干预行为，必须与生理和物质层面的安置补偿相配套，共同减轻和缓解群众遭受的损失与伤害
	谨慎操作原则（Care）	危机公关应做到操作规范、流程周全来有效应对舆情快速变动和演变的特征，力求不扩大公关危机的范围、不加剧公关危机的程度。具体操作时应设置预设预演、实时审查、及时纠偏等环节，同时开展情境应对和弹性操作，根据具体情况作权变应对

表 5-2（续）

原则缩写	原则要素	原则的具体内容
双 E 原则	平等原则（Equity）	将公共利益作为危机公关自由裁量权的判断标准，危机公关的过程中应尽可能实现主体平等、操作公平、结果公正。具体而言：一是要实现主客体间的地位平等；二是要实现操作过程公平；三是要实现实际效果公正
	效益原则（Efficiency）	建设尊重并追求社会效益和群众实惠的危机公关平台。具体而言：一是担负社会责任，为群众提供迫切需要并使之受益的帮助，严格监管不当公关和个体问题；二是关注社会效益，以社会效益为“指挥棒”强化公关活动的社会影响力；三是重视比例原则，避免投入和产出明显比例失调的公关行为，以免产生不良的社会影响

来源：唐钧，《应急管理与危机公关——突发事件处置、媒体舆情应对和信任危机管理》，中国人民大学出版社，2012-10。

二、危机公共关系的机理和规律

掌握危机公共关系的机理和规律，是科学开展危机公关的基础和依据。

（一）危机公共关系的“信息管道”原理

危机公共关系应了解全媒体环境下的“信息管道”（Information Pipeline）原理，掌握信息发展和舆情演变的特征和规律。

“信息管道”原理是指：突发事件发生后的特定时间内，官方来源和非官方来源的多方面信息在一定时间内充满“信息管道”，其中官方信息和谣言及小道消息之间存在博弈关系，“信息管道”若未被官方信息填充满，空隙的地方会滋生谣言和小道消息，危机公共关系的“信息管道”原理如图 5-1 所示。

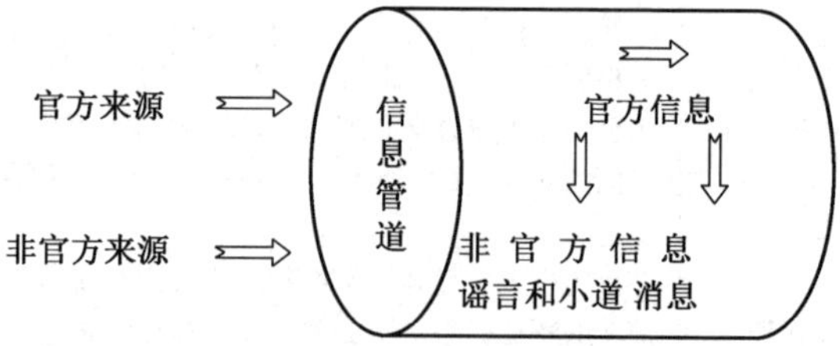

图 5-1　危机公共关系的“信息管道”原理示意图

近年来，互联网和信息化等的快速发展，致使全媒体环境中的“信息管道”原理变得更加复杂，全媒体环境的危机公关“信息管道”原理如图5－2所示。

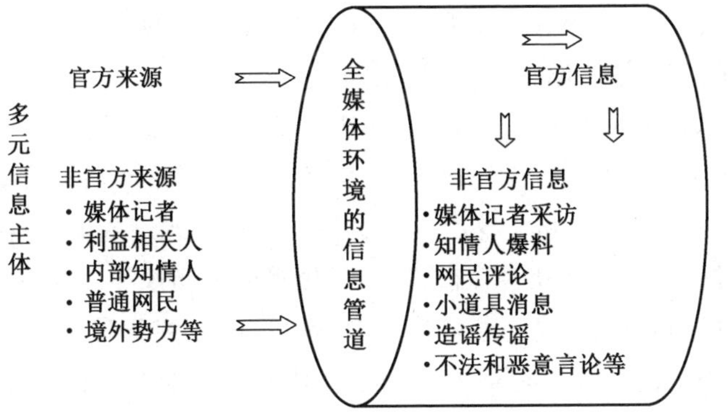

图5－2　全媒体环境的危机公关“信息管道”原理示意图

“信息管道”原理对危机公关提出“信息填充”和“管道净化”的两方面要求。

第一，及时有效开展“信息填充”工作，官方信息应发挥“挤出效应”。填充全媒体“信息管道”的过程中，首要工作是相关部门在应急管理的全流程中传播信息，让官方信息得以及时快速、全面有效填充至“信息管道”中，防止给造谣传谣和小道消息留下“生存空间”。根据全流程的特征，官方信息的传播也要有阶段性的区分和有侧重地开展应对，具体包括：事前，以爆发的可能性、爆发的征兆为重点；事中，以危机的应对、自我的保护为重点；事后，以复发的可能性、阻止复发的措施为重点。

第二，依法依规开展“管道净化”工作，全媒体“信息管道”中存在多种舆论炒作风险，亟待通过舆论净化策略来使“信息管道”恢复明朗和清净。具体实施中，应依据我国在互联网管理方面的相关法律法规和政策文件，对于互联网信息、新闻、出版、表演、文化、视听节目等可能引发舆情产生或加剧舆情传播的相关行业领域，依法依规强化管理。我国逐步建立健全舆论净化的相关法律法规，具体包括《互联网信息服务管理办法》（国务院第292号令）、《互联网新闻信息服务管理规定》（国家互联网信息办公室令第1号）、《互联网文化管理暂行规定》（中华人民共和国文化部令第51号）、《互联网等信息网络传播视听节目管理办法》(国家广播电影电视总局令第39号)、《互联网视听节目服务管理规定》(国家广播电影电视总局令第56号)、《网络出版服务管理规定》(国家新闻出版广电总局、中华人民共和国工业和信息化部令第5号)、《互联网用户账号名称管理规定》《文化部关于加强网络表演管理工作的通知》(文市发〔2016〕12号)、《互联网跟帖评论服务管理规定》等。

(二)危机公共关系的社会心态"181"模型

舆情的多元化来源中,网民爆出的"信息源"增多,可博弈官方的"信息权威",致使"定调子"和"挖层次"的新闻发布议题设置虽确实有用,但已难全面覆盖。对此,应结合社会心态"181"模型的分布规律,开展舆论引导。

新媒体时代的舆情受众态度呈现出1∶8∶1的比例分布,简称为"181"模型①:正态常态下的社会心态呈正态分布,其中80%是总体倾向于中立的态度;另外两个10%分别为极端支持态度和极端反对态度,如图5-3所示。

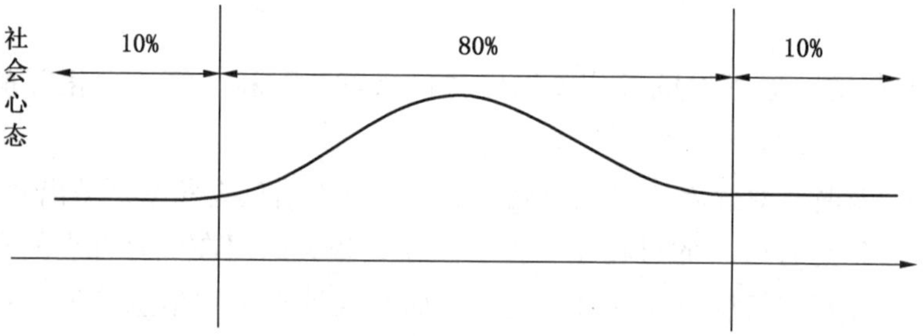

图5-3 "181"模型的社会心态分布规律示意图

在"181"模型的社会心态分布中,"沉默的大多数"是"主流80%"的真实表现,极端反对或极端赞同的两个"极端10%"群体往往呈现出"聒噪的少数派"特征,并且其中可能存在着"别有用心者",故意制造并传播极端声音,尤其是极端反对的声音,进而形成了"沉默的大多数"和"聒噪的少数派"格局。

对此,"定调子"的议题设置应遵循"181"模型的规律,重点关注社会心态中占80%的主流意见,积极争取并维持"主流80%"的认同与配合,寻求社

① 唐钧:《政府风险管理》,中国人民大学出版社2015年版。

会舆论的“最大公约数”。与此同时，妥善处理“极端 10%”：一要避免社会舆论被极端反对 10% 的误导和带偏，二要防止为“讨好”极端反对的 10% 而得罪另外的 90%，三要规避极端支持 10% 的“极端公关”带来适得其反的效果。

（三）危机公共关系的“利益相关”模型

利益相关与否构成了制造、助推、炒作、围观舆情的全部受众，也决定了社会心态的多样化特征，根据利益相关可分为直接利益相关群体、间接利益相关群体、旁观群体三类群体，“利益相关”模型的三类利益相关群体分析如图 5－4 所示。

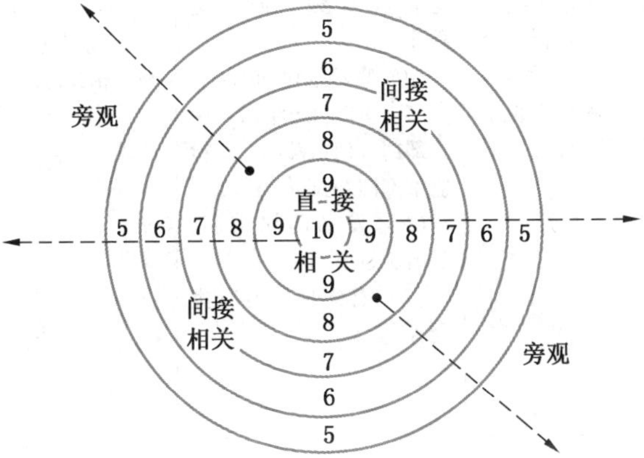

图 5－4　“利益相关”模型的三类利益相关群体分析

对此，应根据利益相关的程度细分受众群体，从直接利益相关群体入手，逐步到旁观的群体，并对其利益诉求进行准确甄别和区别对待，对其可能出现的行为方式进行风险评估和有效防范，“利益相关”模型的利益相关群体分析见表 5－3。

（四）危机公共关系的“两场－三维”机理

综合上述三个原理和模型，系统的危机公共关系应遵循“两场－三维”机理，其中，“两场”是指“现场”和“舆论场”，“三维”是指“事件进展”“信息管道”“群众态度”，危机公共关系的“两场－三维”机理如图 5－5 所示。

在危机公共关系的“两场－三维”机理中，“事件进展”与突发事件新闻发布中“深挖掘”的四个层次设计相一致，将现场和舆论场关联起来。“信息管道”

表5-3 “利益相关”模型的利益相关群体分析

三类相关	主要情绪	主要诉求	主要行为方式	应对原则	具体要求
直接利益相关群体	怒	（1）情绪发泄。 （2）物质赔偿。 （3）精神补偿。 （4）责任人查处。 （5）制度整改永不再犯等	（1）讲述个人遭遇，表达悲伤、愤怒、不满等情绪。 （2）爆料内部情况，指责官方失误或责任。 （3）个体极端行为，危害公共安全或社会秩序。 （4）现场抗议和闹事。 （5）向上级部门、中央部门、信访部门、纪检监察部门等投诉。 （6）发动网络请愿、签名、投票。 （7）召集现场游行集会等	突出“直接利益相关群体”	妥善解决“直接利益相关群体”的合法合理诉求，依据法律法规和政策规定处置好其物质赔偿和精神补偿的工作，并尽可能“全程无责”规避工作过程中的失误和风险
间接利益相关群体	忧	（1）免被害，免于被牵连或受影响，希望“下一个受害者不是我或我的下一代”。 （2）知情权。 （3）制度整改永不再犯等	（1）对于热点舆情的报道和文章进行转载、转发、跟帖、评论。 （2）对于热点舆情事件中受害者的不幸遭遇表达愤慨、同情、担忧等。 （3）对于热点舆情事件中责任方的违法违规、违背公序良俗或失职不作为的行为等表达质疑、愤怒、谴责等。 （4）发动或参与网络的捐款、请愿、签名、投票、举报等	重视“间接利益相关群体”	高度重视“间接利益相关群体”的合法诉求，免于其“下一个受害者是我或我的下一代”的恐慌，积极整改不合理的制度

表5-3（续）

三类相关	主要情绪	主要诉求	主要行为方式	应对原则	具体要求
旁观群体（利益无相关或弱相关）	疑	（1）知情权。 （2）满足围观和看客的好奇心态。 （3）免被害，不被牵连或影响，希望“下一个受害者不是我或我的下一代”。 （4）制度整改永不再犯等	（1）对热点舆情事件予以关注。 （2）对热点舆情的报道和文章进行一定范围的转载转发。 （3）“潜水”中，谨慎评论或跟帖，不表达个人情绪或明确态度。 （4）利用社交平台或自媒体频道，针对舆情背后的深层次问题，给出整改建议等	慎待无利益相关或弱利益相关的“旁观群体”	冷静分析无利益相关或弱利益相关的“旁观者”，保障其合法权益，接受其合理化建议；警惕其中的“别有用心者”的不法言论，实时监控、识别、预警“别有用心者”的存在，及时在网络空间发布官方信息、辟谣，在现场调查取证、落地查处，掌握网络舆论场主动权、主导权，坚决反对和抵制各种错误思潮，维护网络社会秩序和意识形态安全等

注：根据网络相关资料和公开案例整理，为不完全统计，将随社会环境的新变化而异。

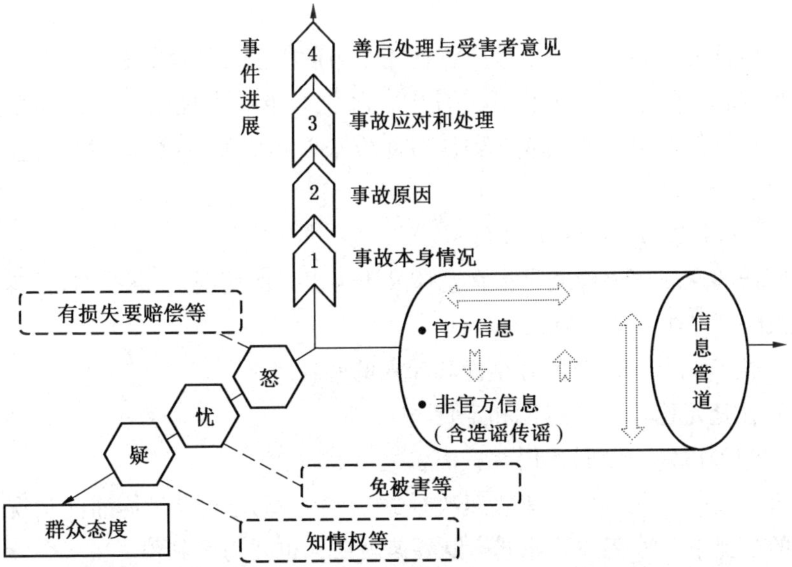

图5-5　危机公共关系的“两场-三维”机理示意图

展现出舆论场的状况机理。“群众态度”与现场的“利益相关”模型相关联。

三、危机公共关系的“责任模型”

责任状况是危机公关策略制定的重要考量因素，是否存在责任及其大小决定了危机公关的方向和战略。基于此，本书提出危机公关的“责任模型”，以公关主体的责任研判为核心，同步考虑“现场”和“舆论场”情况，并结合环境分析和能力评估，形成科学的危机公关决策模式，危机公共关系“责任模型”如图 5－6 所示。

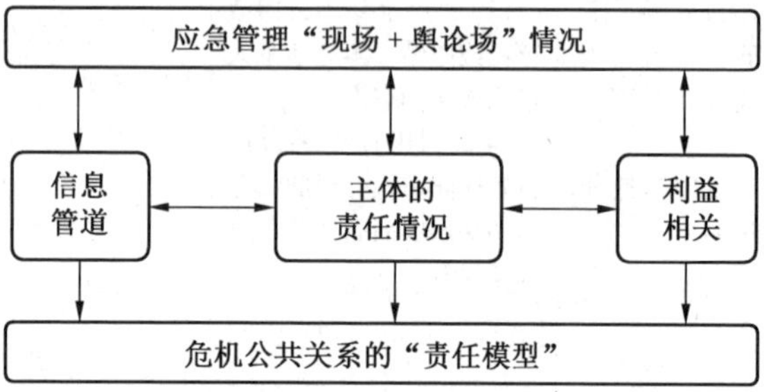

图 5－6　危机公共关系“责任模型”的示意图

突发事件发生后，公关主体应将责任作为危机公关的决策标准，根据管理方的责任采取相应的危机公关模式。其中，既包括单一责任情况下的简单应对策略，也包括责任情况的叠加或交融，对此应采取相应的策略和手段，逐一分解、科学应对。

（一）无责任的速战速决模式

无责任的速战速决模式是指在主体处于无责任的情况下，采取速战速决的危机公关策略，基本要求包括：

（1）快速调查。迅速展开全面和深入的调查。

（2）快速定论。尽快定性和定责。

（3）快速澄清。及时辟谣并广而告之。

危机公关的“无责任的速战速决模式”通常适用于造谣传谣的情况。在调查清楚的情况下，澄清和辟除谣言既要速度快，也要力度到位。

以河南西华公安辟谣“女童遭两名老师多次性侵”为例。在“女童遭两名老师多次性侵”谣言出现并传播的6小时后，公安通过官方微博辟谣；6日后“女童遭两名老师多次性侵”谣言的涉事女童及其姑姑（其姑姑是制造并传播谣言者）承认造谣并公开道歉，有力澄清了谣言，说明了真相。

（二）完全责任的以退为进模式

完全责任的以退为进模式是指在主体处于完全责任的情况下，采取以退为进的危机公关策略，基本要求包括：

（1）诚恳认错，主动表态，承认错误，作出必须的承诺，彰显诚恳的态度。

（2）控制事态，积极作为，遏制事态发展，努力降低伤亡和损失。

（3）主动修改制度缺陷，亡羊补牢，消弭恐慌，争取规避同类危机的爆发。

以某市地铁“问题电缆”事件的企业负责人下跪道歉和企业配合相关部门整改为例。2017年3月，一网民曝光由某公司承建的某市地铁使用劣质材料并偷工减料，存在安全隐患。对此涉事公司法人代表在接受媒体的采访中下跪道歉，公开承认违法行为，并根据国务院的问责决定，依法接受调查、追责、惩罚。

（三）部分责任的社会协商模式

部分责任的社会协商模式是指在主体处于部分责任的情况下，可采取社会协商的危机公关策略，基本要求包括：

（1）采用中立第三方的意见，获得权威解释、专业论证，或其他具有较高公信力方面的认可。

（2）采用“意见领袖”的态度，尤其是争取“异见领袖”转变成见、帮助获得大众的认同支持。

（3）采用“民间”的看法，获取利益相关群体的广泛理解和支持，争取最大基数的认可。

现以“东方之星”沉船事件后的新闻发布为例。2015年6月1日晚发生“东方之星”沉船事件，媒体和网民对现场救援情况、客船倾覆原因、救援实施细节等问题给予重点关注和详细询问。对此，多次官方新闻发布会上聘请相关部门、科研院所、社会组织的技术专家进行现场解说，对事故发生的不可抗力、救援实施的客观难度等进行详细说明，这在客观上有利于取得社会理解。具体包括：

（1）由武汉中心气象台台长出面专业解释事发时江面龙卷风达12级是小概率事件，沉船事故属偶发事件。

（2）由重庆船舶设计院院长出面专业解释船体侧面风压超抗覆能力，客观证实被龙卷风吹翻而发生事故是不可抗力。

（3）由大连海事大学救助与打捞工程专业的教授出面专业解释扶正过程中船体需要受力均匀，救援节奏不能过快。

（4）由大连海事大学救助与打捞工程专业的教授出面专业解释钢缆穿千斤的技术困难，说明救援实施的困难，增加救援结果的可接受度。

（5）由水弹性力学与船舶力学专家、中国工程院院士出面专业解释沉船发生事故时发出求救信号的技术困难，增加救援实施时间的可接受度。

（四）复合情况下的切割责任方案

在复合责任情况下，突发事件牵涉的主体繁多且关系复杂，对于其中的某一主体而言难以用无责、全责、部分责任来准确定责，同时一旦承认责任将可能导致风险升级和危机扩大。对此建议采用适时切割责任的方案，切割掉"病入膏肓"的问题或"恶化升级"的倾向，基本要求包括：

（1）"切割"个体责任，依据相关规定，将个体存在的责任和问题从组织整体中切割出去。

（2）"切割"恶化路径，依据舆情演变和风险管理规则，切断危机恶化路径，防止愈演愈烈。

（3）"切割"新生风险，根据新生风险或风险新变化，动态开展干预，遏制不断涌现的风险源。

以某研究生被炸死于导师工厂事件的校方回应为例说明。2016 年 5 月 23 日，某化工公司发生爆炸，后经调查该公司的实际控制人张某某是某高校能源化工系副教授，其研究生李某当时在工厂工作、因爆炸而身亡。根据网络公开资料显示，张某某所在高校的官方微博、党委宣传部、资产管理公司、人事处、研工部等多个部门分别作出"切割责任"的危机公关回应，规避了校方不必要的责任。要点包括：校方回应事件本身，表达痛心和重视，并明确根据相关部门调查结果来确定责任；同时校方回应当事导师的问题，表示校方不知情、导师违规操作且隐瞒不报、导师涉嫌科技成果侵权、按照规定学生安全由导师和学生各自负责等。

（五）交融情境下的厘清责任方案

在责任交融情境下，突发事件相关的网民爆料、媒体报道、舆论声音等舆情交融复杂，涉事主体面临无责、全责、部分责任三种责任情况叠加且交融的局面。在这种情况下，建议采用厘清责任的方案，依法依规，固证调查，区分责任，切实回应舆论，基本要求包括：

（1）“厘清”问题根源。以法律为“刀”，不回避违法违规的问题。

（2）“厘清”无责情况。对于造谣传谣、诽谤中伤的问题，在相关部门协助下，尽早查明真相、控制责任人、并告知公众。

（3）“厘清”全责情况。以法律法规、“三重危机”模型、民众“零容忍”等为尺度，将其设定为不可触碰的全责“高压线”，提前防范，若遇到则以“以退为进”的模式应对。

（4）“厘清”部分责任情况。对于法律可允许、民众能接受的减责免责的情况依法依规予以办理，并通过“社会协商”模式充分沟通、达成共识。

以某幼儿园涉嫌虐童事件的官方回应为例说明。2017 年 11 月，某幼儿园被爆出虐童事件，随即引发网络热议。根据网络公开资料显示，在媒体报道、“知情人”爆料、舆论施压、网民质疑等多重压力下，涉事幼儿园面临多重责任交融叠加的局面。之后，通过属地公安介入调查并发布通报，逐步厘清责任。

第三节　负面舆情风险防控旨在正面引导和优化形象

一、负面舆情风险防控的对象和要素

舆情是负面影响的最直接的表现形式。基于此，负面影响防范的关键是舆情管理。

（一）舆情是负面影响的直接表现

突发事件的舆情（Public Sentiment）是指突发事件相关的新闻报道、网民意见、媒体评论及其映射的群众对于应急主体及其工作“满不满意、高不高兴、答不答应”的社会心态。基于当前所处的信息化时代，舆情已逐渐脱离纸媒宣传和人口相传的传统场域，转向互联网空间作为其重点场域。同时，由于互联网的开放性特征和全球化趋势，舆情的物理空间常常从某一地区拓展至全国乃至全球。

舆情包含四个元素，通俗可称为“谁在说”“说什么”“怎么说”“谁在听”。具体而言：

第一，“谁在说”是舆情的主体。舆情主体的性质、地位、影响力等都会对舆情的发展态势产生作用。当前任何具备通信基础工具的个体或组织均可能成为舆情主体，传统媒体与新兴媒体、官方媒体与商业媒体、网民自媒体和社交平台交流均可能成为舆情的发源。

第二，“说什么”是舆情的客体，也即舆情的主题和内容。舆情客体是主观性与客观性的统一，一方面舆情受到主体的主观性影响，另一方面在传播过程中其全面程度、精确程度、真实程度等可能受到舆情传播客观规律或因素的影响。

第三，“怎么说”是舆情的方式和渠道。不同的舆情表现方式对群众和媒体的影响力也不同。例如，突发事件现场报道的文字、图片、视频，对于群众而言其可信度不同，群众更容易相信“眼见为实”的报道。舆情传播的渠道和平台也可能对群众态度产生影响。例如，对于突发事件导致人财损失情况的报道，官方媒体比商业媒体和自媒体对群众而言一般更具有可信度。

第四，“谁在听”是舆情的受众。受众的特征差异将导致其会对舆情形成不同的反应。例如，受众文化素质、年龄、性别、地域、职业等差异会影响其对舆情的反应态度，利益相关者和围观群众的态度和结论也有所不同。

（二）负面舆情风险防控的相关要求

我国相关政策文件对于负面舆情风险防控给出具体规定和详细要求见表5－4。

表5－4　负面舆情风险防控的相关要求

相关法律和政策	负面舆情风险防控的具体要求
《国家突发公共事件总体应急预案》	突发公共事件的信息发布应当及时、准确、客观、全面。所谓及时，就是要在事件发生的第一时间向社会发布简要信息，随后发布初步核实情况、政府应对措施和公众防范措施等，并根据事件处置情况做好后续发布工作
《中华人民共和国突发事件应对法》	履行统一领导职责或者组织处置突发事件的人民政府，应当按照有关规定统一、准确、及时发布有关突发事件事态发展和应急处置工作的信息
《中华人民共和国政府信息公开条例》（国务院令第711号）	行政机关应当及时、准确地公开政府信息。行政机关发现影响或者可能影响社会稳定、扰乱社会管理秩序的虚假或者不完整信息的，应当在其职责范围内发布准确的政府信息予以澄清

表5-4（续）

相关法律和政策	负面舆情风险防控的具体要求
《国务院办公厅关于进一步加强政府信息公开回应社会关切提升政府公信力的意见》	建立健全舆情收集、研判和回应机制，密切关注重要政务相关舆情，加大网络舆情监测工作力度，重要舆情形成监测报告，建立重大政务舆情会商联席会议制度，建立政务信息发布和舆情处置联动机制，妥善制定重大政务信息公开发布和传播方案，共同做好政府信息发布和舆论引导工作
《关于全面推进政务公开工作的意见》	建立健全政务舆情收集、研判、处置和回应机制，加强重大政务舆情回应督办工作，开展效果评估。对涉及本地区本部门的重要政务舆情、媒体关切、突发事件等热点问题，要按程序及时发布权威信息，讲清事实真相、政策措施以及处置结果等，认真回应关切
《国务院办公厅关于在政务公开工作中进一步做好政务舆情回应的通知》	进一步明确政务舆情回应责任，把握需重点回应的政务舆情标准，提高政务舆情回应实效，加强督促检查和业务培训，建立政务舆情回应激励约束机制
《〈关于全面推进政务公开工作的意见〉实施细则》	明确舆情回应责任，突出舆情收集重点，做好舆情研判处置，提升舆情回应效果

注：根据公开资料整理，为不完全统计。

（三）负面舆情风险防控的科学流程

负面舆情风险防控涵盖突发事件的负面舆情收集、会商、研判、评估、回应、引导、处置等一系列工作。对此应建立健全政务舆情收集、会商、研判、回应、评估机制，对收集到的舆情加强分析研判并进行分类处置。

舆情管理主要分为舆情分析评估和舆情引导管理两大板块，进而细分为四个环节：

第一，信息收集和“舆情画像”。全面收集和汇总舆情相关事件过程、舆情基本情况、舆情传播状况、舆情受众状况等情况，从而将舆论场的公共危机整体现状进行描述画像。

第二，舆情分析和负面影响风险评估。通过多要素的舆情定性、多种模式的舆情定责、多种方式的舆情风险定级，对舆情进行更深层次的分析与解读。

第三，舆情和负面影响的趋势预测。在舆情状况全面分析的基础上，针对负面舆情的发展趋势，从量化、质性、风险三个维度进行预测。

第四，舆情引导和全面管理。基于舆情分析的结果，规避、化解或干预舆论场的舆情风险，阻止、消除、处置现场的危机。在舆情分析和负面影响评估的基础上，工作中还应加强舆情引导，对“信息管道”中的非官方信息进行有效引导，对“利益相关”群体的社会情绪和态度进行有序疏导。

舆情管理的上述四个环节相辅相成，形成动态循环。

二、舆情风险分析和负面影响评估

负面舆情管理的首要工作是舆情分析（Public Sentiment Analysis），对舆情整体状况、关键要素、负面影响风险等进行全面识别和充分评估，在此基础上开展舆情管理工作。

（一）舆情信息收集

舆情相关的信息收集是前提。应急管理中，舆情收集的重点内容包括：

（1）涉及重要决策部署的政务舆情信息。

（2）涉及公众切身利益且可能产生较大影响的媒体报道。

（3）引发媒体和公众关切、可能影响政府形象和公信力的舆情信息。

（4）涉及重大突发事件处置和自然灾害应对的舆情信息。

（5）严重冲击社会道德底线的民生舆情信息。

（6）对政府及其部门重大政策措施存在误解误读的舆情信息。

（7）严重危害社会秩序和国家利益的不实信息等。

舆情收集应根据舆情信息来源所在的平台，尽可能开展覆盖全媒体、全网络、多渠道的舆情收集，舆情收集渠道主要包括社交媒体、自媒体新闻平台、网络论坛/BBS、网络新闻、新闻跟帖、博客空间、视频播客、网络调查等，详见表5－5。

表5－5　舆情收集的渠道和要点

渠道类型	典型代表	不同渠道中舆情收集的要点
1. 社交媒体	微博、微信、抖音、快手、豆瓣、知乎、QQ、人人、陌陌、抱抱等	以社会关系为基础，具有相对保密性，话题内容更为私密，在很大程度上显示了网民的真实意见
2. 自媒体新闻平台	微信公众号、今日头条、微博签约自媒体、百度百家号、搜狐自媒体、凤凰号自媒体、UC 自媒体、360 自媒体、知乎自媒体、大鱼号、网易号、一点资讯、简书、界面等	以个人订制或兴趣推送的方式关注，形成焦点事件的发布平台，在一定程度上显示了网民的关注导向

表5-5（续）

渠道类型	典型代表	不同渠道中舆情收集的要点
3. 网络论坛/BBS	天涯社区、百度贴吧、猫扑社区、凤凰论坛、搜狐论坛、网易论坛、凯迪社区、新浪论坛、中华网论坛、大旗网等论坛	（1）根据帖子热度和跟帖讨论的内容，评估网民的倾向性意见。 （2）收集全国性舆情时重点关注典型代表中的论坛。 （3）收集地方舆情时重点关注各省市级地方地域性论坛。 （4）关注相关行业、单位、企业的官方网站、论坛与留言板
4. 网络新闻	（1）新浪、网易、腾讯、谷歌等商业性新闻网站。 （2）人民网、新华网、央视网等官方权威性网站	（1）根据新闻热度，可在一定程度上评估网民态度偏好。 （2）兼顾商业性新闻网站和官方权威性网站，部分还应关注境外舆情
5. 新闻跟帖	人民网、新华网、网易、搜狐、新浪等各大门户网站	根据新闻跟帖热度和跟帖讨论内容，可在一定程度上评估网民意见
6. 博客空间	新浪博客、搜狐博客、百度空间、QQ 空间等	根据发帖的主题、内容、热度，可汇总并整理形成网民的意见
7. 视频播客	优酷（土豆）、爱奇艺、搜狐、芒果、Bilibili 站、Acfun 站、凤凰视频、56 视频等视频网站	（1）根据视频热度和跟帖留言，可在一定程度上评估网民的意见。 （2）重视视频和播客的价值，及时抽取有价值的内容
8. 网络调查	（1）直接开展网络调查的平台，如第一调查网、问卷星等。 （2）介绍或引用网络调查结论的网帖、文章	（1）运用网络调查方式就某一社会热点事件、话题和现象进行民意的征集和测试，是最直接了解特定话题舆论和民意的途径。 （2）网民意见已通过调查进行了汇总整理和初步统计分析。 （3）网络调查存在相应误差

舆情收集可通过人力操作或人工智能来实现，其基本原理是“信息抓取→信息匹配→信息筛选”。一是基于相关性的信息抓取，在互联网上搜索并获取与目标相关的信息，其核心在于如何全面、快速获取有关信息。二是基于关键词的信息匹配，即提炼与舆情事件紧密相关且具备敏感性的关键词，以此为索引，与

抓取的信息进行扫描比对，查看信息中是否存在相应的关键词。三是基于有用性的信息筛选，对于抓取和匹配的信息进行审查和判定，筛除无用或可用性较低的信息，找出可利用的有效信息。基于此，获取与舆情相关的有效信息，为舆情画像呈现提供原材料和依据，也为接下来的舆情评估和趋势预测打下基础。

（二）舆情全面画像

负面舆情评估的基础工作是舆情的现状画像，简称“舆情画像”，是指在舆情收集的基础上，对舆情事件本身及其传播过程给予描述画像。

1. 突发事件的“舆情事件画像”

在舆情收集的基础上，对于负面舆情所呈现出的突发事件本身作出描述画像，主要从以下两方面作出初步呈现：

（1）对舆情核心事件的过程进行梳理，包括该事件的背景、起因、经过、后果、调查处理等方面的最新进展和整体情况。

（2）对事件所有舆情进行分阶段梳理，对事件舆情过程进行分时段或分阶段的梳理。一般而言，舆情可分为酝酿期、升温期、高潮期、消退期，不同时期的舆情传播数量和舆论侧重点不同。

2. 突发事件的“舆情传播画像”

互联网环境中的舆情传播，一方面传播源头多，既有官方信息、也有民间声音；既有记者挖掘、也有内部爆料。另一方面传播速度快，突发事件初次曝光后，根据事件严重程度和影响范围，舆情将快速传播并迅速形成某一区域甚至全国性、全球性的舆论热点事件。

基于此，舆情传播画像应尽可能全面仔细，从传播数据、传播路径、传播焦点、传播走势等方面做全方位展现。

（1）舆情传播数据。包括综合新闻媒体、网络自媒体两类的传播数据，对于全网的舆情热度、舆情声量等也可作相关统计分析。当前多种舆情监测和分析软件，基本能够对舆情传播数据予以分析和展示，但由于数据抓取工具、数据分析指标等主观客观情况，最终结果存在相应的误差。

（2）舆情传播路径。是指舆情在一定时间内从产生到扩散，以转载、转发媒介（媒体及自媒体）等为节点构成的传播过程。

（3）舆情传播焦点。传播焦点是指舆情传播过程中关注度最高的关键词、关联词、敏感词、媒体报道热点、网民话题热点等。

（4）舆情传播走势，一般以小时、天等时间单位为节点，检索舆情事件各个时段的传播数量和关注焦点，绘制传播走势图，以此观察舆情发酵的状态和趋势。

3. 突发事件的“舆情受众画像”

突发事件的舆情受众是指舆情产生接受、回应、评论、转发转载甚至制造二次舆情的主体（个体或群体、个人或单位），包括舆情接受者、关注者、二次传播者等。互联网空间中的舆情受众已不再受物理空间限制，可能遍布全国乃至全球，舆情受众的身份、特征、态度等也呈现多样化特征。基于此，舆情受众画像应尽可能全面仔细，从受众的属性和反馈两方面做全方位展现。

舆情受众的属性画像，既包括舆情受众在网络环境中的身份特征、活跃状况、参与平台、粉丝数量、表达习惯、兴趣分布等的“舆论场”属性特征，也包括对舆情受众在现实环境中的地理位置、身份特征、职业、年龄、学历、收入状况等方面“现场”属性特征，从而绘制舆情受众属性特征的全方位、立体化画像。

舆情受众的反馈画像是指对舆情受众的态度、看法、意见、言论的分析，以及对其支持、理性、共识等的程度测量。一般而言，舆情受众反馈可分为4种态度、7种情绪、16种心态，舆情受众的情绪、态度、心态汇总见表5-6。

表5-6 舆情受众的情绪、态度、心态汇总

分析维度	细化情况	舆情展现形态
态度（4种）	正面倾向、中立态度、负面倾向、不确定态度	关键词等
情绪（7种）	支持、乐观、中立、质疑、担忧、畏惧、反对	关键词、表情、标点符号等
心态（16种）	（1）基于信任官方基础上的支持。 （2）对利国项目的支持（保障国家安全、增进国家利益、维护国家形象等）。 （3）对利他项目的支持（方便他人、扶助弱势群体、带动地区经济发展等）。 （4）对利己项目的支持（提高个人收入、降低生活成本、带来生活便利，提高生活质量等）。 （5）对不损己项目的中立态度。 （6）对任何事件无所谓的态度。 （7）充分了解、全面认识、理性思考基础上的辩证态度。 （8）尚未表态的不明确态度。 （9）对可能产生纠纷的担忧。	关键词、表情、标点符号等

表5-6（续）

分析维度	细 化 情 况	舆情展现形态
心态（16种）	（10）对安全、污染等共性问题的担忧。 （11）邻避效应（Not In My Back Yard）“不要建在我家附近”的心理。 （12）对属地政府和相关部门管理能力的不信任。 （13）对责任主体的怀疑。 （14）对未知事物的畏惧。 （15）对特定项目的畏惧。 （16）绝对反对的逆反心态	关键词、表情、标点符号等

注：该表为不完全概括，具有相应的误差。

（三）舆情分析定级

负面舆情的全面分析主要从舆情定性、主体定责、风险定级三个维度开展。

1. 负面舆情的定性

突发事件的舆情应从舆情源头、舆情传播、舆情受众、舆情环境的四要素予以定性。

第一，舆情源头的定性。是指对舆情所涉及突发事件中的“人”和“事”进行定性分析，其中“人”是指舆情相关群体，“事”是指舆情相关事件。一方面，对舆情涉及的主体（个体或群体、个人或单位）进行定性分析，分析主体的特征属性和利益诉求，尤其是对主体是否存在合法合理诉求未被满足、存在不合理诉求或过高期望、是否涉及境外反动势力、是否为公共安全高危人群等问题予以分析研判。另一方面，对舆情相关事件进行分析，对舆情涉及具体事件进行定性分析，尤其是对该事件是否涉及敏感群体、敏感事件、敏感地区、敏感时段等问题予以分析研判。

第二，舆情传播的定性。是指对舆论制造传播者和舆论传播状况的定性分析。具体包括：对制造并传播舆情的主体（个体或群体、个人或单位）予以定性，尤其是对发布、曝光、转发、转载、评论的主体是否涉及造谣传谣、是否为敏感群体、境外势力、公共安全高危人群予以分析；对舆情传播从空间范畴开展定性分析，包括舆情地域空间关联性、舆情地点特殊性、舆情地域连锁反应等；

对舆情传播从时间范畴进行定性分析，包括舆情时间历史关联性、舆情事件敏感性、舆情传播和发展的时间规律和趋势等。

第三，舆情受众的定性。是指对舆情受众的情绪态度、意见倾向、身份情况、实际行动等进行的定性分析。具体包括：对舆论总倾向和网民态度分析；对关注该舆论事件的人群分类分级；媒体与网民对舆论事件当事人、责任方的态度分析；网民对事件本身的反应程度。

第四，舆情环境的定性。是指将舆论事件置于“现场”和“舆论场”的整体社会环境中深入考察，利用心理学、社会学、统计学、新闻传播学、公共管理学等学科理论方法进行深化的定性分析。具体包括：评估网络舆论的社会综合风险程度；评估舆论反映的群众的利益诉求，列出群众的需求清单；分析舆论反映的社会心态、深层次成因和后果等。

2. 负面舆情的主体定责

负面舆情的相关主体定责，通常参考以下四种效应下的责任模式。

第一，“舆论场归因现场效应”下的法律责任。“舆论场归因现场效应”是指“舆论场”的负面舆情事件均会对应“现场”的尤其是因主体责任事故引发的突发事件。基于此，应依法依规对舆情所对应的现实突发事件进行责任调查，明确涉事的企事业单位或社会组织负责人、相关部门责任人、属地政府责任人等的法律责任。但现场事件调查的时间周期往往较长，为了在短时间内及时平息“舆论场”的危机，一般会以舆情反映的情况为线索，结合现场调查的相关证据，以“警情通报”等形式对调查结果和责任情况予以实时说明。

第二，“舆论场维序维稳效应”下的行政责任。“舆论场维序维稳效应”是指负面舆情传播中，既可能出现造谣传谣、虚假信息、恶意中伤、造谣诽谤甚至不法言论，对舆论场的社会秩序和稳定造成严重影响，也可能出现互联网的违法扰序行为发展成为现实的违法犯罪行为。因此，维护舆论场秩序稳定同样重要，对于利用舆情来破坏舆论场秩序稳定的，应依据法律法规①追究其行政责任。

①《中华人民共和国刑法》《中华人民共和国民法通则》《中华人民共和国治安管理处罚法》《计算机信息网络国际联网安全保护管理办法》《互联网信息服务管理办法》《最高人民法院、最高人民检察院关于办理利用信息网络实施诽谤等刑事案件适用法律若干问题的解释》等相关法律法规明文禁止互联网造谣传谣和扰乱秩序的多种情形，包括：煽动颠覆国家政权、推翻社会主义制度；损害他人的商业信誉、商品声誉，给他人造成重大损失；侮辱或诽谤他人；编造虚假信息，严重扰乱社会秩序等。

第三，“舆情连带效应”下的负面影响责任。“舆情连带效应”是指现场突发事件在舆情的作用下，连带产生社会恐慌、民众质疑、舆论谴责、形象危机、公信受损等一系列负面影响。对此，应深究突发事件及其舆情传播中受到舆论谴责、社会质疑最为严重的相关责任主体，并根据调查确定其确有责任、排除造谣传谣和恶意诽谤的，依据党纪条例、国家法律法规、政府部门相关规定①，追究其在负面影响方面的责任。

第四，“主观舆论审判效应”下的社会责任。“主观舆论审判效应”是指在警方调查、司法审判尚未给出明确结果的情况下，部分网民会根据舆情传播中的相关证据、言论、观点等给涉事人员予以舆论上的“主观定罪”，涉事人员可能未出现违法违规违纪的行为或对事件不负有直接相关责任，但被舆论认定为有责任或应负全责，并被媒体报道和网民言论所批评指责。舆论审判与法律审判相比，缺乏明确规则和规范制度，也缺乏真实证据和专业审核，致使复杂的事件真相可能被简单化、片面化，民意也可能被误导、带歪甚至被恶意煽动，也可能出现不法分子试图通过舆情声势影响案件判决结果的“舆论”影响司法。虚假不公的媒体报道或网民言论可能对当事人的声誉和隐私造成损害等负面影响。

3. 负面舆情的风险定级

负面舆情的风险定级，即对舆情可能产生的风险等级进行分析，通常有如下两种方法：

第一，“后果危害度－社会关注度”定级（Hazard－Attention，H－A 定级）。根据舆情事件的后果危害程度和社会关注程度对舆情风险进行等级研判。实际操作中，后果危害度和社会关注度，将通过定量化或可操作化的分级指标予以明确。负面舆情“后果危害度－社会关注度”定级标准示例见表 5－7。

第二，“社会责任－负面影响”定级（Responsibility－Influence，R－I 定级）。根据舆情事件中相关主体的社会责任和舆情所产生的社会负面影响进行风险等级研判，负面舆情“社会责任－负面影响”风险定级示例如图 5－7 所示。

---

①《中华人民共和国刑法》《中国共产党问责条例》《中国共产党纪律处分条例》《关于实行党政领导干部问责的暂行规定》《国务院关于特大安全事故行政责任追究的规定》《生产安全事故报告和调查处理条例》等相关党纪条例和法律法规对于“造成特别恶劣社会影响”“损害党的形象”“在社会上造成不良影响”“社会影响恶劣”的多种情形作出严惩严罚的要求。

表5-7　负面舆情"后果危害度-社会关注度"(H-A) 定级标准示例

级别	分级标准	
	后果危害度指标（H）	社会关注度指标（A）
特别重大（Ⅰ级）舆情	（1）属地内发生严重危害国家安全、具有明显政治倾向的舆情。 （2）产生对属地公共安全和社会秩序造成严重影响的突发负面舆情。 （3）可能导致大规模群体性事件、政治性煽动事件或其他易被政治势力利用的舆情。 （4）需要统一指挥、协调属地有关部门和力量进行紧急处置的舆论事件	（1）境内主要重点新闻网站大量报道有关负面信息，引发大量网民留言或论坛讨论的事件。 （2）境内主要商业网站大量转载有关负面信息,引发大量网民留言或讨论、评论。 （3）境内有关微博网站大量网民转发评论，出现行动性、煽动性言论。 （4）境内主要知名论坛大量炒作相关负面信息。 （5）境外主流媒体和网站进行相关报道的负面信息
重大（Ⅱ级）舆情	（1）在较大范围内对属地公共安全和社会秩序造成重大危害和影响的突发负面舆情。 （2）易由此引发政治性事件或授人以柄的突发负面舆情。 （3）需要统一指挥、协调相关部门和力量进行紧急处置的舆论事件	（1）境内重点新闻网站报道有关负面信息，引发一定数量的论坛讨论。 （2）境内知名商业网站转载有关负面信息，引发一定数量网民留言。 （3）境内有关微博网站一定数量网民转让评论。 （4）境内主要知名论坛进行相关讨论。 （5）境外少数媒体和网站进行相关报道
较大（Ⅲ级）舆情	（1）在一定范围内对属地公共安全和社会秩序造成一定危害和影响的突发负面舆情。 （2）需要指挥协调有关力量进行紧急处置的舆论事件	（1）境内少量新闻网站转载有关负面信息。 （2）引发少量论坛讨论。 （3）境内有关微博网站少量网民转发评论。 （4）境内主要知名论坛有相关讨论但未成为热点
一般（Ⅳ级）舆情	（1）在小范围内对本属地公共安全和社会秩序造成一般的危害和影响的突发负面舆情。 （2）需要协调有关力量进行处置的舆论事件	（1）境内少量商业网站报道有关负面信息。 （2）境内少量论坛、微博网站有相关讨论但未形成热点

注：根据《印江自治县突发事件网络舆情处置应急预案》①总结改编，为不完全统计。

① 该预案内容可参见 http://www.yinjiang.gov.cn/xxgk/zxgk/sjyqfxpgjz/201702/t20170209_1624203.html。

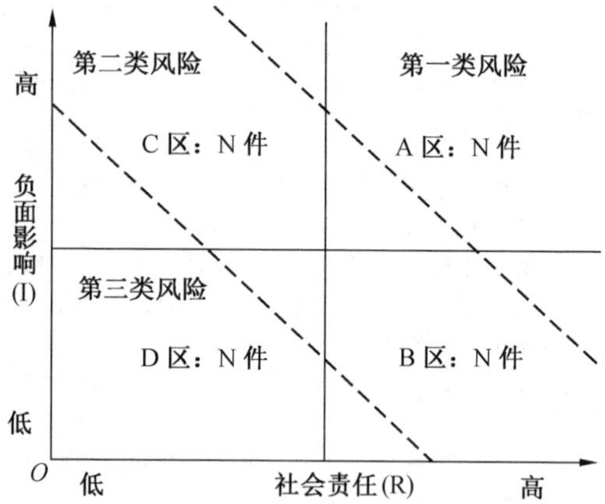

图5-7　负面舆情“社会责任-负面影响”(R-I) 风险定级示意图示例

（四）舆情趋势预测

负面舆情可通过采取定量和定性相结合的方法，根据舆情演变规律和原理进行趋势研判。

1. 负面舆情趋势的量化预测

负面舆情趋势的量化预测一般应用舆情发布者状况、舆情传播状况、舆情受众互动状况的指标，负面舆情的量化趋势预测指标见表5-8。

表5-8　负面舆情的量化趋势预测指标（示例）

舆情预测范畴	舆情预测要素	舆情量化预测指标
舆情发布者状况	（1）影响力变化	业界地位、社会地位、粉丝数量、关注群体、转载量、关系网等
	（2）活跃度变化	发帖量、回帖数等
	（3）价值观变化	舆情发布语义信息等
舆情传播状况	（1）主题深挖或衍生	公共安全、民生权益、政策法规、医疗卫生、生态环保、官员问题、伦理道德等
	（2）关注度	参与评论人数、点赞数量等
	（3）信息主题危害度	高、中、低、无
	（4）舆情形式	照片、视频、录音、文字等

表5-8（续）

舆情预测范畴	舆情预测要素	舆情量化预测指标
舆情传播状况	（5）传播媒体和平台	报纸、杂志、电视、广播、门户网站、网络论坛、博客/个人空间、短信邮件、微博微信、移动客户端等
	（6）传播媒体影响力	总流量、日流量、点击率等
	（7）舆情传播度	转载量、报道次数等
舆情受众互动状况	（1）负面指数	回帖总数、负面回帖总数、中性回帖总数等
	（2）受众影响力	影响力地域范围、舆情回复语义信息等
	（3）参与频度	点击量、评论数、回复量、转载量等
	（4）网民分布状况	IP地址等

注：根据网络公开资料和案例总结而整理，为不完全统计。

2. 负面舆情趋势的质性预测

负面舆情趋势的质性预测是指对舆情走向和发展趋势的研判，一般从舆情传播扩散路径、传播焦点转移、受众观点态度变化、相关方介入影响、应对成效、环境因素变化等入手进行预测，为后续舆情应对提供较全面参考，负面舆情趋势的质性预测指标见表5-9。

表5-9　负面舆情趋势的质性预测指标（示例）

舆情预测要点	舆情预测的参考标准
舆情传播扩散路径预测	（1）来自网民爆料的敏感信息，需梳理网民观点、跟进关注情况的同时，研判媒体介入报道的可能性和报道方式等内容。 （2）来自媒体首发报道的信息，需预判有关报道内容在网民中可能引起的反响，评估报道在社交媒体的扩散情况
舆情传播焦点转移变化预测	（1）传播焦点转移经常出现在舆情事件发展的中后期。 （2）传播焦点的转移根本原因是舆论关注矛盾焦点的转移。 （3）促成传播焦点转移的因素可能是新事实或细节的披露，或媒体、涉事单位的主动引导
舆情受众观点态度变化预测	（1）舆情多渠道扩散或舆情关注焦点转移，将引发舆论场观点倾向的变化，是舆情走向的直接显性表征。 （2）反转舆情可能导致舆论态度和观点的颠覆性变化

表5-9（续）

舆情预测要点	舆情预测的参考标准
舆情相关方介入影响预测	应视情况考虑监管部门、新闻媒体、专家学者、竞争对手、合作方、受害方、律师等各方面因素，研判其介入时机、介入方式、介入程度和产生的影响
舆情应对成效预测	应从官方响应、信息发布、公信力、动态反应、问责处理、应对技巧六大角度进行梳理，评估舆情应对的特点、优点、缺点、经验、教训、态度、策略等内容
舆情环境因素变化预测	（1）社会思潮、公众心理和社会矛盾基本面等环境因素对舆情的影响。 （2）行业特点、政策背景、历史因素、关联话题、媒介传播特点等环境因素对舆情的影响

注：根据网络公开资料和案例总结而整理，为不完全统计。

3. 负面舆情风险的升级预测

负面舆情因其所具备的关注社会动向、向政府施压、动员社会公众等特征，其风险逐渐从虚拟走向现实。一方面，舆情风险可能从“网络集群”发展到“实地集会”，网民在网络中对热点事件和话题的讨论可能随着事态发展而不断变化，不满的态度可能发展为现实的抗议示威。另一方面，舆情风险可能从“虚拟无序”演变为“现实违法”，网民通过网络来汇聚民意、形成舆论施压、造成虚拟无序的同时，可能升级为现实中极端犯罪、恶意报复等违法违规行为。基于此，应做好舆情风险的升级预测，负面舆情的风险升级预测见表5-10。

表5-10　负面舆情的风险升级预测（示例）

风险行为预测	风险升级	预测类型
（1）现场集体的极端行为	高危	现场实地风险预测
（2）现场个体的极端行为		
（3）现场集体的行为艺术		
（4）现场个体的行为艺术	中危	
（5）网上召集现场		虚拟空间风险预测
（6）网上大规模关注和讨论	低危	
（7）网上一定范围的讨论		
（8）个体网上发帖		

注：根据近年来国内外典型案例总结，为不完全概括，具有相应的误差。

三、舆情风险应对与负面影响防控

习近平总书记曾针对突发事件的舆情应对作出“及时发布权威信息，加强舆情引导”[①] 的相关指示。基于舆情分析的结果，舆情引导应遵循基本原则，采取“正面引导”“否定责任”“降低责任”“减轻敌意”“重塑形象”的一系列科学策略。

（一）舆情引导与负面影响防控的基本原则

科学的舆情引导有利于规避舆情风险、化解舆情危机，应遵循以下原则：

1. 党性原则

舆情引导要体现党的意志、反映党的主张，维护党中央权威、维护党的团结，做到爱党、护党、为党；要增强看齐意识，在思想上、政治上、行动上同党中央保持高度一致；要坚持党性和人民性相统一，把党的理论和路线方针政策变成人民群众的自觉行动，及时把人民群众创造的经验和面临的实际情况反映出来，丰富人民精神世界，增强人民精神力量。

2. “四个力”原则

舆情引导应坚持“传播力、引导力、影响力、公信力”。党的“十九大报告”提出“高度重视传播手段建设和创新，提高新闻舆论传播力、引导力、影响力、公信力”，习近平总书记在2018年1月3日党的新闻舆论工作座谈会上指出“尊重新闻传播规律，创新方法手段，切实提高党的新闻舆论传播力、引导力、影响力、公信力”[②]

3. 中心目标原则

舆情引导应坚持“高举旗帜、引领导向，围绕中心、服务大局，团结人民、鼓舞士气，成风化人、凝心聚力，澄清谬误、明辨是非，联接中外、沟通世界”的中心目标。对此，必须把政治方向摆在第一位，牢牢坚持党性原则，牢牢坚持马克思主义新闻观，牢牢坚持正确舆论导向，牢牢坚持正面宣传为主。

4. 正确导向原则

各级党报党刊、电台电视台要讲导向，都市类报刊、新媒体也要讲导向；新

---

①《习近平对江苏响水天嘉宜化工有限公司“3·21”爆炸事故作出重要指示》，中国共产党新闻网，2019－3－22，http://cpc.people.com.cn/n1/2019/0322/c64094－30990417.html。

②《提高党的新闻舆论传播力引导力影响力公信力》，人民网，2018－1－3，http://theory.people.com.cn/n1/2018/0103/c416126－29743627.html。

闻报道要讲导向，副刊、专题节目、广告宣传也要讲导向；时政新闻要讲导向，娱乐类、社会类新闻也要讲导向；国内新闻报道要讲导向，国际新闻报道也要讲导向。

5. 正面宣传原则

舆情引导中应贯彻落实“团结稳定鼓劲、正面宣传为主”的原则。做好正面宣传，要增强吸引力和感染力。要根据事实来描述事实，既准确报道个别事实，又从宏观上把握和反映事件或事物的全貌。要直面工作中存在的问题，直面社会丑恶现象，激浊扬清、针砭时弊，同时发表批评性报道要事实准确、分析客观。

6. 分众化原则

舆情引导应强化用户意识和内容意识，做好受众细分和内容创造，以“适应分众化、差异化传播趋势”①，促进官方信息的分众传播和精准传播。要研究舆情受众特点，实行精准推送；要研究舆情受众需求，积极提供人民群众需要、喜爱的功能和服务；要强化内容意识，增强优质内容的创造能力；在重大问题或关键节点上要勇于发声且善于发声，科学地设置议题和挖掘层次等。

（二）“正面引导”，改善舆论生态

“正面引导”的舆情引导策略是指相关主体所开展的一系列正面引导媒体舆论和社会态度的工作。一般在常态就应做好相关工作，危态时根据需要持续使用，从而有效改变舆论生态。“正面引导”应遵循以下三原则：一是正面宣传，弘扬正能量，突出正面亮点，弘扬正向观点；二是正本清源，做好相关的辟谣和劝说工作，让舆论回归正面；三是引导民众，积极配合，形成正面的社会舆论氛围。具体操作中可使用以下三种方法：

1. 宣传说理式引导

宣传说理式引导是指相关主体通过直接向受众说明情况、说清政策、讲明道理，以达到说服对方、正面引导的效果。既是对受众知情权的充分尊重和保障，也能发挥沟通、说服的作用，消除群众对应急工作的质疑和误解，引导群众配合相关工作。

2. 互动参与式引导

① 2018年1月3日，习近平总书记在党的新闻舆论工作座谈会上指出“要适应分众化、差异化传播趋势，加快构建舆论引导新格局”。

互动参与式引导是指与群众开展互动交流、邀请群众参与常态风控或危态应急的工作，让其了解相关工作的性质、意义、难度，从而来正面引导民意、降低社会阻力。一方面，在了解人民群众的意见和态度的同时，向人民群众传播及时有用的讯息。另一方面，互动参与式引导既有利于获取群众对应急工作的理解，引导群众主动配合，同时也有利于营造社会共同参与治理的良好氛围。

3. 转移视线式引导

转移视线式引导是指可能引发民众质疑的突发事件发生后，通过解读现有政策、展现以往类似问题处置、剖析国外同类问题应对、发布民众自保指南和自救攻略等的话题代入和大量报道，将民众的关注点从当前事件上转移出去，引导其关注更全面、更客观、更有益于其切身利益的事实或问题。

（三）“否定责任”，规避形象蒙冤

“否定责任”的舆情引导策略是指当相关主体不存在责任但被怀疑、误解、造谣有责时，及时开展责任的官方声明或信息发布，从而规避因被误认为有责而产生的形象蒙冤。“否定责任”的舆情引导策略应遵循定责准确、否定可信、不轻易变动或更改的基本原则。

1. 直接否定责任法

相关主体直接否定责任，主要包括两种情况：一是突发事件发生后，及时发声，撇清责任；二是被怀疑有责之初，快速辟谣，否定责任。

第一，及时发声，撇清责任。涉及群众切身安全和利益的事件易被网民关注和媒体报道，这一过程中可能会出现涉及执法部门的责任问题。对此，相关主体可自行出面，及时发声，撇清责任，也直接否定了可能出现的责任问题。

第二，快速辟谣，否定责任。个人安全、公共安全、社会秩序等领域易出现造谣传谣。一旦出现造谣传谣的紧急情况，相关主体应立即查明并公开真相，对外发声以辟谣，消除社会恐慌，同时也达到否定责任的效果。

2. 间接否定责任法

相关主体借助其他主体或渠道来间接否定责任，主要包括两种情况：一是邀请中立第三方，协助否定责任；二是由“官方自媒体”发声，辅助否定责任。

第一，中立第三方协助否定。邀请专业、权威、中立的第三方单位、组织、机构或专家来进行权威解释、专业论证，更有利于澄清事实、回应质疑、否定责任。

第二，“官方自媒体”辅助否定。“官方自媒体”是指由某一领域或行业中的公共部门从业人员以个人名义在微信、微博等平台开设的自媒体频道。在突发事件发生后，面对社会质疑或造谣传谣时，对于某些不便于官方平台直接说明的情况，在确保合法、真实、客观、可信的情况下，通过此类自媒体平台予以公开说明、澄清事实真相，从而回应质疑、否定责任。

（四）“降低责任”，缓解形象受损

“降低责任”的舆情引导策略是指当相关主体存在部分责任或不存在责任，但被怀疑、误解或造谣应负全部责任时，可开展相应降低责任的舆情引导工作，以缓解形象受损问题。“降低责任”的舆情引导策略应遵循态度诚恳、证据确凿、逻辑合理、可被监督的基本原则。在具体操作中可使用直接或间接否定责任的方法。

1. 直接降低责任法

直接降低责任主要从客观原因出发，通过举证“不可能”或“偶发性”、强调“难识别”和“难防范”等方法，降低主体责任。

第一，举证“不可能”或“偶发性”。相关主体证明该突发事件属于“五十年一遇”“百年难遇”“千年未遇”的极低概率事件，虽然主管部门具有安全提醒、宣传教育等责任，但事件本身是由不可抗力所引发。举证“不可能”或“偶发性”时，注意要确有证明，能够举证倒置，经得起推敲检验和各界监督。

第二，强调“难识别”和“难防范”。相关主体展现该突发事件的发生原因是在事前“难识别”或“难防范”的，客观上存在风险识别和防范的极大难度。强调“难识别”和“难防范”时注意要有切实的证据，并有先例。

2. 间接降低责任法

间接降低责任主要从主观原因出发，相关主体通过说明自身受到刺激、正当防卫、良好意图却办了坏事，或者适度回击对方，降低自身责任。

第一，说明受到刺激和正当防卫。相关主体说明该事件属于受到刺激之后的正常反应和正当防卫。这一方法在使用中需证据确凿、逻辑合理。欧美等国在遇到警察枪杀嫌疑人，尤其是白人警察枪杀黑人的事件后，多以“警察自卫”“正当防卫”等理由为警察做无罪辩护，以期降低甚至否定可能存在的“暴力执法”“选择性执法”等责任。

第二，突出良好意图，体现“情有可原”。相关主体突出良好意图，在说明事件的起因和过程中，强调是抱着良好的意图开展相关行动，操作失误或客观原因导致意外事件出现；通过“出发点是好的”，属于“好心办了坏事”来体现出负面后果的“情有可原”。这一方法在使用中注意保持诚恳态度。

第三，适度回击对立方。相关主体尝试向对立方予以适度回击，抛出对于对立方责任的质疑，或者挖掘对立方“丑闻”以降低对方的可信度。这一方法在使用中须以事实为依据，经得起实践检验和群众监督，否则适得其反。

（五）“减轻批评”，缓和舆论氛围

“减轻批评”的舆情引导策略是指当相关主体确实存在责任，并因此遭到网民质疑、社会批评、舆论施压时，可应用媒体开展相应减轻舆论批评、缓和舆论氛围的工作。“减轻批评”的舆情引导策略应遵循态度诚恳、证据确凿、有实际行动的基本原则。

1. 态度导向的减轻批评法

态度导向的减轻批评法是指以好的公关态度来减轻公众批评。

第一，态度诚恳，及时回应质疑。突发事件状况下的群众由于获取信息不足、易产生质疑和批评。对此，迅速妥当地发布信息能够及时回应社会质疑、减轻围观群众的敌意和批评。及时回应在操作中的要求包括：①官方确实掌握真实信息并如实通报；②官方若未掌握全部信息，也应如实通报，告知最新进展；③官方应急处置等工作本身应尽可能做到不出错或少出错，在“做好”的基础上“说好”；④态度诚恳，信息通报的表达措辞和新闻发言人的言行表情应妥当。美国突发枪击或恐袭事件后，领导人或负责人会在第一时间召开新闻发布会，说明具体情况，即使政府尚未掌握最全信息、了解全部情况，也会如实向民众和社会汇报，以回应质疑、减轻批评。

第二，恰当承诺，“超脱现状”。道歉的同时，相关主体应作出积极整改的承诺，明确整改的具体措施和操作方案，描绘整改的前景，展现整改后的良好状况，努力从当前的突发事件中“超脱”出来。

2. 行为导向的减轻批评法

行为导向的减轻批评法是指以切实的行动做法来减少公众指责，在实际操作中可采取严查严罚责任方、援助和补偿、“法外开恩”等方式。

第一，严查严罚责任方。对于人为原因导致的严重责任事故，既要严查事故原因和涉事人员、企事业单位、政府部门、社会组织等相关涉事责任方，还要坚持不回避举报和不姑息问题的态度。应做到一查到底、责任倒查，并且顶格处罚；对于社会监督和舆论中符合事实的部分应及时查处和尽快回应。具体应严查责任方的“三重责任”。①法律责任。以事实为依据、以法律为准绳，实事求是地审查法律责任。②行政责任。监管方是否存在渎职失职等问题，若存在问题应严肃实施行政处罚和行政处分。③社会责任。严查严处“违反社会主义道德，危害党、国家和人民利益的行为”“慵懒散”“不作为”等问题。从全球实践来看，对于出现安全事故或存在安全隐患的涉事企业，尤其是涉及医药、食品等领域，政府会予以严格查处和惩罚，以达到减轻批评、缓解压力的舆情引导效果。

第二，援助和补偿。为了对受害者补偿损失并减轻痛苦，对其提供物质赔偿、精神补偿、赔礼道歉、慰问关心等帮助，并通过恰当方式报道出来，有助于树立尽责尽义的形象，减轻社会的批评。

第三，“法外开恩”。特定情形下的法理和人情可能会产生矛盾或难兼顾。对此，在依法依规处理的同时，可通过法律救济、行政救济、社会面救济等社会途径为群众提供帮助。必要时采取一定程度的“法外开恩”措施，为群众提供必要的帮助和保障，优化社会信任和公众关系。以紧急情况下社会主体自愿救人的权益保护和社会救济制度为例。由于紧急救援容易产生纠纷，近年来多地针对院前紧急救援中见义勇为者的权益保护进行了制度设计，部分地区出台了有关紧急救援的“好人法”，对于见义勇为者提供一定的“免除责任”或“免于赔偿”制度，旨在鼓励具备急救专业技能的群众在力所能及的范围内开展紧急救援。

3. 逻辑导向的减轻批评法

逻辑导向的减轻批评法是指将管理学、社会学、心理学等的某些规律或原理应用于实践中，以缓解或减轻公众指责。

第一，用“形象免疫力”对冲风险。常态情况下，相关主体应重视正面宣传、加强主动公关、强化引导互动，从而积累社会信任度、民众好感度、形象美誉度，持续提升“形象免疫力”。在危机状况下，一旦出现负面舆情，可用“形象免疫力”来缓和矛盾、增强信任、减轻敌意、对冲风险。对于执法部门而言，如遇突发事件易被质疑有责，对此应加强常态情况下社会好感度的积累和“形象免疫力”的提升，有助于在危态情况下获得群众对于执法工作和执法难度的理解。执法部门积累常态好感度的重要策略主要包括多为群众办实事、办好事，满足群众的合法合理诉求，在能力范围内解决一定的民生问题，促使群众理解、配合、支持执法工作。

第二，顺应公众心理，“先重后轻”。在某些国际做法中，对突发事件所造成的人员伤亡和财产损失的情况通报，往往遵循“先重后轻”的规律。即最开始时根据形势预判得出较为严重的人财损失结果，之后随着调查的逐步深入和精细，再对人财损失的结果进行修正，修正后的结果严重性可能低于最开始的通报情况。“先重后轻”的通报方式从一定程度上顺应了公众心理，情况由坏变好、损害由重变轻等往往更易于为公众接受，有利于平复公众情绪、缓解紧张气氛、减轻社会批评，为事件处置赢得了主动。反之，以减轻危害、淡化灾情为目标而在对外公告中有意压低数值，存在伤亡数字通报随后上升引发群众恐慌、焦虑、质疑升级等风险。

第三，妥善“区分”和“切割”责任。一是在有理有据的情况下，强调极个别人的极个别行为；二是把人为错误与社会大环境的深层次矛盾区别开来，注意对外报道或采访时的恰当措辞；三是不回避、不否认个体问题中存在单位或组织的监管责任。

第四，“转移视线”。相关主体通过提出对相关方或对立方的责任质疑，适当申辩并反击批评者，设置多个舆论质疑的“靶子”，分散公众注意力，实质上减少了自身受“舆论攻击”的程度和次数。

（六）“重塑形象”，重建社会公信

“重塑形象”的舆情引导策略是指当相关主体确实存在责任时，可应用多种公关手段来达到重塑形象、重建公信的效果。“重塑形象”的舆情引导策略应遵循态度诚恳、有实际行动的基本原则，在具体操作中可使用以下三种方法：

1.“讲情式”的形象重塑

“讲情式”的形象重塑是指相关主体在事发后开展态度真诚的自责自省，通过媒体渠道或公开方式向社会道歉、忏悔，以期寻求公众的宽恕。

2.“行动派”的形象重塑

“行动派”的形象重塑是指相关主体在事后主动开展根源整治，以确保今后在同样情况下不再重犯此类问题。与此同时，通过官方信息发布、新闻发布会、媒体报道、记者采访等方式，向媒体和公众宣传其制度整改的决心、做法、计划、方案，尤其是完善制度、强化能力、调整职能、规范机制等“根源整治”措施，以期达到不再重犯错误并重塑良好形象的目的。实际操作中，根源整治主要从以下两方面开展：①制度整改，制定相关法律和规定来规避和减少以后同类事件的发生；②转变职能，由内而外改善“窗口形象”，从根源上防范同类危机的出现。

3. “担保式”的形象重塑

“担保式”的形象重塑是指相关主体在自行开展道歉忏悔、整改重启等方面的公关时，可邀请具有权威性和公信力的第三方为之站台和担保，帮助其争取社会公众的重新信任与支持。

第六章　调查定损与风险整改

◎拓　扑　图

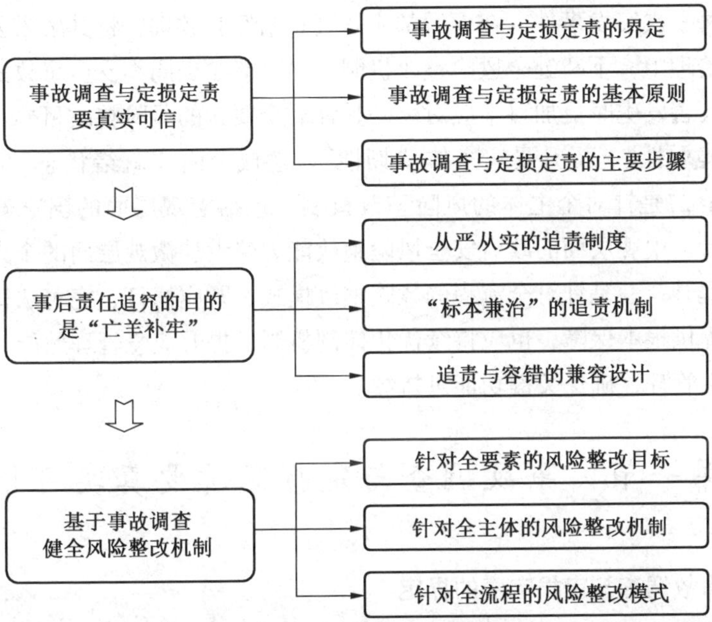

◎本　章　概　要

◎ 调查定损：应急管理时事故调查与定损是追责的依据，要求客观真实。

◎ 风险整改：风险治理导向的责任追究重在“亡羊补牢”；要基于事故调查、有针对性地健全风险整改机制。

突发事件应急管理的事后首要工作是事故调查和定损定责，不仅对事件本身做定性定责，还应评估损失、研究规律、总结教训，从而提出有针对性的防范和整改措施，促进相关法律法规、规章规程、标准规范的修改完善，以防范事故重复发生。实施中应遵循法治、客观、专业、公正的基本原则，并可分为准备阶段、调查取证阶段、分析定责阶段、处理阶段四个阶段，依法依规开展。

事后的责任追究旨在通过严惩事故责任人和部门，促进接下来工作中的尽职尽责，进而确保“不出事”或“少出事”。对此，应建立健全科学追责机制：一是从严从紧从实的追责机制，具体包括法律和党纪的双重追责、事故责任人的终身追责、追责与负面影响防范相结合、追责与社会信用机制相联动等；二是“标本兼治”的追责机制，既要事后追责助推事前风控，更要形成“上中下游”三段式追责；三是坚持“三个区分”原则，形成追责与容错的兼容设计。

针对每一次突发事件，在事后都应认真总结经验教训，将其融入公共安全的日常风险治理中，不断健全风险整改机制，尽可能减少同类安全事故的发生，或在下一次灾害发生时更加科学应对。一是针对全要素的风险整改目标，包括降低应灾的“脆弱性”、提升受灾主体“韧性”、达成全面“就绪状态”、提升风险“承受力”；二是针对全主体的风险整改机制，包括宏观层面的国家安全风险整改规划设计、中观层面的政府安全风险整改能力建设、微观层面的个人安全风险整改能力提升；三是针对全流程的风险整改模式，既应修订、完善法律法规，为风险整改提供根本保障，也应持续优化体制机制，提升应急管理效能，还可开展业务连续性管理，确保关键功能可持续。

第一节　事故调查与定损定责要真实可信

一、事故调查与定损定责的界定

突发事件应急管理的事后首要工作是事故调查和定损定责。在现场应急结束后针对突发事件的原因、性质、经过、损失、影响等一系列情况进行调查和评估，从而实现定责和定损两方面目标。调查追责不仅对事件本身做定性定责，还应评估损失、研究规律、总结教训，从而提出有针对性的防范和整改措施，促进相关法律法规、规章规程、标准规范的修改完善，以防范事故重复发生。

《突发事件应对法》要求“突发事件应急处置工作结束后，履行统一领导职责的人民政府应当立即组织对突发事件造成的损失进行评估”，“履行统一领导职责的人民政府应当及时查明突发事件的发生经过和原因，总结突发事件应急处置工作的经验教训，制定改进措施，并向上一级人民政府提出报告”。另有《生产安全事故报告和调查处理条例》《火灾事故调查规定》（公安部 121 号令）、《特种设备事故报告和调查处理规定》（国家质量监督检验检疫总局令第 115 号）等法律法规，《地震灾害间接经济损失评估方法》（GB/T 27932—2011）、《地质灾害灾情调查评估指南（试行）》（T/CAGHP 024—2018）等标准规范，对于灾害或事故的调查作出相关规定。

二、事故调查与定损定责的基本原则

事故调查与定损定责应遵循法治、客观、准确、公正的基本原则。

1. 法治原则

法治原则是指按照法律法规、政策文件、制度规范、国家标准等相关要求，依法依规严肃开展调查。根据官方公开资料显示，我国事故调查的法律法规逐步形成完整庞大的数据体系。根据法律法规标准规范的类型，形成集合国家法律 43 部、行政法规 68 部、部门规章 182 部、地方法规 38 部、国家标准 941 部、安全标准 249 部、行业标准 2370 部、政策性文件 105 部的庞大事故调查规范体系。在此基础上，根据安全事故的种类进一步细分①。

2. 客观原则

事故调查可根据需要专门设置第三方专业机构的独立调查环节，对相关部门的官方调查形成补充和辅助，以确保调查结果的公正客观。独立调查环节一般由具有丰富专业知识和工作经验的外部人士组成专业调查队伍，不能有任何部门的行政人员。例如，美国生产安全类事故调查机构，除了官方的美国职业安全与健康管理局、美国环境保护总署等，美国化学安全与危害调查委员会等事故调查组织是经法律唯一授权、独立于政府部门的事故调查机构。

3. 准确原则

基于事故调查的重要性及其对后期一系列工作的影响，调查的准确性至关重要，并需要通过专业、全面、深入的三维度予以考量。

---

① 煤矿类安全事故调查的法律法规标准规范共 1220 部、非煤矿山类事故调查的共 883 部、化工类事故调查的共 896 部、危险化学品类事故调查的共 904 部、烟花爆竹类事故调查的共 680 部、机械类事故调查的共 920 部、建筑业类事故调查的共 1095 部、建材类事故调查的共 577 部、冶金有色类事故调查的共 707 部、农林牧渔及其服务业类事故调查的共 619 部、电力、燃气及水的生产和供应类事故调查的共 698 部、交通运输、仓储和邮政业类事故调查的共 935 部、卫生和社会类事故调查的共 599 部、信息传输、软件和信息服务业类事故调查的共 598 部、纺织类事故调查的共 573 部、轻工类事故调查的共 595 部、其他类事故调查的共 653 部。

（1）专业。准确性的前提是专业人员、技术、设备、流程等多方面保障，以确保调查结论的客观公正和调查建议的科学有效。

（2）全面。调查不仅应当查明和研究与本次事故发生有关的原因和因素，还应当查明和研究与本次事故或事故征候发生无关，但在事故或事故征候中暴露出来的或者在调查中发现的可能影响安全的问题。

（3）深入。调查应当查明事故或事故征候发生的各种原因，并深入分析产生这些原因的因素，包括设计、制造、运行、维修和人员训练，以及政府行政规章和企业管理制度及其实施方面的缺陷等。

4. 公正原则

事故调查既要实事求是，以事实为依据，以法律为准绳；也要公开透明，将调查过程和结果予以公开，从而保障官方公信力，并在一定程度内减轻和缓解负面影响。公正原则的实事求是要求不可包庇事故责任人，不可借机对事故责任人打击报复，不可冤枉无辜。公正原则的公开透明是要求有保障民众知情权和官方公信力的重要措施，这在相应的法律法规中已有明确规定。

三、事故调查与定损定责的主要步骤

一般而言，事故调查和定损定责可分为准备阶段、调查取证阶段、分析定责阶段、处理阶段四个阶段。在此综合安全生产事故调查、自然灾害调查评估予以说明。

（一）准备阶段

准备阶段应完成事故初核和立案调查、成立调查组的两方面工作。

1. 事故初核和立案调查

生产安全事故调查中，负有安全生产监督管理职责的相关部门接到事故报告后，其相关负责人应当立即赶赴事故现场，详细了解事故时间、事故单位基本情况、事故经过和人员伤亡情况、抢险救援情况等，并对情况进行综合分析，初步认定属于生产安全事故的建议人民政府立案调查。自然灾害调查中，根据不同灾种由相关部门等负责收集相关灾情数据，对灾害造成损失和影响进行预评估。

2. 成立调查组

生产安全事故调查中，由有关人民政府、安全生产监督管理部门、负有安全生产监督管理职责的有关部门、监察机关、公安机关以及工会派人组成事故调查组，并适当邀请人民检察院相关人员参加。事故调查实行组长负责制，调查组根据需要下设综合组、技术组、管理组、责任追究组、应急评估组等工作组。自然灾害调查中，经政府同意后由有关人民政府、减灾委相关成员单位、受灾地方政府等成立调查评估组，根据不同灾种选择不同部门来负责。例如，防汛抗旱部门负责重大水旱灾害和台风灾害调查评估组织工作，地震地质部门负责重大地震、滑坡、泥石流和山体崩塌灾害调查评估组织工作。根据需要调查评估组下设综合协调组、灾害过程调查组、灾害损失评估组、灾害应对评估组等。

（二）调查取证阶段

调查取证阶段可采取实地勘察、查阅资料、走访座谈、入户调查、数据收集、案例对比、技术分析等方式完成基本的现场勘查、资料收集、证据审查、基础分析、补充调查等工作。

1. 现场勘查

事故调查组前往现场进行相关调查。勘查前应向当事人或目击者了解事故发生的经过情况，进而巡视现场，确定现场勘查的范围和勘察顺序，提取事故现场存留的有关痕迹和物证，绘制有关事故图。现场勘查完毕后，应完成并提交《现场勘查报告》。

2. 收集资料

收集事故涉及“人地物事环”等要素的相关资料，主要包括事故相关单位资料、有关人民政府（部门）资料、证人证言、检测检验和技术鉴定、专家技术分析报告等。

3. 历史相似案例对比

对比分析灾种、发生区域、致灾强度、灾害损失量级等历史相似案例灾害应对工作开展情况。

4. 证据审查和补充调查

遵循“实事求是，尊重科学”的原则，对调查取证所取得的证据进行审查，确保其客观性、关联性、合法性，并根据需要进行补充调查。针对不同类型的突发事件，其调查取证的方式方法和工作重点有所不一。

（三）分析定责阶段

分析定责阶段应完成事件基本情况、事件发生原因、损失和影响评估、事故定性、责任分析、责任追究、应急管理全流程评估、防范和整改建议等工作。

1. 事件基本情况

对于生产安全事故，应包括事故发生单位概况，事故发生的时间、地点以及事故现场情况，事故发生经过和事故救援情况等。对于自然灾害,应包括灾害发生时间、灾害种类、灾害范围、灾害损失、各级政府应对情况、社会各界反应等。

2. 事件发生原因

对于生产安全事故的直接原因和间接原因进行分析。直接原因是指直接导致事故发生或与事故发生具有直接因果关系的原因，主要包括物（机械、物质或环境）的不安全状态和人的不安全行为；间接原因是导致事故直接原因产生或赖以存在的原因，主要包括技术、教育、管理、身体及精神状态等方面的原因。对于自然灾害应全面分析灾害发生过程、成灾机理，对森林火灾、山体滑坡等特殊灾种应明确是否有人为因素影响。

3. 损失和影响评估

对于生产安全事故，应查明事故人员伤亡情况，核实计算直接经济损失。其中人员伤亡是指因事故造成作业人员或其他人员伤残、死亡、下落不明等情况；直接经济损失由人身伤亡后支出的费用、事故善后处理费用、财产损失价值三部分组成。对于自然灾害，灾害损失应重点分析人员伤亡、转移安置人数、房屋损毁、受害森林面积、直接经济损失等，灾害影响应重点分析伤亡人员处置、医疗救治、长期保障，基础设施和公共配套设施抢通抢修、恢复功能，倒损房屋恢复重建，企业生产恢复，农户后续生活救助（冬春救助）、因灾返贫等。

4. 事故定性

在调查事故原因的基础上科学分析，分清责任事故和非责任事故；纯粹自然灾害或人为不可抗拒因素导致的事故或造成的损失，为非责任事故。具有可预见性、能预防的事故均为责任事故。

5. 责任分析

根据事故调查所确认的事实和原因，结合有关单位、有关人员（岗位）的职责和行为，对事故责任加以分析判断，确定事故责任者。分析责任时，应结合事故责任者的动机和情节（主观故意、轻信或侥幸可以避免而放任、应当预见而未预见、不可预见性、无能力等）与事故发生的因果关系综合判断。

6. 责任追究

对相关责任单位或责任人应从刑事责任、行政处罚、民事责任、党纪政纪责任、应给予的其他处理等方面予以追究。对事故发生单位和有关人员进行行政处罚，对负有事故责任的国家工作人员进行处分；负有事故责任的人员涉嫌犯罪的，依法追究刑事责任。

7. 应急管理全流程评估

对于突发事件应急管理的事前、事中、事后进行全流程评估。以自然灾害为例：

（1）灾前预警处置评估。包括预警信息发布数量和时效性、灾前转移安置情况、救灾物资准备情况等。

（2）应急救援救助评估。包括应急指挥、应急预案启动、救援人员和装备投入数量、救援救助时效性、救灾物资发放、受灾群众安置、受灾群众满意度等。

（3）突发事件应对评估。包括灾情报告、报送和舆情处理等。

（4）防灾减灾能力评估。包括应急预案演练、应急培训、宣传教育、灾害防治和应急避难场所等。

8. 防范和整改建议

总结整个灾害或事故过程应急处置的经验教训，针对事故责任单位（包括监督管理机关、技术服务机构等）和人员提出有针对性、切实可行的事故预防措施和整改建议。尤其针对法律法规和标准规范有漏洞、缺陷或空白的，提出补充、完善和修改建议。

（四）处理阶段

处理阶段应完成事故调查报告、调查报告提交与批复、调查报告公布、档案管理、评估核查等工作。

1. 形成事故调查报告

生产安全事故调查报告的内容应包括事故发生单位概况、事故发生经过和事故救援情况、事故造成的人员伤亡和直接经济损失、事故发生的原因和事故性质、事故责任的认定、对事故责任者的处理建议、事故防范和整改措施，附具有关证据材料并由事故调查组成员应当在事故调查报告上签名。

2. 调查报告提交与批复

调查报告初稿完成后，调查评估组应在规定时间内完成会商、征求意见、修改完善等工作，经集体讨论通过后，形成调查报告送审稿。经审议通过事故调查报告后，应以事故调查组名义（或由牵头组织调查的部门）向派出事故调查组的人民政府提交事故调查报告。

3. 调查报告公布

人民政府对事故调查报告作出批复后，应利用政府网站和主流媒体及时向社会全文公布事故调查报告（依法应当保密的除外），接受社会监督，同步开展报告解读并引导社会舆论，以起到事故警示教育作用。

4. 事故处理和责任追究

有关机关应按照人民政府的批复，依照法律、行政法规、党纪条例等规定的权限和程序，对事故发生单位和有关人员进行行政处罚，对负有事故责任的国家工作人员进行处分。事故发生单位应当按照负责事故调查的人民政府的批复，对本单位负有事故责任的人员进行处理；负有事故责任的人员涉嫌犯罪的，依法追究刑事责任。

5. 跟踪落实整改

事故发生单位应当认真吸取事故教训，落实防范和整改措施，防止事故再次发生；防范和整改措施的落实情况应接受工会和职工的监督。安全生产监督管理部门和负有安全生产监督管理职责的有关部门应对事故发生单位落实防范和整改措施的情况进行监督检查。各归口管理单位牵头组织或督促相关部门应对相关制度、机制、预案等进行修改完善和跟踪落实；对调查评估发现的失职渎职等违纪违法行为应依法及时移交负有管理权限的纪检监察机关或司法机关。

6. 档案管理和复评核查

事故查处工作全部结束后，处理落实材料，相关执法文书等整理归档。事故调查报告批复结案后在规定时间内开展复评核查工作。

第二节　事后责任追究的目的是“亡羊补牢”

事后的责任追究旨在通过严惩事故责任人和部门，促进接下来工作中的尽职尽责、进而确保“不出事”或“少出事”。对此，应建立健全科学追责机制，以下经验可借鉴、趋势应重视。

一、从严从实的追责制度

我国的事故调查追责坚持“四不放过”原则，即“事故原因没有查清楚不放过，事故责任者没有受到处理不放过，群众没有受到教育不放过，防范措施没有落实不放过。”在此基础上，通过设计一系列科学追责机制，突发事件应急管理的事后追责趋向于从严从紧从实。

（一）国法和党纪的双重追责

习近平总书记指出“确保安全生产、维护社会安定、保障人民群众安居乐业是各级党委和政府必须承担好的重要责任”；他同时要求“各级党委和政府要牢固树立安全发展理念，坚持人民利益至上，始终把安全生产放在首要位置，切实维护人民群众生命财产安全。要坚决落实安全生产责任制，切实做到党政同责、一岗双责、失职追责”。基于此，应急管理的事后责任追究中，既有法律法规相关的行政责任，也有党纪条例中约束的党员责任，也即“党政同责”“一岗双责”。

1. 法律法规对追责的要求

应急管理的法律法规都对负有责任的政府部门、相关单位或个人提出追责的具体要求。根据《中华人民共和国刑法》（1979 年 7 月 1 日第五届全国人民代表大会第二次会议通过，2020 年最新修订）、《中华人民共和国民法典》（2020 年 5 月 28 日第十三届全国人民代表大会第三次会议通过）、《中华人民共和国行政处罚法》（主席令第 76 号，1996 年 3 月 17 日第八届全国人民代表大会第四次会议通过，2017 年最新修订）、《中华人民共和国安全生产法》（主席令第 13 号，2002 年 6 月 29 日第九届全国人民代表大会常务委员会第二十八次会议通过，2014 年最新修订）、《生产安全事故报告和调查处理条例》（国家安全生产监督管理总局令第 77 号，2015 年最新修订）、《国务院关于特大安全事故行政责任追究的规定》（国务院令第 302 号）、《行政机关公务员处分条例》（国务院令第 495 号）、《事业单位工作人员处分暂行规定》（人力资源和社会保障部、监察部令第 18 号）、《国家突发公共事件总体应急预案》（2005 年 1 月 26 日国务院第 79 次常务会议通过）等行政法规和党内规章，以及四类突发事件应急管理的相关法律法规和制度规范，提出刑事处罚、行政处罚和民事责任等方面的责任追究建议。《突发事件应对法》作为应急管理领域的“根本大法”，对于违法违规的政府及其部门、单位或者个人明确了责任追究的相应情形和标准。

2. 党纪条例对追责的要求

中国共产党的系列条例与章程，也对突发事件的追责提出要求。例如，《中国共产党纪律处分条例》（2018 年）要求“工作中不负责任或者疏于管理，贯彻执行、检查督促落实上级决策部署不力，给党、国家和人民利益以及公共财产造成较大损失的，对直接责任者和领导责任者，给予警告或者严重警告处分；造成重大损失的，给予撤销党内职务、留党察看或者开除党籍处分”。《中国共产党问责条例》要求“行管理、监督职责不力，职责范围内发生重特大生产安全事故、群体性事件、公共安全事件，或者发生其他严重事故、事件，造成重大损失或者恶劣影响的，应当予以问责”；《中国共产党党内监督条例》要求严格执行干部考察考核制度，履行管党治党责任。

（二）事故责任人的终身追责制

根据我国法律法规制度规范的相关规定，某些安全责任事故的责任人将面临终身责任追究（简称“终身追责”，Lifelong Accountability）。终身追责机制的相关要求见表6－1。

表6－1　终身追责机制的相关要求

文件条目	终身责任追究制度的具体要求
中共中央办公厅　国务院办公厅《地方党政领导干部安全生产责任制规定》	地方党政领导干部对发生生产安全事故负有领导责任且失职失责性质恶劣、后果严重的，不论是否已调离转岗、提拔或者退休，都应当严格追究其责任
国资委《中央企业违规经营投资责任追究实施办法（试行）》	对违反规定、未履行或未正确履行职责造成国有资产损失或其他严重不良后果的企业经营管理有关人员，严肃追究责任，实行重大决策终身问责
《国务院工作规则》	建立健全重大决策终身责任追究制度及责任倒查机制
国务院办公厅《关于促进建筑业持续健康发展的意见》	严格执行工程质量终身责任制，在建筑物明显部位设置永久性标牌，公示质量责任主体和主要责任人
《污染地块土壤环境管理办法》（中华人民共和国环境保护部令第42号）	土壤污染治理与修复实行终身责任制
国务院办公厅《关于建立国有企业违规经营投资责任追究制度的意见》	对违反规定、未履行或未正确履行职责造成国有资产损失以及其他严重不良后果的国有企业经营管理有关人员，实行重大决策终身责任追究制度；已调任其他岗位或退休的，应当纳入责任追究范围，实行重大决策终身责任追究制度
《最高人民法院关于完善人民法院司法责任制的若干意见》（法发〔2015〕13号）	法官应当对其履行审判职责的行为承担责任，在职责范围内对办案质量终身负责
《关于全面深化公安改革若干重大问题的框架意见》	更加注重责任落实，探索建立主办侦查员制度，落实办案质量终身负责制；健全执法过错纠正和责任追究制度，建立冤假错案责任终身追究制
《中国共产党第十八届中央委员会第四次全体会议公报》	建立重大决策终身责任追究制度及责任倒查机制
《中共中央关于全面深化改革若干重大问题的决定》	建立生态环境损害责任终身追究制

注：根据公开资料整理，为不完全统计。

（三）追责与负面影响防范相结合

事后追责应与负面影响防范相结合，既要对产生负面影响的情况予以严厉追责，也要防范追责过程中的负面影响。

一方面，对于负面影响恶劣的问题，应予以严厉追责。我国党纪条例和法律法规已作出详细规定，对造成“社会影响恶劣”的事件（或事故）要依法追究主要负责人的法律责任、依法从严惩处。例如，《中华人民共和国刑法》规定“国家机关工作人员滥用职权或者玩忽职守，致使公共财产、国家和人民利益遭受重大损失”处以有期徒刑或者拘役。《中国共产党问责条例》规定领导不力，出现重大失误，给党的事业和人民利益造成严重损失，产生恶劣影响等应予以问责。《国务院关于特大安全事故行政责任追究的规定》规定“发生特大安全事故，社会影响特别恶劣或者性质特别严重的，由国务院对负有领导责任的省长、自治区主席、直辖市市长和国务院有关部门正职负责人给予行政处分”等。

另一方面，追责过程中也可能产生社会负面影响，对此应做好相应的风险防范工作。追责过程中可能出现的社会负面影响主要包括：①负有轻微或部分责任，导致责任主体（官员个体或部门整体）的形象受损，产生社会负面影响；②不负有责任，但舆论场造谣传谣和恶意中伤，导致责任主体的形象“蒙冤”，产生社会负面影响；③负有全部责任且产生严重责任事故，引发社会不满，产生社会负面影响；④负有责任却未能及时定责追责并对外公布，导致公信受损，产生社会负面影响。对此，应做好以下风险防范工作：依法依规，及时开展定责追责相关的新闻发布；应用责任模型和媒体方案做好相应的危机公关；追责期间仍要重视和强化舆情评估与舆情管理工作。

（四）追责与社会信用机制相联动

事后责任追究与社会信用机制相联动主要表现为在责任追究中，对于负有责任的责任人或单位实施相应的“禁入”措施并加强联合失信惩戒。

一方面，对发生安全事故负有重大责任的单位或个人分别实施相应的职业禁入和行业禁入措施，依法暂停、撤销或吊销其相关执业资格、岗位证书、注册证书，不准从事相关生产活动，依据相关规定纳入不良信用记录和诚信“黑名单”。例如，2014 年修订的《中华人民共和国安全生产法》规定生产经营单位对发生特别重大事故负有责任的负责人，终身不得担任本行业生产经营单位的主要负责人，即职业的终身禁入；2016 年 12 月 9 日，《中共中央　国务院关于推进安全生产领域改革发展的意见》要求“对被追究刑事责任的生产经营者依法实施相应的职业禁入，对事故发生负有重大责任的社会服务机构和人员依法严肃追究法律责任，并依法实施相应的行业禁入”。

另一方面，加强公共安全、安全生产、应急管理等与其他实施联合失信惩戒。以《关于对安全生产领域失信生产经营单位及其有关人员开展联合惩戒的合作备忘录》(发改财金〔2016〕1001号）为例，对于在安全生产领域存在失信行为的生产经营单位及其法定代表人、主要负责人、分管安全的负责人、负有直接责任的有关人员等，开展18个部门的联合惩戒。

二、“标本兼治”的追责机制

事后查处突发事件中具体的责任人与单位的“处突”手段只是治“标”，还需要通过整治问题的策略来治“本”，确保危机不再发生，从而实现“标本兼治”。

（一）事后追责助推事前风控的机制

应急管理部成立后，确定“以防为主、防抗救结合，常态减灾和非常态救灾相统一，从注重灾后救助向注重灾前预防转变，从减少灾害损失向减轻灾害风险转变”的宗旨。基于此，事后追责机制的设置中应加强对事前风险防范责任的调查和追究，以带动事前风控。

第一，我国相关法律法规已对事前风控的责任明确追责要求，以《突发事件应对法》为例，具体包括：①政府及其有关部门违反规定，不履行法定职责的，由其上级行政机关或者监察机关责令改正；②政府及其有关部门未按规定采取预防措施，导致发生突发事件，或者未采取必要的防范措施，导致发生次生、衍生事件的，根据情节对直接负责的主管人员和其他直接责任人员依法给予处分；③有关单位未按规定采取预防措施、未及时消除已发现的可能引发突发事件的隐患或未做好应急设备、设施日常维护、检测工作而导致发生严重突发事件或者突发事件危害扩大的，由所在地履行统一领导职责的人民政府责令停产停业，暂扣或者吊销许可证或者营业执照，并处以罚款。

第二，实行党政领导干部任期安全生产责任制，日常工作依责尽职、发生事故依责追究。生产安全事故涉及规划布局、行政审批等方面的问题，这些问题往往在事故发生后才能暴露出来。例如，深圳“12·20”事故调查处理中，深圳市原副市长和光明新区原党工委书记虽然在事发时已离任，但由于在任时对事故的发生负有责任，仍需依法依规追究其责任。

第三，建立企业生产经营全过程安全责任追溯制度。例如，部分省市建立企业生产经营全过程安全责任追溯的试行制度，生产经营单位内部和监管部门对标监督、检查各岗位履行安全生产职责情况，实现安全责任可追溯。企业内部明确安全责任追溯的管理部门，负责安全责任追溯制度的建立和组织实施，不定期以“倒查”的方式检验安全责任追溯制度运行情况。发生生产安全事故时，应根据安全责任追溯制度，迅速查找和确定事故发生的原因，追溯责任人员履行安全责任情况，并采取相应措施进行处理。发生生产安全事故后，还应当追溯安全生产领域项目审批、行政许可、监管执法中的失职渎职和违法违规行为。

（二）“上中下游”三段式追责机制

设置应急管理的全流程追责机制，具体而言是建立“上游—中游—下游”的三段式追责机制。对于可能产生或导致危机的“上游”规划和决策环节、“中游”执行和监管环节、“下游”应急和救援环节，均开展相应的追责工作。

第一，针对规划和决策等“上游”的追责。追责以定责为基础，需设定责任目标、设置岗位及其职责、设置责任考核标准、制定“责任清单”、签订责任书等实施方法和配套方案。例如，《国务院工作规则》中要求“建立健全重大决策终身责任追究制度及责任倒查机制”。

第二，针对执行和监管等“中游”的追责。追责与监督互相补充，需要内部督导、暗访检查、社会监督（新闻媒体、人民群众等）等实施方法和配套方案。例如，国务院《重大行政决策程序暂行条例》（国务院令第713号）中规定“决策执行单位拒不执行、推诿执行、拖延执行重大行政决策，或者对执行中发现的重大问题瞒报、谎报或者漏报的，由决策机关责令改正，对负有责任的领导人员和直接责任人员依法追究责任。”

第三，针对应急和救援等“下游”的追责。一般通过绩效考核、责任倒查、调查追责等方式实现。例如，《突发事件应对法》要求，地方各级人民政府和县级以上各级人民政府有关部门存在“迟报、谎报、瞒报、漏报有关突发事件的信息，或者通报、报送、公布虚假信息，造成后果的”等八类情形之一的，根据情节对直接负责的主管人员和其他直接责任人员依法给予处分。

三、追责与容错的兼容设计

容错是指对有关单位和个人在履职担当、改革创新过程中，未能实现预期目标或出现偏差失误但符合法律法规和政策规定，勤勉尽责、未谋取私利的，敦促纠错改正，但不作负面评价、免除相关责任或从轻减轻处理。

（一）追责与容错相兼容的意义

从深化改革和创新发展的长远角度，追责与容错相兼容的理念，具有以下两方面的重要意义。

第一，容错是打击庸政、懒政、怠政的有效工具。从严治党、建立责任政府是“四个全面”的要求之一；但个别党政官员把从严治党治政与“做事”相关联，认为“做事就可能出事，出事就可能被查处问责”，因此“只要不出事，宁愿不做事”，出现庸政懒政怠政。实际上，从严治党治政与官员做事并不冲突，做事不必然导致出事，出事也不必然导致被查处问责。基于此，容错纠错机制的重要价值是有效保护认真负责履职做事官员的积极性，使之不因认真负责履职做事而“动辄得咎”。

第二，容错是激励改革、鼓励作为的重要措施。习近平总书记指出“要注重调动各方面推动改革、参与改革的积极性，鼓励广大干部既当改革促进派又当改革实干家，盯住干、马上办”。争当改革的“促进派和实干家”需要追责问责机制和容错纠错机制的相互补充与完善，通过追责问责来促进科学决策，通过容错纠错来推动积极作为。追责与容错的兼容设计制，既对不作为、乱作为严肃追究问责，又合理区分探索性失误与利己性错误的性质、界限、标准，对广大干部在工作中出于公心但因经验不足或不可控的客观因素而出现的失误和不足酌情予以宽容并给予纠正的机会，有助于形成鼓励探索、宽容失败的改革与创新发展氛围。为敢担当、善作为的领导干部撑腰鼓劲，才能够最大限度激发干部的改革热情，最大限度调动干部的积极性、主动性和创造性。

（二）追责与容错相兼容的“三个区分”原则

对于追责与容错相兼容的设计，习近平总书记提出了“三个区分”原则①：第一，把干部在推进改革中因缺乏经验、先行先试出现的失误和错误，同明知故犯的违纪违法行为区分开来。第二，把上级尚无明确限制的探索性试验中的失误和错误，同上级明令禁止后依然我行我素的违纪违法行为区分开来。第三，把为

① 2016年1月18日，中央党校研讨班上，习近平总书记讲到了干部队伍积极性问题。他说，当前一个突出问题是部分干部思想困惑增多、积极性不高，存在一定程度的“为官不为”。为此，习近平提出了“三个区分”原则。中共中央办公厅印发《关于进一步激励广大干部新时代新担当新作为的意见》（2018年5月）对此以法律条文形式确定下来。

推动发展的无意过失，同为谋取私利的违纪违法行为区分开来，保护那些作风正派又敢作敢为、锐意进取的干部，最大限度调动广大干部的积极性、主动性、创造性。

（三）“尽职免责”的容错机制试点创新

2016 年 3 月的“两会”期间，李克强总理在《政府工作报告》中明确提出“健全激励机制和容错纠错机制，给改革创新者撑腰鼓劲，让广大干部愿干事、敢干事、能干成事”；中共中央办公厅印发《关于进一步激励广大干部新时代新担当新作为的意见》。截至目前全国范围内已有多地在开展容错机制的试点。典型包括《深圳经济特区改革创新促进条例》（2006 年 3 月 14 日深圳市第四届人民代表大会常务委员会第五次会议通过）、《湖北省全面深化改革促进条例》（湖北省第十二届人民代表大会常务委员会第十九次会议于 2016 年 1 月 13 日通过）、《陕西省党政干部容错纠错办法（试行）》（中共陕西省委 2016 年 6 月 13 日发布）、《关于充分调动干部积极性激励改革创新干事创业的意见（试行）》（四川省委办公厅、省政府办公厅 2016 年 7 月发布）、《关于鼓励、规范改革试点和探索的实施意见（试行）》（中共湖南省委办公厅 2016 年 9 月 14 日发布）、《中共北京市委实施〈中国共产党问责条例〉办法》（中共北京市委 2017 年 4 月 14 日发布）、《广东省党的问责工作实施办法》（中共广东省委 2018 年 4 月 30 日发布）的典型做法。

第三节　基于事故调查健全风险整改机制

《突发事件应对法》要求“履行统一领导职责的人民政府应当及时查明突发事件的发生经过和原因，总结突发事件应急处置工作的经验教训，制定改进措施”。针对每一次突发事件，在事后都应认真总结经验教训，将其融入公共安全的日常风险治理中，不断健全风险整改机制，尽可能减少同类安全事故的发生，或在下一次灾害发生时更加科学应对。

一、针对全要素的风险整改目标

（一）降低应灾的“脆弱性”

防灾管理能够降低“脆弱性”（Vulnerability），从而尽可能避免或减轻个人、组织、社会因公共危机所遭受的损失。根据联合国国际减灾战略（United Nations

International Strategy for Disaster Reduction)① 等界定，“脆弱性”是指个人、组织、社区、社会等主体对于危机及其危害影响的敏感程度和承受能力。敏感程度越高、承受能力越低，则表明“脆弱性”越高，越容易遭受灾害袭击、被灾害影响并产生损失。

脆弱性集中表现在薄弱环节（Weakness），降低脆弱性从薄弱环节调查开始，通过案例研究等方法对薄弱环节作出分析，并提出和采取相应的整改和应对措施。

第一，薄弱环节调查。薄弱环节调查是指应急管理部门对各自职能和管辖范围内的薄弱环节进行经常性或是定期的检查和调研，发现危险源，并作统计汇报，为风险评估和制定预警方案作准备。易受灾害影响的薄弱环节既包括脆弱建筑及其住户、房屋、农作物、家畜、机器、设备、基础设施等“有形”的薄弱环节，也包括社会凝聚力、社区结构、历史文化遗产等“无形”的薄弱环节。

第二，薄弱环节的脆弱性分析。内部人员和外部专家相结合主要分析薄弱环节的脆弱性，进行量化和排序，并预测灾难发生时可能造成的损失。脆弱性分析应提前设置标准，考虑到不同组织、不同行业、不同地区的特殊性（如基础结构差异、经济多样性、性别、残疾等），做到从实际出发，保证标准的客观、有效。在分析脆弱性基础上制定相应的风险整改方案、危险源的常态监测、风险整改的监督检查等配套措施。同步做好相应的档案管理工作，评估结果形成报告，录入危机信息数据库。

第三，针对薄弱环节和脆弱性采取相应的整改措施。以安全生产为例，在薄弱环节调查和脆弱性分析后，相关部门应切实做好相应的安全生产监督和整改工作。具体包括：建立健全相关法律法规；明确本辖区或职责范围内有哪些存在安全隐患的生产部门，登记造册，做好备案；对存在安全隐患的企业和重大风险源进行定期的监督检查；对违反安全生产法律和政策的行为及时制止、并予以惩罚；定期公布企业安全生产和事故的相关信息；制定安全生产标准，对土地、建筑、工程等建设项目实行标准化管理等。

① 脆弱性英文原版解释为 Vulnerability is the conditions determined by physical, social, economic and environmental factors or processes which increase the susceptibility of an individual, a community, assets or systems to the impacts of hazards。参考 UN:《The United Nations International Strategy for Disaster Reduction》, 2018-9-10, https://www.unisdr.org/we/inform/terminology。

（二）提升受灾主体“韧性”

安全风险整改应切实提高受灾主体耐受灾害的“韧性”（Resilience），使得主体能更好地承受住危机带来的破坏性后果和毁灭性损害，并得以迅速恢复。“韧性”[①]是指个体、系统、社区、城市、国家或社会等主体能够承受危机造成的损害并从其影响中迅速恢复的能力。防灾管理能够提升相关主体抵御灾害的能力，提高相关系统迅速恢复到正常状态并维持常态运转的能力，进而从整体层面提升从灾害中恢复以及抵御未来更严重灾害的能力。

联合国人居署（UN－HABITAT）提出的“城市韧性概述方案”（City Resilience Profiling Programme），在防灾管理的框架下提升城市层面的韧性，具体包括：

（1）通过公民团体和社会组织的参与促进民众了解风险。

（2）支持和保障个体、社区、企业和公共部门的防灾投资。

（3）将灾害风险评估作为城市发展规划和决策的基础。

（4）投资维护减少风险的关键基础设施。

（5）开展教育和卫生设施的安全评估与整改。

（6）建筑建设规范和土地使用规划应符合防灾减灾原则。

（7）落实学校和社区的防灾减灾教育培训。

（8）保护生态系统和自然缓冲区。

（9）强化城市风险预警系统建设，提升应急管理能力和公众防灾能力。

（10）灾后重建以幸存者的需求为中心。

（三）提升风险“承受力”

安全风险整改的最终目标在于提升主体的风险“承受力”，也即对于突发事件、安全风险、公共危机的承受能力，“承受力”指责任主体承担社会稳定风险和社会责任的综合能力，具体包括防范力、应急力、公关力、恢复力的综合状况。在实际操作中，可以细化为具体的评估项，风险“承受力”的具体研判项见表6－2。

---

①“韧性”最早用于生态学领域，20世纪90年代学者将其拓展至工程、社会与经济等领域，其内涵不断得到丰富。21世纪以来“韧性”在应急管理中的应用不断扩展。2005年国际减灾会议确认了韧性在防灾减灾工作中的重要性，并提出“灾害响应”的理念。韧性作为一个核心的概念，已经被应用城市环境、乡村环境、气候变化、可持续发展等多个领域。

表6-2 风险“承受力”的具体研判项

类别	描述	主要评估和提升项
1. 防范力	排查化解事故隐患，评估并整改风险的能力	（1）风险识别和隐患排查。 （2）风险评估和高危定级。 （3）风险整改和隐患治理
2. 应急力	应急处置和处突救援的能力以及相应的社会配合状况	（1）官方应急能力（“一案三制”、应急处突、紧急救援、综治维稳等）。 （2）社会应急能力（民众在公共安全等方面的意识和技能）
3. 公关力	以民众为中心开展公共关系，并争取民众认可、理解、满意的能力	（1）由内而外地做好群众工作。 （2）由外而内地吸收“最大公约数”。 （3）能够获得社会各界信任。 （4）民众愿意配合社会矛盾调解
4. 恢复力	灾后迅速恢复至灾前状态的能力	（1）社会秩序的恢复。 （2）基础设施的恢复。 （3）群众生产生活的恢复。 （4）灾区发展的恢复
5. 承受力	对综合社会风险的承受能力	（1）上述四项评估项的综合。 （2）承担社会责任的能力

注：根据《社会稳定风险评估与管理》（唐钧著，北京大学出版社，2015-7）、《中央和大城市政府应急机制建设》（郭济主编，中国人民大学出版社，2005-6）等总结整理。

二、针对全主体的风险整改机制

针对全主体的风险整改机制，应围绕应急管理与风险治理的事前—事中—事后的全流程安全，兼顾“现场”和“舆论场”的风险治理，由宏观的国家安全规划设计、中观的基层安全能力建设、微观的个体安全素质提升组成，形成“面→线→点”的安全风险整改机制网络，安全风险整改的架构如图6-1所示。

（一）宏观层面的国家安全规划设计

宏观层面的风险整改机制应围绕国家总体安全观，通过事后的全方位、立体化的规划设计及其实施，以完成国家层面的风险整改。

在我国，重在积极推进我国应急管理体系和能力现代化。一方面，坚持新发展理念，统筹安全和发展，把安全发展贯穿国家发展各领域和全过程，建设更高

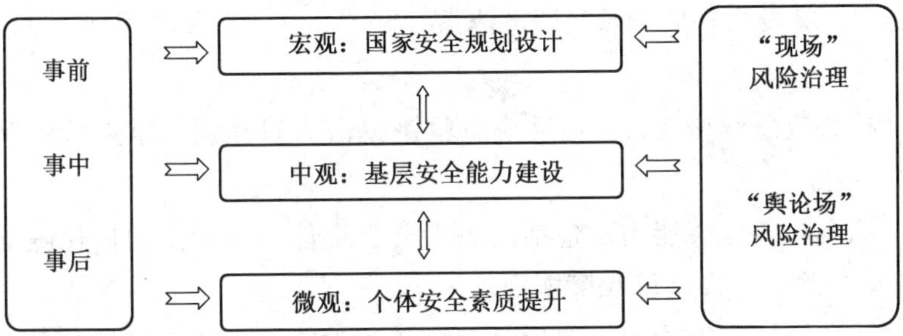

图 6－1 安全风险整改的架构示意图

水平的平安中国。另一方面，加强、优化、统筹国家应急能力建设，构建统一领导、权责一致、权威高效的国家应急能力体系。

2020 年 10 月 29 日，中国共产党第十九届中央委员会第五次全体会议通过的《中共中央关于制定国民经济和社会发展第十四个五年规划和二〇三五年远景目标的建议》要求，办好发展安全两件大事，统筹发展和安全，建设更高水平的平安中国，具体包括：①加强国家安全体系和能力建设，完善集中统一、高效权威的国家安全领导体制，健全国家安全审查和监管制度，巩固国家安全人民防线，坚定维护和全面加强国家政权安全、制度安全、意识形态安全、网络安全等。②确保国家经济安全，加强经济安全风险预警、防控机制和能力建设，确保粮食安全，保障能源和战略性矿产资源安全，维护重要基础设施安全，确保生态安全，加强核安全监管，维护新型领域安全等。③保障人民生命安全，全面提高公共安全保障能力，完善和落实安全生产责任制，加强安全生产监管执法，强化生物安全保护，提升自然灾害防御工程标准，完善国家应急管理体系，提高防灾、减灾、抗灾、救灾能力等。④维护社会稳定和安全，正确处理新形势下人民内部矛盾，坚持和发展新时代“枫桥经验”，健全社会心理服务体系和危机干预机制，加强社会治安防控体系建设等。

根据《国家突发事件应急体系建设“十三五”规划》的相关要求，应做到“应急管理基础能力持续提升，核心应急救援能力显著增强，综合应急保障能力全面加强，社会协同应对能力明显改善，涉外应急能力得到加强，应急管理体系进一步完善”。具体包括以下五大版块：

（1）应急管理基础能力。包括突发事件风险管控体系、城乡社区和基础设施抗灾能力、突发事件监测预警服务体系、城市公共安全风险管理、基层应急管理能力。

（2）核心应急救援能力。包括应急救援突击力量建设、重点行业领域专业应急救援能力。

（3）综合应急保障能力。包括应急平台支撑能力、应急通信保障能力、应急物资保障体系、紧急运输保障能力。

（4）社会协同应对能力。包括公众自救互救能力、社会应急力量、应急管理科技支撑能力、应急产业发展。

（5）“一案三制”体系。包括应急管理法律法规和标准体系、应急管理体制、应急管理机制、应急预案体系。

美国联邦应急管理局于2018年出台《2018—2022战略规划》（2018—2022 Strategic Plan）①，针对灾前准备、灾时应急以及灾后恢复的全过程制定了三大战略目标，全方位提高各级政府、社区、居民的综合防灾减灾救灾能力。灾前准备旨在建立备灾文化；灾时应急旨在为遭遇重大灾害时的应急管理和救援做好准备；灾后恢复旨在降低灾后重建恢复程序的复杂性。

（二）中观层面的基层安全能力建设

实际操作中，由于基层是应急管理的“第一响应人”和最直接利益相关群体，围绕基层安全能力建设的风险整改是核心和关键。基层主要包括行政层面的基层组织，也即街道和乡镇；社会层面的基层单元，包括企事业单位、社区、家庭和个人；物理层面的基层物件，包括基础设施设备、防灾避难场所等。

在我国，根据《国家突发事件应急体系建设“十三五”规划》，基层的安全能力建设主要包括四个方面。

（1）基层安全的风险调查管控和隐患排查治理能力。包括灾害频发易发地区县级行政单元的自然灾害综合风险调查和综合减灾能力评估，重要设施设备的风险管控，高危领域的安全生产风险管控和隐患排查治理，城市基础设施和综合防灾建设，关键信息基础设施和基础性行业的风险整改能力等。

（2）城乡社区的抗灾能力。包括农村危房改造、城市老旧小区改造等隐患治理和抗震加固，各级各类应急避难场所建设，“专兼结合、一队多能”的综合

① https://www.fema.gov/sites/default/files/2020-03/fema-strategic-plan_2018-2022.pdf.

性乡镇应急队伍建设，乡镇（街道）基层应急管理能力标准化建设，行政村（社区）应急服务站（点）建设等。

(3) 基础设施的抗灾能力。包括基础设施的抗损毁和快速恢复保障能力建设，自然灾害易发地区道路的建设、管理、养护、风险评估、灾害防御和保通能力，重要基础设施防灾能力建设及其抵御极端天气的能力等。

(4) 特定灾害的风险整改能力。包括沙尘暴风沙源区和沙尘路径区沙化土地治理、林业有害生物防治等基础能力，农牧渔业的防灾减灾能力和应对气候变化能力，中小河流、中小型水库、其他小型水利设施的防洪抗旱和水安全保障能力，危险化学品应急救援基地和队伍建设，水上应急和海上溢油的专业救助和抢险打捞能力建设等。

(三) 微观层面的个体安全素质提升

微观而言，个人作为政府部门和组织机构的组成要素或辅助力量，需要通过提升其安全应急常识、防灾避险意识、自救互救能力等安全素质来开展风险整改。

在提升个人安全风控能力的战略规划和实际操作中，发展国家职业资格"应急救援员"是重要手段。应急救援员（或称为"紧急救助员"）是指具备国家职业资格和紧急救援专业技能，能够运用紧急救援专业知识和技能，承担先期辅助处置并帮助遇险人员开展自救互救活动的人员。应急救援员的培训不仅教给群众应对突发状况的自救互助技能，更能提供风险评估与危机处置的科学做法，尽可能减少应急处突的人财损失。根据应急救援员的培训，个体安全风险整改的能力包括现场判断与记录汇报、报警和求救、辅助逃生与隔离危害、初级医疗救护、危险源测评与区域划分、人员与财产保护、事态控制与心态调试、辅助医疗救护与组织救助等。

特定行业人员的个人安全风控能力提升将发挥重要作用，警察、城管、导游、出租车司机等某些行业从业人员若把紧急救助救援练成基本功，配套必备的自救互助和应急救援技能，有利于全面提升全社会的应急能力，增强应急管理的社会力量。

三、针对全流程的风险整改模式

安全风险整改若要实现长效化，需针对应急管理与风险治理的全流程，在政府层面做好法律法规修订完善、体制机制持续优化的两方面工作，并鼓励和引导企事业单位开展业务连续性管理，实现全流程的风险整改。

（一）修订完善法律法规，为风险整改提供根本保障

法律是治国之重器，良法是善治之前提。日本政府注重应急管理与风险治理的法律法规建设以及依法规范政府及相关职能行政部门在应对危机事件中的权利、义务和行为。这种立法先行的做法，一方面能够增强应急管理与风险治理的有序性和有效性，确立相关体制与机制启动实施的合法性，并对政府实施与风险治理的过程进行严密的法律约束与监督；另一方面依靠法律可以调整危机情境下的各种社会关系，以防止因突发事件导致的秩序失控和舆论失序。

我国坚持依法依规依标准应急管理，运用法治思维和法治方式提高应急管理的法治化、规范化水平，在不断总结日常风险防控和突发应急处置的经验中，持续优化我国的应急管理法制建设。2019 年开始，应急管理部加快构建“1 + 4”（应急管理法 + 安全生产法、自然灾害防治法、消防法、应急救援组织法）法律体系骨干框架。

（1）应急管理法。应急管理纲领性法律法规的修订与完善。

（2）安全生产法。将逐步形成包括相关行业领域安全生产单行法律行政法规的安全生产小法典。应急管理部积极推动安全生产法尽早修改完成，加快推进危险化学品安全法、煤矿安全条例等安全生产方面的法律和行政法规制修订工作，全力推动刑法部分条款修改，将生产经营过程中极易导致重特大事故发生的违法行为纳入刑法调整范围。

（3）自然灾害防治法。将逐步形成包括单灾种法律行政法规的自然灾害小法典，并推动自然灾害防治综合立法。当前，应急管理部将协调相关部门启动自然灾害防治法的研究论证，有序推进防震减灾法、森林防火条例等单灾种的法律行政法规修订工作。

（4）消防法。进一步深化修改消防法及其配套法规规章，以落实国家机构改革精神和国务院“放管服”改革要求，推进国家综合性消防救援队伍转型升级，适应“全灾种”“大应急”的需要。

（5）应急救援组织法。应急管理部政策法规部门也将启动研究论证应急救援组织综合法律，进一步整合优化协同各方应急力量，提高防灾减灾救灾能力。

法律和制度是日本应急管理体制的基础。一方面，日本逐步建立起了一套以《防灾对策基本法》为核心的防灾减灾法律体系，建立起了一套以中央防灾会议体制、防灾基本计划体制、广域应援体制、国家与地方公共团体合作系统四方面

为核心的防灾减灾制度体系。另一方面，在重要领域和环节制定出台精细化的制度措施。

（1）针对1961年制定的“基本大法”《灾害对策基本法》做了多轮次修改。截至2019年，日本政府对该法总共进行了50多次修订。

（2）根据需要补充完善配套法律法规和政策制度。2011年“3・11”日本大地震，由于地震引发了严重的海啸和核事故，日本修正了《灾害对策基本法》《建筑物耐震改修促进法》《水防法》《河川法》和《南海海槽地震防灾对策推进特别措施法》等，制定了《核能规制委员会设置法》和《大规模灾害后复兴法》等相关法律。

（3）做到有法必依。2020年1月30日，日本政府成立了“新型冠状病毒感染症对策本部”，在每次仅有10~15分钟的会议上，几乎都有议论相关法律法规的适用、调整和实施等内容，以最大限度地确保危机应对始终在法制的框架内运行。

（二）持续优化体制机制，提升应急管理的效能

以政府及其相关部门在应急管理方面的“三定方案”为核心的体制机制优化是安全风险整改长效机制的关键，逐步完善保障安全风险整改工作得以实施的机构和人员。

以美国“9・11”事件后的防控恐怖袭击安全风险的长效提升机构建设为例。一方面，成立国家反恐中心，为风险源的全面、动态识别打下坚实基础。美国反恐的情报系统机构多样、来源广泛、实时回报，中央情报局、联邦调查局、国防情报局等16个部门都设置有相关的情报机构，以确保涉恐情报信息收集的全面完整，为恐怖袭击风险源的全面与动态识别提供参考。另一方面，组建国土安全部，系统整改涉恐安全隐患，从而降低恐怖袭击高危风险的等级。反恐是美国国土安全部的组建原因与最高目标，整改涉恐安全隐患的具体策略包括消除生化安全隐患、打击极端暴力行为、保证关键基础设施安全、防范爆炸袭击、防止核恐怖袭击、强化驾驶执照和身份证件的安全管理①。

我国应急管理体制机制的法制发展，不仅植根于中国漫长的社会进程中积累的灾害应对宝贵经验，也受国家治理体系变革、重特大事件等关键历史节点所推动。总体而言大体经历了四个阶段。

---

①《国土安全部反恐职责介绍》，美国国土安全部官网，https://www.dhs.gov/preventing-terrorism。

第一阶段，从新中国成立到改革开放前，主要是“政府应急为主体的单一灾害管理体系”，以中央生产救灾委员会为代表的政府部门主要通过自上而下的政治动员迅速调动社会资源加以应对。

第二阶段，从1978年改革开放到2003年“非典”，形成“由议事协调机构和临时机构牵头协调”的应急管理体系，应急管理呈现出属地责任、党政力量与社会力量协同得以强化与发展的特征，但核心还是“单一灾害管理+部门协调”模式。

第三阶段，从2003年“非典”之后至2018年应急管理部成立前，为政府应急管理机构和部际联席会议牵头协调的应急管理体系。以“一案三制”即应急预案，应急管理体制、机制和法制为核心的综合性应急管理体系初步建立。体制方面从国务院到各级政府办公厅、办公室均设立了应急办，逐步形成了“国家安全委员会+党政同责+部门协调”新模式。

第四阶段，2018年应急管理部成立以后，推动形成统一指挥、专常兼备、反应灵敏、上下联动、平战结合的中国特色应急管理体制，形成“党委领导、政府主导、社会力量和市场机制广泛参与”的应急管理新格局。横向上整合应急管理各类救援的资源和力量；纵向上理顺中央和地方各级党委和政府领导责任，以期旨在形成“大应急、大安全、全灾种”的应急管理格局。

（三）开展业务连续性管理，确保关键功能可持续

在工业化、城镇化、国际化、信息化推进过程中，突发事件的关联性、衍生性、复合性和非常规性不断增强，跨域传播、国际传导、连锁传导、复杂叠加等趋势日益明显，危害性越来越大，尤其是城市突发事件，容易导致群死群伤、巨额损失和多行业多区域的连带损失。突发事件后亟待社会秩序和生产生活的快速恢复和有效逆转，以及关键行业领域、重点基础设施的业务长须开展、不受影响。基于此，公共安全体系亟待在应急管理体系的基础上，引入业务连续性管理（Business Continuity Management，BCM）的理论和方法，以提升公共安全在灾后应急的可逆性。

根据国际和国家标准《公共安全　业务连续性管理体系　要求》（ISO 22301：2012，GB/T 30146—2013），业务连续性管理是指：“识别对组织的潜在威胁以及这些威胁一旦发生可能对业务运行带来的影响的一整套管理过程。该过程为组织建立有效应对威胁的自我恢复能力提供了框架，以保护关键相关方的利益、声誉、品牌和创造价值的活动”。其重点在于“组织如何减少中断事件发生

的可能性，以及当中断事件发生时准备、响应并恢复，确保关键业务的持续运行，且是在可接受的水平上保证运行”。业务连续性管理体系的建设采取“策划(Plan)－实施（Do）－检查（Check）－改进（Act）”的PDCA模型。可总结为项目规划、业务影响分析、风险分析、业务连续性策略、预警和构图、事件响应机制、业务连续性计划、演练和测试、认知与培训、绩效评估和改进10部分重点内容。对此，应基于现有的应急管理体系，用业务连续性管理理念对应急管理体系进行梳理，通过将业务影响分析、最低服务水平、最长可容忍中断时间、恢复时间目标等方法引入应急管理中，完善其管理制度、应急处置流程，提高资源利用率，使应急和业务恢复融为一体，提升公共安全体系的可逆性。现以日本企业“业务持续计划”(Business Continuity Plan，BCP）为例予以说明。

2011年“3·11”大地震后日本认识到灾害中供应链保障的重要性，进而开始“业务持续计划”(Business Continuity Plan，BCP)，该计划是一套基于业务运行规律的管理体系和规章流程，使一个组织在面临地震和洪水等自然灾害、传染病、重大事故等突发事件面前，能够在最短时间内迅速反应，以确保关键业务功能可持续。为了确保能在受灾情况下，最大程度保障组织的运行能力，近年来日本政府大力提倡中央和地方行政机构、私营企业制订业务连续计划。通过开展政府官员培训、研讨企业支持政策、制作防灾减灾手册等方式，促进中工业企业可持续性发展。中央和地方行政机构制订计划的目的是为了在灾害发生时可以继续发挥行政机构功能；私营企业制订计划的目的主要是保护企业重要营运过程不受重大灾难事故影响而中断。

第七章　灾后重建与风险共担

◎拓　扑　图

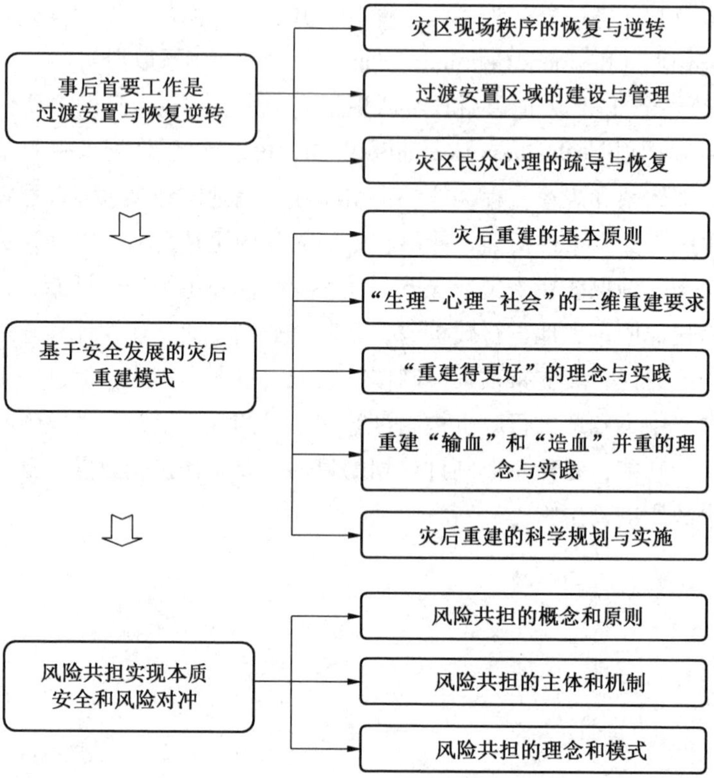

◎本　章　概　要

◎ 灾后重建：应急管理要做好灾区的过渡安置和秩序恢复；基于安全发展理念才是科学的灾后重建模式。

◎ 风险共担：风险治理要全域全员的风险共担，建构本质安全和风险对冲格局。

应急处突结束后，应围绕灾区秩序及时开展过渡安置和恢复逆转工作。检验灾区秩序情况的标准包括个体层面的守序标准和整体层面的可逆标准。突发事件后需有效恢复、快速逆转、切实管理的社会秩序主要包括救援救灾秩序、灾民安置秩序、城市运转秩序、社会治安秩序、市场秩序、生产秩序等。过渡安置是指设置临时安置区域，转移、疏散、撤离并妥善安置灾民，做好相应的规划建设、综合保障、管理服务工作，采取应急或风险防控措施来防止次生衍生灾害。对灾民的心理疏导与恢复旨在从心理上解除危机状态，使心理功能恢复到危机前水平，同时增强心理“免疫力”，预防同类心理危机。应遵循以人为本、遵循规律、多措并举的原则，根据不同阶段、不同群体的受害者的心理不适、精神创伤或情感问题，开展相应的现场心理疏导和长期心理干预。

对遭受严重损失的灾区应进行重建。科学的灾区重建应坚持因地制宜、安全为先、以人为本、尊重自然的基本原则。以“生理－心理－社会”的三维重建为目标，对直接利益相关群体予以多维度抚恤、补助、补偿、援助。基于安全发展的理念，致力于“重建得更好”（Built Bake Better）。以“输血”“造血”并重的理念，创造“输血＋造血”的内生型重建发展机制，形成中央统筹指导、地方主导执行、灾区群众广泛参与、社会力量有序参与的重建机制。依据相关法律规定、结合专业参考，全面开展科学的重建规划与实施，力争在恢复到灾前水平的基础上，该区域的生产生活和社会经济有更高的进步和发展。

风险共担既存在于过渡安置、恢复逆转、灾区重建等环节，也贯穿突发事件应急管理和风险治理的全流程，通过多元主体在明确各自风险所有权的基础上，共同承担应急管理和风险治理的相关责任义务，以期形成优势互补、信息互通、共建共治共享的风险治理格局。从党政部门的角度，风险共担的主体主要包括人民群众、专家队伍、社会力量、社会主体，针对各自的优势特点，应分别构建基层自治、智库建设、协同参与、安全产业发展等风险共担机制。与此同时，根据不同国家和地区的世情社情，借鉴日本防灾减灾“自助－共助－公助”理念、美国应急“全社会参与”理念、西方社区安全“邻里守望”模式，发挥基层安全治理“三治融合”模式，开展科学合理、富有实效的风险共担工作。

第一节　事后首要工作是过渡安置与恢复逆转

一、灾区现场秩序的恢复与逆转

（一）灾区现场秩序恢复与逆转的目标

灾区现场秩序的恢复与逆转应达到“个体守序”和“整体可逆”的目标。

1.“个体守序”

从个体层面而言，灾民个人是否能做到遵纪守法、服从组织安排是现场秩序管理的重要目标，简称为“个体守序”。

“个体守序”往往需要多方面的应急准备和社会建设工作，包括：

（1）政府加强社会监管，以稳定社会秩序，维护市场秩序。

（2）物资尽量充足，以保证群众基本生存需求。

（3）信息应公开透明，以确保社会信息渠道畅通。

（4）灾后媒体报道客观公正，政府危机公关工作到位，及时规避群众恐慌和公信危机。

（5）社会协同开展群众的心理健康辅导,以增强群众的心理承受和应变能力。

（6）民众的应急素质高，具备合格的自救互助技能、防灾减灾能力等。

2.“整体可逆”

从整体层面而言，整体社会秩序能否支撑有效应急并快速恢复到灾前状态是现场秩序管理的重要目标，简称为“整体可逆”（Disaster Reversible）。“整体可逆”具体包括速度、程度、范围三维度的要求，见表7－1。

表7－1　灾区秩序“整体可逆”标准的三维度要求

维　度	“整体可逆”标准的具体要求
速度	（1）提供灾民的救护救援，尽快恢复生活秩序。 （2）促进产业经济复兴，支援受灾企业恢复运营，加速生产重建。 （3）恢复重建公共交通的同时，构建抗灾性能更强的基础设施
程度	（1）社会应急保障足够支撑快速响应和及时应急。 （2）社会应急保障足以保障应急结束后恢复至灾前水平。 （3）灾后恢复重建的同时能够抵御下一次同类灾害

表7-1（续）

维　度	“整体可逆”标准的具体要求
范围	（1）社会稳定、公共安全、社会治安、社会秩序的快速恢复正常。 （2）交通、水利、通信、供水、供电、供气、供热、广播电视等城市生命线工程和基础设施的快速恢复。 （3）民众正常工作和生活的快速回归常态。 （4）农业生产、工业生产、第三产业、金融等经济发展领域的快速复原

注：根据公开资料整理，为不完全统计。

（二）灾区现场秩序恢复与逆转的要件

灾区现场秩序的恢复与逆转旨在全面恢复并强化管理灾区的社会秩序状况，统筹考虑、科学开展灾区保平安、保畅通、保稳定各项工作。其中需有效恢复和切实管理的社会秩序主要包括灾民安置、城市运转、社会治安、市场秩序、生产秩序等。

1. 灾民安置的秩序管理

强化灾民安置和生活相关的秩序管理，切实安顿好灾民的日常起居，保证灾民短期内的正常生活。

第一，受灾群众临时生活救助政策实施过程的秩序管理。深入灾区核查灾情，审核确定救助对象，及时足额地将补助金、救济粮发放到救助对象手中，保证受灾群众有安全住所、有饭吃、有干净水喝。

第二，强化救灾物资有序发放和使用的秩序管理。统筹灾区各类需求，研究确定救灾物资优先安排的对象。棉帐篷、棉衣被等物资要优先保障遇难者家庭、孕妇、婴幼儿、孤儿、孤老、残疾人员；大帐篷、活动板房等优先用于学校、医疗点、福利机构、商业网点等公共服务设施，确保各类物资调运到位并发到因灾无房可住、无生活来源、无自救能力的“三无”人员手中。物资发放应做到公正、公开、公平，避免因分配问题引发矛盾。

第三，加强生活必需品秩序管理。尽快恢复城乡商业网点和商品流通，保障群众主要消费品市场供应，解决日常生活所需炉具灶具等生活用品紧缺问题。

2. 城市运转的秩序管理

及时组织和协调公安、交通、邮电、建设等有关部门尽快修复被损坏的交通、通信、供水、排水、供电、供气、供热等。公共设施管理部门或公共服务类企业确保城市得以恢复运转。

第一，交通工程建设恢复与秩序管理。主要包括高速公路、干线公路、农村公路、客运站场、水运设施、铁路等基础设施，优先恢复现有公路、铁路功能，修复受损路段，加固受损桥梁，完善排水防护和交通安全等设施。

第二，通信工程建设恢复与秩序管理。主要包括通信、邮政、邮政网络、通信枢纽等基础设施，提升服务水平和安全可靠性，恢复安全、可靠的通信设施。

第三，水利工程建设恢复与秩序管理。按照"先应急，后重建；先除险，后完善；先生活，后生产"等原则，统筹考虑城乡建设、产业发展、生态家园建设等对水利基础设施的需求，使灾区防洪减灾基础设施、供水保障基础设施及水资源监测能力得到有效恢复。

第四，能源工程建设恢复与秩序管理。全面恢复灾区电网、电源、煤炭和油气等能源生产和供应秩序，积极为灾后恢复重建和经济社会发展做好能源保障。

3. 社会治安的秩序管理

公安机关作为中坚力量，联动城管、工商、质检等相关部门，切实维护灾区及邻近地区的社会治安秩序，根据《中华人民共和国刑法》《中华人民共和国治安管理处罚法》《中华人民共和国人民警察法》等法律规定，有效防范"现场"和"舆论场"的各类刑事或治安案件，创造良好的社会安全、交通秩序、治安环境。

第一，开展街面和社区网格化巡逻，做好灾民安置点、物资发放点、金融网点等重点部位的安全保卫和治安防范。

第二，严厉打击违反治安管理甚至构成犯罪的行为。包括：①不遵守公安机关交通管制、不服从人民警察指挥等扰乱交通秩序行为的；②盗窃、哄抢、诈骗公私财物或者救灾物资等扰乱治安秩序行为的；③编造、故意散布谣言和虚假、恐怖信息等扰乱治安秩序行为的；④垄断货源、囤积居奇、哄抬物价等扰乱市场秩序行为的；⑤阻碍军队、武警部队和人民警察、国家机关工作人员、医务人员、红十字会工作人员依法履行职责的等。

第三，开展必要的宣传教育，引导广大群众服从配合党委、政府和有关部门的救灾安排，并鼓励广大群众对发现的违法犯罪行为应当及时拨打110报警电话举报，在保护自我安全的前提下有权采取必要措施制止违法犯罪行为。

4. 市场秩序管理

工商部门牵头做好灾区的市场秩序管理，以维护灾区市场秩序和社会稳定，切实保护消费者、经营者合法权益，促进灾区恢复重建工作顺利进行。

第一，以食品、农产品、建材、成品油、农资等为重点，依法打击欺行霸市、以假充真、以次充好、囤积居奇、哄抬物价等严重扰乱市场秩序的行为。查处借灾区重建之名进行强制交易、强制服务、滥收费用和商业贿赂等不正当竞争行为。

第二，加大对救灾物资捐赠点和灾民集中安置点的食品安全检查力度，严厉打击制售假冒伪劣食品等违法行为。

第三，围绕米、面、油、饮用水、方便食品、口罩、电筒等灾民生活必需品，有针对性地开展商品质量监测，及时公布检测信息，引导灾区群众消费。

第四，防止染疫、病死和检疫不合格畜禽产品及其制品流入市场，严厉打击销售染疫、病死和检疫不合格畜禽产品及其制品的行为，切实防止疫病发生。

第五，强化流通环节农资质量监测，及时公布检测结果，严厉查处销售假冒伪劣农资坑农害农行为，发布农资消费提示警示，宣传农资识假辨假知识。

第六，以灾区重建必需的水泥、钢筋等建材为重点，集中开展专项执法检查，严厉打击销售假冒伪劣建材等违法行为。加强对建材质量的监测，督促灾区经销建材企业严格执行进货检查验收制度，保证进货来源合法，严防假冒伪劣建材流入灾区。

第七，“12315 消费者投诉举报专线电话”进灾区、进灾民集中安置点、进医院等场所，及时受理和处理受灾群众的申诉和举报，尽可能将消费纠纷解决在萌芽和初发状态。

第八，加强对灾后救助和灾后重建工作中涉及的药品、医疗器械、医疗服务、消毒用品、防疫用品、食品以及建材、机械等商品、服务广告的监管，严禁利用各种媒介和形式借灾后重建的名义发布推销商品、服务的广告。

5. 生产秩序管理

维护良好的社会生产秩序是灾后中长期的重要问题，要在安顿好灾民的日常起居基础上，逐渐恢复灾区的生产活动，逐步形成长期的安居乐业状态。一方面，灾区政府及农业行政主管部门应当及时组织修复毁损的农业生产设施，开展抢种抢收，提供农业生产技术指导，保障农业投入品和农业机械设备的供应。另一方面，政府有关部门应当优先组织供电、供水、供气等企业恢复生产，并对大型骨干企业恢复生产提供支持，为全面恢复工业、服务业生产经营提供条件。

【案例分析】哈尔滨水污染事件的秩序恢复与管理

2005年11月13日，中石油吉林石化公司双苯厂发生爆炸，致使苯类物质（苯、硝基苯等）流入松花江，造成了江水严重污染，沿岸数百万居民尤其是哈尔滨市的生产生活受到严重影响。11月21日，哈尔滨市政府向社会发布公告称全市停水4天，“要对市政供水管网进行检修”，部分市民怀疑停水与地震有关出现抢购。11月22日，哈尔滨市政府连续发布2个公告，证实上游化工厂爆炸导致了松花江水污染，动员居民储水。11月23日，国家环保总局向媒体通报，受中石油吉林石化公司双苯厂爆炸事故影响，松花江发生重大水污染事件。其间，哈尔滨市政府及时向社会发布公告，积极部署专业处置和紧急救援的同时，开展一系列工作以保障全市秩序管理工作①。

1. 稳定市场，保证供水

因为水危机的出现，哈尔滨出现了群众抢购商品、商贩哄抬物价的现象。为稳定市场，黑龙江省紧急拨出1000万元、哈尔滨市政府拨出500万元用于在全市社区设置供水点。同时，哈尔滨市政府采取一系列措施保证市场饮用水充足。

一是实行用水管制，控制水资源。11月21日，哈尔滨市政府发布的第一份公告要求市内洗浴、洗车等高耗水行业从21日起停止用水，保证饮用水的供给。

二是必须保障供给。11月21日晚，哈尔滨市政府紧急通知附近的“冰露”“娃哈哈”“哈药总厂”等大型矿泉水、纯净水生产企业把货物控制起来，连夜组织车辆运往哈尔滨，这些企业的饮用水产能共计每天2500吨，全部满负荷运转。同时，哈尔滨市政府向沈阳市政府紧急求援。11月22日，沈阳发出1300吨矿泉水运抵哈尔滨，当天下午全市多数超市和商场结束了饮用水断货现象。

三是规范市场。哈尔滨市政府给6个受停水影响较大的区各拨出100万元价调资金用于购进矿泉水，再以平价卖给市民，以引导市场价格。每个区开设3～5个平价饮用水供应点，并在当地报纸上公布其具体位置和服务电话。由物价、工商等部门组织多个联合检查组，对囤积居奇、哄抬物价、扰乱市场秩序的不法商贩进行集中打击。同时广泛印发通知，向市民公布举报电话。到11月23日，哈尔滨市饮用水等商品价格已基本回落到停水公告发布前的水平。

2. 开辟新水源，保证供热

事发期间的哈尔滨正处于冬季，供热是群众生产生活的必备且全市供热面积

① 唐钧主编《中外紧急救援成功案例研究》，中国社会出版社2008年版。

达1.2亿平方米；但供热需要水，自来水切断后出现居民从暖气管里放水去冲洗厕所等现象，11月21日晚全市的锅炉就比平时多流失了3万吨水，对此须设法补充水源以保障供热。

停水前，哈尔滨市政府要求各供热单位做好停水期间需要补水量的统计，将居民小区生活水箱、供热补水箱、软化水箱、消防水池等容器注满水，作为应急备水。停水后，各家国有大型供热企业利用自有水源解决供热补水，供热面积较小的社会供热单位在所在区政府帮助下解决水源。

为开辟新水源，哈尔滨全市918眼地下水井全部启动并加速开凿新井81眼，从外地和市内调剂了140多台补水车辆用于补充锅炉用水。同时，哈尔滨市政府要求各大企业降低车间温度，先保居民，后保生产。企业工业用水使用活性炭过滤江水确保正常的生产经营，确保为居民提供基本的燃气和供热保障。

3. 解决人员集中地区的用水问题

针对学校、医院等人员集中且用水量大的场所，哈尔滨市政府决定市属中小学全部放假以减轻供水压力，要求大学多打自备水井，并用消防车和洒水车调水。黑龙江大学、东北农业大学、哈尔滨医科大学等高校启用了地下水井，主要供给学生食堂，保证饮食供应。对家庭经济条件较差的学生，部分学校按每人每天2元的标准给同学们发放补贴。停水期间各大高校秩序稳定，没有出现任何恐慌现象。为保证医院供水，哈尔滨市消防部门从黑龙江省消防支队调了30台消防车，由市里统一调度，专门保证全市200所医院用水不断档。

4. 做好卫生防疫工作

为保证饮水安全，黑龙江省卫生厅出台水质安全应急预案，规定在停水期间，对饮用水质量每天检查两次。成立省、市两级苯中毒医疗专家指导组，邀请中国疾病预防控制中心专家对临床病例的会诊和治疗方案进行指导。组织15家医院建立起救助网络，并公布电话，随时接受群众咨询。黑龙江省政府及时下发水污染地区禁止使用松花江水的通告，严防污染水体对沿江人畜造成危害。卫生防疫人员、基层干部深入沿江居民区和村屯，向群众宣讲防止污染知识。对污染团即将和已经到达的江段严格监管，派专人巡查，禁止人畜接触污染水体，停止水上捕捞作业。派人重点检查沿江区县的安全供水，制定出科学的安全用水方案，确保人畜饮水安全，并及时组织沿江河滩居民撤离。由于准备充分，停水期间，哈尔滨全市没有发生一起饮水和食物中毒事件，肠道传染病发病率与松花江水污染发生前持平。

5. 积极救助弱势群体

哈尔滨市政府专门拨出近千万元资金用于给低保户、残疾人、老退伍军人等免费供应饮用水，并为家里缺少储水设备的居民提供了储水用具。针对低保户政府制定“第一天每人3瓶，第二天4瓶，第三天5瓶”的免费供水标准，拿低保证即可领到水。停水期间全市免费领水的困难群体多达31万人。

二、过渡安置区域的建设与管理

过渡安置的首要工作是设置临时安置区域，将灾民转移到安全地带并妥善安置，做好相应的区域建设、综合保障、管理服务工作，同步开始全面恢复秩序、并准备灾区规划重建。

（一）过渡安置区域的规划建设

灾民临时安置点用于过渡性安置，其选址和规划应综合专家建议和灾民意见。在地质、安置、规划、工程、健康方面需要专家建议，同时了解灾民对当地情况介绍及其诉求。

安置点选址应遵循五个基本原则：

（1）规避安全隐患。避开地震断裂带、滑坡、崩塌、泥石流、河洪、山洪等自然灾害及次生灾害影响的地段，避开水源保护区、水库泄洪区、濒险水库下游地段，避开现状危房、高大建筑物、重大污染源、可燃材料堆场、易燃易爆化学物品、放射物品存放处、高压走廊、高压燃气管道及其影响范围。

（2）规避环境污染。避免对自然保护区、饮用水源保护区以及生态脆弱区域造成破坏。

（3）方便群众。设置在交通条件便利、方便受灾群众恢复生产和生活的区域，尤其是方便学生上学、方便民众就医。

（4）就地就近，方便开展恢复重建。

（5）节约用地、保护生态。实施过渡性安置应当占用废弃地、空旷地，尽量不占用或者少占用农田，并避免对自然保护区、饮用水水源保护区以及生态脆弱区域造成破坏。

根据安置场所和住宿条件，安置点大致分为三类。第一类是在室内能提供较好住宿条件的临时安置点，如学校、宾馆等；第二类是在较大空间室内集中安排受灾群众生活的临时安置点，如体育场馆、工厂场房等；第三类是在室外相对集中安排的临时安置点，如搭建的帐篷和棚屋等。

（二）过渡安置区域的综合保障

确定临时安置点的位置和区域后，应及时做好灾民临时住所、配套设施建设、生活物资保障等综合保障工作。

1. 保证临时住所

因地制宜为灾区群众安排临时住所。临时住所可采用帐篷、篷布房，也可采用简易住房、活动板房；还可将学校操场和经安全鉴定的体育场馆等作为临时避难场所。鼓励灾区农村居民自行筹建符合安全要求的临时住所并予以补助。临时住所应当具备防火、防风、防雨等功能。活动板房应当优先用于重灾区和需要异地安置的受灾群众、遇难者家庭、孕妇、婴幼儿、孤儿、孤老、残疾人员等人群和学校、医疗点等公共服务设施。

2. 安置点配套设施建设

做好过渡性安置点水、电、加油站（点）、道路等基础设施的配套建设，按比例配备医疗点、集中供水点、公共卫生间、垃圾收集点、日常用品供应点、学校、少数民族特需品供应点、必要文化宣传设施等公共服务设施。安装防雷设施和预留消防应急通道，配备消防设施，防范火灾和雷击灾害发生。

3. 合理安排和充分保障灾民生活物资

根据灾民的普遍状况、立即可用的资源、灾民的日常生活习惯等情况和标准来确定临时安置区域灾民生活物资的类型和数量，重点确保水、食物、防疫药品等。应建立给水系统，保障水量，保证水质，确保合理分配和严格供给等。食品的供应和安全在需求评估基础上，采用合理的食物供应计划来满足灾民的食物安全需求。

（三）过渡安置区域的管理和服务

1. 过渡安置管理和服务的原则

过渡安置的管理和服务工作实行“属地管理和自我管理相结合”的原则。在当地党委和政府的领导下，由组织和民政部门牵头，相关部门配合，组织号召群众参与。

第一，大规模的集中安置点应由当地政府选派优秀干部与灾民代表组成管委会共同管理，以村和社区建立的小规模安置点沿用原管理体制进行管理，同一乡镇、街道的受灾群众相对集中安置，以便于加强管理。

第二，组织州、县分区划片，在尊重个人意愿的前提下，尽量参照灾前村（居）委会的建制，建立灾后的基层群众性自治组织，并选派干部蹲点做好指导工作，及时解决群众生活中出现的问题，维护正常社会秩序。

第三，建立临时党团组织，充分发挥党员先锋模范作用和党组织的战斗堡垒作用。建立自我管理、自我教育、自我服务机制，引导机关干部、社会工作者、志愿者、义工参加受灾困难群众安置点服务。

第四，在当地县、乡（镇）人民政府组织下，受灾群众建立治安、消防联队，开展治安、消防巡查等自防自救工作。

第五，落实信息公开制度。安置点设置公示栏，公布救助对象、救助标准、住房分配等信息，做到“制度上墙”，方便群众办事。

2. 次生衍生灾害的风险防控

针对突发事件后的次生衍生灾害，既要加强风险评估和隐患排查，密切监控新生次生地质灾害风险，也要加快险情紧迫、危险性大、危害严重的隐患点治理，有效规避或干预次生衍生灾害。

第一类是卫生防疫和疾病防治。严抓食物和饮用水卫生保障、公共卫生保洁、废弃物处理、消毒防疫、医疗保障等问题，防止传染病等次生灾害。安排专门卫生防疫力量，及时对灾区水源进行监测消毒，加强食品和饮用水卫生监测，妥善处理遇难者遗体。做好死亡动物、医疗废弃物、生活垃圾等的消毒和无害化处理，安置点配置净化水设备、杀菌消毒工具等。做好过渡安置区域食品安全、选择可靠水源、注意防虫防鼠、科学处理粪便、注意个人卫生等工作，确保“灾后无大疫”。使用的消毒剂、清洗剂应当符合环境保护要求，避免对土壤、水资源、环境等造成污染。

第二类是火灾事故和危险化学品事故防范。安置点选址和规划环节要有效预防火灾，尤其是对易发生火灾的重点部位和敏感物品进行安全隐患排查，重点排查非煤矿山、危险化学品、烟爆场所安全隐患。及时排查工贸行业企业、民爆行业等的安全隐患，做好火灾应急预案和准备。

第三类是地质灾害防范。对易发生山体滑坡、泥石流、山体崩塌等重点部位进行安全隐患排查，做好水库、堰塘、沟渠、堤防等各类水利工程的安全隐患排查，做好损毁公路、危桥等交通设备设施的安全隐患排查，对旅游区域的地质灾害安全隐患进行排查整治，必要时紧急转移附近群众。

第四类是建筑物倒塌等意外事故防范。地震、暴雨等自然灾害可能使厂房工棚、临时构筑物、户外广告牌、树木倒塌，对此应加强对居民住房、职工宿舍、校舍和医院病房等集中居住房屋的隐患排查和建设工地等城乡危房的安全隐患排查，并提醒群众小心防范。

3. 灾区民众的安全健康教育

突发事件尤其是自然灾害发生后的灾区健康教育旨在及时向公众传播普及卫生防病知识，防范公众心理恐慌，维护社会稳定，帮助受灾群众进行心理修复。同时，指导公众采纳预防疾病和保护健康的生活方式和行为，提高个人和群体预防保健的能力。

各级政府、卫生部门、宣传部门、教育部门等在各自范围负责救灾防病健康教育管理、传播等工作职责。

（1）各级政府负责统一指导、监督、管理救灾防病健康教育工作，并开展政策制定、筹集资源、社会动员等工作。

（2）卫生部门在同级政府领导下，负责调查研究、制订计划、监督指导、提供有关信息及沟通协调等。

（3）宣传部门进行有利于救灾防病的舆论引导，传播救灾防病知识，促进风险沟通，促进全社会关心，支持救灾防病。

（4）灾民临时安置区域由政府指令灾区各灾民点确定专人负责健康教育工作。

（5）恢复正常上课的学校，对学生进行救灾防病知识技能培训，并且开展学生包户教育。

【案例分析】震后过渡安置的芦山经验

2013 年 4 月 20 日 8 时 2 分 46 秒，四川省雅安市芦山县龙门乡发生里氏 7.0 级地震。在抗震救灾进入受灾群众安置阶段后，芦山县坚持受灾群众安置与次生灾害防治并在，确保人民群众生命财产安全。

1. 全力推进“五有五防”，高效有序妥善安置群众

紧急落实临时安置，在县城内设立 10 个较大安置区域，安置受灾群众近 2 万人。在其余 8 个乡镇 40 个村因地制宜设立临时安置区域 548 个，安置受灾群众 10 万人。对倒房户及房屋严重受损户采用搭建板房小区、简易过渡房或发放过渡安置费自寻住处的办法安置，7 天搭建 1000 套城市过渡板房。截至 2013 年 6 月底，全面完成城乡受灾群众过渡安置任务。

对受灾困难群众发放临时生活补助（每人每天 0.5 千克粮、10 元钱），共计发放救助金 1.65 亿元、救助粮 8123.56 吨，发放人数 59.3 万人。县城每个安置区域确定 1 名县级领导、1 个县级部门负责落实物资发放、群众救助等安置工

作，每个乡镇指派专人联系安置区域，让每一个受灾群众“有饭吃、有衣穿、有干净水喝、有临时医疗救助、有临时安全住所”，实现乡村组（社区）受灾群众100%得到妥善临时安置。启动农村过渡安置补助、城镇过渡安置补助等工作，以党员干部示范带动，积极引导受灾群众搭建安全简易住所，群众过渡安置工作加速推进。

2. 狠抓“生命工程”，严防次生灾害发生

芦山县委、政府坚持把防治次生灾害作为抗震救灾的重大任务，认真落实安置区域防疫、防火、防雷、防汛、防次生灾害等工作，扎实推进地质灾害防治“四到位”（监测到位、避险到位、提醒到位、培训到位）和“五个一”（一个牌子、一条线路、一个口哨、一张明白卡、一个监测员），确保不产生新的重大人员伤亡和财产损失。

一是迅速开展地质灾害调查评估工作。在全国和四川省的协调下，组织省市县8支专业队伍共155名技术人员对地质灾害点进行巡查，共排查地质灾害隐患点576处（原有地质灾害点144处，新增隐患点432处）。其中，需应急排危项目100处，做到底子清、情况明。

二是加强地质灾害监测预警工作。通过国家应急广播电台和县电视台滚动播出地质灾害点位。逐点落实地质灾害点监测人员，实现监测全覆盖。安装标志牌，发放避灾警报锣、报警口哨、气象报警收音机、手摇报警器。每天坚持晴天一次、雨天两次的电话抽查，切实增强人们危机意识，杜绝麻痹大意。

三是加强地质灾害宣传教育和避险演练。印发《预防地震次生灾害宣传资料》8万余份，发放给安置区域群众和中小学生，让群众掌握地质灾害相关知识和安全避险基础知识。对地质灾害监测员进行防治知识专题培训，增强应急处突能力。在全县9个乡镇、40个村255个村民小组全面开展地质灾害应急避险演练，演练内容包括群众转移、伤员救护、应急抢险等，共演练255次，参加演练人员1.2万人次，实战砺“兵”，防患于未然。

四是加强卫生防疫。县灾后卫生防疫指挥部与各乡镇、县级各部门签订卫生防疫目标责任书，实行分片包干，网格化管理。全县每个村、居委会落实2名卫生防疫人员和1名医疗人员，驻村（居委会）开展医疗卫生和防疫工作，每个安置区域配备了固定的医疗人员、防疫人员和消杀人员，实现了卫生防疫进居民安置区域、进村组、进家庭。在灾后卫生防疫指挥部的统一指挥下，全县开展饮用水监测、消杀、传染病监测、灾后传染病疫苗接种以及血吸虫病防治工作。震

后，全县无突发公共卫生事件和重大疫情发生。

3. 以民众生活生产为先，灾区秩序迅速恢复

震后半小时，对外电信联络基本恢复，流动金融营业车开始运行。当日下午，在县城和乡镇设558个临时安置区域，紧急转移、应急安置受灾群众10万余人。紧接着县指挥部便有序发放帐篷、棉被、食品、饮用水等急需物资，有力保障了安置区域群众有干净水喝，有东西吃，有地方住。震后1天，调频广播信号恢复传输并播出震后第一期自办新闻节目。震后3天，410名高三学生前往成都西南财经大学异地复课。震后5天，抢修和新铺设饮用水管道140千米，修建临时供水设施79处，全县基本实现应急供水。震后15天，全县12852名学生全部复课。

4. 有序开展社会捐助和物资发放，解决灾民衣食住行问题

截至2013年12月31日，芦山县慈善总会共计接收捐赠资金1169笔，8819.66万元，其中定向捐赠4136.54万元。接受各方爱心人士和社会机构捐赠棉被21.44万床、衣物15.4万件、粮食2848吨、食用油62.9万千克、方便面11.23万件、矿泉水68.25万箱及其他物质。此外，还紧急调拨救灾帐篷4.71万顶、车辆189辆、发电机1134台、通信设备1121部、药品1.28万件。所有物资通过乡、村、组三级迅速发放到受灾群众手中，解决全县12万余名无家可归灾民的衣食住行。

三、灾区民众心理的疏导与恢复

对灾民的心理疏导与恢复旨在从灾民心理上解除危机状态，使心理状态和功能恢复到危机前水平，同时增强心理“免疫力”，预防同类心理危机。

（一）心理疏导与恢复的基本原则

灾区民众的心理疏导与恢复，应遵循以下原则：

1. 遵循规律

必须遵循灾后心理康复的发生发展的客观规律，科学、有序地实施心理援助，注意避免产生次生伤害。

2. 多措并举

应用司法援助、宗教安慰、心理咨询、健康教育、应急培训等多种方式，及时追责问责相关责任人，这也是心理疏导的重要内容。

3. 区分重点人群

在面向全体受灾群众开展多种形式的心理干预和促进的同时，重点关注丧亲者、孤残儿童等弱势群体，同时不可忽略受到情绪困扰的救援人员等。

4. 尊重当地的文化背景

存在于一定社会环境中的个体，性格和情感表达往往受到一定文化背景的影响，对此心理援助应结合当地民俗，尊重当地文化。

（二）灾民心理疏导的“三级圈”机理

灾难发生后，不同地域空间给人带来的负性影响不同，呈现出“心理台风眼”（Psychological Typhoon Eye）现象，即在空间维度上，越接近灾害损毁中心区域，灾民的心理越趋于平静。根据“心理台风眼”效应，可以从空间上将心理援助分为“三级圈”，如图7－1所示。

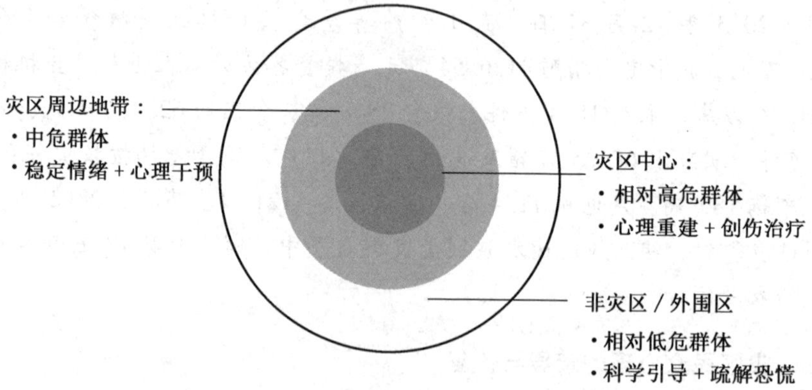

图7－1　灾民心理疏导的“三级圈”机理示意图①

第一级是灾区中心的民众，主要是灾难的直接灾区民众。他们亲历生命的威胁，遭受严重的亲人离世、健康受损、财产损失，受到的心理创伤最为严重。短期内，此类民众可能出现不断回溯灾难发生情景的情况，易产生灾后压力综合症状，有必要对其进行心理筛查、实施心理援助；中长期而言，大部分人恢复常态，但少数人仍可能受灾难阴影影响。对于持续出现问题的应进行深度和持续的心理重建和创伤治疗。

① 唐钧：《紧急救助》，中国人民大学出版社2009年版。

第二级是灾区周边地带的民众，主要是灾难的次级灾区民众。他们体验到灾难对生命和财产的威胁，并目睹受灾情况，心理恐慌度较高，并可能担心灾难将再度袭击。对此，短期内，应稳定恐慌情绪，缓解焦虑情绪；中长期而言，对于出现灾后压力综合症状的民众应加强心理筛查和心理干预，也可通过设置固定或流动的心理辅导站，发放心理自助资料，辅导民众进行心理层面的自救。

第三级是外围区、也即非灾区的群众，主要是社会大众。他们通过多种信息渠道了解灾难情况及其对灾区民众带来的伤害，通过视频、图片、文字等形式“目睹”灾区惨状，并担心同类灾难发生在自己身上。此类民众对灾难可能存在较高的感知、恐慌和担忧，真实（惨烈）的画面也可能造成长期的负面影响，甚至可能产生非理性的行为或者恐惧心理。对此，应通过多种途径及时传递信息、进行合理报道、规范媒体行为，有效引导民众从对灾难的恐惧和担忧中“超脱”，将恐惧和担忧转变为援助灾区民众、强化安全风险意识、增强自救互助能力的“正能量”。

（三）灾民心理恢复的“三阶段”路径

灾难带来的心理创伤往往是长期性的，处于不同阶段的个体心理反应各不相同，对此要根据不同灾难阶段灾区民众的心理、精神、情感状态开展相应的疏导。一般而言，灾民的心理变化可分为“事发应激阶段”“灾后冲击阶段”“恢复重建阶段”三个阶段。不同阶段对应不同时间维的心理疏导的重点工作，灾民心理恢复的“三阶段”路径如图 7－2 所示。

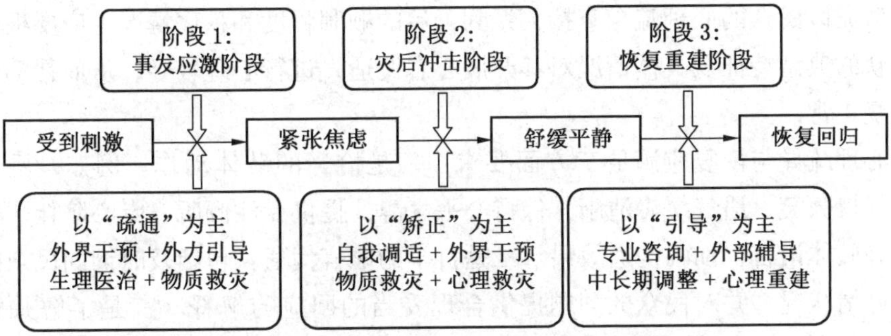

图 7－2　灾民心理恢复的“三阶段”路径示意图[①]

① 唐钧：《紧急救助》，中国人民大学出版社 2009 年版。

第一阶段是“事发应激阶段”，是心理应激反应的开始时期，通常是灾难发生的一两周内。人们受到外界危险信号的刺激，身体的各种资源被迅速动员起来用以应对压力。这一阶段处于心理援助的应激阶段，灾民和救灾人员最重要的任务是生存和尽可能抢救财产，社会亲和力和社会责任感明显增强，心理问题并不明显。这一阶段的心理疏导以“疏通”为主，以“外界干预＋外力引导”的外部力量为主，强调生理医治和物质救灾，确保灾民身体尽快恢复健康并保障其基本生活。

第二阶段是“灾后冲击阶段”，心理应激进入抵抗期，通常是从灾后几天到几周之内。这一时期对应着心理援助的冲击阶段，大多数灾民能够回复到灾前状态，但部分灾民的心理问题凸显出来，如果不能实施相应的心理救助，灾区民众可能会因灾难损失与重建的诸多困难而产生强烈的失落感。这一阶段的心理疏导以“矫正”为主，“自我调适”的内部力量和“外界干预”的外部力量相结合，既要有物质救灾、也要从纯心理层面进行干预。

第三阶段是“恢复重建阶段”，这个阶段可能需要几个月甚至几年的时间。部分灾民会有持续性的重现创伤体验，反复痛苦回忆、噩梦、幻想、情绪烦躁、入睡困难以及相应的生理反应，有持续性回避、警觉性增高和整体感情反应麻木情况，出现明显主观痛苦及社会功能受损。这一阶段的心理疏导以“引导”为主，需借助外部专业力量来进行“专业咨询＋外部辅导”，并开展中长期的调整和心理重建。

（四）灾区民众心理疏导与恢复的方式方法

对灾区民众的心理疏导直接关系到善后的顺利程度和秩序情况。应要根据受灾群众的典型特征及具体情况对其开展心态调适，进行心理辅导，从而帮助其尽快恢复正常。

心理疏导与恢复应满足三方面要求：一是恰当的肢体动作。例如，目光直视、保持微笑、语气缓慢清晰，保持心平气静，提供专注倾听、专心陪伴，辅以手势和肢体语言，加强沟通效果。二是科学的语言沟通。包括及时询问民众的生理及心情状况，并对民众的问题提供合理妥当的回应与解释。三是了解并解决灾区民众的实际问题。例如，将灾区民众引导至安全地点，可帮助其缓解恐惧和紧张情绪。让受伤民众得到及时的抢救与包扎，有助于解除其痛苦和焦虑情绪。

不同的群体对于灾难的认识和反应不尽相同，对此心理疏导与恢复要根据其特征采取相应的策略和方法进行心理恢复、辅导、咨询①：一是针对不同年龄阶段的灾区民众，应根据其心理特征，采取针对性的心理疏导策略，具体可细分受灾儿童、青少年、中年人、老年人。二是针对丧亲灾区民众的心理疏导，首要工作目标是与丧亲者沟通，帮助他们解决实际困难，提供心理支持。三是针对军人、警察、消防员、医护人员、志愿者等救援救助人员进行心理疏导，应及时提醒其在救援救助过程中尽量注意保护自己、尽可能避免感情投入，鼓励其多与同事、朋友及家人交流讨论自己的感受和想法，引导其加强休息睡眠、户外活动和体育锻炼，如有必要寻求专业支持和帮助。

心态调适的实际操作中，可应用危机干预六步骤法、关键事件应急报告法、团体危机干预法等，见表7-2。

表7-2 灾区民众心理调适的方式方法（示例）

方法	具体操作要点
危机干预六步骤法	一般分为6个步骤： 第一步，倾听灾区民众心声，从灾区民众角度确定心理问题； 第二步，保证灾区民众的安全； 第三步，与灾区民众进行积极的沟通和交流； 第四步，与灾区民众共同分析问题并提出解决问题的方法； 第五步，制订行动改进的计划； 第六步，从灾区民众那里获得其愿意改进的承诺
关键事件应急报告法	一般在突发事件发生后的24小时内进行，用时2~3小时，分为7个步骤： 第一步，组建心理小组，介绍小组成员和干预过程，与灾区民众建立信任关系； 第二步，灾区民众提供突发事件发生的具体事实； 第三步，鼓励灾区民众讲出突发事件发生时最初最痛苦的想法； 第四步，挖掘灾区民众在突发事件中最痛苦的经历，鼓励其承认自己的情感； 第五步，要求小组内的灾区民众回顾各自情感、行为和认知的体验，以便产生更深刻的认识； 第六步，使灾区民众认识到应激反应是正常反应且可以理解的，为其提供促进整体健康的知识和技能； 第七步，总结、修改有关应对策略和计划

① 唐钧：《紧急救助》，中国人民大学出版社2009年版。

表7-2（续）

方　法	具体操作要点
团体危机干预法	团体危机干预法主要针对救援救助人员进行，分3个阶段实施： 阶段一，执行任务前，制定组织预案，通过演习明确任务和职责，减轻焦虑感，建立团队信心； 阶段二，执行任务中，保证每个成员都有同伴，通过共同承担任务和相互交流减轻压力，限制工作量，保证休息时间，使工作人员有机会与家人交流； 阶段三，任务结束后，给参加援助的工作人员一定的假期，使其从繁重而紧张的工作任务中解脱出来，防止其出现应激障碍（PTSD）症状

来源：唐钧主编《紧急救助》，中国人民大学出版社2009年版。

第二节　基于安全发展的灾后重建模式

一、灾后重建的基本原则

科学的灾区重建应遵循以下四项基本原则。

1. 因地制宜，科学选址规划

灾区重建的选址应统筹恢复重建与发展提升，综合考虑资源环境承载能力，严格落实恢复重建总体规划和专项实施方案，科学合理确定重建规模、方式、时序。严格按照生态保护区、旅游产业集聚区、农牧业发展区、人口聚居区的功能定位，优化城镇和产业布局，力求“生产空间集约高效、生活空间宜居适度、生态空间山清水秀”的目标，促进灾区可持续发展。

2. 安全为先，防灾胜于救灾

灾区重建应树立“防范胜于救灾”理念，强化全民防灾抗灾意识和全域安全意识。充分考虑资源环境承载能力，着力提升综合防灾减灾救灾能力，有效避让地质灾害隐患点、地震断裂活动带引发的难以防治的地质灾害隐患点、泄洪通道。严格执行抗震设防标准和建设技术规范，对居民住房实行强制性抗震设防标准，确保重建工程质量，保障灾区群众安全。

3. 以人为本，切实改善民生

灾区重建应把人民对美好生活的向往作为奋斗目标，把灾区群众的期待和安危冷暖体现到每一项工作中，把群众满意作为检验重建成果的最终标准，将城乡居民住房恢复重建摆在突出和优先位置。加快恢复完善公共服务体系，优先实施民生重建项目，全面提升灾区群众生产生活条件，增强灾区群众获得感幸福感安全感。

4. 尊重自然，兼顾生态环境

灾区重建牢固树立人与自然是生命共同体的理念，树立尊重自然、顺应自然、保护自然的生态文明理念，坚持节约优先、保护优先、自然恢复为主的方针，把绿色发展理念贯穿灾后恢复重建全过程，严守生态资源消耗上线、环境质量底线和生态保护红线，强化世界自然遗产、自然保护区、风景名胜区、森林公园保护力度，持续推进生态修复。

二、“生理－心理－社会”的三维重建要求

直接利益相关群体是事故的直接受害者，往往也是后期社会稳定问题和舆论施压的主力和根源，是过渡安置中需重点关注群体。基于此，应针对直接利益相关群体，开展“生理－心理－社会”的三重补偿，满足受灾群众和因救灾而死伤的工作人员及其家属的合法合理需求，从源头消除负面舆论和社会稳定风险，保障恢复重建工作的有序开展。

（一）生理层面的救助补偿和物质赔偿

生理层面的物质补偿是指对突发公共事件中的伤亡人员、应急处置工作人员以及紧急调集和征用有关单位及个人的物资，按照规定给予救助、补偿、抚恤、理赔。

灾区民众等直接利益相关群体在生理上的重建需求主要包括：

（1）住房重建。城乡居民住房恢复重建。

（2）就业恢复。劳动人口恢复稳定就业。

（3）设施改善。交通、水利、能源、通信等基础设施体系功能恢复。

（4）社会保障与公共服务。基本生活保障、义务教育、公共卫生和基本医疗、公共文化体育、社会福利等基本公共服务恢复。

（5）城乡建设。城镇功能完备且公用设施配套，农牧区基础设施恢复，群众得以正常生产生活等。

物质补偿主要来源于政府救助（财政资金）、市场保险（政府保险和商业保险）和社会捐赠捐助，主要用于受灾救助、重建补助、伤亡抚恤、事故赔偿、

征用补偿、弱势群体社会保障六个方面。

（1）受灾救助。向灾区紧急调拨用于向受灾人员提供食品、饮用水、衣被、取暖、临时住所、医疗防疫等生活补助或者生活必需品，保障受灾人员尤其生活困难人员的基本生活。

（2）重建补助。对于倒塌、损坏的居民住房提供一定的恢复重建补助。

（3）伤亡抚恤。在死者死亡后发给死者亲属的费用，用以优抚、救济死者家属，特别是用来优抚那些依靠死者生活的未成年和丧失劳动能力的亲属。

（4）事故赔偿。根据责任情况对事故中的人财损失予以相应的赔偿。对于"赔偿"，《中华人民共和国侵权责任法》①《中华人民共和国安全生产法》②《工伤保险条例》③《最高人民法院关于审理人身损害赔偿案件适用法律若干问题的解释》④《最高人民法院关于审理民事、行政诉讼中司法赔偿案件适用法律若干问题的解释》⑤ 等相关法律法规中已有明确规定。

（5）征用补偿。政府为应对突发事件需要，依法征用公民、法人和其他组织财产，因财产被征用或者被征用后毁损、灭失应按照评估或者参照征用时价值给予补偿。

（6）弱势群体社会保障。对孤儿、孤老、残疾人员的供养经费和生活保障。

（二）心理层面的心理援助和精神补偿

心理层面的精神补偿是指针对受害者和被救者在心理和精神方面所受的创伤，通过合法合理的精神补偿、危机干预、心理援助，疏导"受害者"情绪，遏制灾区的"恐慌心态"。

针对灾区民众等直接利益相关群体在心理上的重建需求，在本章第一节中的"三、灾区民众心理的疏导与恢复"基础上，应实施心理康复工程。通过心理辅

---

①《中华人民共和国侵权责任法》由十一届全国人大常委会第十二次会议审议于2009年12月26日通过，2010年7月1日起施行。

②《中华人民共和国安全生产法》由全国人大常委会2002年6月29日通过，2002年11月1日起施行。

③ 国务院《工伤保险条例》于2003年4月27日发布，2010年12月8日国务院第136次常务会议最新修订，2011年1月1日起施行。

④《最高人民法院关于审理人身损害赔偿案件适用法律若干问题的解释》于2003年12月4日最高人民法院审判委员会第1299次会议通过，2003年12月26日颁布，2004年5月1日起施行。

⑤《最高人民法院关于审理民事、行政诉讼中司法赔偿案件适用法律若干问题的解释》于2016年2月15日由最高人民法院审判委员会第1678次会议通过，2016年9月7日公布，2016年10月1日起施行。

导、治疗、咨询等方法，让灾民逐渐从心理创伤中恢复，并通过司法援助、宗教安慰、健康教育、应急培训等多种方式，提升灾民的心理接受度和承受力。

在我国，将灾后心理援助纳入善后安置体系已成为政府和社会各界的共识。《汶川地震灾后恢复重建条例》(2008 年 6 月) 明确规定应开展灾后心理援助工作；《关于加强自然灾害社会心理援助工作的指导意见》(2012 年 6 月) 对及时恰当开展自然灾害社会心理援助工作和探索适合中国国情的社会心理援助工作机制提出了明确要求；《中华人民共和国精神卫生法》(2013 年 5 月) 作出突发事件发生后根据预案规定组织开展心理援助工作的具体要求；《全国精神卫生工作规划 (2015—2020 年)》要求全国各地组建突发事件心理危机干预队伍，定期开展培训和演练，发生突发事件后及时组织开展心理援助。

(三) 社会层面的调查追责和问题整治

在针对生理和心理层面的补偿基础上，还应开展标本兼治的问题整改，既对直接利益相关群体中的受灾者及其亲友家属进行抚慰和补偿，也对间接利益相关群体形成心理安慰，缓解或消除社会担忧与恐慌情绪。具体详见“第六章　调查定损与风险整改”。

应注意，灾区民众等直接利益相关群体在社会层面的重建需求呈现多样性，既包括与自身个体利益直接相关的事故调查、追责问责、问题整治，也包括与公共利益相关的经济发展、灾害防治、生态环境修复等多方面的需求和要求。

三、“重建得更好”的理念与实践

(一) 国际“重建得更好”的理念设计

“重建得更好”(Built Bake Better) 理论由《2015—2030 年仙台减灾灾害风险框架》提出，其理念经过“联合国可持续发展目标”、《巴黎协定》等不断丰富发展，形成国际倡导的科学重建理念。“重建得更好”意为在恢复、复原和重建阶段，把减轻灾害风险等减灾理念纳入开发方法中，加强减灾投资、防灾准备，确保重建的基础设施和房屋住宅等能够抵御更严重的灾害，从而减少或消除灾前的脆弱性，使得国家和社区具备抗灾能力，增强韧性。同时使生活环境和生产条件得到改善。

2015 年 3 月，联合国在仙台召开第三届世界减灾大会，通过《2015—2030 年仙台减灾灾害风险框架》，该框架的第四项优先行动领域是加强有助于高效响应的备灾工作，在恢复、复原和重建中致力于“重建得更好”。2015 年 9 月，联合国在纽约召开“可持续发展峰会”，正式通过由17个可持续发展目标构成的“联合国可持续发展目标”，旨在从2015—2030年间以综合方式彻底解决社会、经济和环境三个维度的全球发展问题，推进可持续发展道路。2015年12月，联合国召开的巴黎气候变化大会，使《联合国气候变化框架公约》缔约方达成了《巴黎协定》，适应全球气候变化也成为灾后重建要考虑的领域。2018年6月，世界银行与全球减灾和灾后恢复基金发布报告《重建得更好：通过更强、更快和更具包容性的重建实现韧性》指出，如果国家在自然灾害发生后重建得更快、更好、更具包容性，则可能将自然灾害对民生及其福利的影响降低31%，将自然灾害给全球造成的年均损失从5550亿美元减少到3820亿美元。报告审视了改进重建工作的潜在收益，力求把灾害对受灾人口造成的整体影响降低到最小，减少未来的风险，增强韧性。

（二）中国“重建得更好”的汶川经验

四川汶川灾区自从2008年5月12日地震至今，经历了灾后重建、振兴发展、脱贫攻坚、农村振兴发展四阶段重建政策的实施，探索出“抗震救灾－灾后重建－振兴发展－脱贫攻坚－乡村振兴”的灾区重建与振兴发展的中国模式，不仅丰富和发展了联合国灾后重建“重建更美好”的防灾减灾理论体系，同时也为走出“因灾致贫”和“因灾返贫”的贫困陷阱提供了一条减灾脱贫致富奔小康的螺旋式可持续发展的“中国方案”。

灾后重建（2008—2011年）：2008年，“5·12”汶川地震发生后，党中央和国务院经过科学审慎研究和规划，提出了“三年重建完成、五年发展振兴和十年实现全面小康”的灾区重建目标。到2010年底，灾区经济得到了快速发展，人民生活出现持续改善，城乡面貌发生巨大变化；四川全省纳入国家《汶川地震灾后恢复重建总体规划》的29692个项目和8658亿元规划总投资基本完成，基本实现了《汶川地震灾后恢复重建总体规划》提出的“家家有房住、户户有就业、人人有保障、设施有提高、经济有发展、生态有改善”的重建目标。

振兴发展（2011—2016年）：2011年，四川省出台了《汶川地震灾区发展振兴规划（2011—2015年）》，把握“十二五”发展机遇，把巩固和发展灾后恢复重建成果作为重点，抓好产业发展、就业促进、扶贫帮困、生态环境治理与保护和社会事业及社会建设五方面的重点工作，把灾区基本建成人民安居乐业、城乡共同繁荣、人与自然和谐相处的美好新家园。

脱贫攻坚（2016—2018年）：2016年是中国“十三五”规划的开局之年，

国家发布《“十三五”脱贫攻坚规划》，汶川灾区政府开始在灾后重建、整体发展振兴和原有扶贫工作的基础上，充分发挥政策优势，坚决打赢脱贫攻坚战，助力灾区减灾脱贫致富。

农村振兴发展（2018 年至今）：党的十九大提出实施乡村振兴战略，2018 年春节前夕，习近平总书记专程深入汶川县映秀镇视察作出了“加快推动汶川地震灾区发展振兴”等重要指示。2018 年，国家发布《中共中央国务院关于实施乡村振兴战略的意见》，进一步为灾区脱贫致富奔小康提供可持续的政策支持。2018 年，汶川县委十二届三次全会作出了《关于全面深入贯彻落实党的十九大精神 巩固脱贫攻坚成效 加快推进乡村振兴的决定》，着力培育农业农村发展新动能，让农业成为有奔头的产业，让农民成为有吸引力的职业，让农村成为安居乐业的美丽家园，争取到 2020 年乡村振兴取得重要进展，实现全县农村居民人均可支配收入年均增长 12%，到 2035 年乡村振兴取得决定性进展，汶川农业农村现代化基本实现，到 2050 年汶川乡村全面振兴，农业强、农村美、农民富全面实现。

四、重建“输血”和“造血”并重的理念与实践

（一）中央支援、对口帮扶的“输血”模式

灾区重建的“输血”模式是指灾区通过政府财政和社会捐助等提供的资金和物资来进行重建。“输血”模式主要应用于重建初期的恢复阶段，旨在迅速恢复住房、公共服务设施、交通设施等事关群众生存的最基本的生活和生产条件。“输血”模式的重建资金来源以中央财政和地方财政为主，辅以社会捐赠和受灾群众自主投入，通过中央或其他地方投入财力、物力、人力到灾区，以“输血”来确保灾区的存活。

1.“输血”模式示例 1：中央动员，全国对口援建

中央动员、全国对口援建的“输血”模式，典型案例为 2008 年的“5・12”汶川地震的灾后重建。我国创新实施“中央动员，全国省市对口援建，跨区域风险共担”的重建模式，在“一方有难、八方支援，自力更生、艰苦奋斗”的方针下，以中央政府为核心，进行统一指挥，采取非常规手段，集聚全国之力抗震救灾，开展汶川的灾后重建。国务院办公厅印发《汶川地震灾后恢复重建对口支援方案》中要求按照“一省帮一重灾县”的原则，依据支援方经济能力和受援方灾情程度，合理配置力量，建立对口支援机制。灾后恢复重建对口支援省

市19个，受援方为受灾严重的四川省18个县市、甘肃省和陕西省受灾严重地区的部分县市，对口支援的时间长达3年，支援方各省市每年对口支援的实物和资金投入不能低于本省市上一年度地方财政收入的1%；对口支援的内容包括重建规划与工程咨询、建设和修复城乡居民住房、公共服务和基础设施、就业培训和扶持经济发展、市场服务设施建设等。

2.“输血”模式示例2：中央统筹、省内援建帮扶

2013年，“4·20”芦山地震后，中央提出“地方作为主体”的新机制，确立了地方政府在灾后重建中的主体责任。芦山在重建的过程中，建立起“中央统筹指导，地方作为主体”模式下的四川省内对口援建和帮扶模式。

四川省按照相关要求，进一步将全国援建模式转变为省内援建模式，整合全省资源用于芦山地震灾区援建帮扶，具体包括：

（1）省内地方对口援建，组织省内7个经济较发达市对口援建重灾县（区），通过项目援建、智力支持和产业援建等方式，推进对口援建向对口帮扶合作转变。

（2）省直部门对口帮扶，组织省直有关部门加强灾区指导帮助，通过人才、管理与技术帮扶以及招商引资协同推进等方式，帮助灾区科学开展灾后重建。

（3）包县联点帮扶，省重建委安排雅安市市级领导包县（区）蹲点指导，确保责任落实到人，积极做好灾区群众就业帮扶，鼓励企业吸纳就业，组织职业技能培训。

（二）自力更生、借势发展的“造血”模式

灾区重建的“造血”模式是指灾区通过接受其他地区或人员所提供的生产能力帮扶、发展能力支持，辅助自身创造价值和财富来进行重建的模式。“造血”模式主要应用于重建中后期的发展阶段，通过“输血”解决基本生存问题的基础上，灾区需要自力更生、自我发展。即借助其他地区或人员在基础设施建设、优化产业结构、创建组织制度等方面提供的支持基础上在基础设施、经济生产、产业文化、生态环境等方面自己“造血”，借助重建契机谋求更长远的发展。

以“8·8”九寨沟地震（2017年）灾区重建的“造血”模式为例，因地制宜，从生态环境修复保护和旅游产业恢复发展两方面入手，取得显著成效。一方面，生态环境修复以“生态环境自然美丽”为目标，统筹山水林田湖草系统治理，突出九寨沟世界自然遗产修复保护、着力修复自然生态系统、加强生态环境

监测等要求。2018 年 8 月，九寨沟地震重建一周年的媒体报道显示，九寨沟景区内尊重自然、绿色修复的举措有成效，并已完成震损林清理和 45 处重大地质灾害治理工程，正加紧推进珍稀濒危保护物种栖息地修复，广泛动员灾区人民参与植树造林。另一方面，旅游产业发展以"旅游服务整体提升"为目标，高水平推动景区恢复提升和产业融合发展，恢复提升九寨沟景区、高水平打造国际生态旅游魅力小镇，大力推进大九寨世界重要旅游目的地建设，积极推动产业融合发展等要求，九寨沟地震重建一周年的媒体报道显示，九寨沟加快交通重建，破解交通瓶颈，总投资 150 亿元的九绵高速、九若路、川九路等重点交通项目已开工建设。同时，利用灾后重建契机，对旅游业进行"提档升级"，大力开发文化旅游产品，加快景区景点与城镇体系有效衔接，形成景城一体化，让九寨沟从过去单一的观光旅游地转为世界性的休闲度假游目的地。

（三）"输血 + 造血"的可持续重建机制

灾区重建的可持续机制，应是"输血"与"造血"相结合的重建机制。在通过他人他地帮扶恢复灾区正常生产生活的基础上，以发挥灾区本身的自主性创造性为根本，形成以中央统筹指导、地方作为主体、人民群众广泛参与的科学模式，各尽其责、协同重建，强化地方抗御重大自然灾害的责任和能力，激发人民群众自力更生、重建家园的主人翁意识。

1. 中央统筹指导

中央统筹指导是指根据灾情严重程度，由党中央和国务院统筹灾区恢复重建的基本政策与规划，并提供必要的资源和支持。其中：①党中央在政治上领导灾区重建的方向；②国务院根据灾区实际情况指导制定总体规划，安排必要重建资金；③国务院有关部门从行业指导的角度为灾区重建提供必要的专业资源指导，协助重建工作。中央统筹领导保证了重建的基本原则和主要方向，保障了顶层设计的科学性和重建工作的可持续性。

2. 地方主导执行

地方主导执行是指实行"地方负责制"，地方党委和政府作为灾区重建决策、实施、责任主体。其中：①受灾地区的省一级政府负责恢复重建的总体指挥，研究制定恢复重建的操作原则和具体政策；②灾区市县负责具体落实项目，根据地方情况对项目进行微调；③省内无灾和轻灾地区向灾区提供人力、物力、财力、智力等多种形式的对口支援。地方主导执行有利于及时地发现重建过程中的难题和障碍并迅速采取应对措施，强化地方抗御重大自然灾害的责任和能力。

3. 灾区群众广泛参与

灾区群众广泛参与是指灾区群众自力更生，在重建实施中发挥主体作用。其中：①建立社区群众的自建委实行自我管理，实现互帮互助；②鼓励群众参与基层组织的监督和管理工作，加强自我管理，促进基层民主；③群众主动参与产业重建和基础设施的重建工作，完善自我服务，促进生产发展。灾区群众是地震灾害的受害者，更是灾后恢复重建的主力军，能否广泛动员灾区群众参与灾后恢复重建，不仅直接关系灾后恢复重建的进程，也影响到群众对重建成果的满意度。

4. 社会力量有序参与

社会力量有序参与是指专业化的企事业单位、社会组织、第三方机构等社会力量通过政府搭建平台或社会自主联络等方式，直接或间接参与到灾区重建中。社会力量的有序参与需要政府相关部门的支持和引导。例如，《民政部关于支持引导社会力量参与救灾工作的指导意见》① 对过渡安置阶段和恢复重建阶段的社会力量参与提出要求。再如，“4·20”芦山地震的灾区重建中，灾区党委和政府搭建社会力量参与平台，构建开放式、多元化、项目化、全程式的群团组织协同体系，为社会力量落地提供政策指导、规划统筹、关系协调等“一站式服务”。

五、灾后重建的科学规划与实施

（一）灾区重建的科学规划

灾后重建规划是恢复重建工作的重要依据，必须建立在全面调研、科学评估、充分论证的基础上。具体要求：一是充分听取灾区干部群众的意见和建议，并开展科学民主决策；二是借鉴国内外灾后恢复重建的有益经验，组织专家对重大问题进行深入论证；三是要加强总体规划与各专项规划之间的衔接协调，形成有机整体。灾区重建规划应完成灾区评估、灾区方针设定、空间布局设置、专项规划制定等工作。现以地震灾害的灾后重建为例，结合洪涝、台风等气象灾害的灾后重建予以说明。

1. 开展灾区评估

灾区调查评估主要包括基本概况评估、灾害损失调查评估、次生衍生灾害隐

---

① 民政部：《关于支持引导社会力量参与救灾工作的指导意见》（民发〔2015〕188 号），中央政府官网，2016-2-29，http://www.gov.cn/gongbao/2016-02/29/content_5046085.htm。

患排查及危险性评估、住房及建筑物受损鉴定、资源环境承载能力评价、重建面临挑战评估、重建有利因素评估等内容。

第一，基本概况评估。包括地形地貌、自然灾害、生态环境、生态功能、自然资源、经济状况、少数民族、历史文化等。

第二，灾害损失调查评估。包括人员伤亡、住房损毁情况、基础设施损毁情况、公共服务设施损毁情况、产业发展受损情况、生态环境受损情况等。

第三，重建面临挑战评估。包括生态环境、资源环境、基建环境、经济环境、灾民情况、文化情况、短期恢复与长远发展的矛盾等。

第四，重建有利因素评估。包括科学发展观的指导思想、以人为本的执政理念、灾民的积极性主动性、国家实力、多方援助、以往的经验教训等。

2. 设定重建方针

重建方针的设定总体应坚持以人为本、科学规划、统筹兼顾、分步实施、自力更生、国家支持、社会帮扶的方针，遵循受灾地区自力更生与国家支援相结合、政府主导与社会参与相结合、就地恢复重建与异地新建相结合、确保质量与注重效率相结合、立足当前与兼顾长远相结合、经济社会发展与生态环境资源保护相结合六原则。在重建规划的相关文本中，重建方针应明确重建的指导思想、基本原则、重建目标等。

3. 设置空间布局

灾区空间布局应检核资源环境承载能力综合评价和主体功能区定位，科学进行重建分区，合理划分城乡生产、生活、生态空间，节约集约利用土地，为灾后各项建设选址和布局提供依据。空间布局一般包括基于资源环境承载能力的重建分区、统筹生产生态生活的功能布局、统筹各类用地需求的土地利用、重要城镇规划等。

第一，重建分区。灾后恢复重建要与自然保护区规划相衔接，根据资源环境承载能力综合评价，将规划区国土空间划分为适宜重建区、人口集聚区、农业发展区、生态保护区、灾害避让区、适度重建区、综合发展区等。

第二，功能布局。根据灾区特征和情况合理布局功能。例如，“8 · 8”九寨沟地震，坚持宜居宜业宜游、全域协同发展原则，切实保护生态空间，集约整合生活空间，优化提升旅游业布局，形成“一核、两中心、三轴线、多点联动、整体提升”的发展格局。

第三，土地利用。严格保护草地、林地和耕地，坚持节约集约用地，统筹安排原地重建与异地新建用地，统筹恢复重建各类用地需求，科学核算、合理安排各项用地的规模，优化用地结构与布局。

例如，根据《汶川地震灾后恢复重建总体规划》的公开资料，“5·12”汶川地震灾区重建分为“适宜重建区”“适度重建区”“生态重建区”三类。

4. 制定专项规划

灾区重建的专项规划应分区域、分版块、分领域，具体包括：

第一，空间布局规划。包括重建分区、城乡布局、产业布局、人口安置、用地安排等。

第二，城乡住房规划。包括农村居民住房、城镇居民住房等。

第三，城镇建设规划。包括市政公用设施、历史文化名城名镇名村、农村建设、农业生产、农业服务体系、农村基础设施等。

第四，公共服务规划。包括教育和科研、医疗卫生、文化体育、文化自然遗产、就业和社会保障、社会管理等。

第五，基础设施规划。包括交通、通信、能源、水利等。

第六，产业重建规划。包括工业、旅游、商贸、金融、文化产业。

第七，防灾减灾规划。包括灾害防治、减灾救灾等。

第八，生态环境规划。包括生态修复、环境整治、土地整理复垦等。

第九，精神家园建设规划。包括人文关怀、民族精神等。

第十，保障政策措施规划。包括财政政策、税费政策、金融政策、土地政策、产业政策、对口支援、援助政策等。

第十一，重建资金规划。包括资金需求和筹措、创新融资、资金配置等。

第十二，规划实施规划。包括组织领导规划管理、分类实施、物资保障、监督检查等。

（二）灾区重建的全面实施

灾区重建的全面实施，既要有序重建，根据灾区现状和具体规划确定重建实施中各领域和版块的优先次序，也要有效重建，确保支持政策和保障措施提供充分，并通过监督检查、绩效考核等方式确保重建措施的落实到位。

1. 确定重建实施的优先次序

根据“三维重建”目标和重建科学规划，重建的优先次序一般为：优先居民住房重建、加速公共服务重建、加快基础设施重建、高起点推动产业重建、抓好灾害防治和防灾减灾、突出生态环境重建。

第一，优先居民住房重建。应把恢复重建城乡居民住房摆在突出和优先的位置，针对城乡居民住房建设和消费的不同特点，科学编制城市乡村的住房规划，制定相应的政府补助支持政策。

第二，加速公共服务重建。应根据地域特点、城乡布局、人口分布，整合资源，调整布局，统筹安排，推进标准化建设。优先推进教育、卫生计生、劳动就业、社会保障、文化、体育等社会事业发展，建立覆盖城乡居民的公共服务体系。

第三，加快基础设施重建。①实用导向，把恢复功能放在首位，尽快恢复交通、水利、能源、通信等基础设施功能；②确保可行，既要加快灾区受损设施的功能恢复，又要充分考虑恢复重建的能力，保障需求；③立足长远，根据灾区地质地理条件和城乡建设规划，调整布局，优化结构，合理确定建设标准，统筹各类设施建设，推进共建共享。

第四，高起点推动产业重建。①统筹兼顾，根据资源环境承载能力、产业政策、就业需要来综合安排；②以市场为导向，以企业为主体，合理引导受灾企业原地恢复重建、异地新建和关停并转；③支持发展特色优势产业，推进结构调整，促进发展方式转变；④扩大就业机会，努力使灾区有就业、有收入、有后劲。

第五，抓好灾害防治和防灾减灾。应把灾害防治作为生命工程，预防为主，分类施策，合理避让，重点整治，统筹考虑生态环境与世界自然遗产保护，强化调查评价、监测预警、工程防治及应急能力建设为核心的综合防治，保护灾区群众生命财产安全。

第六，突出生态环境重建。生态环境的恢复重建，要尊重自然、尊重规律、尊重科学，加强生态修复和环境治理，促进人口、资源、环境协调发展。

2. 提供重建实施的支持和保障

灾区恢复重建需要资金和政策等支持保障，从而确保重建的人力物力财力。《突发事件应对法》等规定，受灾地区可根据遭受的损失和实际情况，由上一级政府提供资金、物资支持和技术指导，组织其他地区提供资金、物资和人力支援。国务院根据受突发事件影响地区遭受损失的情况，制定扶持该地区有关行业发展的优惠政策。

第一，财政政策。包括建立恢复重建基金、调整财政支出结构、支持利用国外贷款等。灾后恢复重建所需资金以中央财政资金为主，同时包括省级财政资金、社会捐赠资金以及居民和企业少量自筹资金。

第二，税收政策。包括减轻企业税收负担、减轻个人税收负担、支持城乡住房建设、免收部分政府基金等。

第三，金融政策。包括恢复金融服务功能、加大信贷支持力度、增强机构贷款能力、发挥资本市场功能、加大保险创新力度等。

第四，保险政策。完善应对自然灾害的保险支持体系，对灾区城乡居民住房地震保险、农业保险实施财政补贴政策。

第五，土地政策。包括调整用地计划、实行特殊供地、节约集约用地等。

第六，产业政策。包括重振旅游经济、促进农业生产、支持骨干企业、扶持中小企业、推动科技创新、促进商贸流通、调整行业准入、淘汰落后产能等。

第七，地质灾害防治和生态修复政策。支持灾区开展地质灾害排查与监测，加强地质灾害防治基础能力建设，科学确定地质灾害防治标准。

第八，项目管理政策。根据不同类别、不同等级、不同规模的项目，实施不同的管理策略，开展相应的审批、核准、监管等工作。

第九，援助政策。包括开展教育援助、实施孤残救助、加大就业援助、加强扶贫援助、提供社会保障、开展法律援助等。

第十，援建政策。包括明确支援任务、鼓励各界投资、提供便利条件等。

第十一，资金保障。坚持用改革的办法多渠道筹措恢复重建资金，充分调动各方面积极性，积极创新筹资方式和使用方式，提高资金使用效率，完善资金管理和监督机制，为实现本规划确定的目标和完成重建任务提供资金保障。

第十二，建材保障。灾区省级人民政府要做好重建主要建材需求量测算，制定建材保障工作方案。

第十三，运输保障。灾区省级人民政府要会同国务院交通运输部门制定运输保障方案，科学统筹组织物资运输。

第十四，施工保障。灾区省级人民政府要制定施工保障方案，加强施工现场指挥调度，统筹安排，分片包干，协调推进，确保现场施工安全、有序、高效。

3. 落实重建实施的监督检查

重建实施的过程中，还应强化目标管理、监督检查、绩效考核、责任追究，确保恢复重建目标任务落到实处。

第一，对恢复重建资金和重要物资的筹集、分配、拨付、使用实行全过程跟踪审计和动态管理，确保重建资金按照规定专款专用，重建物资安排使用规范合理。

第二，认真履行项目管理程序，严格执行项目法人责任制、招标投标制、合同管理制、工程监理制和竣工验收制。

第三，建立健全恢复重建资金、项目和物资档案登记制度。

第四，及时公布资金安排、物资使用、项目进展，接受社会监督，确保灾后恢复重建全过程的公开与透明。

第三节　风险共担实现本质安全和风险对冲

一、风险共担的概念和原则

第三章的风险控制中，“风险所有权”是指风险控制中各相关部门、单位、人员应尽的职责。风险控制的组织应强化责任管理，保证风险控制的责任认定和所有权明晰，从而确保风险控制的有效执行。多元主体在明确各自风险所有权的基础上，还应共同承担应急管理和风险治理的相关责任义务，以期形成优势互补、信息互通、共建共治共享的风险治理格局。

风险治理的风险共担机制应坚持责任共担、优势互补的两个原则：

第一，责任共担的原则。基于各社会主体的能力和职责，需对整体的公共安全和社会风险管理责任予以切割和分担，一部分由主责部门自留承担，一部分由主责部门分割或转移出去，让其他部门承担，另一部分由主责部门和其他部门紧密合作来共同承担。

第二，优势互补的原则。社会主体各有优势和劣势：党委和政府有权威性和内部的整合力，但是专业性和人数规模存在劣势；社会组织具有专业性优势，但是权威性和人力资源方面有欠缺；广大民众虽然在权威性和专业性上明显不足，但在人数和规模上具有绝对优势。因此，若能调动民众承担应急管理和防灾减灾社会责任的积极性，则能充分发挥占人数规模绝对优势的“人海战术”，能有效弥补党政和社会组织的人力不足问题。

二、风险共担的主体和机制

（一）人民群众的自发参与和基层自治

1. 人民群众在风险共担中的作用发挥

人民群众是突发事件的直接利益相关主体，是风险共担的最主要力量。每一个民众自发参与到应急管理与风险治理的工作中，是风险共担的最重要形式。基层是应急管理的前沿阵地，是发动人民群众参与应急管理工作的重要依托。2015年5月29日，习近平总书记在中共中央政治局就健全公共安全体系进行第二十三次集体学习时强调，各级党委和政府要切实承担起“促一方发展、保一方平安”的政治责任，把基层一线作为公共安全的主战场，重心下移、力量下沉、保障下倾。2020年新冠肺炎疫情发生后，习近平总书记多次强调，社区是疫情联防联控的第一线，也是外防输入、内防扩散最有效的防线，要充分发挥社区在疫情防控中的重要作用，充分发挥基层党组织战斗堡垒作用和党员先锋模范作用，防控力量要向社区下沉，加强社区防控措施的落实，使所有社区成为疫情防控的坚强堡垒。面对日益严峻的公共安全形势，加强基层应急管理工作，发动人民群众开展基层自治，以夯实应急管理和风险治理的社会基础，是当前人民群众参与风险共担的做法，现以英国、日本为例予以说明。

2. 英国的人民群众风险共担模式

英国是社区建设的发源地，早期的社区建设具有较强的自发性质。随着社区在社会问题和社会挑战中作用的日益提升，英国政府越来越重视社区在应急管理体系中的作用和地位。

第一，完善社区服务中心功能。英国政府将社区服务中心作为社区宣传减灾救灾知识的重要阵地，社区服务中心与政府机构、非营利组织、慈善机构和志愿者一起，构成了完善的社区服务网络。

第二，建立“我为人人，人人为我”的社区互动减灾救灾模式。在社区减灾救灾建设中，协调政府、社会组织和个人的力量，以“联合生产”的方式，通过充分沟通协作，共同管理社区公共事务，提供社区公共服务，社区居民在社区运作中同时充当设计者、提供者和使用者。

第三，建立“社区防灾数据库”来推广好的经验和做法。在系统抗灾力这一理念指导下，社区系统性学习、改进与创新具体做法。英国政府在内阁办公室内成立“社区防灾论坛”，专门收集英国境内社区在减灾救灾中的成功案例，并分析和总结各自成功的经验和主要做法，信息上传到全国统一的网站上，以帮助社区形成应对灾害的成熟预案和提升社区快速回应灾害的能力。

第四，建立“社区应急方案模板”以形成统一、完整的社区应急方案保障体系。该模板包括社区风险评估、社区资源和技能评估、应急避难场所地址选取、应急联系人员、沟通联系方式“树状图”、社区中可提供服务的组织机构名称、应急响应机制、社区应急小组会议地点、联络中断的备用方案等。

第五，建立“社区灾害回馈机制”。英国社区充分利用“社区灵活论坛”平台，定期召开由消防、警察、地方医疗机构等组成的“社区灾害回应员”群体会议，分析和排查社区里的灾害隐患，并帮助补充形成完整的应急方案。

3. 日本的人民群众风险共担模式

在日本，人民群众的自发参与主要表现为社区的灾害风险自治。2012 年，日本政府修改了《灾害对策基本法》中的“基本政策”，补充强调社区公众参与、社区公众与地方政府之间沟通的重要性，对社区（市町村）领导、公民的地位、职责、途径等作了全面详细的规定。政府与社区在灾害风险自治中权责明确、分工合理、沟通顺畅、相互协作，主体彼此之间形成直接或间接的有机社会网络关系，日本基于社区的灾害风险自治运行机制如图 7－3 所示。

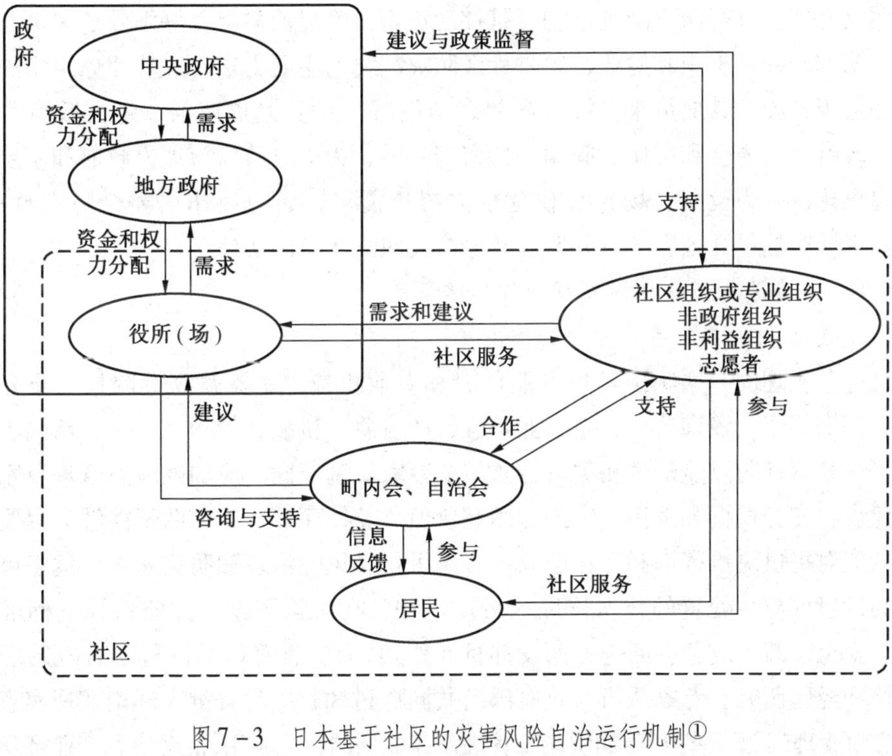

图 7－3　日本基于社区的灾害风险自治运行机制①

① Rajib Shaw：《Community Practices for Disaster Risk Reduction in Japan，Disaster Risk Reduction》，DOI 10. 1007/978－4－431－54246－9_1，Springer Japan 2014.

从社区层面看，社区各类主体之间相互配合，形成了复杂的防灾减灾网络。

第一，基层政府役所（场）既是政府部门，也是社区组成部分，作为社区防灾减灾的主体之一，为居委会提供决策咨询，同时也为社区组织和专业组织提供社区服务，更是社区与地方政府、中央政府和团体组织联系的纽带，与居委会、社区组织和专业组织（包括非政府组织 NGOs、非利益组织 NPOs、社区组织 CBOs、志愿者等）保持着密切的联系。

第二，町内会、自治会等是社区灾害风险自治的核心组织，是联系政府、组织团体和公民的桥梁，为基层政府役所（场）提供建议，支持社区组织和专业组织，并将信息反馈给社区公民。

第三，社区居民是防灾减灾的主要力量，他们在町内会、自治会、社区组织或专业组织的协助下，实施自救、互救、自助、互助。社区居民主动参与及充分利用已有资源进行防灾减灾活动，是社区灾害风险自治取得良好绩效的关键。

第四，社区组织和专业组织是社区防灾减灾的主要力量，这些团体组织的性质和层级各异，其成员来自社会各界，与役所（场）基层政府、地方政府甚至中央政府、居委会和居民之间均保持密切联系，为中央政府、地方政府和基层政府提出建议，为役所（场）提供建议并提出需求，通力协作居委会防灾救灾，为社区居民提供社区服务，并监督政府防灾减灾政策的实施。

（二）专家队伍的作用发挥和智库建设

1. 专家队伍在风险共担中的作用发挥

应急管理的专家队伍具备专业优势和专业权威，是覆盖高等院校、研究机构、咨询部门、咨询公司、企事业单位等的应急、科技、管理、法律、新闻、技术等应急管理与风险治理相关行业领域的专家。基于此，应加强应急管理专家队伍建设，充分挖掘和发挥专家的作用和价值。总体而言，专家队伍能够为突发事件的应对提供决策咨询和工作建议，常态可指导风险治理和防灾减灾，危态可参与突发事件应急处置的技术援助或行动过程，在决策咨询、战略参谋、标准制定、安全诊断、应急会商等方面发挥重要作用，为应急管理提供科学有效的理论支撑和经验研究。专家队伍与政府部门共同探讨和解决具有重大理论及现实意义的应急管理问题，还有利于加快应急管理研究成果的转化利用，推动应急产业产学研用一体化发展，并推进应急管理与公共安全的理论研究、学科建设和人才队伍培养。

全球实践来看，加强应急专家队伍建设应建立相应体制机制并做好保障工作。

(1) 政府及其有关部门开展专家信息收集、分类、建档工作，建立相应数据库，逐步完善专家信息共享机制，形成分级分类、覆盖全面的应急专家资源信息网络。

(2) 加强多学科专家组成的应急管理智库建设，为决策者在处理社会、经济、科技、军事、外交等各方面问题上出谋划策，提供最佳理论、策略、方法、思想等的公共研究机构。

(3) 完善专家参与预警、指挥、救援、救治和恢复重建等危机决策咨询工作的机制，开展专家会商、研判、培训和演练等活动。

2. 美国的专家智库建设经验

作为全球公共政策研究与咨询业的领头羊，美国是全球的智库大国。美国智库以其科学的分析、精准的研判和巨大的社会影响力，广泛影响着美国政治、经济、外交等各方面的重大决策，以至于有学者把智库视为美国行政、立法和司法部门之外的“第四部门”。以美军智库为例，美军非常重视发挥智库的作用，善于运用智库解惑、支招、指路。美国智库具体包括：

(1) 最高统帅机关的智库。是指国防部和参联会下辖的委员会或分析中心，如净评估办公室可为美军最高决策层提供系统化的安全环境评估、作战场景预想和战略规划，是研究美军发展战略和战争战略的核心智囊。

(2) 各军种和作战司令部的智库。包括陆军能力整合中心、海军研究办公室、亚太安全研究中心等数十个科研机构，主要负责本军种或战区的武器装备发展、能力需求评估、作战概念开发等。

(3) 院校智库。主要是指中高级军事院校下属研究机构，如美国国防大学的国家战略研究所、陆军军事学院的战略领导与发展中心和海军军事学院的海战研究中心，是研究防务政策、作战理论和军种战略的主要力量。

(4) 为确保研究成果的客观性和公正性，美军还积极利用一些实力强、影响大的民间智库为其出谋划策。例如，美国战略与国际研究中心、兰德公司、布鲁金斯学会等知名民间智库。

3. 我国的专家队伍风险共担做法

2005 年，我国正式组建应急管理专家组，第一批专家共 40 名，涉及自然灾害、事故灾难、公共卫生、社会安全和综合管理 5 大类 33 个领域。自“十一五”规划开始，应急管理专家全面参与到提升我国应急管理能力的各方面工作，专家组及广大科技工作者加强应对和处置各类突发公共事件的技术研究，为应急管理工作提供决策咨询和技术支撑，为建立健全应急体系献计献策。之后，逐步形成国务院应急管理专家组、国家减灾委专家委员会、国家安全生产专家组等国家级的专家智库。其中，国家减灾委专家委员会是国家减灾委员会领导下的专家组织，为我国的减灾工作提供政策咨询、理论指导、技术支持和科学研究，现任国家减灾委专家委员会由38位委员和若干位专家组成，分为应急响应、战略政策、风险管理、空间科技与信息、宣传教育和减灾工程6个专家组，基本涵盖防灾减灾领域的所有专业，具有广泛的代表性。

（三）社会力量的有机协同和有序参与

1. 社会力量在风险共担中的作用发挥

能够有效参与突发事件应急管理的社会力量主要有社会组织、社会工作者、社区自治组织、社区群众、企业和志愿者等。组织灵活多样，具有亲和力，往往更加靠近突发事件现场，是应急管理的重要力量，也是风险共担的重要支撑。

根据应急管理、防灾减灾救灾等工作不同阶段的任务和特点，支持和引导社会力量充分发挥优势，积极参与。具体包括：

（1）常态减灾阶段。发挥人力、技术、资金、装备等方面的优势，参与或组织面向社会公众尤其是在中小学校、城乡社区、工矿企业开展防灾减灾知识宣传教育和技能培训，协助做好灾害隐患点的排查和治理，参与社区灾害风险评估、编制灾害风险隐患分布图、制定救灾应急预案，协同开展形式多样的救灾应急演练，着力提升基层单位、城乡社区的综合减灾能力和公众防灾减灾意识及自救互救技能。

（2）紧急救援阶段。具有救援专业设备和技能的灾区当地社会力量能够协同开展人员搜救、伤病员紧急运送与救治、紧急救援物资运输、受灾人员紧急转移安置、救灾物资接收发放、灾害现场清理、疫病防控、紧急救援人员后勤服务保障等工作。

（3）过渡安置阶段。协助灾区政府开展受灾群众安置、伤病员照料、救灾物资发放、特殊困难人员扶助、受灾群众心理抚慰、环境清理、卫生防疫等工作，扶助受灾群众恢复生产生活，帮助灾区逐步恢复正常社会秩序。

（4）恢复重建阶段。参与居民住房、学校、医院等民生重建项目、社区重建、生计恢复、心理康复和防灾减灾等领域的恢复重建工作。具有救灾宗旨的基金会、慈善组织等社会组织以及爱心企业、社会公众可根据灾区需求参与救灾捐赠活动，募集资金用于帮助灾区做好抢险救灾、灾后恢复重建等工作。

我国积极推动社会力量全方位参与减灾救灾、应急救援、灾后重建等工作。国务院办公厅印发《国家综合防灾减灾规划（2016—2020 年）》提出“加强对社会力量参与防灾减灾救灾工作的引导和支持，完善社会力量参与防灾减灾救灾政策，健全动员协调机制，建立服务平台。加快研究和推进政府购买防灾减灾救灾社会服务等相关措施”。民政部等部门高度重视发挥包括志愿者在内的社会力量作用，采取多种措施支持引导社会力量有序参与，提升救灾工作整体水平。2009 年，出台《关于加强救灾应急体系建设的指导意见》（民发〔2009〕148 号）提出要坚持政府主导和社会参与相结合的原则。2015 年 10 月，出台的《民政部关于支持引导社会力量参与救灾工作的指导意见》（民发〔2015〕188 号）要求把支持引导社会力量参与救灾作为创新和完善社会治理的重要手段。

2. 支持引导社会力量有机协同和有序参与的经验做法

支持引导社会力量参与应急管理、防灾救灾、处置救援等工作。应坚持“政府主导、统筹协调，鼓励支持、引导规范，效率优先、就近就便，自愿参与、自助为主”的基本原则。政府作为责任主体应履行统一指挥、综合协调的职责，以社会力量参与救灾面临的问题和需求为导向，完善支持引导社会力量有机协同、有序参与的保障条件。通过政策保障、资金支持、完善服务、激励表彰等方式，鼓励和支持社会力量因地制宜、因时制宜、量力而行、就近就便参与应急管理与风险治理。

第一，完善政策体系。制定社会力量参与的有关政策法规、支持措施、监督办法，制定社会力量参与的工作预案和操作规程，健全应急管理需求评估、信息发布和资源对接机制，探索建立紧急征用、救灾补偿制度，支持引导社会力量依法依规有序参与相关工作。

第二，搭建服务平台。建立社会力量参与的常设协调机构或服务平台，为灾区政府、社会力量、受灾群众、社会公众、媒体等相关各方搭建沟通服务的桥梁。及时发布风险预警、灾情信息、救灾需求和供给等指引信息，传达贯彻应急指挥、调配、协作等工作部署，保障行动各方信息畅通。协调指导社会力量及时向服务平台报送参与计划、可供资源、工作进展等情况，促进供需对接匹配。做好政策咨询、业务指导、项目对接、跟踪检查等工作。

第三，提供支持补贴。按照国家对于政府购买服务的相关意见政策，协调财政等部门将社会力量参与防灾减灾救灾纳入政府购买服务范围，明确购买服务的项目、内容和标准，对社会力量参与救灾工作发生的物资及装备损耗、人身保险等费用视情给予适当补助。

第四，强化信息导向。按照灾害属地管理原则，汇总整理属地参与救灾的有关社会力量基本情况，重点掌握社会力量参与救灾的专业技能、队伍状况、设备配置、拥有资源、分布位置等信息。分类建立系统、规范的社会力量信息数据库，为科学调度、有序协调社会力量参与救灾提供信息支持。建设社会力量参与救灾工作信息化平台，及时公开参与救灾的社会力量名录及其救灾工作情况。

第五，加强监督管理。依法履行对社会组织及其参与救灾行动的指导、监督、管理等职责，督促社会组织依照法律法规和组织章程开展工作。建立健全行业标准和行为准则，增强社会组织的自我约束、自我管理、自我监督能力，严格落实救灾捐赠信息公开等制度。

第六，加强队伍建设。搭建政府专业救援力量与社会救援力量协同训练的基地。建立政府购置应急装备提供给社会救援力量用于日常训练、紧急救援等活动的工作机制。指导社会应急力量开展多种形式的培训、训练和演练活动。组织社会应急力量技能竞赛活动。利用国家应急救援员有关标准，系统筹划社会应急力量培训选拔工作，推动形成社会应急力量人才梯队。

【实用工具】社会救援力量培育规范

《浙江省应急管理厅关于培育支持社会救援力量发展的指导意见》中发布“省级社会救援力量培育规范（暂行）”，具体如下：

1. 核心力量方面。队伍核心骨干人员不少于50人（80%以上人员必须取得相应的专业救援培训合格证书），专职人员不少于3人。

2. 场地保障方面。固定的办公、器材、训练等场所面积不少于500平方米。

3. 主要装备方面。自有专业装备总金额在200万元以上，必须配备运输保障车辆；租借专业装备必须能在1小时内调度集结完毕。

4. 专业特长方面。社会救援力量应专业能力突出，能在宣传教育、演练比武、山地水域空中救援等方面发挥作用，与其他救援力量形成互补。

5. 管理能力方面。社会救援力量必须有健全完善的管理制度，核心人员相对稳定，训练工作正常开展，实行24小时值守，确保接到调度指令后能随时赶赴事发现场。

6. 救援成绩方面。有序参与应急救援，听从调令，具有跨区域救援能力和自我保障能力。勇于承担救援重任，在救援过程中发挥实质性作用，成绩较为突出，得到政府及相关方面认可。

7. 根据应急救援需求或区域布局等因素，省应急管理厅认为应当纳入省级社会救援力量的队伍。

（四）市场主体的参与和安全产业发展

生产经营单位等市场主体作为社会治理的主体，在安全产业的发展下发挥风险共担的作用。安全产业是为风险预防、应急准备、监测预警、处置救援、安全生产、防灾减灾提供专用产品和服务的产业，是国家重点支持的战略产业。发展安全产业能为防范和应对突发事件提供物质保障、技术支撑和专业服务，提升基础设施和生产经营单位本质安全水平，提升突发事件应急救援能力，提升全社会抵御风险能力，对于保障人民群众生命财产安全、维护国家公共安全具有重要意义。此外，发展应急产业是提升应急技术装备核心竞争力、带动相关行业领域自主创新和技术进步的重要途径，是培育新的经济增长点、调整优化产业结构、增强经济活力、扩大社会就业的重要内容，具有多方面的社会效益。

自 2012 年以来，我国高度重视安全产业发展。2014 年，国务院办公厅出台《关于加快应急产业发展的意见》；2018 年，工业和信息化部　应急管理部　财政部　科技部联合出台《关于加快安全产业发展的指导意见》。在国家的大力支持下，安全产业作为战略产业逐渐发展壮大，正在进入良性发展的阶段。同时，各地方也对安全产业逐步重视，根据各自发展优势，进行差异化发展，对有产业优势、区位优势的地区，鼓励发展安全产业。安全产业示范园区和应急产业示范基地建设竞相展开。自 2009 年我国首个国家级安全应急产业基地批准建设以来，我国陆续建设了 11 个国家安全产业示范园区（含创建单位）和 20 个国家应急产业示范基地。

根据《国务院办公厅关于加快应急产业发展的意见》，应急产业应重点发展四个领域，从而最大程度地发挥市场主体的风险共担作用，应急产业的重点发展领域见表 7－3。

表 7－3　应急产业的重点发展领域

领　域	细分领域	具　体　要　素
监测预警	自然灾害	地震、气象灾害、地质灾害、水旱灾害、病虫草鼠害、海洋灾害、森林草原火灾等监测预警设备
	事故灾难	矿山安全、危险化学品安全、特种设备安全、交通安全、海洋环境污染、重污染天气、有毒有害气体泄漏等监测预警装备

表7-3（续）

领　域	细分领域	具　体　要　素
监测预警	公共卫生	农产品质量安全、食品药品安全、生产生活用水安全等应急检测装备，流行病监测、诊断试剂和装备
	社会安全	城市安全、网络和信息系统安全等监测预警产品
	其他	突发事件预警发布系统、应急广播系统及设备等
预防防护	个体防护	应急救援人员防护、矿山和危险化学品安全避险、特殊工种保护、家用应急防护等产品
	设备设施防护	社会公共安全防范、重要基础设施安全防护、重要生态环境安全保护等设备
处置救援	现场保障	突发事件现场信息快速获取、应急通信、应急指挥、应急电源、应急后勤保障等产品
	生命救护	生命搜索与营救、医疗应急救治、卫生应急保障等产品
	抢险救援	消防、建（构）筑物废墟救援、矿难救援、危险化学品事故应急、工程抢险、海上溢油应急、道路应急抢通、航空应急救援、水上应急救援、核事故处置、特种设备事故救援、突发环境事件应急处置、疫情疫病检疫处理、反恐防爆处置等产品
应急服务	事前预防	风险评估、隐患排查、消防安全、安防工程、应急管理市场咨询等应急服务
	社会化救援	紧急医疗救援、交通救援、应急物流、工程抢险、安全生产、航空救援、海洋生态损害应急处置、网络与信息安全等应急服务
	其他应急服务	灾害保险、北斗导航应急服务等

三、风险共担的理念和模式

（一）日本防灾减灾的“自助－共助－公助”理念

1.“自助－共助－公助”的理念与内涵

日本的风险共担突出表现为“民众自助－社区共助－政府公助”的防灾减灾理念。“自助－共助－公助”是指无论是事前预防还是事后救助，均需依靠本人和家人的力量来保障生命财产安全的“自助”，依靠邻居互助及民间组织、志愿者团体等力量互相帮助的“共助”，依靠由国家、都道府县、市町村、行政相关组织等公共机构进行救助救援活动的“公助”，三者须协同一致发挥合力，才能将灾害损失降到最低。该理念由政府提出并达成社会共识，与日本“地方分权自治”传统一脉相承，与社会大众防灾教育成效相契合，并通过完善法律和优化制度以落实。

2.“自助－共助－公助”的形成与发展

“自助－共助－公助”的理念形成，源于1995年阪神大地震。阪神大地震后的救援主体调查结果显示：34.9%的人依靠自救获生、31.9%的人依靠家人获救、28.1%的人依靠朋友和邻居获救，依靠救援队获救的仅有1.7%。自此日本社会开始形成一种共识：灾害面前，民众个人和家庭的自助、社区邻里和志愿者的共助、政府和公共机构的公助，三者必须协同一致，发挥合力，才能将灾害损失降低到最小范围。阪神大地震后日本对防灾减灾的国家根本大法《灾害对策法》进行修改，在以前强调国家、地方自治体等的公共救助的基础上，将民间组织的“共助”和国民个人的“自助”被纳入法律中并成为一种义务。

2011年，“3·11”日本大地震后，日本国民的防灾主体意识进一步提升，对于“自助－共助－公助”的理解和认知更加深刻。根据2018年1月日本内阁府发布的《防灾世论调查》，39.8%的人认为灾害发生时应更关注“自助”，24.5%的人认为应更关注“共助”，仅有6.2%的人认为应更关注“公助”，另有28.8%的人认为“自助”“共助”和“公助”之间应有所平衡。相比于2013年度实施的调查，日本国民对“自助”的重要性认知上升了18.1%，对“共助”的重要性认知上升了13.9%，而对“公助”的重要性认知下降了2.1%，这说明大多数日本国民已逐步培养出“将防灾当作自己的事”的主体意识，而非被动地等待政府救济。日本民众针对“自助”“共助”和“公助”的看法如图7－4所示。

基于“自助－共助－公助”的文化，日本基层的防灾减灾力量高度发达并发挥实效，突出表现为：一是日本家庭和生产单位在建筑防灾设计、应急物资储备、紧急自救能力等方面的意识强、储备足、水平高。二是建立了专职和兼职相结合的应急队伍，地方政府的警察、消防署员、陆上自卫队等专职应急救援队伍高度发达并方便可及，在各地市町村和社区存在大量自治会、町内会、住民会组建的自主防灾组织和自卫队，兼顾常态防灾训练和危态应灾救援。三是应急避难场所及其标识标志、公共场所避难线路、建筑物消防通道等应急设施齐备。四是应急物资种类多、数量足、质量高，完善的应急物资储备和定期轮换制度，充足的储备点（库）和调配机制，研制的各种防震抗灾用品，几乎每家每户储备防

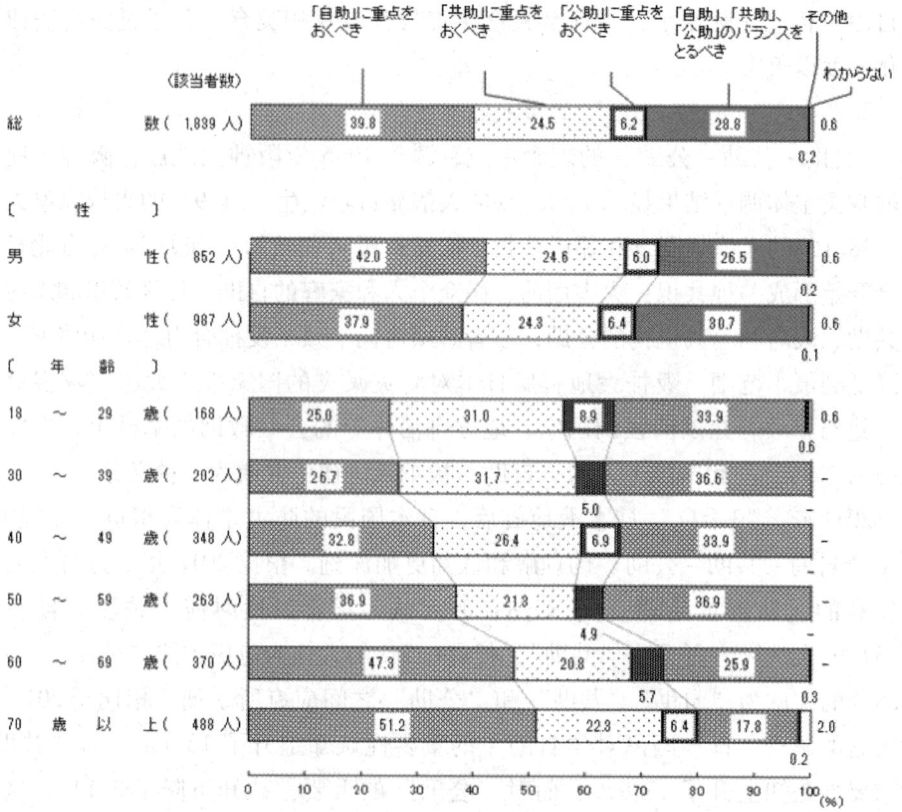

图片来源：2018 年 1 月　日本内阁府《防灾世论调查》。

图 7－4　日本民众针对“自助”“共助”和“公助”的看法

灾应急用品用具。

（二）美国应急的“全社会参与”理念

2011 年 3 月，日本大地震发生后，美国联邦政府着眼于国家安全的整体需要，对美国应急管理进行审视与检讨，正式提出了“全社会参与”（Whole of Community）的应急管理理念。

“全社会参与”的理念涵盖各种不同类型的社区，既包括不同地点、兴趣、信仰、环境的社区，也包括地理上的和虚拟中的社区。《全国应急准备系统》中指出，“国家应急准备系统的力量依赖于如何确保整个社会有机会参与实现国家安全和抗逆力的目标"①。一方面，明确界定了概念，"全社会参与"是指一种包括居民、应急管理实际工作者、组织和社区领导者，以及政府官员能够共同理解和评估各自社区的需求，并决定用最好的方法来组织和保护他们财产、能力和兴趣的方式②；另一方面，明确界定了具体的参与主体，"全社会参与"的主体既包括个体和家庭，也包括以信仰为基础的社区组织、非营利组织、学校和研究机构、媒体，还包括联邦政府、州政府、地方政府、部落政府、领地等在内的政府，并将其落实在具体的应急管理政策中。时任美国国土安全部助理部长大卫·考夫曼（David Kaufman）对此曾评价，"公众越了解我们的社区，公众就能更好地了解他们的真实生活中所面临的安全问题，继而能够帮助我们更好地开展与应急管理有关的活动。"③

联邦紧急事务管理署 FEMA 在其战略规划制定中一直强调建立以社区为单位的防灾减灾机制，通过影响最基层的社会治理单元来改进应急管理与防灾救灾工作。在 2011—2014 年战略规划中提出建立一个包括社区在内的整体应急管理方法，使社区领导人能够在必要的时候采取行动；在 2014—2018 年战略规划中强调通过使整个社区防灾制度化来改善社区和灾难幸存者在应对灾害时的自救及恢复能力；在 2018—2022 年战略规划中将个体、社区作为构建国家综合防灾体系的基础，鼓励增加基础设施投入、购买灾害保险并帮助民众改善备灾方式。

（三）西方社区安全的"邻里守望"模式

"邻里守望"（Neighborhood Watch）是西方社区安全模式和警务工作模式的重要内容之一，警方等执法力量将社区居民联合起来、互相帮助，共同预防犯罪，改进当地治安状况④。邻里守望的价值观是守信、负责、透明、关爱、真实、包容、可持续和独立。邻里守望在预防犯罪的同时关注社区安全，由此形成的邻里守望组织由地方政府或警察部门发起，由市民志愿人员组织和参与，通过一系列活动和项目，提升民众的警惕性，加强家庭安全措施，引导社区民众团结

---

① DHS：《National Preparedness System》，November 2011，p1.

② FEMA：《A Whole Community Approach to Emergency Management：Principles，Themes，and Pathways for Action》，FDOC 104 – 008 – 1/December 2011，p3.

③ David Kaufman：《A Whole Community Approach to Emergency Management》，http://www.fema.gov/blog/2012 – 01 – 04/whole – community – approach – emergency – management.

④《NATIONAL NEIGHBORHOOD WATCH – A DIVISION OF THE NATIONAL SHERIFFS' ASSOCIATION》，2018 – 9 – 10，https://www.NNW.org.

互助、全员参与，培育社区互助精神和伙伴合作，及时发现犯罪和可疑事件并向警方报告，抑制犯罪和不良行为，共同建设治安稳定、安全防范能力强、生活工作环境良好的社区。

1972 年，美国开始推行“邻里监督计划”，将其作为减少入室抢劫案件的数量的一项特别措施。1982 年，英国在米林顿郡和切斯特郡实施第一个邻里守望项目，之后的 10 年间全国邻里守望项目发展到 8 万多个、覆盖了 400 万个家庭，平均不到 6 户当中就有 1 户是邻里守望项目的成员。邻里守望最初是为了减少入室盗窃，之后在形式和内容上都逐步有了新的发展。形式上，在邻里守望的基础上，因地制宜增加了农村守望、商务守望、河道守望、旅店守望、马守望等；内容上，在继续坚持以预防犯罪为核心工作的基础上，逐步增加了制止故意损坏公共或他人财物，禁止涂鸦、遗弃汽车，还负责照明设施差、缺乏便利设施和寻人等。邻里守望模式通过一系列邻里互助、居民与执法者有序参与的活动，促进邻里守望的作用发挥。以美国明尼苏达州金谷市为例，邻里守望活动和项目包括邻里守望博客、交互式犯罪地图系统、警民联欢夜、邻里守望大会、邻里守望标志、社区拓展活动、公寓住宅“零犯罪”活动、企业犯罪预防培训、市民警校、警营开放日活动、自行车巡逻体验活动、夜间留灯行动、“咖啡会议”、警民共同购物活动、自行车竞技表演活动、金谷犯罪预防基金等。

在邻里守望模式下，警察的职责并非掌控社区而是协助推广邻里守望制度，各邻里守望组织独立进行犯罪预防活动。警局负责提供信息、指导激励及其他必要帮助，而其成功与否有赖于全体社区居民的共同参与。警察、邻里守望组织成员、街区监督员三者是相互依存、相辅相成的关系。

（1）警察的职责主要包括：帮助邻里守望组织发展壮大；通过犯罪预警、街区监督员提示使组织成员了解最新犯罪动态；应街区监督员之约参加邻里守望会议；协助组织“警民联欢夜”活动或其他社交聚会。

（2）邻里守望组织成员的职责主要包括：掌握社区居民姓名，迅速辨识邻居与其车辆；留意邻居动向，若发现可疑迹象，立即报警；做称职的报警人，既不要执行私刑，也不要拿自己与他人的生命财产安全来冒险或贸然制止犯罪；做称职的目击者，准确描述嫌疑人和嫌疑车辆特征。

（3）街区监督员的职责主要包括：掌握本街区最新地图及人员名单；发布邻里守望大会信息并动员大家积极参与，也可安排某一成员与警方单独会面；吸纳新成员；组织“警民联欢夜”及邻里守望组织的年度聚会等。

【实用工具】邻里守望的手册编制

以美国明尼苏达州明尼阿波利斯市下辖的金谷市为例，说明邻里守望手册的具体制作。

金谷警局精心制作了《邻里守望手册》，内容涵盖犯罪预防目标、邻里守望概述、如何识别可疑情况、如何正确报警、如何有效进行犯罪预防、相关网络资源在内的各个方面。最重要的内容如下：

1. 如何识别可疑情况

快速识别可疑情况是预防犯罪的关键，以下等行为已经属于可疑范畴，及时正确报警才能将犯罪扼杀在萌芽阶段。

（1）发现有人需要警察、消防或医疗救助。

（2）听到警报器响声、窗门玻璃破碎声、尖叫求救声。

（3）发现不明人员在邻居房屋外徘徊游荡。

（4）发现有人在商店开门前或关门后进进出出。

（5）发现车辆停在某一地区长期未动。

（6）发现有人在车内进行交易。

（7）发现某住宅每天有大量人员和车辆进出。

（8）发现有人私闯民宅。

（9）发现有人持枪走动。

2. 如何正确报警

在金谷警局，报警电话一经接入，报警者的姓名与地址就会呈现在接线员的电脑上。若使用的是公用电话，会显示其所在地址；若使用手机报警，通话会由指挥中心免费转接至最近的警员。报警时，应注意以下几点：

（1）简明扼要地描述嫌疑人和嫌疑车辆特征（如身高、体重、体格、穿着、口音、反常情况、行进方向等）。

（2）保持冷静，控制语速，保证清晰度。

（3）在回答完接线员所有问题前请勿挂断电话。

（4）将事件的性质、时间、地点、涉及人员等重要信息准确告知接线员。

3. 如何有效进行犯罪预防

（1）居家安全提示。在财产遭受侵害时，家庭财产清单能快速进行财产损失评估，核实保险赔付范围，从而大大加快赔付进程。表格式家庭财产清单是指使用表格对财物进行简述，如质地、形状、编号、价值、购买日期等信息，并随财产增减及时更新；可视化家庭财产清单是指使用视频或照片对家庭财产的性状、特征进行记录，表明所有关系。

（2）假期安全提示。外出度假期间，应确保住宅无安全漏洞。可使用新型智能锁“御敌于家门之外”和可定时启动的收音机或电视机，以“空城计”迷惑他人。在金谷市邻里守望制度覆盖的社区，居民还可以联系可信赖的邻居代为收邮件、报纸，铲雪、修剪草坪以及在“垃圾清运日”清理垃圾。外出前将应急信息和紧急联系人上报警局。应急信息包括姓名、地址、电话、出发与返程日期、紧急联系人、长明灯位置、拥有车辆情况（样式、车型、出厂日期、颜色、车牌）、有无可能访客等。

（3）停车安全提示。根据金谷市规定，除非特许，在街区停车72小时后务必挪车。暴雪警报期间，在铲雪车清扫前请勿在街面泊车。

4. 如何进行宠物管控

金谷市市民不得饲养超过三只以上的猫狗宠物，并且需要为其办理相关证照。此外，主人有义务带宠物接种狂犬疫苗并将“已接种”标牌挂在其项圈上。此外还包括：

（1）宠物排泄物问题。主人不得放任宠物污染草坪、公园或其他设施，在遛宠时，应随身携带工具将排泄物清理干净。

（2）宠物噪声问题。主人有义务制止宠物的“过度吠叫”（指犬只延续至少五分钟，间隔低于30秒的吠叫行为），以防扰民。

（3）“皮带约束”法案。除能使用口令进行控制的外，只要离开主人居住地范围，犬只必须使用犬绳进行约束。在公园等公共场所，任何情况下不得解除犬绳。

（4）宠物伤人问题。任何宠物伤人事件均必须即刻上报警局。

（5）宠物丢失问题。宠物丢失后应及时拨打电话或发送邮件联系警局进行登记。寻回的宠物将在“金谷市动物收容所”进行饲养，并于7天后转移至“金谷市动物保护协会”。

5.《家庭安全自查表》

在《邻里守望手册》的最后部分，附有一张《家庭安全自查表》，具体内容包括：

（1）是否已上锁？当您在家时是否锁好房门？当您在家的后院时是否锁好前门（或当您在前院时是否锁好后门）？如果您仅仅是花几分钟时间出门办事，

这段时间内是否会锁好房门？当您出门时，是否会关严窗户？您地下室的窗户是否全部关严，或者已用螺丝及木条封闭？您是否全天锁牢您的地下车库？

（2）房屋是否看起来有人居住？当您外出参加晚会，您是否会在室外或室内留灯？当您傍晚或整天外出时，您是否会保持收音机、电视机等处于开启状态？

（3）当您外出度假时，您是否请邻居帮您照看房子？是否有人时常帮您拉动帷幕、窗帘及百叶窗？是否有人帮您除草、扫雪？是否有人帮您收取信件及报纸？

（4）您是否已使用“庭院安全系统”？

（5）如自行车和除草机这样的物品，您是否会锁好并置于隐蔽处？

（6）在工具及扶梯使用完毕后，您是否会将其锁好？

（7）您是否按时修剪庭院的花丛灌木？

（8）如果您有围栏的话，您的邻居是否可以透过围栏看到您的房屋？

（9）如果您有室外照明灯，是否有阴影区可让窃贼藏身？

（10）您是否使用了“整体安全系统”？

（11）您的手机是否存有911紧急报警电话？

（12）您的手机是否存有标注着邻居姓名、电话及住址的街区地图（若无，可自邻里守望组成员处索取）？

（13）当有陌生人来访，在进行正式谈话前，您是否会先确认他们的身份？

（14）您是否会教育孩子当有陌生人敲门时，要说“我爸爸妈妈正忙着呢”而不是“我爸爸妈妈不在家”？

（15）如果有陌生人前来寻求帮助，您是否会报警或拨打其他相关电话，而不是轻易让他们进门？

（四）我国基层安全治理的“三治融合”模式

1.“三治融合”模式起源于浙江省桐乡市

党的十八大以来，针对基层治理中出现的新问题，各地开展了多种形式的创新实践，其中浙江省桐乡市在枫桥经验基础上开展自治、法治、德治相结合的治理实践，在乡村内部设立百姓议事会、乡贤参事会、法律服务团、道德评判团、百事服务团等组织，同时健全完善村级乡规民约，探索形成“一约二会三团”的工作机制和“大事一起干、好坏大家判、事事有人管”的善治格局，这一实践形成了自治、法治和德治融合的治理模式。

“三治融合”在解决基层公共安全、稳定秩序、社会治理等诸多方面成效显著，在浙江省得到全面推广。宁波、嘉兴等地制定出台了“三治融合”村（社区）建设指导标准，其他地方创新完善了村规民约（社区公约）、百姓议事会、乡贤参事会、百事服务团、法律服务团、道德评判团等新载体。之后，“三治融合”得到中央重视和全国推广：2017 年在党的十九大上被正式写入大会报告，“加强农村基层基础工作，健全自治、法治、德治相结合的乡村治理体系”；2018 年 1 月，中央政法工作会议提出“坚持自治、法治、德治相结合是新时代‘枫桥经验’的精髓，也是新时期基层社会治理创新的发展方向”；2019 年 10 月，中共十九届四中全会《关于坚持和完善中国特色社会主义制度　推进国家治理体系和治理能力现代化若干重大问题的决定》提出“健全党组织领导的自治、法治、德治相结合的城乡基层治理体系”。

2.“三治融合”模式关键在于明确乡村自治范围

“三治融合”的核心在于自治。乡村自治组织发挥作用的前置性条件是划分村民自治和国家权力的界限。村委会是乡镇政府职能的重要承接者，权力范围不清导致其不堪重负。基层政府行使权力必须遵循“法无授权不可为”原则，防止权力越位，侵蚀自治空间。浙江省桐乡市“三治融合”拓宽乡村自治的空间，坚持基层群众自治组织去行政化的改革方向，划分行政权和基层自治的事权界限，逐条梳理了基层自治组织的权责，确定了较为明晰的范围。

浙江省桐乡市在村委会以外培育新的自治载体——村级议事机构，由村民会议和村民代表会议授权，村级议事机构吸纳威望高、议事能力强、综合素质突出的村民作为成员，行使村级重大自治事务议事权，再交由村民大会表决。村级议事机构的民主程序保障村民对自治事项的知情权、参与权、建议权，经村级议事机构讨论同意作出的决定更具权威性，更容易被村民接受和执行。村级议事机构还有效承接政府公共服务职能，在治理末端理顺政府、社会和市场的关系，为村委会“减负”，释放大量自治空间。

浙江省桐乡市在实践探索中归纳总结了村民自治的九项事项，由村级议事机构负责，具体包括：

（1）管理集体土地、财产。

（2）发展农村经济、维护村民的合法权利和利益。

（3）办理本地区公共事务和公益事业，开展突发事件应急演练，组织群众开展自救和互救，动员和组织适龄公民参加献血。

（4）宣传法律、法规和国家政策。

（5）发展文化教育，普及科技知识，开展社会主义精神文明建设活动，推动、帮助农业技术推广服务组织和农民技术人员开展工作，组织开展全民健身活动。

（6）承担民间纠纷、家庭暴力、遗弃家庭成员调解工作，调解土地承包经营纠纷。

（7）保护和改善生态环境。

（8）组织召开村民会议并向村民会议报告工作，督促村民遵守村民自治章程、村规民约。

（9）预防未成年人犯罪，保护妇女、老年人权益，开展残疾人工作，担任未成年人、无民事行为能力或者限制民事行为能力的精神病人的监护人。

3.“三治融合”模式重在强化法治实践

三治融合的关键在于法治。新形势下农村各类矛盾增多，信访案件逐步增加，村民对法律知识和法律服务产生巨大渴求，原先以基层司法所为主的制度供给不能有效满足村民的需求。此外，农民虽然期望获得法律信息，但法治观念没有革新，根据情势策略性地选择法律，甚至存在“大闹大解决，小闹小解决，不闹不解决”的思维定式。

浙江省桐乡市“三治融合”引入专业的法律服务团，在村建立法律顾问制度，成立一百多个市、镇、村三级法律服务团，形成惠及全民的基本公共法律服务体系，为村民提供法律服务咨询和矛盾纠纷化解，变被动为主动，为困难弱势群体维权，将纠纷苗头控制在萌芽阶段，化解社会稳定风险。同时，厚植法治社会建设的组织基础，开展法治宣传教育，在具体法律事务中引导村民自觉把法律作为自身行为规范，提高村民运用法律的能力和水平。“三治融合”模式弱化宗法、人情、特权观念在乡村的根基，增强农民的法治精神和法治观念。

4.“三治融合”模式贵在坚持德治引领作用

“三治融合”的精髓是德治。农村地区是中国传统文化的主要承载场域，在乡村生活中道德规范的威慑力不弱于法律权威，特别在看重“面子”和“关系”的文化里，违反道德规范导致的“不名誉”会使个体失去在村庄共同体中享有的认可和尊严，这种精神利益使道德更容易发挥软约束的作用。

浙江省桐乡市“三治融合”致力于将道德融贯于日常治理中。乡村设立道德评审团、评判团等组织，把事情对错、德行好坏交由村庄舆论来评判。道德评审团的主要成员由德高望重、新乡贤、村民小组组长等固定成员组成，主要负责对评判团成员收集到的有关道德事项和村委会交由的道德事项进行评判，参与涉及村民的重大事项的监督评议，参与化解引起纠纷的事项。通过道德评判团、评审团协商解决的事项被村两委认同，具有约束力，同时能够动员和组织群众参与乡村末梢治理，用道德引导和约束村民个人行为促进移风易俗，有利于促进公序良俗的形成。此外，乡村设立道德红黑榜，借助道德模范评选等活动来弘扬孝道文化、仁爱文化、家国文化以及社会主义核心价值观，有助于激活德治的文化基因，引导村民形成积极向上的道德规范，形成乡风文明的治理格局。

第八章　应急宣教与安全文化

◎拓　扑　图

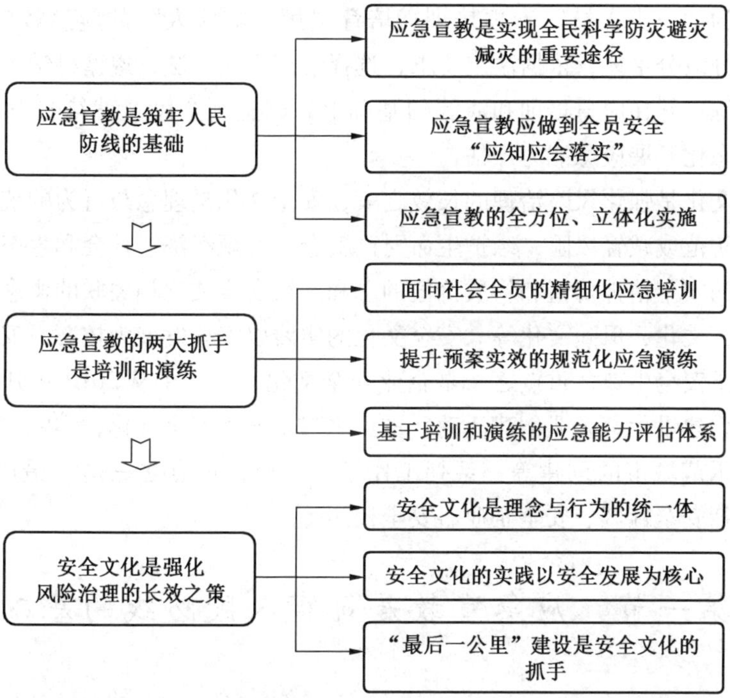

◎本　章　概　要

◎ 应急宣教：应急管理的良好社会环境依靠应急宣教来改善优化，倡导“应知应会应落实”。

◎ 安全文化：风险治理的基石是安全文化，宗旨是安全知行合一，抓手是“最后一公里”的安全普及。

应急宣传教育是筑牢防灾减灾救灾和公共安全治理人民防线的基础，对于落实习近平总书记相关指示、贯彻党中央和国务院相关要求、实现全国安全形势稳定好转、唤起公众责任感和自觉性、使公众充分利用并掌握应急知识和技能等具有重要意义。应急宣教的全方位、立体化实时，应把握六方面重点内容，有序开展“七进”活动，构建全媒体格局。通过制作多种作品、开展多类活动、建设基地场馆等形式开展。

应急培训和应急演练是安全宣教的重要抓手，既应面向社会全员开展精细化培训，包括党政领导干部的应急综合素质培训、应急救援力量的专业技能培训、安全生产的“三类人员”专项培训、培育“第一响应人”的应急救援员培训；也应分类分级分主体，依据法定要求、选择恰当方式方法、遵循科学规范流程开展应急演练；并在应急培训和演练的基础上，以达到全民“就绪状态”为检验目标，常态化开展应急能力评估，

安全文化是强化风险治理的长效之策，安全文化是理念与行为的统一体，是指人类为防范或减轻风险，维护生命财产安全，实现经济、社会和生态可持续发展所创造的安全精神价值和物质价值的总和。与安全文化相关联的概念包括应急文化、灾害文化、风险文化等。安全文化的实践以安全发展为核心，安全文化建设的起点是安全生产。重点之一是企业安全文化，实践中从 2010 年开始全国开展安全文化建设示范企业创建活动；重点之二是城市安全文化，实践中通过开展安全发展示范城市的创建等一系列工作予以实施；重点之三是“最后一公里”建设，包括安全社区、安全企业、安全校园等。

第一节　应急宣教是筑牢人民防线的基础

一、应急宣教是实现全民科学防灾避灾减灾的重要途径

面向社会公众的应急宣传教育工作伴随应急管理体系与能力的建设而长期开展。2005 年出台《应急管理科普宣教工作总体实施方案》，以国家总体预案为核心、以应急知识普及为重点、以典型案例为抓手，按照灾前、灾中、灾后的不同情况分类宣传普及应急知识。2006 年出台《关于全面加强应急管理工作的意见》要求加强应急管理科普宣教工作，把公共安全和应急防护知识纳入学校教学内容，充分运用各种现代传播手段，扩大应急管理科普宣教工作覆盖面。2016 年

以来，党中央国务院以及各有关部委相继下发《中共中央　国务院关于推进安全生产领域改革发展的意见》《中共中央　国务院关于推进防灾减灾救灾体制机制改革的意见》《安全生产“十三五”规划》《关于加强全社会安全生产宣传教育工作的意见》（安监总宣教〔2016〕42 号）、《加强新时代防震减灾科普工作的意见》（应急〔2018〕57 号）等一系列文件，多次部署应急科普工作。2019 年 11 月 29 日，习近平总书记在中央政治局第十九次集体学习时强调：“完善公民安全教育体系，推动安全宣传进企业、进农村、进社区、进学校、进家庭，加强公益宣传，普及安全知识，培育安全文化，开展常态化应急疏散演练”。2020 年 9 月印发的《关于进一步加强突发事件应急科普宣教工作的意见》（科协发普字〔2020〕22 号）指出，“进一步加强突发事件应急科普宣教工作，提升全民科学素质以及公众应对突发事件的处置能力、心理素质和应急素养，对于抓紧抓实抓细常态化疫情防控，实现主动防灾、科学避灾、有效减灾具有重要意义。”

（一）应急宣传教育的意义和价值

总体而言，应急宣传教育发挥多方面的意义和价值。

第一，应急宣传教育是落实习近平总书记相关指示、贯彻党中央和国务院相关要求的重要途径。党和国家高度重视应急宣传教育工作，习近平总书记对于公共安全、安全生产、风险防控等作出一系列重要指示。应通过应急宣传教育，将党中央、国务院和习近平总书记系列重要指示精神传达给各部门各单位、全域全民，正确引导社会舆论和公众情绪，动员全社会的力量来维护安全生产和公共安全。

第二，实现全国安全形势稳定好转迫切需要加强应急宣传教育工作。当前，我国安全状况虽然总体向好，但仍处于事故的多发期易发期。全社会的安全素质虽然明显提升，但安全发展观念和安全红线意识树立得还不够牢，安全知识和技能水平总体偏低。深入加强全社会应急宣传教育工作，对于凝聚全社会安全发展共识、提升全民安全水平、有效防范遏制重特大事故、继续减少事故总量具有重要意义。

第三，应急宣传教育能够唤起公众积极参与预防和处置突发事件的责任感和自觉性。由于我国长期相对和平稳定的环境，幅员辽阔、地大物博，人民群众的风险防范意识普遍相对淡薄。应急宣传教育能够使民众进一步认识到突发事件的预兆、发生后的危害和后果，促使公众增强预防和处置突发事件的责任感，提高公众对风险的防范能力。

第四，应急宣传教育能使公众充分利用并掌握自救互救和应急避险的知识技能。政府通过有关部门、学校、新闻媒体等宣传普及应急知识，可以使公众掌握自救互救的方法和技能，从而在突发事件来临时最大限度地避免或减少人身和财产的损害。

第五，应急宣传教育能够为处于突发事件中的公众提供智力支持和精神动力，让公众有意识有能力配合政府及时有效地处置突发事件。应急知识的宣传普及能够在一定程度上减轻民众在面对突发事件时的慌乱心理，更有效地为政府处置突发事件提供帮助和配合；能够凝聚人心，在灾难发生时促使公众同舟共济、万众一心，共同应对突发事件带来的影响。

（二）应急宣传教育的重点内容

认真做好全面应急宣传教育的重点工作，包括安全发展观念、安全法律法规、安全形势任务、安全措施经验、安全知识技能、安全事故警示教育等。

1. 重点做好安全发展观念的宣传教育

宣传习近平总书记关于安全系列重要讲话精神，党中央、国务院的决策部署，安全事关人民群众生命财产和改革发展稳定大局的重要意义，“以人为本、安全发展”的观念，“安全第一、预防为主、综合治理”的方针，引导各级党委和政府、各类企业、各类社会组织和全社会树立安全发展理念，营造安全人人有责、安全从我做起的良好氛围。

2. 重点做好安全形势任务的宣传教育

辩证分析当前安全形势，既要大力宣传总体向好的发展态势，又要客观介绍依然严峻复杂的客观现实。通过历史变化、现实成就和国际比较，引导全社会深刻认识安全工作的长期性、艰巨性、复杂性和反复性，形成全社会对安全形势的理性认识和合理预期。及时回应安全热点问题，通俗易懂、图文并茂地阐释安全“是什么、为什么、怎么干”。

3. 重点做好安全措施的宣传教育

宣传当前和未来时期安全工作的总体思路、主要目标和重点措施，党和政府保护人民群众生命健康安全的举措和成效。宣传企业安全主体责任、政府部门监管责任、党委和政府领导责任的内容与界限，防范遏制重特大事故相关方法措施，安全理念创新、制度创新、机制创新和体制创新的措施。宣传安全好经验、好做法和先进人物事迹，展示安全监管、应急管理、消防救援、公安、卫生防疫等相关部门和队伍的品质风貌。

4. 重点做好安全法律法规的宣传教育

要深入宣传依法治安在实施推进全面依法治国战略部署方面的重要意义，深入普及以《中华人民共和国安全生产法》《中华人民共和国突发事件应对法》《中华人民共和国消防法》和各类自然灾害防治法为核心的安全法律法规标准。宣传政府及有关部门、企业和从业人员等各方面安全的权利、义务。讲好安全法治故事，直播公开审判案例。加强安全舆论监督，全面推进安全信息公开，定期曝光安全重大隐患、违法违规生产经营建设行为和发生重特大事故的企业及其负责人。

5. 重点做好安全知识技能的宣传教育

通过撰写报道、制作节目、开展活动等方式全面普及与人民群众息息相关的生产生活安全知识，进一步提升全社会的安全文明素质。有针对性地加强全员安全教育培训，全面提升按章作业的思想自觉和行为自觉，全面提高风险辨识、隐患排查治理、事故应急处置和逃生自救互救能力。针对重大活动、重要节日和重点时段，有针对性地进行重点宣传。

6. 重点做好安全事故的警示教育

围绕容易发生重特大事故的行业领域、重点时间节点、关键薄弱环节，强化季节性动向性安全预防预警宣传。突出应急响应、事故原因分析、问题整改和人文关怀，及时准确公开重特大典型事故的信息，稳妥做好生产安全事故报道，突出事故原因剖析、事故教训警示，提醒各地举一反三、严防类似事故发生。

二、应急宣教应做到全员安全“应知应会应落实”

针对群众个体、党政机关、企业单位等不同主体，应急宣教工作的重点不同，最终目标在于做到社会全员安全“应知应会应落实”。

（一）群众个体防灾避灾和自救互救的“应知应会”

针对群众的应急宣传教育，应围绕个体的衣食住行和日常起居，针对日常生活中的常见风险点、安全防范点、应急应对手段、预防准备措施等重点内容，以农村、社区、学校、家庭、公共场所等宣传教育为抓手。

1. 群众个体安全“应知应会”的重点

群众个体安全“应知应会”的重点，可拆分为“知风险、会防范、能应对、有准备”四个角度。

第一，“知风险”。了解突发事件的分类分级等基本常识，掌握居家外出等主要风险。①常见居家风险包括火灾事故、燃气泄漏、入室盗窃、食物药物中毒、意外伤害等；②常见外出风险包括交通事故、溺水事故、公共场所踩踏、火灾、暴恐、动物或宠物伤害等；③特殊风险主要包括特殊地点风险（如高层建筑）、特殊时间风险（如极端天气、旱涝季节）、特殊群体风险（如老弱病残群体）。

第二，“会防范”。掌握预先防范常见风险和事故的措施和做法。①居家安全重点包括防火灾、防燃气事故、防盗抢、防中毒、防烧烫伤等；②外出安全重点包括防车祸、防步行意外、防溺水、防公共场所意外、防动物咬伤等；③特殊地点安全，例如高层建筑注意防火、高空坠物等；④特殊时间安全，例如遇台风、雷雨等恶劣天气时尽量不外出且外出时避开大树、广告牌和临时建筑；⑤特殊群体安全主要包括老年人群体和儿童群体的安全风险防范。

第三，“能应对”。掌握紧急状态下报警求救、自救互救的基本技能和方法。①拨打紧急电话，包括掌握 110、119、120 等常用号码以及拨打时说明要点；②火灾处置，掌握初期火灾扑救、疏散逃生、发出警报等要点；③掌握燃气泄漏处置、溺水急救、烧烫伤急救、出血急救等科学反应和先期处置；④掌握心肺复苏术、海姆立克救生法、AED 使用等基本技巧和正确步骤。

第四，“有准备”。做好家庭应急方案、家庭应急物资等常见常用的灾害准备措施。①家庭应急方案，包括制定家庭应急预案和家庭应急疏散图、张贴家庭成员及邻居亲朋电话联络表、参加应急体验和培训等；②家庭应急物资，包括燃气报警器、火灾警报器、漏电保护器、灭火器、救生绳、缓降器、防毒面具、手电筒、哨子、收音机、逃生锤、食品、饮用水储备、药品储备等。

2. 群众个体安全宣教的主要形式和措施

由于群众个体的分散性和社会性，针对个人的安全宣教应依托个人在生产生活中参与的活动、组织等予以开展，实施中可根据进农村、进社区、进学校、进家庭、进公共场所等来开展。

第一，安全宣教进农村。提升乡镇政府和村民自治组织的安全意识和安全管理能力，全面提升农民安全意识和应急避险能力。主要措施包括：①充分发挥乡村干部、安全网格员、灾害信息员、科技志愿者、科普信息员等在农村安全宣传中的主力军作用。调动挂职干部、大学生村官、支教教师等开展安全宣传的积极性，引导广大乡村开展契合本地实际的安全宣传活动。②推动安全宣传纳入美丽休闲乡村、乡村旅游重点村、休闲农业示范县、全域旅游示范区创建工作之中。

结合村规民约的制修订，鼓励村委会结合实际出台《村民安全行为规范手册》，建立乡村安全重点对象“特殊关爱”和“邻里守望”制度。结合各地实际，利用“村村响、户户通”广播、惠民电影、流动科技馆、“科普中国”“科学辟谣”信息化平台等方式，广泛开展安全宣传。③根据不同地域特点，完善农村应急避难场所功能设施、区划标识等，因地制宜开展有针对性的灾害避险逃生、自救互救演练。有条件的乡镇要推动建设安全教育科普站（室、所、点），增强安全宣传的普及性、趣味性和互动性。偏远的景区、主要道路、山林、草原、古村寨、文物古建筑等重点部位，依法设立相应安全警示标识。④利用农闲、节庆、集市、庙会等民俗活动和农民工进城、返乡等时机，针对务工青壮年、农村留守老人、儿童、妇女、孤寡、智残障等不同对象，开展精准化安全宣传和咨询服务，有针对性地普及灾害应对和建筑施工、道路交通、水上交通、火灾等方面的安全知识。⑤开展群众性安全文化创演活动，鼓励民办文艺团体、农民业余文艺演出队进行安全文艺创作。充分发挥图书馆、活动室等场所的安全教育功能，在乡村公共场地、人群聚集地合理设置安全宣传橱窗，营造安全氛围。

第二，安全宣教进社区。深入社区普及生活安全、交通安全、消防安全常识以及应急避险、自救互救技能，增强社区安全管理和应急处置能力，提升社区居民安全素质和应急能力，营造安全稳定的社区生活环境。主要措施包括：①将安全宣传作为重要内容纳入全国综合减灾示范社区、全国综合减灾示范县、全国科普示范县（市、区）和安全发展示范城市创建的评定工作。发挥社区内医院、学校、企事业单位、社会应急力量、社区安全网格员在安全宣传中的作用，推动建立社区应急宣传教育制度体系。②加强社区安全宣传阵地建设，推动建设一批灾害事故科普宣教和安全体验基地，加大各类科技馆、展览馆、体验馆等公益开放力度，拓宽社区居民接受应急宣传教育的途径。推动社区安全体验场所建设，丰富应急避难场所内容和设施功能，将安全元素充分融入社区公园、广场等。③建立社区专兼职安全宣传员制度，从社区居委会、小区业主委员会、物业公司等，选取熟悉社区和居民状况的人员担任安全宣传员、监督员，鼓励社区党员、退休职工、教师等加入安全宣传志愿者队伍。社区内福利院、养老院等机构要依法建立应急宣传教育制度和应急疏散预案。④结合地区和社区实际，利用全国防灾减灾日、国际减灾日、世界气象日、安全生产月、消防宣传月、全国科普日等节点，定期开展应急宣传教育、隐患排查治理和火灾、地震等群众性应急演练，提升社区居民应急避险和自救互救能力。⑤策划创作寓教于乐、通俗易懂的安全微视频、公益广告、动漫作品等，设计编印安全手册、海报、挂图、横幅等，在户外电子屏、社区微信群、宣传栏等广泛投放。定期开展以安全为主题的消夏晚会、社区演出等活动，营造浓厚安全文化氛围。

第三，安全宣教进学校。推动安全教育纳入国民教育体系，在课堂教学、社会实践、班级活动中落实安全教育内容，保障师资、教育资源、时间、场地。发挥育人功能，强化学生和教职工安全意识，做到安全宣传从早抓起、从小抓起，使学生和教职工做到能应急懂避险、能自救会互救。主要措施包括：①落实《中小学公共安全教育指导纲要》，丰富学校安全教育资源，推广典型教育活动，推动将应急宣传教育内容纳入学校教育教学计划，保证安全教育时间。②加强校园安全风险防控体系建设，定期开展校园安全隐患排查，将安全宣传纳入平安校园创建工作中。指导学校建立事故灾害应急处置预案，健全学校安全事故报告、处置和部门协调机制。定期组织师生开展安全应急疏散演练，组织安全专题讲座。③用好安全教育平台和各类安全教育资源，在各类科技馆中植入安全教育内容。利用全国中小学生“安全教育日”专题开展安全知识教育。在学校宣传栏、校报校刊、黑板报、校园网和“两微一端”等平台设立安全专栏。④丰富校园安全教育“第二课堂”，结合实际开展安全宣传专题教育活动。聘请“校外安全辅导员”，开办安全知识小课堂、移动课堂等。利用寒暑假期开学前后开展以安全知识为主题的开学教育和安全教育进军训、进夏（冬）令营等活动。⑤加强大中小学与社区、农村、企业、部队、社会机构等的联系，搭共建单位，结安全对子，共享安全教育资源。鼓励有条件的学校设立安全体验教室，积极推动建设公共安全教育实训基地，拓展安全教育校外实践领域。

第四，安全宣教进家庭。积极推动家庭安全知识宣传教育，提升以家庭为单元的安全能力建设。以生活安全和防灾减灾知识普及为重点，以点带面、辐射带动，发挥安全宣传走进家庭、影响社会的积极作用。主要措施包括：①将家庭应急宣传教育融入“文明家庭”“五好家庭”等创建活动中，面向家庭宣传安全防护知识，提升家庭成员的安全防护意识和能力，推动形成良好的社会安全秩序。②推广家庭安全方面的伦理道德标准和价值观，扬安全家风，立安全家规家训，深植家庭安全理念。开展“我把安全带回家”“给爸爸妈妈的安全家书”等家庭成员共同参与的邻里联谊和家校共建活动。③广泛开展家庭“安全明白人”活动，提倡健康的家庭安全行为及生活方式，养成良好安全行为和生活习惯。指导家庭加强安全防范意识，查找、消除安全隐患，掌握避险逃生技能，熟悉避难逃生路线，提升家庭和邻里自救互救能力。④编印发放家庭应急手册、安全读本、安全倡议书、知识卡片等，利用报刊、电视、广播、网络等媒体和百姓宣讲、广场舞、文艺演出、邻居节等活动，普及家庭安全常识。⑤提倡家庭基本安全教育、保险等资源投入，推动建立并推广家庭应急物资储备清单，引导家庭储备简易应急物资。

第五，安全宣教进公共场所。通过加强公共场所应急宣传教育，提升社会公众安全防范意识、应急避险和自救互救能力，预防和减少公共安全事故及群死群伤事故发生。主要措施包括：①在商场、景区、商业街、火车站、机场、汽车站等人员密集场所，以及高速公路路口、收费站、服务区、过街天桥、道路隔离带、护栏等重要地段，悬挂安全宣传横幅、标语，在电子显示屏播放安全宣传片和安全警示提示。②建设安全示范街道、安全文化广场、安全主题公园、安全文化长廊、安全科普体验馆等，开发寓教于乐的安全体验项目。③组织商场、影院等公共场所工作人员每年至少开展一次防地震、火灾、踩踏等突发事件的应急演练。④商场、市场、影院等场所要滚动播放安全生产公益广告，普及消防、交通、高危作业等安全知识，促进提高居民应急避险和自救互救能力。

（二）党政机关的安全宣教旨在增强安全自觉

针对党政机关等公共部门的应急宣传教育，应以习近平新时代中国特色社会主义思想为指导，通过对党政部门和领导干部的安全宣教，提升机关党员干部自身理论业务水平，带动干部职工、企业负责人和社会公众进一步增强全社会防灾减灾、安全生产、风险防控的思想自觉和行动自觉。

党政机关的安全宣教，应围绕以下四方面内容开展：

（1）学习习近平总书记、党中央、国务院和相关中央部委关于安全生产、公共安全、应急管理、防灾减灾等的重要论述。围绕安全发展、严守底线、强化责任、依法治理、改革创新、夯实基础、严抓落实等重要内容，深刻理解其核心要义、精神实质、丰富内涵、实践要求，从而牢固树立安全发展理念，坚持以人民为中心的发展思想。

（2）落实安全生产责任制的宣传教育。围绕《地方党政领导干部安全生产责任制规定》等政策文件，加强相关原则、方法、机制等的学习。

（3）有效防范化解重大安全风险的宣传教育。围绕《中共中央　国务院关于推进安全生产领域改革发展的意见》等政策文件，加强公共安全隐患排查和安全预防控制等的学习。

（4）安全监管与执法的宣传教育。加强安全监管干部队伍建设和安全监管人才培养。

党政机关的安全宣教，主要措施包括：

（1）将习近平总书记关于安全的重要讲话精神纳入各级党委（党组）中心组学习内容，将应急宣传教育纳入机关宣传教育和日常培训的重要内容，定期邀请专家、学者对本机关工作人员开展安全生产专题讲座。

（2）在机关宣传栏、橱窗、食堂等场所张贴应急宣传教育系列挂图和宣传画。在机关主管主办的相关行业报刊、政府网站和“两微一端”中开设安全专题，及时宣传报道安全相关方针政策、法律法规、相关行业领域工作举措等。

（3）机关单位要带头营造良好的机关应急宣传教育和文化氛围，特别是窗口和服务性单位应充分发挥良好的示范带头作用，切实加强应急宣传教育和文化氛围的营造。

（4）机关单位要明确负责本单位应急宣传教育工作的部门，明确责任人员，保障工作经费。

（三）企业单位的安全生产“应知应会应落实”教育

针对企业单位的应急宣传教育，应聚焦企业安全生产“应知应会应落实”的法定要件，从企业安全生产责任链条、制度成果、管理办法、重点工程、工作机制和预防控制体系等方面入手开展宣传教育，推动落实企业安全生产主体责任，健全完善并严格落实安全生产责任制、安全生产管理制度、风险防控和隐患排查治理体系。强化企业负责人安全责任意识，提升从业人员安全素质，培育企业安全文化，筑牢安全管理防线，推动企业建立自我约束、持续改进的内生机制，扎实推进企业安全生产治理体系和治理能力现代化。

企业安全生产“应知应会应落实”教育的核心内容包括：

（1）全面落实企业安全生产责任体系的宣传教育。围绕国务院安委会办公室《关于全面加强企业全员安全生产责任制工作的通知》（安委办〔2017〕29号）等政策文件，加强健全安全生产责任制、落实企业主要负责人责任、落实全员安全生产责任等的宣传教育。

（2）健全完善企业安全生产管理制度的宣传教育。围绕《中华人民共和国安全生产法》《企业安全生产标准化基本规范》（GB/T 33000—2016）、各行业专业标准化评定标准、各省安全生产条例等政策文件和规范，加强完善安全生产管理团队、强化安全投入、强化安全教育培训、持续推进企业安全生产标准化建设等的宣传教育。

（3）健全完善企业安全风险防控和隐患排查治理机制的宣传教育。围绕《国务院安委会办公室关于实施遏制重特大事故工作指南构建双重预防机制的意见》和各地方具体政策、各行业具体标准，加强建立企业安全风险辨识评估制度、安全风险管控制度、安全风险警示报告制度，加强安全隐患排查、严格落实治理措施等的宣传教育。

企业安全生产“应知应会应落实”教育的主要措施包括：

（1）将应急宣传教育纳入企业日常管理，与生产经营各项工作同研究、同部署、同落实。将安全生产宣传教育培训纳入企业发展规划，健全培训制度，创新培训形式。将安全生产宣传教育作为企业班前会、月度例会、生产经营会和安全生产工作会议的固定议题。

（2）推动企业落实安全生产主体责任，定期举办“安全大讲堂”，企业主要负责人带头讲安全课。组织安全生产法治宣讲会，增强职工法律意识。开展安全生产经验交流活动，组织职工、家属观看安全生产警示教育片。严格落实先培训后上岗、每年再培训、转岗再培训和新工艺、新技术、新设备、新材料、新标准培训制度。

（3）鼓励企业开展“公众开放日”活动，邀请社会公众走进企业，近距离接触生产、了解生产，为企业安全管理建言献策。组织企业积极参加“安全生产月”“安康杯”竞赛、“青年安全生产示范岗”创建等活动。组织企业职工开展安全应急培训演练，提高应急处置、自救互救能力。

（4）广泛开展“查找身边的隐患”活动，设立隐患线索举报平台，健全激励奖励机制。要依法建立安全“吹哨人”和内部举报人制度，加大举报奖励力度，及时发现风险隐患，检举重大风险隐患和违法行为，保护社会、集体和个人的安全权益。

（5）开展专家指导服务，推动企业做好风险辨识防控、隐患排查治理、按章作业等工作，提高企业安全水平。邀请新闻媒体走进企业，开展“安全生产大家谈”“安全一线面对面”等报道活动，宣传先进典型和经验做法，支持新闻媒体开展舆论监督，曝光安全隐患和违法违规行为。

（6）加强企业安全文化建设，推动企业安全文化创建和安全诚信体系建设，开展安全文化创演活动。设置安全宣传栏和岗位安全标识，张贴安全宣传标语、风险警示公告、安全操作提示、应急处置措施和程序等。鼓励地方政府与企业共建共享安全教育体验场馆。

三、应急宣教的全方位、立体化实施

（一）应急宣传教育的全媒体工作格局

加大主流媒体宣传教育、各行业媒体宣传教育、官方网站群建设、互联网新媒体建设、社会自媒体配合宣传。着力构建全媒体的应急宣传教育工作格局。

1. 主流媒体的应急宣传教育格局

各级政府的党委宣传部门和各政府部门的内部宣传部门应将安全纳入年度宣传重点工作，推动建立党委和政府统一领导、安全监管和宣传部门协同配合、新闻媒体积极参与的应急宣传教育工作体系。定期共同研究安全工作的宣传议题、新闻线索和报道素材，确保安全实际工作和宣传报道同部署、同推进。统筹协调所属主流媒体加大应急宣传教育力度，推动中央和地方党报、党刊、电视台、广播台等分别开设应急宣传教育固定栏目，增加版面、时段和频次。在重要时间节点开展安全主题采访活动，形成规模效应。要认真做好重特大生产安全事故的应急报道和舆论引导，确保舆情平稳有序，维护社会稳定和人心安定，维护党和政府的形象。中央主流媒体要主动策划，创新方式手段，把握时度效，推出一批有影响力的新闻报道。

2. 行业媒体的应急宣传教育格局

要大力支持各类各级安全生产委员会、减灾委员会及其成员单位所办媒体创新发展，支持行业媒体主动设置议题，加大权威新闻、首发新闻、独家新闻、深度报道、系列评论工作力度，与安全工作形成良性互动。鼓励各地区安全委员会办公室面向各级领导干部免费赠阅安全报和安全杂志等安全专业报刊。

3. 安全网站群的应急宣传教育格局

要统一技术标准和基本规范，建设安全网站群，实现优势互补和工作联动。创新网站宣传形式，多用数字化、图表、音频、视频等展现信息。拓展网站互动服务功能，办好公众建言献策专栏和情景化导航服务系统。建立安全法规标准、事故案例、视频课程、统计数据等信息资源库，为公众查询提供服务。与门户网站建立共建共享工作机制，提升安全信息传播力、影响力。

4. 安全新媒体的应急宣传教育格局

具有安全监管监察职能的政府部门应开通安全政务微信、微博、新闻客户端和手机报，充分发挥新媒体交互性、贴近性等特点，坚持同一内容多媒体生产、多渠道传播、多形态展现，努力做到“用户在哪里，我们就覆盖到哪里”。团结安全专家学者和责任感强、影响力大、受众面广的网络名人，强化互粉互联。强化安全网络评论工作，正确引领网上舆论。党政领导干部可以根据需要以个人名义开设微博、微信，自觉关注、宣传安全工作。

（二）应急宣传教育的作品制作和活动开展

针对应急宣传教育的热点、难点，制作发布本土化、实用性强、传播度高的应急宣传教育作品，广泛开展形式多样、富有实效、创新亮点的应急宣传教育活动。

1. 各类安全纪念日的宣传教育活动

开展“全国中小学生安全教育日”“5·12 防灾减灾日”“世界急救日”“119 全国消防日”“122 全国交通安全日”“安全生产月”“安全生产万里行”安全宣传活动。以“安全生产月”为契机，组织开展安全生产宣传咨询日，文艺巡演，书法、绘画和摄影作品展览，安全生产公开课，安全生产巡回演讲，安全生产主题征文等丰富多彩的宣传教育活动。建立“安全生产万里行”全市行、全省行和常年行工作机制，组建相对稳定的专业队伍，制作“安全生产报告”等调查性栏目，强化新闻宣传和舆论监督。会同中央和地方主流媒体，层层策划打造安全隐患曝光平台、生死之间安全生产警示录、守护生命主题演讲、安全生产知识竞赛等群众喜闻乐见的安全生产宣传教育精品力作。

2. 形式多样的群众性安全共建共享活动

将安全纳入文明城市、文明村镇、文明单位、文明校园、文明家庭创建内容，加大指标考核权重。建立完善与各级工会、共青团、妇联、行业协会等群众团体和社会组织的沟通合作机制，深入开展“安康杯”竞赛、“青年安全生产示范岗”“五好文明家庭”“平安校园”创建和“职业病防治法宣传周”等活动。

3. 安全文化作品创作和展播活动

要推动相关专业团队创作安全主题公益广告、影视剧、动漫、微视频、游戏等作品，分门别类地宣传普及企业、机关、社区、家庭等安全知识。要搭建平台、加强指导，积极扶持安全广播、电视节目以及电影、电视剧的制作和播出，定期开展安全优秀剧目、图书、影视片、音乐作品评选推介活动，定期开展安全好新闻评选和优秀作品展映展播。要鼓励开展群众性安全文艺活动，通过举办群众喜闻乐见的专题晚会、巡回演出、文艺汇演等普及安全知识。开展“安全在我心中”应急安全文化作品征集活动，征集范围可包括摄影作品、微视频作品

(含动画短片)、微故事作品、文艺作品、抖音视频作品、微信表情包等一系列适合全媒体传播、新媒体发布的作品。开展“应急安全文化节”,促进应急安全教育经验交流推广、儿童安全理念宣传推广,开展在线应急知识答题、应急安全有奖征文、应急“微视频”创作大赛、安全应急文化舞台剧创作和巡演、应急安全精品课评比、中小学生应急知识比赛、安全应急动漫作品大赛等活动。

(三)应急宣传教育的基地和场馆建设

国家高度重视安全科普、宣传、教育、体验、培训等基地和场馆建设。国务院《国家综合防灾减灾规划(2016—2020年)》要求加强防灾减灾科普宣传教育基地建设。国务院《安全生产“十三五”规划》在应急救援能力建设工程中提出“建成国家安全生产应急救援综合实训演练基地”,在文化服务能力建设工程中提出“建设安全生产主题公园、主题街道、安全体验馆和安全教育基地”。国务院办公厅《全民科学素质行动计划纲要实施方案(2016—2020年)》提出加强安全生产、地震、气象等行业类、科研类科普教育基地建设;国家安全生产监督管理总局、中宣部等8个部门《关于加强全社会安全生产宣传教育工作的意见》指出“要积极建设安全科普体验场馆,开发安全体验项目”。我国应急宣传教育的基地和场馆建设进入到集中快速发展的时期,形式和内容呈现多样性,经营模式处于探索阶段,从场馆形式、内容设计、面向对象、建设主体和运营模式等方面,可分为六类。

1. 政府投资建设的重大灾害纪念馆

政府投资建设的重大灾害纪念馆数量不多,但规模和影响力较大,一般都是政府投资建设的公益性场馆。场馆以展示灾难情况为主要内容,具有纪念、展示、宣传、教育、科研等功能,主要承担爱国主义教育、青少年思想道德教育、防灾减灾知识普及、科普研究、对外形象宣传等任务。

2. 政府投资建设的综合性安全体验场馆

迅速发展的综合性安全体验场馆是由地方政府投资,委托第三方兴建的公益性场馆,体验内容包括消防、交通、应急救护、石油化工、建设施工、劳动保护等方面,并免费向社会公众开放。例如,广州市委市政府批准投资近2亿元建设安全生产全民教育体验中心,计划建设实体馆、网上虚拟馆、移动宣传车三大平台,涉及300多个体验项目、1万多个安全知识点。

3. 数量庞大的专业性应急安全体验场馆

目前,专业性应急安全体验场馆数量最多。消防类体验场馆起步早,占比最高，但场馆普遍较小，且部分建在消防救援队实训基地中，公众参与程度较低。其他常见专项类体验场馆包括地震类、建筑类、交通类、校园类等。以浙江为例，据不完全统计，浙江省各类公益类体验馆共160余座，其中消防类的120余座，占比达到75%。

4. 社区类体验馆和移动式体验馆

社区类体验馆和移动式体验馆规模不一、数量较大，更贴近群众的特性，有效填充了大型综合体验馆的空白，扩大了应急科普的覆盖面。大篷车、模块化搭建等移动式应急安全体验馆突出了轻便、快捷、灵活等特点，不仅能够较好地解决建设大型体验场馆所涉及的资金、场地、维护等问题，还能提升设备周转利用率和科普范围，有效提升民众的应急素养。

5. 企业自主建设和民间投资建设的应急安全体验场馆

近年来，政府对应急宣教工作的重视和人们日益增长的安全需求客观形成了良好的市场预期，部分私营企业也纷纷拓展此类业务。既有结合企业自身的技术研发、产品服务、业务范围推出应急安全体验场馆、设备以及培训等内容，也有由企业、民营机构、社会第三方甚至个人自行投资建设的应急安全体验场馆。综合类、专项类或者面向特定群体类均有涉及，免费开放或市场化运营的均有出现。

6. 基地和场馆的360全景示范展示和线上互动体验

2020年，受新冠肺炎疫情影响，全国“安全生产月”按照国务院安委办、应急管理部有关部署安排，在应急管理部新闻宣传司、中国科协科普部的指导下，应急管理部宣教中心、科普中国在全国范围内优选了国家地震紧急救援训练基地、北京公共安全馆（顺义）、上海市公共安全教育实训基地等12个安全体验场馆，在中国应急信息网、全国安全生产月官网、科普中国等平台，通过360全景示范展示和线上互动体验的形式，让大家跨越时空限制，在“云端”畅游安全体验场馆，学习安全知识，提升自救互救能力。

第二节　应急宣教的两大抓手是培训和演练

一、面向社会全员的精细化应急培训

应急培训工作，是提高各级领导干部处置突发事件能力的需要，是增强公众

安全意识、社会责任意识和自救互救能力的需要，是最大限度预防和减少突发事件发生及其造成损害的需要。对此应针对社会全员建立分级分类培训体系，健全完善分层次、分类别、多渠道的培训工作机制，有计划地开展应急管理、风险治理、公共安全等培训。

（一）党政领导干部的应急综合素质培训

党政领导干部的培训是应急培训的首要工作，旨在提高领导干部统筹常态管理和应急管理、指挥处置突发事件、防范化解重大风险等方面的思维、能力和水平。2019 年 1 月，习近平在省部级主要领导干部坚持底线思维着力防范化解重大风险专题研讨班开班式上发表重要讲话强调“防范化解重大风险，是各级党委、政府和领导干部的政治职责”；《国家突发事件应急体系建设“十三五”规划》提出“强化领导干部应急管理能力培训，加强应急管理干部队伍建设”；《国家综合防灾减灾规划（2016—2020 年）》提出“强化各级政府的防灾减灾救灾责任意识，提高各级领导干部的风险防范能力和应急决策水平”；《安全生产应急管理“十三五”规划》提出“强化领导干部应急决策指挥能力及管理人员业务培训，培养专家型应急管理人才”。

总体而言，领导干部培训的内容包括法律法规、应急预案、危机决策、应急指挥程序与交流沟通方式等。深入学习马克思主义基本理论和新时代中国特色社会主义思想，掌握辩证唯物主义的世界观和方法论，提高战略思维、历史思维、辩证思维、创新思维、法治思维、底线思维能力。学习党中央、国务院的相关方针政策和工作部署，提高应对突发事件的思想认识和综合素质。强化风险意识，提高风险化解能力，加强对突发事件风险的识别，深入分析我国各类灾害发生的特点和运行规律，跟踪和把握各种社会矛盾的变化规律和发展方向等。头脑冷静、科学分析、准确判断、果断决策、整合资源，提高应急决策的能力水平。担任事故现场应急指挥的领导干部还应通过培训掌握协调指挥、预案执行、资源调度、安全管理、后勤保障、信息发布等多方面工作的技能。

（二）应急救援力量的专业技能培训

当前，我国应急救援力量主要包括国家综合性消防救援队伍、各类专业应急救援队伍、社会应急力量、人民解放军和武警部队，分别根据其定位开展相应的培训。

1. 国家综合性消防救援队伍

国家综合性消防救援队伍主要由消防救援队伍和森林消防队伍组成，共编制

19 万人，是我国应急救援的主力军和国家队，承担着防范化解重大安全风险、应对处置各类灾害事故的重要职责。国家综合性消防救援队伍重点围绕发挥应急救援主力军和国家队作用，对标“全灾种、大应急”任务需要，在救援理念、组织指挥、联动机制、专业技能等方面均需要加强培训，提升正规化、专业化、职业化水平。

2. 各类专业应急救援队伍

各类专业应急救援队伍主要由地方政府和企业专职消防、地方森林（草原）防灭火、地震和地质灾害救援、生产安全事故救援等专业救援队伍构成，是国家综合性消防救援队伍的重要协同力量，担负着区域性灭火救援和安全生产事故、自然灾害等专业救援职责。交通、铁路、能源、工信、卫生健康等行业部门都建立了水上、航空、电力、通信、医疗防疫等应急救援队伍，主要担负行业领域的事故灾害应急抢险救援任务。专业应急救援队伍重点围绕提升专业领域救援能力，优化力量布局，整合各类资源，补齐建设短板，完善保障机制，充分发挥在各类灾害事故处置中的专业作用。

3. 社会应急力量

经摸底调查，目前社会应急救援队伍有 1200 余支，依据人员构成及专业特长开展水域、山岳、城市、空中等应急救援工作，一些单位和社区建有志愿消防队，属群防群治力量。社会应急力量重点围绕规范有序发展，发挥辐射带动作用，提高公众防灾避险意识和自救互救水平进行建设，形成政府主导、属地管理、配合有力、全社会参与的应急工作格局。

4. 人民解放军和武警部队

人民解放军和武警部队是我国应急处置与救援的突击力量，担负着重特大灾害事故的抢险救援任务。军队非战争军事行动力量纳入国家应急力量体系建设，建立健全军地协调联动机制，确保大灾大难时协调有序、指挥顺畅、联动高效。

（三）安全生产的“三类人员”专项培训

围绕安全生产，应加强企业主要负责人、安全管理人员、特种作业人员的安全知识技能培训，加强对安全监管执法人员的培训。《中华人民共和国安全生产法》中对培训作出了明确要求，并出台《安全生产培训管理办法（2015 年修正）》加强安全生产培训管理，规范安全生产培训秩序，保证安全生产培训质量，促进安全生产培训工作健康发展；出台《职业技能提升行动方案（2019—2021 年）》提出“实施高危行业领域安全技能提升行动计划，化工、矿山等高危行业企业要组织从业人员和各类特种作业人员普遍开展安全技能培训，严格执行从业人员安全技能培训合格后上岗制度”。

安全生产培训的对象主要包括三类：

（1）安全监管监察人员。是指县级以上各级人民政府安全生产监督管理部门、各级煤矿安全监察机构从事安全监管监察、行政执法的安全生产监管人员和煤矿安全监察人员。

（2）生产经营单位从业人员。是指生产经营单位主要负责人、安全生产管理人员、特种作业人员及其他从业人员，重点包括危险物品的生产、经营、储存单位，非煤矿山、金属冶炼单位和煤矿企业的主要负责人、安全生产管理人员、特种作业人员。

（3）从事安全生产工作的相关人员。是指从事安全教育培训工作的教师、危险化学品登记机构的登记人员和承担安全评价、咨询、检测、检验的人员及注册安全工程师、安全生产应急救援人员等。

全国各级安全生产监督管理部门负责安全生产的相关培训工作。生产经营单位应当建立安全培训管理制度，保障从业人员安全培训所需经费，对从业人员进行与其所从事岗位相应的安全教育培训，建立安全生产教育和培训档案。

（四）培育“第一响应人”的应急救援员培训

“第一响应人”是第一个到达事发现场的非专业救援人员，承担事故现场的自救、助救、报警互救等任务。针对“第一响应人”，应培养其合格的应急救援意识、技能、方法，从而抓住救援队伍到来之前的救援黄金时间展开救援。“第一响应人”在赶到事发现场后有效控制事发现场，采取合理的指挥、协调、控制措施，并利用简单工具指导现场人力展开简单的施救活动，从而有效减轻突发事件本身造成的冲击与影响，防止突发事件引发次生、衍生灾害。

我国针对“第一响应人”的培训主要是国家职业资格“应急救援员”的培训。应急救援员，又称为“紧急救助员”，是指从事突发事件的预防与应急准备，受灾人员和公私财产救助，组织自救、互救及救援善后工作的人员，是具有一定救助专业技能，能够直接或间接参与救助活动的人员。合格的应急救援员一般建成两种队伍：一是专业化的救助队伍，如应急管理人员、消防人员、医护人员、搜救人员等；二是社会化的救助队伍，如导游、志愿者、社会工作者等。

在处置突发事件的过程中，应急救援员担当着处理协调者、医疗救护者、媒体应对者、现场评估者、安全保障者、心理疏导者、应急管理者等多种角色和多重任务，这对应急救援员的培训提出多方面要求。

（1）职业道德。须具备遵纪守法、服务社会、一丝不苟、精通业务、操作规范、反应迅速、冷静沉着、高度的责任心和使命感、勇于奉献等良好的职业道德。

（2）专业基础知识。应掌握生命救助的基本知识，熟悉与紧急救助有关的法律法规，了解国内外紧急救援机构设置概况，掌握四类突发事件的基本特征、处置要点、响应程序及工作流程。

（3）基本能力素质。掌握并拥有现场判断与记录汇报、辅助逃生与隔离危害、初级医疗救护、危险源测评与区域划分、人员和财产保护、事态控制与心态调适、医疗救护与组织救助等基础技能和基本素质。

根据国家职业大典的规定，合格的应急救援员应满足一定的职业工作时限要求，参加统一的课程学习和技能培训，通过统一的知识和技能考试，从而取得相应等级的资格证书，其中：

（1）紧急救助员应经职业紧急救助员正规培训达规定标准学时，取得结业证书并获得职业资格证书。

（2）高级紧急救助员应在取得职业紧急救助员职业资格证书后，连续从事本职业工作 3 年以上，经本职业高级紧急救助员正规培训达规定标准学时，取得结业证书并获得职业资格证书。

（3）紧急救助师应取得职业高级紧急救助员职业资格证书后，连续从事本职业工作 4 年以上，经本职业紧急救助师正规培训达规定标准学时，取得结业证书并获得职业资格证书。

二、提升预案实效的规范化应急演练

（一）应急演练的目标和原则

应急演练是指各级人民政府及其部门、企事业单位、社会团体等（以下统称演练组织单位）组织相关单位及人员，在事先虚拟的事件（事故）条件下，针对假设的特定情况，依据有关应急预案，模拟应对突发事件，执行实际突发事件发生时各自职责和任务的排练活动。

作为应急管理的核心内容之一，应急演练是检验应急管理体系适应性、完备性和有效性的最好方式。基于此，应急演练的目标和意义在于：

（1）检验预案。通过开展应急演练，查找应急预案中存在的问题，进而完善应急预案，提高应急预案的实用性和可操作性。

(2) 完善准备。通过开展应急演练，检查应对突发事件所需应急队伍、物资、装备、技术等方面的准备情况，发现不足及时予以调整补充，做好应急准备工作。

(3) 锻炼队伍。通过开展应急演练，增强演练组织单位、参与单位和人员等对应急预案的熟悉程度，强化相关人员的警惕性和应急意识，提高快速反应能力和实战水平。

(4) 磨合机制。通过开展应急演练，进一步明确相关单位和人员的职责任务，理顺工作关系，完善应急机制。

(5) 强化实战。通过开展应急演练，有效减少真实应急行动中的人为错误，降低事发现场宝贵应急资源和响应时间的耗费。

(6) 科普宣教。通过开展应急演练，普及应急知识，提高公众风险防范意识和自救互救等灾害应对能力。

为最大化发挥其作用和效果，应急演练在实施中应遵循以下四个原则：

(1) 结合实际、合理定位。紧密结合应急管理工作实际，明确演练目的，根据资源条件确定演练方式和规模。

(2) 着眼实战、讲求实效。以提高应急指挥人员的指挥协调能力、应急队伍的实战能力为着眼点，重视对演练效果及组织工作的评估、考核，总结推广好经验，及时整改存在问题。

(3) 精心组织、确保安全。围绕演练目的，精心策划演练内容，科学设计演练方案，周密组织演练活动，制定并严格遵守有关安全措施，确保演练参与人员及演练装备设施的安全。

(4) 统筹规划、厉行节约。统筹规划应急演练活动，适当开展跨地区、跨部门、跨行业的综合性演练，充分利用现有资源，努力提高应急演练效益。

(二) 应急演练的类型和方法

根据不同的分类标准，可将应急演练分为不同类型。在具体实施中，应根据演练主体、事件类型，选择可行有效的应急演练类型和方法。

1. 应急演练按组织形式分类

(1) 桌面演练。桌面演练是指参演人员利用地图、沙盘、流程图、计算机模拟、视频会议等辅助手段，针对事先假定的演练情景，讨论和推演危机决策及现场处置的过程。通常在室内完成，能够促进相关人员掌握应急预案中所规定的职责和程序，提高指挥决策和协同配合能力。

（2）实战演练。实战演练是指参演人员利用应急处置涉及的设备和物资，针对事先设置的突发事件情景及其后续的发展情景，通过实际决策、行动和操作完成真实应急处置的过程。通常要在特定场所完成，用于检验和提高相关人员的临场组织指挥、队伍调动、应急处置技能和后勤保障等应急能力。

2. 应急演练按内容分类

（1）单项演练。单项演练是指只涉及应急预案中特定应急处置功能或现场处置方案中一系列应急处置功能的演练活动，注重针对一个或少数几个参与单位（岗位）的特定环节和功能进行检验。

（2）综合演练。综合演练是指涉及应急预案中多项或全部应急响应功能的演练活动，注重对多环节功能、跨单位联动机制和应对能力的检验。其中，应急响应功能包括接警与信息报送、指挥与调度、警报与信息公告、应急通信、公共关系、事态监测与评估、警戒与治安、人群疏散与安置、人员搜救、医疗救护、生活救助、工程抢险、紧急运输、应急资源调配等。

3. 应急演练按目的与作用分类

（1）检验性演练。检验性演练是指为检验应急预案的可行性、应急准备的充分性、应急机制的协调性及相关人员的应急处置能力而组织的演练。

（2）示范性演练。示范性演练是指为向观摩人员展示应急能力或提供示范教学，严格按照应急预案规定开展的表演性演练。

（3）研究性演练。研究性演练是指为研究和解决突发事件应急处置的重点、难点问题，试验新方案、新技术、新装备而组织的演练。

上述不同类型的应急演练可根据需要相互组合，演练组织单位要根据实际情况，并依据相关法律法规和应急预案的规定，制定年度应急演练规划，按照“先单项后综合、先桌面后实战、循序渐进、时空有序”等原则，合理规划应急演练的频次、规模、形式、时间、地点等。

（三）应急演练的准备和规划

1. 应急演练的组织机构

演练应在相关预案确定的应急领导机构或指挥机构领导下组织开展。演练组织单位要成立由相关单位领导组成的演练领导小组，通常下设策划部、保障部和评估组。对于不同类型和规模的演练活动，其组织机构和职能可以适当调整。根据需要，可成立现场指挥部。

第一，演练领导小组。负责应急演练活动全过程的组织领导和现场指挥，审批决定演练的重大事项，一般由相应等级的单位负责人担任。

第二，策划部。负责应急演练策划、演练方案设计、演练实施的组织协调、演练评估总结等工作。下设具体工作小组包括：①总策划。演练准备、演练实施、演练总结等阶段各项工作的主要组织者。②文案组。负责制订演练计划、设计演练方案、编写演练总结报告以及演练文档归档与备案等。③协调组。负责与演练涉及的相关单位以及本单位有关部门之间的沟通协调。④控制组。负责向演练人员传送各类控制消息，引导应急演练进程按计划进行。⑤宣传组。负责编制演练宣传方案，整理演练信息，组织新闻媒体和开展新闻发布等。

第三，保障部。负责调集演练所需物资装备，购置和制作演练模型、道具、场景，准备演练场地，维持演练现场秩序，保障运输车辆，保障人员生活和安全保卫等。

第四，评估组。负责设计演练评估方案和编写演练评估报告，对应急演练进行全过程、全方位评估，其成员一般是应急管理专家、具有一定演练评估经验和突发事件应急处置经验的专业人员。

第五，参演队伍和人员。包括应急预案规定的有关应急管理部门（单位）工作人员、各类专兼职应急救援队伍以及志愿者队伍等。

2. 应急演练的设计规划

第一，制订演练计划。主要内容包括：①确定演练目的。包括具备演练的原因、演练要解决的问题和期望达到的效果等。②分析演练需求。包括突发事件风险分析、应急预案评估、调整演练人员、锻炼技能、检验设备、完善应急处置流程、明确职责等。③确定演练范围。根据条件限制，确定演练事件类型、等级、地域、参演机构及人数、演练方式等。④安排演练准备与实施的日程计划。⑤编制演练经费预算。

第二，设计并编写演练方案。主要内容包括：①确定演练目标。说明“由谁在什么条件下完成什么任务，依据什么标准，取得什么效果”，应简单、具体、可量化、可实现。②设计演练情景与实施步骤。演练情景应说明事件类别、发生的时间地点、发展速度、强度与危险性、受影响范围、人员和物资分布、已造成的损失、后续发展预测、气象及其他环境条件等，明确演练过程中各场景的时间顺序列表和空间分布情况。③设计评估标准与方法。演练评估是通过观察、体验、记录演练活动，比较演练实际效果与目标之间的差异，总结演练成效和不足的过程。演练评估应以演练目标为基础，设计合理的评估方法和评价指标，有条件时还可以采用专业评估软件等工具。④编写演练方案文件。包括演练人员手册、演练控制指南、演练评估指南、演练宣传方案、演练脚本等。⑤演练方案评审。对综合性较强、风险较大的应急演练，应开展评审以确保演练方案科学可行和顺利进行。⑥演练动员与培训。确保所有演练参与人员掌握演练规则、演练情景和各自在演练中的任务。

3. 应急演练的全面保障

第一，人员保障。演练参与人员一般包括演练领导小组、演练总指挥、总策划、文案人员、控制人员、评估人员、保障人员、参演人员、模拟人员、观摩人员及其他人员。

第二，经费保障。根据应急演练规划编制应急演练经费预算，按照演练需要及时拨付经费，对经费使用情况进行监督检查，确保演练经费专款专用、节约高效。

第三，场地保障。根据演练方式和内容选择合适的演练场地，桌面演练一般可选择会议室或应急指挥中心等；实战演练应选择与实际情况相似的地点，并根据需要设置指挥部、集结点、接待站、供应站、救护站、停车场等设施。

第四，物资和器材保障。根据需要准备必要的演练材料、物资和器材，主要包括应急预案和演练方案的纸质文本、演示文档、图表、地图、软件等信息材料；应急抢险物资、特种装备、办公设备、录音摄像设备、信息显示设备等物资设备；固定电话、移动电话、对讲机、海事电话、传真机、计算机、无线局域网、视频通信器材等通信器材；搭建必要的模拟场景及装置设施。

第五，通信保障。根据演练需要，可以采用多种公用或专用通信系统，必要时可组建演练专用通信与信息网络，确保演练控制信息的快速传递。

第六，安全保障。大型或高风险演练活动要按规定制定专门应急预案，采取预防措施，并对关键部位和环节进行针对性演练；根据需要为演练人员配备个体防护装备、购买商业保险；对可能影响公众生活、易于引起公众误解和恐慌的应急演练应提前向社会发布公告并做好应对方案；演练现场设置安保措施，必要时对演练现场进行封闭或管制，过程中出现意外情况时经会商后可提前终止演练。

（四）应急演练的实施与过程控制

1. 演练启动

演练正式启动前一般要举行简短仪式，由演练总指挥宣布演练开始并启动演练活动。

2. 演练执行

第一，演练指挥与行动。演练总指挥负责演练实施全过程的指挥控制，指挥各参演队伍和人员开展对模拟演练事件的应急处置行动，完成各项演练活动。

第二，演练过程控制。总策划负责按演练方案控制演练过程，负责控制信息的发出和传递，参演人员接收到信息后，根据应急预案及有关规定实施演练行动。控制消息可由人工传递，也可以用对讲机、电话、手机、传真机、网络等方式传送，或者通过特定的声音、标志、视频等呈现。

第三，演练解说。安排专人对演练过程进行解说，内容包括演练背景描述、进程讲解、案例介绍、环境渲染等，可按照脚本中的解说词进行讲解。

第四，演练记录。安排专门人员采用文字、照片和音像等手段记录演练过程。主要记录演练实际开始与结束时间、演练过程控制情况、各项演练活动中参演人员的表现、意外情况及其处置等内容。

第五，演练宣传报道。认真做好信息采集、媒体组织、广播电视节目现场采编和播报等工作，扩大演练的宣传教育效果。对涉密应急演练要做好相关保密工作。

3. 演练结束与终止

演练完毕后，由总策划发出结束信号，总指挥宣布演练结束，所有人员停止演练活动，按预定方案集合进行现场总结讲评或者组织疏散。组织人员对演练场地进行清理和恢复。

演练实施过程中出现下列情况，可经会商后按照事先规定的程序和指令终止演练：一是出现真实突发事件，需要参演人员参与应急处置时，要终止演练，使参演人员迅速回归其工作岗位，履行应急处置职责。二是出现特殊或意外情况，短时间内不能妥善处理或解决时，可提前终止演练。

（五）应急演练的评估与总结

1. 演练评估

演练评估是在全面分析演练记录及相关资料的基础上，对比参演人员表现与演练目标要求，对演练活动及其组织过程作出客观评价，并编写演练评估报告的过程。演练评估报告的主要内容一般包括演练执行情况、预案的合理性与可操作性、应急指挥人员的指挥协调能力、参演人员的处置能力、演练所用设备装备的适用性、演练目标的实现情况、演练的成本效益分析、对完善预案的建议等。

2. 演练总结

演练总结可分为现场总结和事后总结。现场总结是指在演练的一个或所有阶段结束后，由演练总指挥、总策划、专家评估组长等在演练现场有针对性地进行讲评和总结。现场总结内容主要包括本阶段的演练目标、参演队伍及人员的表现、演练中暴露的问题、解决问题的办法等。事后总结是指在演练结束后，由文案组根据演练记录、演练评估报告、应急预案、现场总结等材料，对演练进行系统全面的总结并形成总结报告。演练总结报告的内容一般包括演练目的、时间和地点、参演单位和人员、演练方案概要、问题及其原因、经验和教训、改进有关工作的建议等。

3. 成果运用

对演练中暴露出来的问题，演练单位应当及时采取措施予以改进，包括修改完善应急预案、有针对性地加强应急人员的教育和培训、对应急物资装备有计划地更新等，并建立改进任务表，按规定时间对改进情况进行监督检查。

4. 文件归档与备案

演练组织单位在演练结束后应将演练计划、演练方案、演练评估报告、演练总结报告等资料归档保存，并根据需要将相关资料报有关部门备案。

5. 考核与奖惩

演练组织单位要注重对演练参与单位及人员进行考核。对在演练中表现突出的单位及个人，可给予表彰和奖励；对不按要求参加演练，或影响演练正常开展的，可给予相应批评。

三、基于培训和演练的应急能力评估体系

（一）达成全面“就绪状态”是培训和演练的最终目标

“就绪状态”（Readiness）也指危机管理4R理论①中的“预备力”，是指各方面都能做好准备，以确保安全、平稳、有效地应对突发事件或危机状态。达成全

① 危机管理4R理论认为“应急管理的能力由缩减力（Reduction）、预备力（Readiness）、反应力（Response）、恢复力（Recovery）组成”。参考：Robert Heath：《Crisis management for managers and executives：business crises，the definitive handbook to reduction，readiness，response and recovery》，Financial Times Pitman Pub，1998。

面“就绪状态”是备灾的重要检验标准，也是通过培训和演练提升应急能力的最终目标和检验标准。

全面“就绪状态”，既包括“人”方面的就绪，也包括“物”方面的到位。具体而言：一方面，相关的所有主体各司其职，组织和人员到位，启动相应等级的应急预案，制定具体的应急工作方案，迅速形成应急力量的到位。另一方面，相关的所有保障均已到位，动用防灾管理的资金和物资确保应急队伍、装备、技术、通信、运输等多方面的保障到位，同步向上级有关单位上报信息，如有需要启动专家系统，咨询专家的应急意见和建议，确保应急处置得以有效推进。应急培训和演练旨在促进应急主体在落实应急预案及其相关保障中能够同步从“人”和“物”两方面解决就绪问题、达成全面“就绪状态”。

美国高度关注和持续重视“就绪状态”评估和能力动态升级，20 世纪 90 年代末，提出突发事件应急“就绪状态”的自评工具（Capacity Assessment for Readiness，CAR）。该工具由国家突发事件管理协会（National Emergency Management Association，NEMA）和联邦紧急事务管理署（Federal Emergency Management Association，FEMA）联合研制了一个专门用于评估州、地区或岛屿的突发事件应急“就绪状态”的自评工具（Capacity Assessment for Readiness，CAR），用以评估各州实际运作的准备情况以及减除、准备、应对和恢复灾害的能力。CAR 将就绪状态分成了法律法规、风险识别和评估、风险管理、资源管理、预案、指挥控制协调、沟通和预警、行动程序、后勤设施、资金管理、培训、演练和危机交流、公共教育与信息传播 13 个“类”（Functions）；“类”下细分“特征”（Attributes），“特征”是对于某个特定范围的应急管理工作表现的比较宽泛的评估标准；“特征”还可以再被分成“具体指标”（Characteristics），“具体指标”则是对于“特征”更加清晰和详细的表述。当一个州通过这些标准来检查自己的工作，它就会生成一个关于这个州应急管理项目的优点和弱点的“个人档案”。每个州都可以用它的 CAR 评估结果作为制定战略和预算的基础。

【实用工具】全面“就绪状态”的定性和定量评估指标

就绪状态的达成需在机构设置与职能设定、预案编制和演练管理、宣教培训和人才培养、综合保障和物资储备四方面做好充分准备，见表 8－1。

表8-1 就绪状态评估的基本框架和方法

要 素	就绪状态的定性评估示例	就绪状况的定量评估示例
1. 机构设置与职能设定	（1）应急管理最高领导的设置和职能。 （2）应急管理统一领导机构的设置和职能。 （3）常设应急管理机构的建设和职能。 （4）专项应急管理和指挥机构的建设和职能。 （5）专家顾问组的建设、更新、运转、维护情况。 （6）各类相关机构的配备人员数量和素质。 （7）各类相关机构的配套物资、设备、资源和保障情况	（1）属地政府应急管理办事机构人员到岗率。 （2）属地政府应急管理领导机构组建率。 （3）属地政府应急管理办事机构组建率
2. 预案编制和演练管理	（1）应急预案体系的建设情况。 （2）应急预案制定小组。 （3）风险分析情况。 （4）应急资源调查情况。 （5）意见征求情况。 （6）应急预案评审。 （7）应急预案修订情况。 （8）应急预案演练规划。 （9）演练组织实施。 （10）演练总结评估与改进。 （11）应急预案改进和更新情况。 （12）应急预案的宣传、教育、培训情况	（1）预案涉及法律、法规、规章、制度等的监督检查覆盖率。 （2）属地的总体应急预案制定率和三年修订率。 （3）属地的专项应急预案制定率和三年修订率。 （4）属地政府的部门应急预案制定率和三年修订率。 （5）属地政府各部门联合应急预案制定率和三年修订率。 （6）属地一般性单位和基层组织应急预案制定率和三年修订率。 （7）属地的相关企业集团应急预案制定率和三年修订率。 （8）风险评估覆盖率。 （9）重大危险源普查覆盖率。 （10）危险区域普查覆盖率。 （11）重大危险源监测覆盖率。 （12）关键基础设施监测覆盖率。 （13）重大突发事件预警率。 （14）属地政府应急预案演练频率。 （15）属地政府应急预案演练部门参加率

表 8-1（续）

要　素	就绪状态的定性评估示例	就绪状况的定量评估示例
3. 宣教培训和人才培养	（1）应急救援专业人员培训情况。 （2）应急指挥人员培训情况。 （3）防灾减灾志愿者培训情况。 （4）社区减灾培训情况	（1）每十万人拥有综合应急救援人员数量。 （2）综合应急救援队伍覆盖率。 （3）每万人拥有执业（助理）医师数量。 （4）每万人拥有注册应急志愿者数量。 （5）中小学应急知识课开设率。 （6）每万人应急知识手册发放量。 （7）每十万人拥有公共安全教育基地。 （8）应急管理干部培训率。 （9）应急志愿者培训率。 （10）社区减灾培训率
4. 综合保障和物资储备	（1）人力资源。 （2）财力保障。 （3）物资保障。 （4）医疗卫生保障。 （5）交通运输保障。 （6）治安维护。 （7）人员防护。 （8）通信保障。 （9）公共设施。 （10）科技支撑	（1）城市紧急避难场所人均面积。 （2）每万人口医院和卫生院床位数。 （3）救灾储备支出占地方财政支出的比重

来源：根据相关公开资料整理总结，为不完全统计。

（二）应急“训－练－考”智能一体化的系统设计

当前，应急演练经过多年的探索和发展，在实施方法和技术条件上已经相对成熟，但仍未完全摆脱“表演式演练”“汇报演出式”的弊病。基于此，部分行业领域探索形成一套融合行业监管机构、演练实施单位、第三方支持机构等关键主体，整合培训、演练、考核全流程闭环的应急“训－练－考”智能一体化的系统，为提高应急演练和能力培训的整体运行效果提供一种可行的思路。

1. 三方主体的交互合作机制

应急“训－练－考”智能一体化模式应是行业监管机构、演练实施单位、第三方支持机构的交互合作机制，行业监管机构是应急演练要求和标准的制定者和演练效果的评估者；演练实施单位是安全责任主体和演练的实施者；第三方支持机构是连接行业监管机构和演练实施单位的桥梁，三者在应急演练和培训中的责任分工如图8－1所示。

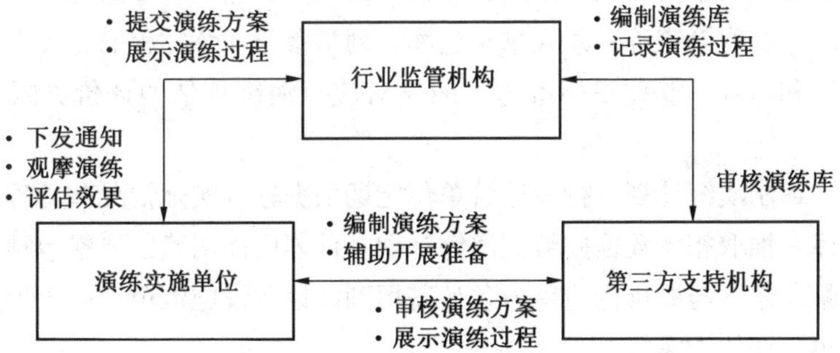

图8－1　应急"训－练－考"智能一体化模式的三方主体交互合作机制

2. 标准化规范化的实施流程

在行业监管机构、演练实施单位、第三方支持机构三方主体形成交互合作机制的基础上，设置标准化、规范化的实施流程，实现持续运转，如图8－2所示。

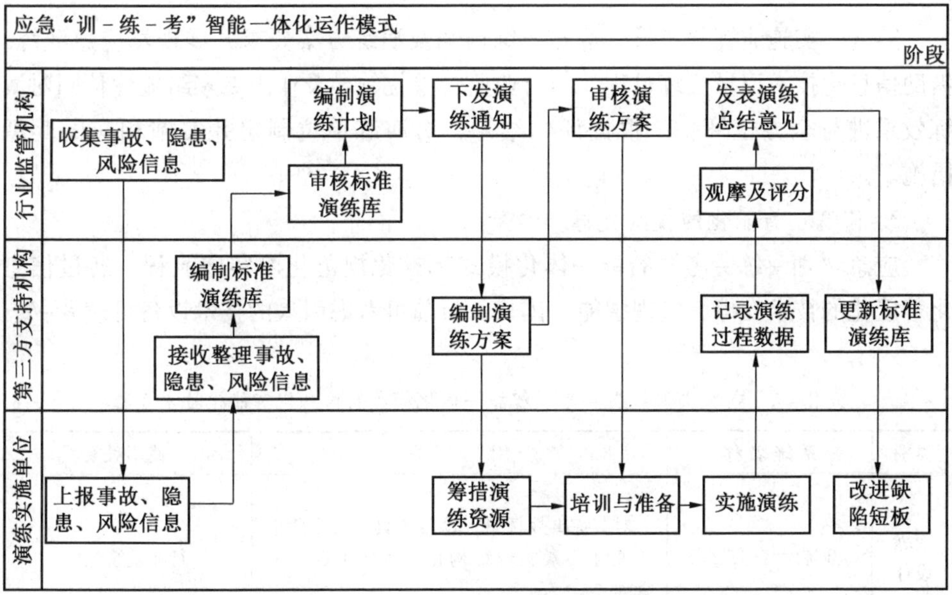

图8－2　应急"训－练－考"智能一体化模式的标准化规范化实施流程

第一，编制标准演练库。第三方支持机构根据上报风险、事故案例、隐患等统计资料，编制标准演练库并报送行业监管机构审核，标准演练库的要点主要包括：①事故情景库，对演练事故情景的全过程进行描述；②机构库，记录参与演练的机构职责、联系人和联系方式；③设备设施库，包括各类演练所需设备设施的规格要求、获取渠道等；④人物角色库，列举参与演练过程的各类人员及其标准化的活动和语言；⑤评估标准库，明确对应急演练评估的评价方式、评分标准等。

第二，编制演练计划。行业监管单位定期根据辖区实际情况和管理重点，从标准演练库中抽取相关数据并编制演练计划。计划内需明确的要素包括演练的备选事故情景、需参与的机构清单、预计需用到的设备设施清单、应急处置关键人员要求清单、评估方案等。

第三，下发演练通知。行业监管单位根据编制好的演练计划，向各有关单位下发演练通知，给出准备时间，明确考核要求。

第四，进行演练准备。演练单位在接到演练通知后应积极准备演练事宜，根据预演练事故情景，检查预案并编制演练方案。与行业监管单位沟通确认演练方案。筹措演练实施必要的各项资源。参与演练人员进行充分的事前培训和练习。

第五，实施演练并考核。按照演练通知及演练方案要求开展现场应急演练。借助信息化技术记录演练过程，由行业监管单位领导及业内专家组成评估团对演练效果进行全方位评估。根据评估结果，对演练单位制定并实施相应的奖惩措施。

3. 信息化智能化的技术支撑

应急“训－练－考”智能一体化模式标准化规范化的实施流程，通过信息化智能化的技术支撑，实现智能一体化，目前可考虑引入的技术设备见表8－2。

表8－2　应急“训－练－考”智能一体化模式的信息化智能化技术支撑

类别	系统名称	用　　途	使用对象
演练设计	演练库管理系统	对演练事故情景、设备道具、人物角色等关键要素实现结构化、标准化定义和管理	行业监管机构

表8－2（续）

类别	系统名称	用途	使用对象
培训	导练系统	步骤演示型模拟教学	演练实施单位
	VR训练系统	创建虚拟场景，学习安全与应急实操技能	
演练记录系统	3D GIS系统	创建演练场地虚拟环境，实现资源标注与跟踪支持	演练实施单位/第三方支持机构
	（随身）摄录系统	录制演练标准动作与实际动作	
	人员定位系统	对关键角色进行定位和轨迹跟踪记录	
	（随身）录音系统	录制应急处置人员的现场发言对白	
	传感监测系统	对演练中关键设备设施触发信号进行记录	
演练考评	资源盘点系统	对演练活动资源到位情况和运行状况进行清点和评估	行业监管机构/第三方支持机构
	轨迹评分系统	对关键人物演练过程中的活动轨迹进行自动评分	
	对话评分系统	对关键人物演练过程中的对话进行自动评分	
	设备操作评分系统	对设备操作的时间准确性进行自动评分	
	动作评分系统	对关键人物演练过程中的技术动作进行人工评分	行业监管机构/业内专家

第一，编制标准演练库。应用信息化技术平台，将各演练实施单位的历史事故案例、隐患清单、风险辨识表、不安全行为记录等数据资料编制形成标准演练库，实现电子存储和定期更新。

第二，培训和练习。根据培训计划和演练方案，选择智能化技术设备进行针对性的练习。例如，可采用导练系统和VR训练系统来辅助训练。导练系统一般采用轻量化设计、使用手机App等移动终端的方式来操作；VR训练系统利用虚拟现实的技术，可弥补客观条件的不足，为学员提供近似真实的训练环境，提高练习效果，了解真实世界中无法实现的危险操作或者临界条件。

第三，演练过程记录。对应急演练过程进行实时的智能化记录。要点包括：一是资源盘点，对场地、人员、设备设施、道具等资源要素进行全面清点，使用检查表对筹措到位率以及运行状况进行记录；二是行为记录，对演练实施过程中人物、设备、环境等各活动要素行为进行全面的记录。

第四，评估与考核。以演练过程记录为基础，通过自动评估与人工评估相结合，对演练综合效果实施考评。例如，人物行动轨迹可以由系统对轨迹在时间和空间上偏移的程度进行计算，自动计算吻合度实现评分；人物对话可以通过语音识别系统转化为文字后与标准对话文字进行比对，自动计算吻合度实现评分；人物动作执行等复杂要素可引入人工打分系统来对其进行考评，在显示终端同屏显示提前录制的标准动作与演练过程中随身摄录的实际动作，进行直观比对，由观摩领导及专家进行主观打分和综合评估。

第三节　安全文化是强化风险治理的长效之策

一、安全文化是理念与行为的统一体

（一）安全文化的起源与发展

从人类发展历史的过程来看，安全文化伴随人类的产生而产生、伴随人类社会的进步而发展，其发展可分为 17 世纪前、17 世纪末期至 20 世纪初、20 世纪初至 20 世纪 50 年代、20 世纪 50 年代至今四个阶段，其发展脉络见表 8－3。

表 8－3　人类安全文化的发展脉络

阶　段	安全文化的发展阶段	观念特征	行 为 特 征
17 世纪前	古代安全文化	宿命论	被动承受型
17 世纪末期至 20 世纪初	近代安全文化	经验论	事后型，亡羊补牢
20 世纪初至 20 世纪 50 年代	现代安全文化	系统论	综合型，人机环对策
20 世纪 50 年代至今	发展的安全文化	本质论	超前、预防型

“安全文化”的概念起源于 20 世纪 80 年代的国际核工业领域。1986 年，国际原子能机构（IAEA）的国际核安全咨询组（INSAG）在“切尔诺贝利核电站事故评审会”上首次提出“安全文化”概念。1988 年，国际核安全咨询组在《核电安全的基本原则》中将“安全文化”作为一种基本管理原则。1991 年，国际原子能机构首次定义“安全文化”的概念并组织编写《安全文化》小册子。

1993 年，第二届世界安全科学大会将“安全文化”的范围由核领域进一步扩展。1994 年，国际原子能机构出台用于评估安全文化的《ASCOT 指南》（Assessment of Safety Culture in Organizations Team Guidelines，ASCOT，1996 年进行了修订）。1998 年，发表《在核能活动中发展安全文化：帮助进步的实际建议》。

我国是世界上自然灾害最为严重的国家之一，灾害种类多，分布地域广，发生频率高，造成损失重。数千年的中华文明史同时也是一部安全文化史，在漫长的历史进程中，中华民族形成并积累了“赈济、调粟、养恤、安辑、蠲缓、除害、放贷、节约、仓储、治水”等安全思想、经验和传统。新中国成立后，我国跟踪国际核工业安全的发展，引进国际原子能机构的研究成果和安全理念。1992 年，翻译出版《安全文化》。1993 年，在四川成都召开“亚太地区职业安全卫生研讨会暨全国安全科学技术交流会”。1994 年，国务院应急办公室召开全国核工业系统核安全文化研讨会，同年 6 月劳动部部长李伯勇在《安全生产报》试刊上发表了题为“把安全生产提高到安全文化高度来认识”的文章。自此我国引入“安全文化”，把核安全文化深化到一般安全生产领域。此后较长一段时间内，安全文化主要指安全生产领域的组织和个人文化，着重于企业安全文化培育。

进入新时代后，公共安全事件易发多发频发，风险复杂多样，与之相对应的安全文化也具有了新的内涵。

（1）综合性。安全文化应纳入“总体国家安全观”的框架，在“统筹发展和安全，建设更高水平的平安中国”的指导思想下，统筹多方面的安全诉求和多维度的安全考量。

（2）普遍性。安全文化需要政府、社会、市场等多元主体参与建设，重点对象包括政府部门工作人员、企业工作人员、社会组织成员、志愿者、学生、社区群众等。

（3）实践性。安全文化通过文化自觉对当下的实践进行引导规范，也从具体实践中总结提炼和动态发展。

（二）安全文化的界定和外延

根据安全文化的起源和发展，归纳国内外相关研究机构和学术专家的论述，“安全文化”的定义一般有“广义说”和“狭义说”两类。“狭义说”的定义强调“文化”或“安全”内涵的某一层面，如人的素质、企业文化范畴等。典型的狭义定义如 1991 年国际核安全咨询组提出“安全文化是存在于单位和个人中的种种素质和态度的总和，它建立一种超出一切之上的观念，即核电厂的安全问题由于它的重要性要保证得到应有的重视。”“广义说”把“安全”和“文化”两个概念都作广义解，安全概念包括生产、生活、娱乐等多领域安全，文化概念涵盖观念文化、行为文化、管理文化、物态文化、环境文化等多要素。典型的广义定义如英国保健安全委员会核设施安全咨询委员会（HSCASNI）组织提出“一个单位的安全文化是个人和集体的价值观、态度、能力和行为方式的综合产物，它决定于保健安全管理上的承诺、工作作风和精通程度。具有良好安全文化的单位有如下特征：相互信任基础上的信息交流，共享安全是重要的想法，对预防措施效能的信任。”

以此为基础，本书将安全文化界定为人类为防范或减轻风险，维护生命财产安全，实现经济、社会和生态可持续发展所创造的安全精神价值和物质价值的总和。安全文化的外延可以界定为安全价值理念、安全知识技能和安全习惯行为，其建设载体为包括非正式制度和正式制度在内的制度建设、物质准备。安全文化具有认知和教育、规范与调控、情感与凝聚、导向与认同的功能，可以引导形成理性的安全认识，提高组织和个人的安全素质，实现正确的应急救援行动，保护生命财产安全。

（三）安全文化的相关概念及其关系

1. 应急文化的概念和特征

应急文化是人类为应对灾害事故或突发事件所创造的事前预防、预备，事中响应、救援，事后恢复、重建的精神价值与物质价值的总和。应急文化的概念可从两个维度外延：一是从个体文化的维度。应急文化就是应有的危险危机警觉意识，理性的事故灾害防范观念，内心的自我安全承诺，必备的突发事件应对素养。二是从组织文化的维度。应急文化是指一致高度认同的风险科学认知，自觉践行的事故应对能力，完整系统的防控制度体系，时时处处的应急救援氛围等。

应急文化的概念中，应急意识或理念是应急文化的精髓，理念决定行为，行为决定素质，素质决定命运。应急文化内涵中的精神价值和物质价值是应急文化的主要内涵，精神价值是指内化于心的理念层面的应急观念、应急认识、应急思想、应急意识、应急态度、应急知识或能力的形态体系；物质价值是体现于社会、组织或企业的应急信息、应急措施、应急系统、应急氛围、应急物质、应急器材、应急装备等物化形态体系。意识和理念层面的精神价值是应急文化的核心，应急理念是人们应对突发事件的理性意识、科学认知、正确观念的集合。

2. 风险文化的概念和特征

风险文化意识的形成和增强是人类经济社会发展的结果，高度的物质文明是风险文化产生的物质基础，社会矛盾的激化以及动荡的局势是风险文化产生的社会基础，概率论和数理统计为其提供了理论基础，近代的科学管理思想为现代风险文化产生做好了最后的准备。

风险和风险文化是存在于人类始终和一切活动之中的。东西方都产生了重要的古代风险文化思想。现代风险文化思想是伴随工业革命的诞生而产生的，由企业的安全管理和保险管理所带动发展。随着系统工程学的原理运用于风险识别和风险衡量，经过不断发展，二次世界大战后，零散性的、个体化的风险文化过渡到了全面风险文化。而概率论和数理统计的运用，使风险文化从经验走向科学，风险文化的研究逐步趋向系统化、专门化。① 1986 年，德国学者乌尔里希·贝克在其德文版的《风险社会：迈向一种新的现代性》一书中首次使用“风险社会”（Risk Society）的概念，用来描述当今西方高度发达的现代社会，从社会学层面反思、批判现代性出现以来风险因素日益突出的社会现象。截至 20 世纪 60 年代，风险文化终于成为管理科学中的一门独立学科。2009 年，ISO 三个“标准”的发布，改变了世人的传统认识，即风险是纯负面的，同时高度融合了世界各国管理风险的先进理论及方法，开辟了人类管理风险、管理未来的新纪元，是人类在管理领域的又一个里程碑式的成果。

党的十八大以来，习近平总书记先后作出一系列重要论述，深刻阐述了关于风险评估、风险防范化解、风险治理、风险形势等的方向性、原则性、根本性、战略性问题，提出了一系列新思想、新观点、新论断、新措施、新办法、新要求，极大深化和丰富了我国对风险文化的规律性认识，高屋建瓴、内涵丰富、思想深刻、指导性强，具有重大理论价值和实践意义。

3. 安全文化、应急文化、风险文化的关系

无论是应急文化、风险文化，还是安全文化，都可划归于总体国家安全观范畴。由于安全文化提出及发展已有数十年的时间，已经在安全生产、社区安全、公共安全、校园安全等领域有完整的理论体系和实践的应用成效，并已为政府、企业、大众所接受。在普遍接受的安全文化概念中，安全文化包涵灾害文化、危机文化和应急文化，并与风险文化之间存在交叉和重合。需要安全文化建设，强

① 杨梅英主编《风险管理与保险原理》，北京航空航天大学出版社 1999 年版，第 20 页。

调安全意识、预防观念、防范理念；但是由于危险因素客观性和风险因素的复杂性，以及安全技术、经济能力的限制，安全永远是相对存在的。因此，也需要重视风险文化、应急文化建设，将符合时代发展的优秀应急文化和风险文化理念内化于心、外化于行、固化于制、实化于物、强化于企（组织）。

综上所述，安全文化横跨并包涵于公共安全文化、社区安全文化、公共卫生文化、企业工厂安全文化，以及大中小学的校园安全文化等领域。通过安全文化体系的建设，充分发挥文化的软实力作用，为应急管理工作提供理论支撑、目标导向、精神动力、智力支持。

二、安全文化的实践以安全发展为核心

（一）安全文化建设的起点是安全生产

实践中，安全文化以安全生产为开端。中央在安全文化“十一五”建设的相关文件中曾提出，“安全文化是安全生产在意识形态领域和人们思想观念上的综合反应，包括安全价值观、安全判断标准和安全能力、安全行为方式等。安全文化建设是以提高全民安全素质为目标，组织开展一系列宣传教育活动，旨在牢固树立安全第一的安全理念，遵章守法的管理理念，安全操作的工作理念，提高各类企业及全社会的安全意识，提高群众自我安全保护的技能。”

2011 年，《安全文化建设“十二五”规划》（安监总政法〔2011〕172 号）从安全生产、安全发展、全民安全意识等方面，对安全文化的内涵进行进一步拓展和完善，提出“坚持以人为本、安全发展的理念和‘安全第一、预防为主、综合治理’的方针，以《中共中央关于深化文化体制改革推动社会主义文化大发展大繁荣若干重大问题的决定》为指导，以深入贯彻落实《国务院关于进一步加强安全生产工作的决定》精神为主线，以促进企业落实安全生产主体责任、提高全民安全意识和防范技能为重点，突出事故预防、提高风险控制能力，推进安全文化理论和建设手段创新，增强安全文化建设工作的实效性和针对性，构建自我约束、持续改进的安全文化建设长效机制，不断提高安全文化建设水平，切实发挥安全文化对安全生产工作的引领和推动作用，促进加强和创新安全生产工作。”

（二）企业安全文化的建设与评价

企业安全文化（Enterprise Safety Culture）是指被企业组织的员工群体所共享的安全价值观、态度、道德和行为规范组成的统一体，企业安全文化是应急文

化在实际工作中的重要抓手。国家安全生产监督管理总局曾出台《企业安全文化建设导则》（AQ/T 9004—2008）和《企业安全文化建设评价准则》（AQ/T 9005—2008），对企业安全文化的建设与评估做出明确要求。

1. 企业安全文化建设的模式和要素

《企业安全文化建设导则》（AQ/T 9004—2008）给出企业安全文化建设的模式和版块：企业在安全文化建设过程中，应充分考虑自身内部的和外部的文化特征，引导全体员工的安全态度和安全行为，实现在法律和政府监管要求之上的安全自我约束，通过全员参与实现企业安全生产水平持续进步。企业安全文化建设基本要素包括安全承诺、行为规范与程序、安全行为激励、安全信息传播与沟通、自主学习与改进、安全事务参与、审核与评估。

（1）安全承诺。企业应建立包括安全价值观、安全愿景、安全使命和安全目标等在内的安全承诺，企业领导者、各级管理者、员工都应熟知和遵守安全承诺，并传达给供应商、承包商等相关方。

（2）行为规范与程序。企业应构建内部行为规范及其组织结构、职责体系、操作程序，有效控制全体员工的行为。

（3）安全行为激励。企业应综合使用真相的安全绩效考量指标，建立将安全绩效与工作业绩相结合的奖励制度，树立安全榜样或典范，发挥安全行为和安全态度的示范作用。

（4）安全信息传播与沟通。企业应建立安全信息传播系统，开展安全经验、实践、概念的有效传播，建立内外之间的良好沟通程序。

（5）自主学习与改进。企业应建立有效的安全学习模式，形成岗位适任资格评估、内部安全培训、宣传教育活动，鼓励员工加强安全问题的自主改进。

（6）安全事务参与。通过建立微小差错员工报告机制、成立员工安全改进小组、定期召开员工代表安全会议、开展岗位风险预见性分析和安全自查自评活动，发动全员参与安全事务。

（7）审核与评估。企业应定期对安全文化及其绩效结果进行审核评估，及时整改安全隐患、优化安全管理。

2. 安全文化建设示范企业的创建

从 2010 年开始，全国开始开展安全文化建设示范企业创建活动。国家安全监督管理总局《安全文化建设“十二五”规划》进一步提出大力推进安全文化建设示范工程。截至 2015 年，建立国家级安全文化建设示范企业 300 家。2013

年12月11日，国家安全监管总局宣教中心印发了《全国安全文化建设示范企业管理办法》①，并制定形成“全国安全文化建设示范企业评价标准”，各省市积极推行并形成安全文化建设示范企业建设与评价的地方标准。

（三）城市安全文化的建构和示范

城市安全文化是城市发展到一定时期，为创造安全环境，在内外环境作用下、在城市发展过程中形成的具有城市特色的物质和非物质的安全物质、行为、制度、思想、观念、道德、精神、态度、行为等关系的集合体，以保障城市安全发展为宏观目标，以保证城市系统免受或减轻城市公共安全问题的危害为最终目的，以提升城市体系的安全素质为直接目的，以保护人的身心健康、尊重人的生命、实现人的价值为根本目的，与城市的类型、特点、历史传承及发展阶段等诸多因素相关。城市安全文化建设主要是通过创造良好的人文氛围和协调的人与环境关系，一方面控制人们的不安全行为，减少人为事故，另一方面增强居民归属感与责任感，使其积极参与维护城市安全的工作。

1. 城市安全文化的精髓是安全发展

随着城市化进程明显加快，城市人口、功能和规模不断扩大，发展方式、产业结构和区域布局发生了深刻变化，新材料、新能源、新工艺广泛应用，新产业、新业态、新领域大量涌现，城市运行系统日益复杂，安全风险不断增大。某些城市安全基础薄弱，安全管理水平与现代化城市发展要求不适应、不协调的问题比较突出；某些城市发生重特大生产安全事故，给人民群众生命财产安全造成重大损失，暴露出城市安全管理存在不少漏洞和短板。

针对现状和问题，培育城市安全文化的精髓在于“安全发展”。2018年，中共中央办公厅　国务院办公厅印发《关于推进城市安全发展的意见》，对于城市的“安全发展”作出全方位、立体化的阐释，总体要求“弘扬生命至上、安全第一的思想，强化安全红线意识，推进安全生产领域改革发展，切实把安全发展作为城市现代文明的重要标志，落实完善城市运行管理及相关方面的安全生产责任制，健全公共安全体系，打造共建共治共享的城市安全社会治理格局，促进建立以安全生产为基础的综合性、全方位、系统化的城市安全发展体系，全面提高城市安全保障水平，有效防范和坚决遏制重特大安全事故发生，为人民群众营造

①《关于印发〈全国安全文化建设示范企业管理办法〉的通知》，国家应急管理宣教网，2013-12-11，http://www.china-safety.org/anquanwenhua/show-1027.html。

安居乐业、幸福安康的生产生活环境。”“安全发展”的具体内涵由四大领域的17个方面组成。

（1）加强城市安全源头治理。包括科学制定规划、完善安全法规和标准、加强基础设施安全管理、加快重点产业安全改造升级。

（2）健全城市安全防控机制。包括强化安全风险管控、深化隐患排查治理、提升应急管理和救援能力。

（3）提升城市安全监管效能。包括落实安全生产责任、完善安全监管体制、增强监管执法能力、严格规范监管执法。

（4）强化城市安全保障能力。包括健全社会化服务体系、强化安全科技创新和应用、提升市民安全素质和技能。

全国各地在安全发展的实践中，结合地区实际情况和优势特征，探索出不同的路径和模式。例如，上海市以提供世界一流城市治理“上海方案”为目标，以绣花般功夫推进城市精细化管理，应用信息化平台将安全融入城市治理，以系统性思维强化整体协同，以全周期管理提升能力水平，探索超大城市安全发展新路子。

2. 安全发展示范城市的建设

安全发展作为城市安全文化的精髓，在我国实践中通过创建安全发展示范城市等一系列工作予以实施。自2013年起，国务院安委办开始启动安全发展示范城市创建工作，先后印发了《国务院安委会办公室关于开展安全发展示范城市创建工作的指导意见》（安委办〔2013〕4号）和《国务院安委会办公室关于进一步加强创建全国安全发展示范城市试点工作的通知》（安委办函〔2014〕56号），组织研究起草了《国家安全发展示范城市建设基本规范（征求意见稿）》和《国家安全发展示范城市考评办法（征求意见稿）》，多次召开现场交流会，13个城市（区）被批准为创建全国安全发展示范城市试点单位。2016年，《中共中央　国务院印发关于推进安全生产领域改革发展的意见》要求“推进安全发展示范城市建设”。2018年，中共中央办公厅　国务院办公厅印发《关于推进城市安全发展的意见》提出到2020年建成一批与全面建成小康社会目标相适应的安全发展示范城市。2019年，国务院安委会印发《国家安全发展示范城市评价与管理办法》（安委〔2019〕5号）、《国家安全发展示范城市评价细则（2019版）》（安委办〔2020〕2号）、《国家安全发展示范城市评分标准（2019版）》（安委办〔2020〕2号），对国家安全发展示范城市评价与管理工作的总体要求、基本条件、评价程序、管理措施等作了规定，制定并细化城市安全源头治理、风险防控、监督管理、保障能力、应急救援和安全状况六个方面指标。截至2020年3月，全国共有252个城市组织开展了创建活动。2020年7—8月，国务院安委办、应急管理部两次召开安全发展示范城市创建工作视频推进会议，要求各地区要在科技、管理、文化三个维度切实做好“1+3+1”的重点工作。即建设1个安全监测预警平台，实现信息化实时感知、智能化快速预警、自动化及时处置；构建3个全过程管理环节，做到合理规划布局、主动风险管理、高效应急处置；打造1个安全文化体系，做到安全理念牢固、安全氛围浓厚、安全行为自觉。2020年9月，国务院安委办印发《国家安全发展示范城市建设指导手册》（安委办函〔2020〕56号）。

近些年来，一些创建城市结合自身特点，在城市运行风险管控、安全管理技术手段应用、安全治理长效机制建设等方面积极探索新思路、新路径，形成了值得借鉴的典型经验做法。例如，辽宁省沈阳市通过深入推进安全生产领域改革发展，着力构建“1+4+N”（1个安全文化理念体系、4项安全文化建设工程、N级安全文化宣传阵地）城市安全文化发展框架，从社会安全、企业安全、个人安全三个维度，聚焦宣传队伍、宣传阵地、宣传载体和宣传方式，用安全文化理念凝聚共识、用安全文化工程引领行动、用安全文化阵地集中智慧，持续打造全民安全素质提升、安全意识增强、安全习惯养成的新引擎，全力推进城市运行安全全域治理，创新形成了安全文化引领城市安全发展的“沈阳模式”。

三、“最后一公里”建设是安全文化的抓手

（一）安全社区的全面建设

1. 国际安全社区的起源与发展

“安全社区”的雏形诞生于20世纪70年代，瑞典的Lidkoping、Motala、Falkoping三个社区为了防止伤害事故，将社区力量和政府、地方资源结合起来。经三年试验，效果显著，成功将事故伤害发生率降低27%，这一成果引起世界卫生组织的重视。1989年，世界卫生组织第一届事故与伤害预防大会上正式提出“安全社区”的概念，来自50个国家的500多名代表在会上一致通过《安全社区宣言》，宣言指出“任何人都平等享有健康和安全的权利”。此后多年来推广“安全社区”概念成为世界卫生组织在伤害预防和安全促进的一项重点工作，安全社区在发达国家和发展中国家都得到了广泛的认同和快速发展。世界卫生组

织为了推广安全社区的理念，专门成立了“社区安全促进合作中心”，并于1991年在瑞典举行了第一届国际安全社区大会。

国际视野中的安全社区是指建立了跨部门合作的组织机构和程序，联络社区内相关单位和个人共同参与事故与伤害预防、控制和安全促进工作，持续改进地实现安全目标的社区。安全社区并非单以一个社区的安全水平高低作为衡量标准，而是取决于该社区是否形成一个实现资源整合、跨部门合作的组织机构并逐步建立和完善了有效的运行机制和工作模式，有清晰的组织机构、明确的目标职责、切合实际的实施项目以及积极的自我评估、自我检查、自我纠正、自我完善、自我改进机制，持续促进社区居民的安全与健康，全员参与、全员受益，实现社区安全与健康目标。社区安全的建设涉及民众日常起居和生产生活的各个方面，涵盖交通、工作场所、公共场所、学校、老年人、儿童、家庭、体育运动等诸多领域。

我国自2002年开始引入国际安全社区的理念和实践。2006年，国家安全生产监督管理总局出台《国家安全社区建设基本要求》(AQ/T 9001—2006)，2009年印发《关于深入开展安全社区建设工作的指导意见》(安监总政法〔2009〕11号)，并成立中国职业安全健康协会，2009年印发《安全社区评定管理办法（试行)》(中安健协文字〔2009〕5号)，2010年印发《全国安全社区现场评定指标(暂行)》(中安健协文字〔2010〕12号)，在全国范围内开展安全社区的建设和评定工作，直到2016年11月停止。截至目前我国地方省市仍在积极响应国际安全社区的理念并开展相应的创建工作。与此同时，北京市、四川省等部分省市根据国际安全社区的理念，结合本地区的实际情况和建设需要，形成本土化的安全社区建设标准和模式，并持续开展创建。

2. 四川省安全社区的本土化建设

基于“安全生产示范乡镇”“平安社区”,四川省安全社区建设具有一定的基础。从2009年试点探索至今,四川省安全社区主要经历了试点探索、有序启动、全面规范、深化提升四个阶段,逐步形成本土化的安全社区建设模式和要求。

2009年，四川省成都市锦江区春熙路和三圣乡街道率先在全省启动“全国安全社区”建设工作。2011年，四川省诞生第一个“全国安全社区”锦江区三圣街道安全社区。2012年，四川省安全社区建设推进办公室成立，颁布《四川省安全社区创建评定办法（暂行)》和《四川省省级安全社区评定标准（试行)》。2013年，修订编印《安全社区现场评定手册》《安全社区综合评定手册》

《安全社区建设教材》。2014年，发布实施全国首个省级安全社区的地方标准《安全社区建设与管理基本规范》(DB51/T 1795—2014)，并开展“四川省安全社区建设规范年”建设。2015年，以“质量提升年”为主题，坚持抓好“三个提升”和“五个规范”。2016年，继续以“深化合作年”为主题，全面推行安全社区“7+N”建设模式。2017年，以“巩固提升年”为主题，坚持持续改进和稳步发展“两手抓”。2018年，以“能力建设年”为主题，出台《四川省安全社区建设持续改进管理办法》。

为突出建设重点，提高建设实效，强化建设痕迹，四川省安全社区探索推行“7+N”建设模式。其中，“7”即“7个一”，包括一套安全管理制度、一个安全文化阵地、一条安全社区示范街、一个安全示范校园、一批安全标准化企业、一套隐患排查整改台账、一支应急救援示范队伍；“N”指建设单位实施的安全促进项目，针对社区内的重点人群、重点场所、重点问题，围绕交通安全、消防安全、工作场所安全、公共场所安全、社会治安、食品药品安全、家居安全、学校安全、老年人安全、儿童安全、残疾人安全、体育运动安全、涉水安全、防灾减灾与环境安全等，有实施方案和具体措施，项目结构完整。

3. 我国防震减灾示范社区的建设

减灾示范社区最早开始于2007年民政部出台《“减灾示范社区”标准》(民函〔2007〕270号)，之后根据2010年《国家综合减灾“十一五”规划》的相关要求，国家减灾委员会办公室2011年制定出台《全国综合减灾示范社区标准》(国减办发〔2010〕6号)，2011年，国家减灾委员会出台《关于加强城乡社区综合减灾工作的指导意见》(国减发〔2011〕3号)；2011年民政部颁布《全国综合减灾示范社区创建规范》(MZ/T 026—2011)；2012年民政部印发《全国综合减灾示范社区创建管理暂行办法》(民函〔2012〕191号)，根据2016年《中共中央 国务院关于推进防灾减灾救灾体制机制改革的意见》进一步提出“加强社区层面减灾资源和力量统筹，深入创建综合减灾示范社区，开展全国综合减灾示范县（市、区、旗）创建试点”相关要求，2018年对《全国综合减灾示范社区创建管理暂行办法》进行了修订，指导全国综合减灾示范社区创建活动。2010年5月至今，平均每年建成1000个综合减灾示范社区。

全国综合减灾示范社区的创建，从组织管理、灾害风险评估、应急预案、应急演练、宣传教育培训、应急避难场所、应急储备、志愿者队伍建设、资金投入、创建特色10个方面提出要求，见表8-4。

表8-4　全国综合减灾示范社区的创建标准

一级指标	二级指标
1. 组织管理（13分）	1.1　社区减灾组织管理机构（4分） 1.2　社区减灾工作制度（4分） 1.3　具体改进措施（2分） 1.4　减灾工作档案（3分）
2. 灾害风险评估（15分）	2.1　灾害风险隐患清单（8分） 2.2　社区灾害脆弱人群清单（4分） 2.3　社区灾害风险地图（3分）
3. 应急预案（10分）	3.1　综合应急预案（6分） 3.2　应急预案修订（4分）
4. 应急演练（10分）	4.1　预案演练内容（5分） 4.2　预案演练质量（5分）
5. 宣传教育培训（12分）	5.1　组织减灾宣传教育（4分） 5.2　开展防灾减灾活动（4分） 5.3　防灾减灾培训（4分）
6. 应急避难场所（12分）	6.1　建立应急避难所（7分） 6.2　明确应急疏散路径（5分）
7. 应急储备（10分）	7.1　社区应急物资储备（5分） 7.2　应急物资社会储备（1分） 7.3　家庭应急物资储备（2分） 7.4　社区灾害预警系统（2分）
8. 志愿者队伍建设（8分）	8.1　志愿者队伍参与防灾减灾活动（3分） 8.2　社区主要机构参与防灾减灾活动（3分） 8.3　社会组织参与防灾减灾活动（2分）
9. 资金投入（5分）	9.1　工作经费（3分） 9.2　灾害保险（2分）
10. 创建特色（5分）	10.1　有效的工作方法（2分） 10.2　有可供借鉴的做法或经验（2分） 10.3　宣传教育有特色（1分）

【延伸阅读】美国安全社区建设的系列工程

美国应急管理将社区作为基层单元，在应急管理中通过开展“影响工程”、开展社区版的“可持续减灾计划”、建设“防灾型社区”、成立“社区紧急反应队”、实施“市民梯队计划”等措施来提升社区安全水平和应急管理能力。

第一，开展“影响工程”(Project Impact)。自1997年开始推动，到2001年底计划终止前，全美各州总计约有250个社区成为“影响工程”社区，并建设了7个示范性社区。“影响工程”为这7个示范性社区设定了4个目标，包括：①建立社区伙伴关系；②识别风险源和社区脆弱性；③确立社区风险削减行动的先后次序；④发展沟通战略，在公众中间更为广泛地宣传“影响工程”和灾害减缓。

第二，开展社区版的“可持续减灾计划”。推行以社区为基础的全新灾害减缓计划，要求建立包括各利益相关者在内的伙伴关系，识别并减少灾害风险，把风险及风险规避决策纳入社区日常决策之中，其中包括土地利用规划、示警系统设置、建筑物的管理与监督、紧急救助及医疗系统、危机管理指挥系统5部分。强调建立以社区或村为单位，从地方的横向联系、地方驻军的动员，直至中央危机管理机构之间的灾害管理体系。

第三，建立“防灾型社区”(Disaster Prevention Community)。建立“减灾型社区”主要有4个步骤与阶段：一是建立社区合作伙伴关系。地方政府、工业、企业、基础设施、交通、住房、志愿者组织等代表组成一个合作关系小组，所有成员都对社区减灾负有一定的义务。二是社区内灾害评估鉴定。确认社区内可能致灾的地点，研究灾害防范范围，制作相关社区地图，并针对社区致灾地点充分利用现有公共资源管道，查找和防范易致灾的隐患。三是确认风险和制订社区减灾计划。分析和评估灾害可能造成损失的程度，这一步骤需要社区居民参与，协商讨论决定，进而制订各项社区减灾计划以及适合社区短期与长期的减灾策略，包括社区管理计划、土地使用与管制、开放空间、运输计划等，并动员社区成员自愿遵行所制订的减灾计划。四是减灾型社区的建立。完成减灾型社区建立的目标，并考虑推广。

第四，成立“社区紧急反应队”(Community Emergency Response Team CERT)。以期社区防救灾组织能具有救灾应变的团队能力，训练社区居民在灾害环境下互助互救，增加其救灾时效，而另一方面则是在平时训练社区居民，使其认识到灾害前的预防及演练准备都是社区应尽的责任。

（二）安全企业的规范建设

安全企业的规范建设是生产领域安全文化“最后一公里”的抓手，主要通过企业安全生产标准化的建设实施。企业通过落实企业安全生产主体责任，通过全员全过程参与，建立并保持安全生产管理体系，全面管控生产经营活动各环节的安全生产与职业卫生工作，实现安全健康管理系统化、岗位操作行为规范化、设备设施本质安全化、作业环境器具定置化，并持续改进。

企业安全生产标准化是落实企业安全生产主体责任的必要途径，是强化企业安全生产基础工作的长效制度，是政府实施安全生产分类指导、分级监管的重要依据，也是有效防范事故发生的重要手段。2010 年，国家安全监督管理总局制定《企业安全生产标准化基本规范》（AQ/T 9006—2010），陆续在煤矿、危险化学品、烟花爆竹等行业开展了安全生产标准化创建活动。2011 年，国务院安委会出台《关于深入开展企业安全生产标准化建设的指导意见》（安委〔2011〕4 号）；2017 年新版《企业安全生产标准化基本规范》（GB/T 33000—2016）以国家标准的形式出台，对企业安全生产标准化的动态循环、持续改进、长效机制等提出更科学明确的要求。

企业安全生产标准化遵循“安全第一、预防为主、综合治理”的方针，以安全风险管理、隐患排查治理、职业病危害防治为基础，以安全生产责任制为核心，建立安全生产标准化管理体系，全面提升安全生产管理水平，持续改进安全生产工作，不断提升安全生产绩效，预防和减少事故的发生，保障人身安全健康，保证生产经营活动的有序进行。企业应采用“策划、实施、检查、改进”的“PDCA”动态循环模式，依据标准规定，结合企业自身特点，自主建立并保持安全生产标准化管理体系。通过自我检查、自我纠正和自我完善构建安全生产长效机制，持续提升安全生产绩效。

（三）安全校园的重点建设

党和国家领导人多次强调学校总体安全的重要性。2017 年李克强总理批示“校园应是最阳光、最安全的地方”，2018 年教育部部长陈宝生要求“要把安全工作摆在教育强国建设更突出位置，时刻把广大师生生命安全放在第一位”，此外学校安全是每年“两会”等关注的重点。《中华人民共和国义务教育法》《中华人民共和国未成年人保护法》《中华人民共和国教师法》等国家法律，《企业事业单位内部治安保卫条例》《中小学幼儿园安全管理办法》《学生伤害事故处理办法》《中小学、幼儿园安全技术防范系统要求》《中小学幼儿园安全防范工作规范（试行）》《关于加强中小学幼儿园安全风险防控体系建设的意见》等中明确提出学校总体安全风险管理的相关要求。各地也在陆续出台相应的校园安全管理规范和办法、安全中小学幼儿园的示范建设和标准化创建等。

国家标准《中小学、幼儿园安全技术防范系统要求》（GB/T 29315—2012）规定了中小学校和幼儿园安全技术防范系统基本要求、重点部位和区域及其防护要求、系统技术要求、保障措施等，适用于各类中小学、幼儿园，其他未成年人集中教育培训机构或场所参照执行。2017 年 4 月，国务院办公厅印发《关于加强中小学幼儿园安全风险防控体系建设的意见》要求把保障中小学和幼儿园安全放在公共安全的突出位置，认真做好风险预防、管控、事故处理和风险化解等工作，把安全教育全面纳入国民教育体系，落实学校安全管理主体责任，各级教育部门、公安机关和学校要健全联动机制，建立防控校园欺凌的有效机制，健全学校安全事故应对机制。

各地方省市在中央相关政策要求的基础上，积极探索适合本土化安全校园建设的相关标准和规范。例如，2019 年北京市印发《北京市中小学校幼儿园安全管理规定（试行）》从构建学校安全领导组织体系、管理制度体系、宣传教育体系、综合防控体系、隐患排查整治体系、突发事件应急处置体系“六个体系”，到建立学校及周边安全综合治理机制和学校安全事故调查处理机制等“两个机制”，搭建出了学校安全管理工作的总体系统框架。上海市人民政府办公厅 2019 年印发的《关于本市加强中小学幼儿园安全风险防控体系建设的实施意见》，总结近年来上海市在学校安全方面探索的本土化经验，形成管理制度，在更大范围内辐射推广。

参 考 文 献

［1］唐钧．公共危机管理［M］．北京：中国人民大学出版社，2019.

［2］唐钧．新媒体时代的应急管理与危机公关［M］．北京：中国人民大学出版社，2018.

［3］唐钧．风险评估与危机预警报告（2015～2016）［M］．北京：社会科学文献出版社，2016.

［4］唐钧．社会稳定风险评估与管理［M］．北京：北京大学出版社，2015.

［5］唐钧．政府风险管理［M］．北京：中国人民大学出版社，2015.

［6］张成福，谢一帆．危机管理新思路［M］．北京：国家行政学院出版社，2014.

［7］张成福，唐钧．政府危机管理能力评估：知识框架与指标体系研究［M］．北京：中国人民大学出版社，2009.

［8］张成福，唐钧，谢一帆．公共危机管理：理论与实务［M］．北京：中国人民大学出版社，2009.

［9］唐钧．紧急救助［M］．北京：中国人民大学出版社，2009.

［10］薛澜，张强，钟开斌．危机管理：转型期中国面临的挑战［M］．北京：清华大学出版社，2003.

［11］唐钧．应急管理的属性适配和体系优化［J］．中国行政管理，2020（6）：125－129.

［12］唐钧，龚琬岚．综合应急救援负面舆情治理的八大原则［J］．社会科学文摘，2020（3）：14－16.

［13］唐钧．重大疫情的社会综合风险预警［J］．城市与减灾，2020（2）：2－7.

［14］唐钧．人工智能的社会风险应对研究［J］．教学与研究，2019（4）：89－97.

［15］唐钧．人工智能的风险善治研究［J］．中国行政管理，2019（4）：46－52.

［16］唐钧．社会公共安全的治理研究［J］．中国人民大学学报，2018，32（1）：50－58.

［17］唐钧．社会公共安全风险防控机制：困境剖析和集成建议［J］．中国行政管理，2018（1）：116－121.

［18］唐钧．社会公共安全风险防控的困境与对策［J］．教学与研究，2017（10）：94－102.

［19］张成福．风险社会中的政府风险管理——评《政府风险管理——风险社会中的应急管理升级与社会治理转型》［J］．中国行政管理，2015（4）：157－158.

［20］唐钧．论政府风险管理：基于国内外政府风险管理实践的评述［J］．中国行政管理，2015（4）：6－11.

［21］唐钧．社会维稳的风险治理研究［J］．教学与研究，2010（5）：29－34.

［22］唐钧．政府形象风险及其治理［J］．中国行政管理，2010（5）：75－78.

［23］唐钧．风险沟通的管理视角［J］．中国人民大学学报，2009，23（5）：33－39.

［24］张成福，谢一帆．风险社会及其有效治理的战略［J］．中国人民大学学报，2009，23（5）：25－32.

［25］薛澜，钟开斌．突发公共事件分类、分级与分期：应急体制的管理基础［J］．中国行政

管理，2005（2）：102－107.
［26］张成福．公共危机管理：全面整合的模式与中国的战略选择［J］．中国行政管理，2003（7）：6－11.
［27］唐钧．公共危机管理：国际动态与建设经验［J］．新视野，2003（6）：47－49.
［28］薛澜，张强，钟开斌．危机管理：转型期中国面临的挑战［J］．中国软科学，2003（4）：6－12.